» CAMMEO «

VOLUME 563

UN'IDEA DI DESTINO

di
TIZIANO TERZANI

Prefazione di
ANGELA TERZANI STAUDE

A cura di
ÀLEN LORETI

LONGANESI

Gruppo editoriale Mauri Spagnol

www.longanesi.it

ISBN 978-88-304-3948-1

VOI FATE, IO SCRIVO

di Angela Terzani Staude

Qualche mese dopo la morte di Tiziano a Orsigna, sono tornata a guardarmi il suo studio a Firenze. Tutto era a posto e in ordine: rinchiuso in modo sbrigativo ma sensato in scatole e scatoloni di cartone che gli erano capitati fra le mani nei 25 anni di lavoro in Asia. Le cose vecchie e un po' sciupate gli piacevano, avevano il sapore della Storia; le innovazioni, salvo quelle tecnologiche, non gli interessavano granché.

Quando l'ho conosciuto, a 18 anni, mi ha mostrato la sua Olivetti Lettera 22, la macchina per scrivere allora più in voga, quella che aveva portato il design italiano nel mondo. Era la sola cosa che possedesse e ne era orgoglioso. La volta che un tecnico fiorentino per troppo zelo sostituì con tasti nuovi quelli vecchi o un po' consunti, Tiziano si disperò: l'uomo aveva tolto la storia alla sua macchina per scrivere, le sofferenze e le gioie che lui, scrivendoci, le aveva trasmesso e che la rendevano sua! Dovette risostituirli.

Nel 1972 andammo a vivere a Singapore con Folco e Saskia ancora piccolissimi e quattro valigie. Con la sua Lettera 22 Tiziano ripartì subito e iniziò a scrivere le sue prime corrispondenze sulla guerra in Vietnam; per annotazioni e interviste invece usava dei taccuini che entravano giusto nel taschino delle sue camicie bianche. Di questi taccuini ne ritrovo alcune centinaia nel massiccio cassettone rinascimentale del suo studio: i primi hanno in copertina varie bellezze femminili vietnamite, i successivi sono quasi tutti di un bel blu carta da zucchero.

Io, che rimanevo a Singapore con i bambini, avevo ore oziose in cui stavo sotto un gigantesco albero dai fiori lilla a scrivere nel diario. Di questo Tiziano m'invidiava. Gli è sempre parso importante lasciare traccia dei propri giorni, ma non ne aveva il tempo. La mattina a Saigon partiva per il fronte, tornava all'Hotel Continental per scrivere il pezzo, da lì correva al telex della Afp per spedirlo e poi ripartiva ancora per intervistare una fonte o verificare le ultime voci. Nelle sere tropicali cenava con i colleghi nei ristoranti sul Mekong, continuando sempre a parlare dei fatti del giorno. Ogni informazione attendibile finiva nei suoi taccuini. Da questi taccuini, riempiti con la sua calligrafia decisa, fantasiosa e un po' selvaggia – quasi indecifrabile per me, ma a volte anche per lui – sono nati dodici anni di articoli e di corrispondenze per *Der Spiegel, Il Giorno, l'Espresso* e *la Repubblica*, nonché i suoi primi due libri sulla guerra in Vietnam.

Tiziano scrive *Pelle di Leopardo* nel 1973 a Singapore e *Giai-phong! La liberazione di Saigon* nel 1975 a Orsigna, e ricordo come per rimanere nel mood esaltante della fine della guerra ascoltava canti di liberazione vietnamiti con i taccuini sparsi sul tavolo, e non voleva sentir parlare d'altro. La sconfitta degli americani per mano dei rivoluzionari comunisti era per lui un trionfo personale, rappresentava la liberazione dei colonizzati dagli imperialisti, il riscatto dei poveri dalle loro umiliazioni. Il sogno della sua generazione, al quale da giornalista voleva dare una mano, si era avverato in Vietnam. Pianse di gioia quando nel 1975 i carri armati comunisti entrarono a Saigon. Sopra la scrivania del suo studio è ancora appeso un ritratto di Ho Chi Minh, padre della rivoluzione vietnamita.

La sua vera meta era la Cina. Si era preparato a lungo, studiando la lingua e la storia cinese in due università americane; aveva proposto ai rivoluzionari di Pechino di prenderci come cuochi, traduttori, insegnanti di lingue o qualsiasi altra cosa; aveva perfino scritto un saggio sui grandi esperimenti di ingegneria sociale di Mao, un ribaltamento che nel mondo non si era mai visto e che lo incuriosiva immensamente. Ma non ottenne risposta, ovviamente, e il libro non venne mai pubblicato.

Tiziano diventò corrispondente dall'Asia del settimanale *Der Spiegel* nel 1975, e ci trasferimmo a Hong Kong, che all'epoca era ancora una colonia inglese affacciata sulla grande

Cina. E da lì tornò alla carica. Entrò in contatto con i comunisti locali, divenne amico di un giovane giornalista cinese al quale finì per sentirsi così vicino da chiamarlo «Fratello»; chiese consiglio anche a un vecchio e colto gesuita, padre Ladány, che da trent'anni osservava la Cina per conto del Vaticano. Finalmente, nel gennaio 1980, fu uno dei primi giornalisti a essere ammesso a Pechino e ad aprirci una sede di corrispondenza. Noi lo raggiungemmo dopo l'estate, con il cucciolo Baolì.

Ma la disillusione arrivò presto. Nel 1981 Tiziano comincia a battere a macchina i suoi primi diari cinesi. Si tratta di brevi, sporadiche riflessioni scritte su carta velina e fogli sparsi, già sospettose e pessimiste. Inizia a viaggiare e già le prime scoperte confermano quel che fin da subito gli era parso evidente: l'economia al collasso, la gente triste, povera e impaurita, un clima di sospetto e sfiducia nei confronti del prossimo. Milioni di persone erano state spedite in prigioni e campi di rieducazione, decine di milioni erano morte. La lunga Rivoluzione culturale, spentasi solo recentemente, aveva distrutto monasteri, buddha, pagode, statue, biblioteche pubbliche e private, eliminando dal paese non solo il ceto colto, ma anche le tracce visibili della sua antica civiltà. La modernità socialista, quel bel progetto in cui anche Tiziano aveva tanto sperato, tramontava così, come già era successo in Cambogia con Pol Pot.

I suoi reportage non lasciano dubbi sulle sue conclusioni e l'8 febbraio 1984, rientrando da Hong Kong, viene fermato dai poliziotti della Pubblica sicurezza all'aeroporto di Pechino. Gli sequestrano il passaporto e gli impongono di scrivere un'«autocritica» in cui confessi i suoi crimini: avere offeso Mao ed essere in possesso di antichità cinesi. Gli ordinano anche di non fare parola con nessuno su quel che gli sta succedendo, pena la deportazione in un campo di lavoro, o la prigione.

Visto che, già nel 1983, da alcuni strani episodi Tiziano aveva intuito che qualcuno gli stava preparando una trappola, in autunno aveva voluto che io, Folco e Saskia tornassimo a vivere a Hong Kong. Rientrava a Pechino dopo averci fatto visita quando lo hanno fermato. Trentasei ore dopo la sua inspiegabile scomparsa dall'appartamento di Pechino, dove non lo trovavo al telefono a nessuna ora del giorno e della notte, mi ha finalmente contattata per farmi vagamente capire che gli era successo qualcosa ma che non potevamo comunicare se non attraverso i «piccioni», cioè viaggiatori che ci avrebbero consegnato i messaggi a mano.

L'ingiunzione di non diffondere la notizia valeva anche per me, per cui contatto in tutta segretezza soltanto due persone a Hong Kong: il «Fratello» e padre Ladány. Chiamo anche lo *Spiegel* e il nostro amico Bernardo Valli, che allora scriveva da Londra per *la Repubblica*. Nessuno sa cosa consigliarmi. A Pechino Tiziano finge che tutto sia in regola, ma le voci su un giornalista finito nei guai cominciano a circolare e i colleghi si mettono a indagare. A Hong Kong si presenta da me un amico diplomatico dal cui interrogatorio capisco che fa il doppio gioco e mi sento intrappolata nel mondo nebuloso delle spie e dei servizi segreti. So per giunta che, da sottili psicologi quali sono, i cinesi sfrutteranno il manifesto desiderio di Tiziano di poter continuare a vivere in Cina per giocare con lui al gatto e al topo e che questo gioco alla fine lo distruggerà.

Passano tre inutili settimane, la situazione è in stallo e i miei consiglieri di Hong Kong, preoccupati, mi suggeriscono di fare intervenire un'«altissima istanza». Lì per lì non mi è chiaro che intendono il presidente della Repubblica italiana, Sandro Pertini. Ma poi cerco subito di contattarlo, anche se non è cosa facile.

Finalmente, il 5 marzo 1984 Tiziano viene espulso dalla Cina.

Carico di valigie, con il resto dei suoi averi affidati all'ambasciata italiana di Pechino, atterra a Hong Kong. È esausto e disorientato ma in pieno controllo di sé. Lo *Spiegel* ci convoca ad Amburgo e davanti ai direttori e redattori riuniti Tiziano si sottopone a un puntiglioso interrogatorio: la possibilità che un giornalista lavori per i servizi segreti di un altro paese è sempre contemplata. Le decisioni che vengono prese alla fine, però, sono tutte in sua difesa. *Der Spiegel* e *la Repubblica* pubblicano l'articolo con il racconto dettagliato della sua espulsione, che

Tiziano, nonostante le minacce dei poliziotti cinesi, era riuscito a scrivere e a trafugare da Pechino a Hong Kong camuffandolo col titolo « *Love letter to a wife* ». I reportage incriminati verranno raccolti e pubblicati quello stesso anno in volume: prima appare in Germania *Fremder unter Chinesen*, pochi mesi dopo *La porta proibita* in Italia.

Dopo l'espulsione, lo *Spiegel* affida a Tiziano una nuova destinazione. Tokyo.

Della Cina non parliamo più. Soltanto una volta, ripensando negli ultimi giorni alla sua vita, Tiziano mi ha detto che se l'India lo aveva aiutato a ritrovare la serenità, la Cina era il paese in cui aveva più amato vivere. Dei cinesi gli piaceva la quotidianità, il loro saper « giocare », anche con la sorte, il loro tener duro.

Nello studio di Firenze, appeso sopra il fax, rivedo un disegno di Folco fatto subito dopo l'espulsione. Ritrae Tiziano che vola fuori dai confini della Cina: un piede che calza una pantofola cinese gli ha appena mollato un calcio e lui tiene sulle gambe, tese nell'aria, una macchina per scrivere su cui batte furiosamente le dita.

Il disegno illustra al meglio il suo rapporto con il potere: « Voi fate », diceva, « io scrivo ». In questo vedeva il suo ruolo, la sua forza, la sua libertà.

Nella scaffalatura con i raccoglitori degli articoli pubblicati scopro un grosso faldone marrone, chiuso con lo scotch e legato a doppio spago, su cui è scritto a pennarello nero: « NEIBU », che in cinese significa « per uso interno », da non condividere. È il pacco che prima di lasciare Pechino Tiziano aveva affidato a un diplomatico australiano, soprannominato nei diari Deep Throat (Gola Profonda), affinché glielo portasse a Hong Kong. Lo apro e vedo che tutto il materiale che contiene riguarda il suo arresto e l'espulsione dalla Cina – messaggi portati da « piccioni », incontri con funzionari cinesi, inventari della polizia, rapporti con le due ambasciate, mie note cifrate, sue annotazioni, fogli, foglietti e telegrammi. In cima al plico c'è una pagina con una filastrocca:

Dimmi
computer amato,
il mondo nel quale sei nato
è nuovo
o sei condannato
a essere solo lo specchio
di un vecchio
fallito
abortito
pensiero
che ha perso il sentiero
del senno?

Computer
Hong Kong, 25 dicembre 1983,
Tiziano Terzani alla moglie disperata per
l'introduzione dei computer nella vita umana

Mi viene da ridere. Quanto si arrabbiava per la mia resistenza alla tecnologia, da cui lui invece era affascinato. Quell'ingombrante computer, comprato nel Natale del 1983, gli è stato utilissimo per scrivere e riscrivere le « confessioni » a cui lo costringevano. Cambiava qualche parola, stampava e riconsegnava: in pochi minuti aveva fatto. Poco sapevano i poliziotti cinesi dell'esistenza di un computer nella sua vita!

Da quel momento Tiziano abbandona la sua vecchia Lettera 22 e si butta sul nuovo apparecchio. Pare sia stato il primo fra i corrispondenti di Hong Kong a lavorare con un computer e certamente il primo, e di gran lunga, fra i giornalisti dello *Spiegel*. Gli piace proprio, ci passa ore, lo studia, si entusiasma delle sue enormi potenzialità. Decide di usarlo per scrivere regolarmente un diario, una decisione che si rivelerà determinante per la sua futura produttività. Da quel momento i suoi diari saranno quindi « tecnologici », non più scritti in bei quaderni personalizzati come usava un tempo, né battuti a macchina e raccolti in un contenitore, ma conservati in rete e nella memoria dei floppy disc.

Trovo scatoline piene di questi floppy. Ognuno riporta la

scritta, a pennarello nero o viola o rosso, « Diario », seguita dall'anno. Ne stampo uno, leggo ed è come se Tiziano stesso balzasse fuori da quelle righe. È come risentire il timbro caldo della sua voce, quel suo vivacissimo parlare, a volte provocatorio ed esuberante, altre nervoso e turbato da pensieri oscuri. Mi colpisce che i testi siano proprio « scritti », che non ci siano frasi lasciate a mezzo, pensieri solo abbozzati.

E un'altra cosa mi colpisce nei diari, una cosa che non appare nei suoi libri: il suo variabilissimo umore, quel suo dibattersi fra estasi e disperazione, dubbi, certezze e di nuovo dubbi, fra collera e serenità. Le sue altissime aspettative, rivolte soprattutto a se stesso, lo facevano piombare in delusioni altrettanto profonde sulla realtà, inevitabilmente anche su quella familiare. Allora non dava spazio, non dava fiducia, soprattutto ai suoi figli. Secondo lo zodiaco cinese, Tiziano era nato sotto il segno della Tigre, della Tigre-madre, notturna. Creare e proteggere una famiglia era nella sua natura. Senza la base sicura della famiglia non avrebbe potuto farsi strada nel mondo, di questo non aveva dubbi, e anche quando i lunghi tempi di solitudine erano diventati una condizione quasi indispensabile alla sua pace interiore non perdeva mai d'occhio nessuno di noi. Era bello sentirsi così amati e protetti, ma era anche difficile sentirsi dire tanto spesso come dovevamo essere e cosa era importante fare. Strano a dirsi, il tutto ci ha legati moltissimo, l'uno all'altro e a lui.

Mi pare bello oggi poter ascoltare nei diari anche quest'altra sua voce, quella adirata, dubbiosa, sofferente, che faceva da contrappunto alla voce forte e convinta con cui si presentava al mondo. È come scoprire le radici affondate nella terra buia di un albero che svetta nel cielo.

L'idea di pubblicarli mi è venuta subito. Ma decidere quando e come, a cura di chi e secondo quali criteri di selezione ha richiesto un po' di tempo.

Chiaramente Tiziano i diari li aveva scritti per se stesso. Aveva bisogno di un interlocutore silenzioso, sempre pronto all'ascolto, così come aveva bisogno di un archivio virtuale in cui depositare ciò che in una giornata gli passava davanti e per la testa, in modo da potervi attingere al momento della scrittura.

Diceva che non era capace di inventare niente, che niente gli pareva più fantastico della realtà.

Io non credo che lui volesse tenere segreto tutto questo materiale: non lo avrebbe lasciato lì, ordinato, numerato, bene esposto nel suo studio. Lo rivedo, nei suoi ultimi mesi di vita, a Firenze, alzarsi nel cuore della notte per andare a eliminare dai suoi portatili tutto quello che voleva scomparisse con lui. Di ciò che restava, se glielo avessimo chiesto, ci avrebbe senz'altro detto quel che ci diceva dei tanti begli oggetti collezionati di cui era stato così geloso: « Fatene quel che volete ».

Anche perché qualcuno, magari, avrebbe potuto un giorno riconoscersi nei suoi scritti, procurandogli così quel « piccolo momento di eternità » che si augurava in *Un indovino mi disse.*

Alla fine abbiamo stampato tutti i dischetti, e la torre dei fogli accatastati è risultata alta quasi un metro. Dentro brulica di tutto: incontri, impressioni, ragionamenti, interviste in inglese, retroscena di storie politiche, camminate per mondi vecchi e nuovi, animali, albe e tramonti, lettere alla famiglia... Mi ha colpito subito una struggente lettera a Saskia su Macao che muore, distrutta dalla modernità. Una città! Quanto si può amare una città? Quanto una persona, quanto la vita stessa. E Tiziano ne ha amate tante.

Arriviamo a Tokyo nel 1985. Tiziano è curioso di vedere il Giappone, il solo paese dell'Asia che all'epoca fosse riuscito a modernizzarsi e che già inondava l'Occidente con le sue automobili e i suoi gadget elettronici. Il prezzo da pagare per un'economia vincente – di questo Tiziano si accorge subito – è altissimo, immenso. La vecchia civiltà nipponica è sepolta sotto l'americanizzazione che in Giappone era incominciata da più di un secolo e il paese è ormai motivato da un ideale solo, non più sociale, non più politico, ma centrato unicamente sulla produzione e il guadagno.

Tiziano ha però l'impressione che da qualche parte sopravviva il sogno imperialistico del *Dai Nippon*, del dominio giapponese sull'Asia, ambiziosamente coltivato nella prima metà del Novecento e tramontato solo con la sconfitta del paese alla fine della Seconda guerra mondiale. Lo fiuta, appena arrivato a

Tokyo, nell'atmosfera solenne e patriottica del tempio shintoista di Yasukuni, dove vengono venerate le anime dei soldati giapponesi caduti nelle battaglie del Novecento. A quel sogno era rimasto fedele anche lo scrittore Yukio Mishima che per protesta contro il paese immemore si suicidò nel 1970 con l'harakiri rituale.

Ascoltando i discorsi, o meglio, come diceva lui, le « code dei discorsi », di uomini come il primo ministro Nakasone e altri della destra al governo, a Tiziano pareva davvero che una parte del paese fosse rimasta legata, attraverso un suo progetto segreto, a quel sogno glorioso le cui braci si rinfiammarono infatti, brevemente, nel 1988, durante l'agonia dell'imperatore Hirohito. In verità, l'ambizione del Giappone era di diventare una superpotenza economica, un'ambizione ulteriormente rinforzata dalla globalizzazione, di cui giusto allora si cominciava a sentir parlare.

Già triste per il fallimento del socialismo e per la perdita del suo « orto » cinese, quando si rende conto che il futuro sarà dominato da uno sviluppo sfrenato e incontrollabile, Tiziano non vede più un ruolo per se stesso e cade in una preoccupante depressione da cui non si riprenderà mai del tutto.

« Se questo è il nostro futuro », dice all'amico Paolo Pecile quando in estate torna a Firenze, « io non voglio vederlo. »

Il suo entusiasmo viene in parte riacceso dalla « rivoluzione gialla » nelle Filippine – una rivoluzione alla vecchia maniera, come piacevano a lui, con tutto il popolo in strada a protestare. Scatenata dall'assassinio del leader dell'opposizione Ninoy Aquino, finì per rovesciare Marcos e portare al potere Cory Aquino, la vedova di Ninoy. Tiziano in quei due anni torna spesso a Manila, diventa *persona grata* alla famiglia di Aquino, che in America si diceva avesse letto i suoi due libri sulla liberazione del Vietnam, e si tuffa nella vita rassegnata e allegra dei filippini che, dei popoli dell'Asia, diceva, erano i più simpatici.

« A Manila mi affaccio alla finestra e vedo passare la vita », mi spiegava. « A Tokyo non vedo nulla. »

Era questo l'orrore per lui: non vedere nulla. Perché, insisteva, la sua testa era vuota, e aveva quindi bisogno di stimoli esterni che assorbiva come una spugna e ai quali poi reagiva.

Dopo la Cina, dove tutto in quegli anni veniva rimesso in discussione, dove la politica e la vita stessa stavano ripartendo e chissà per quale direzione, il Giappone gli sembra fermo, irrigidito nel materialismo.

Nell'estate del 1990, dopo cinque di questi difficili anni e prima di trasferirci a Bangkok, Tiziano prende per la prima volta una decisione che lo rianima e a cui ricorrerà anche in futuro: decide di passare un mese in completa solitudine nella campagna di Daigo. Vuole riflettere in pace, tirare le fila e, magari, scrivere un libro sul Giappone. Parte con Baolì con la stessa Toyota rossa che guidava già a Pechino, ma una volta sbarcato nella pace dei campi di Daigo lascia perdere il libro, dorme, sta col suo cane e manda fax sulla felicità ritrovata alla famiglia riunita a Orsigna. Solo allora, dopo un lungo silenzio, riprende a scrivere il suo diario, e questi fax ci finiscono dentro.

1990, gli ultimi giorni della vecchia Bangkok. Ci troviamo la più bella casa della nostra vita asiatica, «Turtle House», tutta di legno, mezza divorata dalle termiti ma con uno stagno fra palme e alberi di mango in cui vive un'enorme tartaruga. All'inizio Tiziano si diverte, compra pesci, nasconde luci fra le piante, ma il cane nero della depressione, di cui scrive Churchill, torna a camminargli al fianco. Sapendo che soltanto quando è in movimento il cuore torna a commuoversi e la penna a sgorgare, riparte.

Nell'estate del 1991 sta navigando con una spedizione sinosovietica sul fiume Amur quando viene a sapere che Gorbaciov è stato destituito. A Habarovsk, sull'estremo lembo orientale dell'impero sovietico, scende dalla nave per attraversare la Siberia, l'Asia centrale, la Russia fino a Mosca e assistere, dopo settant'anni di comunismo, al momento storico del crollo dell'URSS. Viaggia con un computer portatile in cui scrive giorno per giorno quel che vede e pensa, e alla fine del viaggio il libro è praticamente pronto. Dopo un altro mese di limature nel suo ufficio di Bangkok, con la vista sullo stagno e la palma di cocco che esce dal tetto, trasferisce il testo dal diario alle pagine di *Buonanotte, signor Lenin!*

È un addio al comunismo, ma senza rabbia né compiacimento. Al contrario, Tiziano prova una grande compassione per chi ha sacrificato la vita all'ideale socialista, e dedica il libro alla memoria di suo padre, che, anche lui, « sognava ». Con il crollo dell'URSS il sogno comunista tramonta definitivamente, per sopravvivere solo nella piccola Cuba. Già mentre viaggia attraverso gli Stati dell'Asia centrale Tiziano si accorge che le statue di Lenin cadono al grido di « Allah akbar! », Allah è grande, e capisce che sarà l'islam la nuova religione dei diseredati.

Quello stesso anno, il 1991, l'ONU mette sotto tutela la Cambogia, che dopo il regime di Pol Pot non riesce più a risollevarsi. In due anni Tiziano torna più volte a Phnom Penh, una città che, ai tempi della guerra, quando era ancora bella, buddhista e immersa nei suoi miti, amava profondamente. A volte ci ritorna in compagnia del suo amico francese Poldi, che vive a Bangkok, e ogni volta perde il lume degli occhi. Il popolo khmer è traumatizzato, stremato dalla sofferenza. È un popolo innocente, ignaro del mondo e perso in oscure profezie: a cosa serve, se non a confonderlo ulteriormente, imporgli i nostri valori, la democrazia, le libere elezioni, per non dire della prostituzione, della droga e della corruzione che le ben pagate forze internazionali inevitabilmente si trascinano dietro? Perché portargli anche quelle?

Tiziano torna a Bangkok sempre più sconvolto, cupo, nervoso, indeciso sul da farsi. Scrivere gli sembra ormai inutile. « Sento addosso la paura di quei vecchi fantasmi della depressione sempre pronti a riprendermi alla gola. Capisco che all'origine avevano le loro ragioni anche nella politica » annota nel suo diario il 25 settembre 1992.

È tempo di trovarsi un « nuovo punto di vista ».

Nel 1992 si ricorda per caso – anche se mai nulla succede « per caso », il caso non esiste, il caso siamo noi, diceva – della profezia di un indovino cinese di Hong Kong che nel 1976 gli disse di non prendere mai un aereo nel 1993. E il 1993 era alle porte! Riparte, come scriverà nel nuovo diario/libro che si prepara a scrivere, « perché uno a cinquantacinque anni ha una gran voglia di aggiungere un pizzico di poesia alla propria vita, di guardare il mondo con occhi nuovi, di rileggere i classici, di riscoprire che il sole sorge, che in cielo c'è la luna e che il tempo non è solo quello scandito dagli orologi».

Di questo, della lentezza, del vivere con i piedi in terra, dei tanti incontri dovuti al «caso», gode come un viaggiatore del passato, ma non smette comunque di scrutare, con gli occhi del giornalista che vuole capire, le città, le vite, i sistemi politici e i metodi di sopravvivenza che incontra strada facendo. Visto che la possibilità di rinnovarsi e di modernizzarsi oggi esiste, anche quel bel mondo del passato è destinato a scomparire, questo gli è chiaro. E, mentre naviga lungo il Mekong e vede su una sponda il buio punteggiato dai lumini a olio del Laos e sull'altra i fari delle automobili e le luci al neon della Thailandia, si chiede: «Su quale sponda la felicità?» A quanto del mondo vecchio e familiare siamo disposti a dire addio e in cambio cosa avremo da quello nuovo? La risposta è così complessa che Tiziano non la troverà mai; ancor più gli sembra urgente che l'umanità e i suoi leader si pongano questo problema.

Il libro, *Un indovino mi disse*, nasce alla fine di un anno di viaggi attraverso l'Asia e l'Europa. Torniamo a Bangkok insieme, unici passeggeri fra 2000 container, con una nave del Lloyd Triestino che va da La Spezia a Singapore solcando in diciannove giorni le vecchie rotte dei navigatori. Non c'era altro da fare che guardare il mare e il cielo.

Tiziano inizia a scrivere il suo libro in una piccola casa a Ban Phe, su una lunga spiaggia bianca del golfo della Thailandia. Ma troppe sono le cose viste e pensate nel suo lungo viaggio e non entrano tutte in un volume: molte resteranno nei diari.

E gli indovini! Quale meravigliosa via d'uscita dalle angosce del quotidiano sono per i popoli asiatici gli indovini, la meditazione, i riti religiosi, la spiritualità. È un aiuto a vivere che noi occidentali in nome del razionalismo e della scienza ci siamo definitivamente giocati. Tiziano, da esploratore qual è, e anche da uomo che sente l'angoscia vicina come un'ombra, vorrebbe provare a disseppellire quelle strade.

Già per l'anno successivo chiede il trasferimento in India. Là, il passato e l'antica saggezza sopravvivono ancora, anche se il paese sta mettendosi velocemente al passo coi tempi. È uno shock scoprire che la Coca-Cola faceva il suo ingresso a Delhi insieme a noi.

Per due anni continua a viaggiare da giornalista per il subcontinente indiano – India, Kashmir, Pakistan, Bangladesh, Sri Lanka –, sempre con il suo computer che si riempie di nuovi diari. Esploratore per natura, non vede però più niente di romantico nell'Asia che si modernizza, nei milioni di strombazzanti *three-wheelers*, autobus, moto, camion, tutti con il motore a scoppio, che trasformano l'aria in una « camera a gas », come mi scrive dal Pakistan. È stanco dei paesi in caotica trasformazione, stanco perfino dei muezzin che chiamano alla preghiera non più con le loro voci sonore, ma con altoparlanti rauchi e stonati che lo fanno sobbalzare sul letto ai primi albori.

Non ne hanno forse il diritto? Non ci siamo modernizzati anche noi?

« Mi sento come ieri sul ballatoio di quell'edificio fatiscente fra 'il dottore' al lume di candela e il giovane musulmano con la sua moderna scuola di computer. Io sono sempre nel mezzo, sempre un pendolare fra questi due mondi; uno vecchio che non vorrei perdere e uno nuovo di cui mi pare assurdo fare a meno, illogico rinunciare », annota nel suo diario indiano.

Sono interrogativi che non si risolvono col giornalismo. Tale era la voglia di Tiziano di potersi concentrare su queste domande, che alla fine del 1996, con una decisione improvvisa, chiede allo *Spiegel* il prepensionamento.

Finisce così quel senso del dovere che aveva nei confronti di chi gli pagava lo stipendio, e che gli pesava, ma non quello verso la vita. I progetti non gli mancano. Pochi mesi dopo, però, mentre è ancora alla ricerca di un luogo in cui appartarsi, gli viene diagnosticato un linfoma allo stomaco. È la primavera del 1997, ha 58 anni. Da tempo era agitato, si aspettava qualcosa, ma non certo il cancro.

Tutto allora va riveduto, ripensato, riorganizzato. Solo a uno dei vecchi progetti non vuole rinunciare: Hong Kong. L'ultima e la più straordinaria delle grandi colonie britanniche, dove Folco e Saskia sono andati a scuola, dove insieme abbiamo passato otto bellissimi anni, il 30 giugno 1997 sarà restituita alla

Cina: è la fine del colonialismo e del dominio dell'uomo bianco, un momento di grande valore storico. Tiziano, che fin da quando studiava a Pisa parlava di decolonizzazione, non può mancare a questo ultimo dei grandi appuntamenti del Novecento. Partiamo insieme, andiamo ad abitare in due piccole stanze ai piedi del Peak, in mezzo ai cinesi, a due passi dall'FCC, il club dei corrispondenti. A Hong Kong vive Saskia, arrivano Bernardo e i giornalisti amici, compagni di tante battaglie. Arriva perfino *xiao* Liu, il nostro caro interprete di Pechino, ed è una festa continua.

Gli articoli che Tiziano manda via via al *Corriere della Sera* sono il suo addio al giornalismo.

Dopo l'estate a Orsigna partiamo per New York. Tiziano ha deciso di affidarsi all'MSKCC, un ospedale specializzato nelle cure del cancro. Chemioterapia, radioterapia, un intervento a un rene per rimuovere un tumore. A New York vuole rimanere solo, con il computer sul tavolino davanti alla finestra che dà su Central Park per raccontare questo nuovo pezzo di strada. Vede l'improvvisa consapevolezza della morte come « l'occasione di non ripetersi » e se ne dice felice.

Comunichiamo per fax e computer. Varie volte vado a trovarlo e lo sento fragile e forte insieme. Camminiamo per ore a passo vigoroso dal parco fino alla Bowery e fino in fondo all'isola di Manhattan. Ci fermiamo a mangiare sushi, le caldarroste fumanti agli angoli delle strade, compriamo libri da Strand, vestiti comodi all'Old Navy Store, andiamo al cinema, parliamo, facciamo anche progetti. Non lunghi però: Tiziano rifiuta di farsi illusioni sul tempo che gli rimane. Di questa nuova avventura, invece, di questo altro giro di giostra, vuole riempire i suoi diari per cercare di trovarci un senso.

Nel gennaio 1998 i medici lo invitano a tornare alla sua vita di prima, ma a lui pare un'assurdità: « Se è stata proprio quella vita a farmi ammalare! » Rientriamo in India e, con la scusa di cercare medicine alternative, fra un controllo e l'altro comincia a esplorare la vita spirituale degli asiatici. Medita con il suo amico Poldi nel Nord della Thailandia, ritorna nelle Filippine dai guaritori, passa mesi in un *ashram* nel Sud dell'India a studiare i classici indiani sotto la sorveglianza di uno *swami* – un maestro, un guru – vivendo in stretta comunione con i suoi adepti. Mette a tacere il proprio Ego facendosi chiamare Anam, l'Anonimo, il Senzanome, ma da buon fiorentino non rinuncia al « vecchio caro dubbio » e non diventa seguace di nessuno.

« Il mio essere qui, ora, a cercare di scrivere, fa continuare la storia e le dà l'ultimo capitolo, il più vero: non ci sono scorciatoie, tanto meno quella di un guru che ti apre la via. Questo è un aspetto che varrà la pena di sottolineare, anche per mettere in guardia futuri giovani viaggiatori dal restare intrappolati da questa idea che 'c'è bisogno di uno che fa luce'. Che la faccia, ma poi tocca a noi giudicare, valutare, fare la nostra esperienza », annoterà il 10 luglio 2002.

Il 14 settembre 1998 compie sessant'anni a Orsigna. Aveva trovato con Folco, sulle montagne dell'Himalaya, dietro la cittadina di Dharamsala in cui vive il Dalai Lama in esilio, la capanna di un eremita che gli era molto piaciuta, una *gompa*. L'aveva minuziosamente descritta nel diario e ora, a Orsigna, se ne costruisce una uguale in tutto, anche nei forti e vivacissimi colori tibetani che gli piacevano tanto. In quella *gompa*, sei anni dopo chiuderà gli occhi.

Con Tiziano ancora in cerca di un rifugio indiano, alla fine del 1999 prendiamo un treno da Delhi con Poldi e dopo 15 ore di viaggio, di cui le ultime tre in macchina, arriviamo ad Almora, un tempo capitale di un piccolo regno himalayano. Nella guesthouse Deodars, dove ci fermiamo, il proprietario ci parla di un Vecchio che abita a 2300 metri di altezza sulla vetta solitaria di Binsar, di fronte alla divina catena dell'Himalaya che là attraversa l'intero orizzonte.

Ci andiamo? Certo che ci andiamo!

In macchina ci arrampichiamo su per i crinali, attraversiamo un vecchio bosco, arriviamo a un *mandir*, da lì risaliamo a piedi un sentiero lungo un'altra ora e ci troviamo davanti a un cancello. Lo apriamo, ancora un pezzetto di bosco e ci troviamo davanti un assolato anfiteatro di prati con in cima una piccola casa coloniale inglese di fine Ottocento. Il vecchio indiano, Vivek Datta, ci accoglie e ci invita a passare con lui e la moglie belga, Marie-Thérèse, l'ultimo capodanno del vecchio millennio. Poi, alla fine, meravigliosamente, propone a Tiziano di andare ad abitare nella capanna in muratura che si trova ai piedi della sua casa: il regalo più bello che potesse fargli.

Non rinunciamo al viaggio in Pakistan già programmato con Poldi, ma al ritorno acquistiamo pannelli solari e provviste per Tiziano che poi, quando io sarò ripartita per Firenze, al bazar di Almora farà incetta di pesanti coltroni e vestiti di lana caldi: a Binsar non arrivano né luce né acqua e il riscaldamento è a legna.

Cade la neve e Vivek, uomo coltissimo, imbevuto di storie e di spiritualità indiana, apre per Tiziano la « scatola di Pandora » della sua mente. Fin dal suo arrivo in India, Tiziano era rimasto impressionato dalla forte spiritualità che coglieva nelle persone incontrate. Non è stato quindi un caso se proprio un indiano è riuscito a mettere fine al suo lungo cercare indicandogli l'ultimo tratto di strada da percorrere, a conferma che c'è del vero nel detto indù secondo cui « quando l'allievo è pronto il maestro compare ».

Lassù, con qualche lunga interruzione, Tiziano passa il 2000 e il 2001.

Solo, davanti all'eterea catena dell'Himalaya, si vede come un'infinitesima parte del cosmo, al pari di un maggiolino, di una foglia, di un corvo che nasce e scompare, di una nuvola che si forma e si dissolve, e questo lo concilia completamente con il pensiero che è anche il suo destino.

La natura è la sua grande maestra, il solo guru che riconosca: « Mi siedo cercando di meditare ma niente di quello che potrei trovare dentro di me è così stupefacente come quello che ho dinanzi agli occhi, che trovo assurdo avere chiusi. Mi lascio come inebriare dai colori, dal silenzio, dal vento, dal richiamo dei miei corvi che, riconoscendomi vigliacco, se ne vanno lasciandomi per terra » (*25 febbraio 2000*).

Soltanto l'11 settembre riesce a « stanarlo », a farlo tornare *in the plains*, come gli indiani delle montagne chiamano la pianura intendendo anche gli affari del mondo. Il senso di responsabilità verso il mondo non lo ha mai del tutto abbandonato: Tiziano continua a perseguirlo fino alla fine, senza mai addurre la sua malattia come scusa per tirarsi indietro. Torna in Italia, in Pakistan, in Afghanistan e ancora in Italia; torna a fare il giornalista, o meglio lo scrittore di *Lettere contro la guerra*. Il suo diario comincia con messaggi brevi a me, dal « fronte », come ai vecchi tempi.

Nella ricerca di un nuovo stendardo sotto cui battersi, trova il pacifismo: non perché fosse l'atteggiamento che gli si confaceva di più ma perché vedeva nella non-violenza la sola arma da opporre a una guerra condotta al tempo delle armi di distruzione di massa.

Un anno dopo, nel novembre del 2002, riceve dai medici la certezza che la morte è vicina. I venti mesi che gli restano, sembra strano, sono i più sereni. Non era la morte che temeva, era la confusione, gli errori, il proprio smarrimento. Una volta capito che lavorando su se stessi si può cambiare il mondo, anche la morte diventa per lui una sfida in cui sono in gioco alti ideali. Dal drammatico evolversi delle sue riflessioni nasce *Un altro giro di giostra*, con la sua « sorridente serenità ». Ma il travaglio emotivo, invece, che ne accompagna la stesura e che è all'origine di ogni forma di creatività, si riversa nei diari.

La meta, per Tiziano, è stata la strada, il cammino. Una curiosità continua lo spingeva avanti. La sua aspirazione alla perfezione gli impediva di accontentarsi di quel che a un certo momento poteva aver raggiunto: cercava di più, di meglio, avanti, sempre avanti... La serenità della sua fine nasceva dal superamento di un'infinita inquietudine, di un'eterna insoddisfazione.

L'impatto sulla gente che aveva la sua figura negli ultimi anni era dovuto alla serietà con cui aveva vissuto. Era quell'esserci sempre, in prima persona, che lo distingueva. Non delegava niente a nessuno, si sentiva corresponsabile di tutto, della cattiva politica come della propria malattia.

Negli ultimi mesi camminava ancora eretto, con la sua canna, la giacca di lana bianca dell'Himalaya e la dignità di un uomo antico. Così entrava con Folco al ristorante di sushi nel centro commerciale di Sesto Fiorentino, o con me in quello dietro Piazza della Signoria dove mi portò per un'ultima cena; così fece il suo ultimo discorso al matrimonio di Saskia.

Inattuale nel suo aspetto ma regale, umile soltanto davanti alle cose belle.

Firenze, 9 aprile 2014

UN'IDEA DI DESTINO

1981-1984

Nel 1980, dopo aver vissuto cinque anni a Hong Kong, all'apertura delle frontiere della Cina comunista Terzani è uno dei primi giornalisti stranieri a ottenere un visto di residenza nella Repubblica popolare. Da Pechino, il 23 gennaio telegrafa al settimanale Der Spiegel*: « Habemus officium! » La famiglia e il cane lo raggiungeranno a settembre.*

A Pechino costruisce una fitta rete di contatti e amicizie, sapendo bene di vivere – come ogni « ospite » straniero – sotto sorveglianza. Dopo la morte di Mao nel settembre 1976, la Cina tenta una prudente apertura all'Occidente, mentre all'interno del PCC si susseguono feroci rese dei conti da cui comincia a emergere la figura di Deng Xiaoping. Per un reporter è una fase tanto delicata quanto densa di stimoli. Terzani porta sulle spalle una singolare contraddizione: è un italiano che ha imparato il cinese in un'università americana e lavora per un giornale tedesco... facendo di tutto per vivere come un cinese. Sceglie un nome cinese – Deng Tiannuo –, parla cinese, veste cinese, iscrive i figli Folco e Saskia a una scuola cinese, si cala nell'anima di una civiltà che ama profondamente. Ma la realtà è « meno attraente dei sogni ». Viaggia in ogni angolo del paese, dallo Xinjiang allo Shandong, dalla Manciuria alle isole Hainan, e si rende conto che la bellezza dell'antica Cina sta scomparendo, polverizzata dalla Rivoluzione culturale e soffocata dalla corsa alla modernizzazione. Descrive ciò che vede, senza filtri, e anche nei diari appunta sensazioni inquietanti.

Fin dal 1981, lo Spiegel *si mostra preoccupato per la schiettezza dei suoi reportage, ma Terzani non cambia. Pressioni e lamentele non tardano così ad arrivare, funzionari governativi cinesi manifestano disappunto per i suoi articoli, animati da un'irrefrenabile curiosità che lo spinge a porre domande a chiunque, viaggiare in luoghi remoti, a volte senza autorizzazioni. Nel 1983 le « pressioni » aumentano e Terzani capisce di dover agire. In giugno manda la moglie Angela e i figli a vivere di nuovo a Hong Kong e resta da solo a Pechino. Alla fine dell'anno registra le prime note « digitali » su un piccolo computer, una vera novità tecnologica.*

Nel gennaio 1984, al suo rientro dopo la morte del padre Gerardo a Hong Kong, il Ministero degli esteri cinese lo convoca per comunicargli che, nonostante l'imbarazzo creato dai suoi articoli, il visto di lavoro gli sarà rinnovato per un altro anno. Ma tre settimane dopo, mentre sta ritornando da un viaggio nel sud della Cina, i funzionari della Pubblica sicurezza lo fermano all'aeroporto di Pechino. In piena notte lo portano prima nel suo appartamento, dove sequestrano diversi oggetti, e poi alla sede della Pubblica sicurezza dove viene interrogato, minacciato e formalmente accusato di « crimini controrivoluzionari ». Senza passaporto, e obbligato a mantenere l'assoluto silenzio sulla vicenda, pena l'incarcerazione, è costretto a scrivere e riscrivere un'autocritica che dimostri il suo « buon atteggiamento ». Angela da Hong Kong avvia in segreto un'operazione di soccorso. Consigliata da un gesuita ungherese di Hong Kong e da un giornalista locale del PCC, amico di Tiziano, e sfruttando i canali del quotidiano la Repubblica*, riesce a portare sulla scrivania del presidente Sandro Pertini l'*affaire *Terzani, sbloccando la situazione.*

All'alba del 5 marzo Terzani arriva a Hong Kong, espulso dalla Cina. È uno shock. Lo Spiegel *lo difende pubblicando subito il suo articolo sull'espulsione e, in giugno, un'antologia con i suoi più importanti reportage dalla Repubblica popolare (*Fremder unter Chinesen. Reportagen aus China*). A settembre, nei giorni in cui la Longanesi ne stampa la traduzione italiana, intitolandola* La porta proibita, *Terzani riassume in un appunto un nuovo progetto che non vedrà mai la luce: « Scrivere un libro sull'essere giornalista in Cina. Una lezione di mestiere, come non farsi prendere nelle trappole, come togliere la maschera. La storia delle storie, le storie dei viaggi, i contatti con la gente, i cinesi come grandi ipnotizzatori, la Cina come teatro ».*

Raggiunge Amburgo dove con lo Spiegel *pianifica il suo futuro: facendo base a Hong Kong, avrebbe scritto reportage dal Sudest asiatico e dalle Filippine, dove il regime di Marcos cominciava a vacillare; poi, dal 1985, sarebbe diventato il corrispondente dal Giappone.*

Marzo 1981, Pechino. Di notte un'unità dell'Esercito di liberazione taglia tutti gli alberi classici della Cina (i salici piangenti) attorno alla sede del governo, all'interno della vecchia città imperiale, e li porta via. Al mattino sembra che niente sia successo. Ognuno è stato sostituito da alberi di Natale di tipo americano che in nessun modo appartengono alla tradizione cinese.

* * *

Maggio 1981, Pechino. Il grande problema di tutti gli intellettuali occidentali che hanno seguito le rivoluzioni è che si sono entusiasmati per la Rivoluzione nazionale e hanno dimenticato che a farla erano i comunisti.

Questa è la trama del libro da scrivere.

Questa è la storia del nostro tempo. La sinistra presa prigioniera dalla burocrazia comunista, dopo essere stata affascinata dalla lotta per la giustizia.

Era questo che volevano i progressisti di allora? Che cosa abbiamo voluto in Vietnam?

Guardiamoci in faccia.

Giugno 1981, Pechino. Un uomo cammina fra le steli rotte e riappiccicate di Qufu dicendo: « Questo l'ha fatto Mao, questo l'ha fatto il Partito comunista... »

Al mercato di Qufu un contadino chiede da dove vengo. Dico Italia, e lui: « Ah! Quello sì che è un paese bello, meglio del nostro. Tutti sono meglio del nostro ».

* * *

1º ottobre 1981, Pechino. Festa per l'anniversario della fondazione della Repubblica popolare cinese. A vedere il circo. Tutti i migliori ginnasti, i migliori cani, il migliore orso-uomo cinese che gioca al pallone, che spinge la carrozzella. Eppure tutto è senza fascino: la perfezione fascista dei ginnasti, le luci da varietà... La gente va e viene. È qui perché le unità hanno dato i biglietti, ma non si interessa, non applaude, non gode.

La vita cinese ha perso, se mai l'ha avuta, la gioia.

Si esce nella notte, dovrebbe essere festa ma le lucine sui palazzi sono già spente, per risparmiare. Da anni, per risparmiare, non vengono fatti fuochi di artificio. Alcuni pedalano faticosamente nella sera, nel silenzio grigio della piazza Tienanmen.

La Cina è senza ispirazione.

Ci avviamo sempre più verso una forma di fascismo senza ideologia, se non quella della disciplina, dell'ordine, della forza, della delazione, del sospetto.

Mai una punta di ironia, mai una follia dell'intelligenza.

5 ottobre 1981, Pechino. Poveri comunisti cinesi. Continuano a vantarsi di una cultura vecchia di 4000 anni, ma in verità con quella cultura non hanno niente a che fare. Ogni manifestazione viene criticata, ogni traccia è stata distrutta e ora, anche quando viene restaurata, è per farne un'attrazione turistica. In verità i cinesi sono lasciati dai comunisti a cercare ispirazione nella cultura occidentale che naturalmente segna la sua strada con la Coca-Cola e con tutti i simboli più insignificanti e appariscenti. Senza relazione col passato, vagano verso il futuro, distruggendo la storia e non avendo una visione dell'avvenire. Tutto ciò che viene costruito è per durare poco.

La vecchia Pechino viene fatta fuori, quella messa al suo posto durerà pochissimi anni.

* * *

23 febbraio 1982, Pechino. La scorsa settimana, un giornalista cinese della Xinhua in visita alla Casa Bianca ha protestato perché in base a un vecchio regolamento è stato seguito anche a pisciare da un poliziotto armato. Durante una conferenza stampa si è alzato a protestare: «Nel mio paese una cosa così non succederebbe mai».

Il 20 febbraio è successo a me. Nella città di Hunyuan sono stato seguito da tre poliziotti che cercavano di prendermi per portarmi a mangiare. Quello che non volevano era che fotografassi la merda nelle strade. Hunyuan è chiusa agli stranieri, si deve solo venire a mangiare, andare al tempio, che viene chiuso durante la visita, entrare in queste enormi *guesthouse* governative ben tenute, chiuse, protette, là dove prima abitavano i signori della terra, e ripartire: questo è il modo in cui vogliono gli stranieri.

3 aprile 1982, sulla via dell'aeroporto di Pechino. I giovani si consolano pensando che fra vent'anni non ci saranno più quelli che dicono: « Io ho fondato la Repubblica popolare, io ho fatto la Rivoluzione... » Allora ci saranno solo gli eredi dei veterani, ci saranno le fazioni: « Gli eredi del PCC » e quelli che vogliono seguire la via occidentale alla modernizzazione.

La lotta fra le due fazioni non avverrà senza qualche spargimento di sangue.

* * *

8 agosto 1982, Orsigna. Angela lavora al suo diario cinese. Io cerco di pensare a scrivere questo maledetto romanzo cinese. L'idea è divertente. Manca la fantasia che tenga dietro all'ambizione. Cerco e trovo ogni scusa, ogni occasione per non sedermi a questa penosa macchina da scrivere... i funghi, un caminetto che non tira, la pioggia.

Il piacere dell'ozio e la paura poi del tempo sprecato. Il rimpianto, dopo.

* * *

12 settembre 1982, Pechino. Tornati in Cina.

Sempre dalla parte sbagliata del mondo.

Eppure è tornare a casa.

Pesa riabituarsi alla polizia, ai microfoni nascosti, al parlare sottovoce, al non dire quel che si pensa.

15 settembre 1982, Pechino. Molti stranieri, specie giapponesi, si rifiutano di andare a stare nel nuovo edificio a Jianguomenwai, perché hanno saputo che i dispositivi d'intercettazione sono ottimi. I cinesi li hanno comprati in Giappone.

* * *

20 novembre 1982, Hong Kong. Confusione nella testa e nel cuore. Guardo il colonialismo nelle donne fatue di qui, il capitalismo rapace nei grassi signori cinesi che salgono sulle Rolls-Royce, e penso: bene che vengano i comunisti!

Penso ai comunisti coi loro berretti sugli occhi, le borse di plastica, e penso che è la fine di ogni libertà.

Con chi stare?

Dicembre 1982, Pechino. Telefona Dieter da Amburgo, preoccupato della durezza del mio pezzo su Pechino. « Lo accetteranno? Ti daranno problemi? »

E allora? Non siamo diplomatici. Dobbiamo pur fare questo mestiere fino in fondo. Ci pagano per divertirci, ma anche per dire quel che i diplomatici non osano dire.

Dicembre 1982, Pechino. Scopro che i miei file sono stati visitati dalla polizia, in particolare quello con scritto « *Notes on China* ». È stato rigirato in modo che non si vedesse più l'iscrizione. Chiedo alla mia vicina. « Sì, ho visto due uomini uscire mentre lei era a Chengde. »

Il grasso « professore » dice di essere stato chiamato tre volte dalla polizia. La prima domanda è stata perché non mi ero fatto vivo con lui dopo le vacanze. E lui che ne sapeva?

Sono sempre in due. È chiaro: il sistema è terrorizzare, mettere il sospetto in noi che quelli che ci frequentano senza problemi siano spie. E forse lo sono. Da stranieri ci sentiamo come se avessimo la peste perché il contatto con noi crea problemi.

* * *

Marzo 1983, Pechino. « Rabbit » Li del Ministero degli esteri, dipartimento Informazione, mi prende da parte per dirmi che protesta a nome dei lettori, irati per quel che ho scritto su Pechino. « Non è vero che 'ogni segretario di partito è un imperatore' », dice riferendosi al titolo del mio reportage. Come posso scrivere che « gli imperialisti hanno distrutto meno dei comunisti e hanno protetto Pechino »?

* * *

17 gennaio 1984, Pechino. Appuntamento al Ministero degli esteri alle tre. Mi ricevono la signora Han (gentile e minuta) e Zhen Wencheng, ex accompagnatore del nostro gruppo di giornalisti a Kashgar. Innanzitutto le condoglianze per la morte di mio padre, poi ci sediamo e io dico le cose che voglio dire.

Sono qui da quattro anni, facciamo il punto. So che ci sono persone che si sono offese, che scrivo cose critiche, che ho litigato con molti poliziotti, ma non sono un nemico di questo paese. Sapevo dove sta di casa Hu Yaobang e non l'ho mai scritto; ero in contatto con Shi Peipu e non l'ho mai scritto.

Critico, perché amo questo paese. Critico, perché questo è il mio mestiere.

Sono pronto a discutere e a vedere il punto di vista altrui.

Parlo per più di mezz'ora e poi dico che potrei andare avanti per ore perché conosco bene questo argomento, ma forse Zhen vuole dire la sua.

Tira fuori dalla tasca un foglio con degli appunti, dicendo: « Sì, forse è il mio turno. Lei ora comincia qui il suo quinto anno. Abbiamo molto apprezzato quello che lei dice sull'amicizia e la ringraziamo, ma davvero il suo lavoro ha creato rabbia in molti funzionari e anche fra alcuni dei suoi colleghi accreditati a Pechino (chi? mi chiedo). La distorsione dei fatti e il giudizio di parte non contribuiscono alla conoscenza e alla comprensione fra la Repubblica federale tedesca e la Cina. Il suo visto sta per scadere. Abbiamo deciso di rinnovarlo per un anno, ma speriamo che lei scriva cose più obiettive, meno distorte, sia sulla politica interna che sulla politica estera della Cina ».

Mi pare imbarazzato anche lui a fare questa parte, cerca le

parole. In un'ora ce la caviamo e lui, accompagnandomi con una grande faccia di circostanza, ripete le condoglianze per mio padre, che sono gentili.

Lo lascio, e sono impressionato dal loro *savoir-faire*, felice di stare ancora qui, triste di non essere stato costretto a cercare un'altra soluzione alla vita.

Io in Cina ci vivo e non mi dispiace. Il problema è che la sinistra deve accettare la verità. Il fatto che il sogno sia finito non significa che la Cina è mutata. La Cina di oggi è molto più vera e reale di quella fasulla, fantasticata dai viaggiatori del passato. Anch'io andai a studiare il cinese perché credevo che qui si facesse un grande esperimento umano.

Il problema è che ci avevano turlupinato.

La Cina ha enormi difficoltà. Anzi, ora che la si può conoscere e scoprire, vale la pena viverci.

La questione è che questo paese è stato tolto dall'incantesimo. Aveva una sua cultura, un suo mondo, ed è stato il contatto con l'Occidente che gli ha dato dei sussulti. Un po' di cannonate, qualche sbarco e gli stranieri si prendevano una « concessione » dopo l'altra.

In verità è strano, non finisco mai di meravigliarmene, quando in occasioni come il Primo maggio o il Primo ottobre vedo, sulla piazza Tienanmen, i ritratti di quei quattro (Marx, Engels, Stalin, Lenin). Come è possibile che, alla ricerca di un modo di vivere nuovo, la Cina millenaria, quella dell'immensa cultura, debba rifarsi a quei quattro europei di cui uno un noto assassino?

Eppure è così, la Cina ci corre dietro.

8 febbraio 1984, Pechino. Note prese durante l'arresto. L'aereo si blocca a Tianjin perché un motore perde olio.

Si aspettano due ore, poi si va a Pechino.

Subito all'arrivo mi guardano quelli della dogana. Mi prendono il foglio. Arrivano i bagagli e con una scusa mi trattengono. Quando tutto è finito, un poliziotto all'uscita mi chiede la carta d'identità e mi dice di seguirlo. Porto a mano i bagagli fino al piano di sopra. La scala mobile è rotta.

Nella stanza i due poliziotti fanno sorrisi falsi, poi, in un angolo, parlano sottovoce evitando la mia domanda:

« Siete poliziotti armati o della Pubblica sicurezza? »

La detenzione inizia alle 11.20 di sera.

I pensieri, le ipotesi, la fucilazione, lo scomparire nel gulag.

Vivere per poi scrivere un libro a cui nessuno è interessato.

Tre persone e un capo entrano nella stanza. Il più vecchio parla, mi chiede se sono « Deng Tiannuo ».

Io dico che non capisco il cinese.

Lui mi urla: « Lo sai! Lo sai! Smetti di scrivere! »

« Ma io sono un giornalista. »

Mi ordina di andare all'ufficio della Pubblica sicurezza di Pechino. Mi impediscono di telefonare. Arriviamo all'ufficio alle 00.45.

9 febbraio 1984. Lista dei beni confiscati:

1. Bronze buddha (5 big, 6 small) 11
2. Bronze animal (small) 2
3. Silver box 1
4. Bronze incense burner 1
5. Bronze cricket cage 1
6. Small bronze water pot 1
7. Long incense burner 1
8. Porcelain vase with two ears (red) 1
9. Porcelain vase cream col. broken 1
10. Porcelain flour pot (blue and white) 1
11. Pottery vase with two ears (cream) 1
12. Porcelain plates big and small 7
13. Porcelain bowls (blue and white) 3
14. Wine cup (blue and white) 1
15. Round porcelain container (b/w) 1
16. Cricket containers 2
17. Big copper lock 1
18. Jade objects 8
19. Wooden objects hard and red wood 6
20. Wooden turtles (one big, one small) 2
21. Lady's watch (Seiko dark face) 2
22. Man's watch (date, three hands) 2
23. Buddhist painting tanka 2
24. Chairman's Mao picture 1

25. Painting in frame 2
26. Photos 16
27. Chairman Mao's postcard 1
28. Scroll painting 1

« Deng Tiannuo si rifiuta di firmare. Testimoni: Yue Feng e Wang Guang. Perquisito da Liu Yongxiang. »

10 febbraio 1984, Pechino. Incontro quelli che ieri sera sono stati chiamati di rinforzo. Tutti sorridono di imbarazzo. Io li saluto come se niente fosse successo. Uno, col sorriso più grande di tutti, dice:

« Deng Tiannuo, come stai? Benissimo, benissimo vero?! »

Gli do ragione: « Davvero benissimo! »

E tutti ridono ancora di più. Mica male, la Cina!

Visita di cortesia alla signora Doss per la sua telefonata notturna. La sua prima impressione è stata che stesse succedendo qualche cosa di strano. Forse la CIA? Forse il KGB? Perché non aveva visto che i miei capelli grigi e delle ombre nere. La seconda volta ha sentito urlare: « Neal, Neal Ulevich! » Già dopo il primo urlo ha chiamato Graziella Simbolotti, consigliere dell'ambasciata italiana, e fino al mattino sono rimaste in contatto al telefono.

Altri hanno sentito, ma si sono ben guardati dal fare checchessia.

Visita all'ambasciata italiana per ringraziare Graziella. Racconta come dopo la telefonata di Doss ha passato la notte al telefono a cercar di capire. Al mattino ha mandato Bisogniero dell'ambasciata a casa mia per informarsi, ma cuoco e cameriera con faccia stupita hanno detto di non aver visto nulla. Poi ha fatto telefonare da Gabriella Giubilei, la segretaria dell'ambasciatore, a Hong Kong per farmi invitare a una cena dall'ambasciatore. Era una scusa per accertare se ero davvero partito e vedere che cosa sapeva Angela. Bravissima.

Al ritorno *xiao* Liu mi dice che hanno telefonato quelli dell'ufficio di Pubblica sicurezza per dire che debbo andare da loro alle 2.30 del pomeriggio.

Pomeriggio. L'interrogatorio inizia alle due e mezzo, mi accompagnano Bisogniero e Giorgi dell'ambasciata. Il capo cinese dice che la loro presenza non è richiesta ed è inutile. Giorgi ricorda la convenzione di Vienna: è loro dovere assistere un cittadino italiano in queste condizioni.

L'ufficiale prende la parola e dice: « Ieri dopo alcune difficoltà hai fatto alcuni progressi. Ora vogliamo iniziare il tuo percorso di rieducazione. Devi dire tutta la verità, cercare di ricordarti tutti i dettagli delle cose, non mentire, e così potrai avere una punizione minore. Altrimenti avrai una punizione severissima. Ora ti faremo delle domande e tu dovrai risponderci ».

Portano nella stanza una parte delle cose confiscate. L'ufficiale comincia col prendere il buddha più grande e chiedermi dove l'ho comprato.

Insisto che è difficile dire dove e come, perché alcune cose sono lì da tanto tempo e sono cose di anni fa. Dico che vari pezzi li ho acquistati ai mercati privati e che non posso ricordarmi esattamente da chi. Cinque piccoli buddha (uno con la mano per aria) li ho avuti da un contadino alla Grande muraglia, una sera, nella torre di osservazione. Uno degli altri due ricordo di averlo preso a Taiyuan, per strada, una sera prima del capodanno cinese; un altro da un tipo di Pechino che ho conosciuto un anno fa in un negozio che raccoglieva roba vecchia e che mi aveva venduto alcune cose e mi aveva aiutato a riparare dei mobili. Quell'uomo una sera, due o tre mesi fa, mi ha telefonato chiedendomi di vedermi. Io a quell'appuntamento non sono andato perché non volevo essere coinvolto in una storia che mi pareva losca.

Sulla questione dei cinque buddha producono la foto Polaroid nella quale se ne vedono cinque, ma solo tre sono ancora presenti.

« Dove sono gli altri? »

Spiego che capita tanta gente a casa mia e mi succede anche di regalarne.

« Da dove vengono gli orologi? »

Recentemente c'è stato a casa mia un amico americano di nome Orville Schell che li ha lasciati a me per riprenderseli la prossima volta che viene in Cina.

12 febbraio 1984, Pechino. Passeggiata nel parco con Graziella. Anche le automobili sono «minate» e qualcuno dell'ambasciata ha trovato una «pasticca» molto sofisticata nella sua automobile.

Si analizza la situazione. Secondo lei le possibilità sono:

– una semiconclusione della faccenda con un'ammenda da pagare per il crimine e la continuazione dell'indagine che permetterebbe di rimanere qui, ma continuamente nell'incertezza e come un ostaggio;
– la formalizzazione della vicenda con processo, condanna e poi «magnanima» espulsione.

13 febbraio 1984, sera. A scrivere l'autocritica provo quasi una soddisfazione. È il nuovo computer o sto impazzendo?

Penso agli intellettuali cinesi che tanto disprezzavo. Faccio come loro? O, peggio, sono in corso di diventare un «eunuco» come gli altri «amici della Cina»? Mi rendo conto, scrivendo le ultime parole della confessione, che questo paese vive nel Medioevo della morte.

Bello scrivere l'autocritica come una lettera alla famiglia, per essere capiti. Sarà terribile poi rimettersi a scrivere articoli. Fra l'altro mi si sarà spuntata la penna.

14 febbraio 1984, Pechino.
Ad Angela. Appuntamento fra le 4.30 e le 5 al solito posto di polizia. Ogni volta che varco quella soglia mi riprende, al fondo dello stomaco, quella indescrivibile stretta che si chiama paura. Ricordo la confusione di quelle prime ore nella notte e sono a disagio ma, come i miei «amici» cinesi, anch'io so fare la faccia.

Arrivo col mio angelo custode, Giorgi dell'ambasciata, giovane bene di Piacenza al suo primo incarico con il grande dono del *physique du rôle*.

Dalla guardiola della polizia esce sorridentissimo il giovane intellettuale Shi Lei (Fulmine di pietra), figlio di generale, aspirante storico (ha scritto un saggio su Jean Moulin e ha studiato il ruolo del PCF nella Resistenza francese), che con grandi gesti ci conduce verso la «mia» stanza. Subito dice di aver appena finito di leggere il mio articolo sulla distruzione di Pechino e di averlo trovato giusto e interessante. Gli dico di fare bene attenzione perché proprio per quell'articolo sono stato duramente criticato e che forse non dovrebbe esprimersi così. Non sembra preoccupato, anzi, è estremamente amichevole. Continua a dire che ho assolutamente ragione.

Mi fanno accomodare nella solita stanza dove dopo un po' viene *lao* Liu. Mi pare imbarazzato, anche se fa la sua solita parte di duro. Si siede, si accomoda, si pulisce la gola con fare cerimonioso. Poi dice: « Hai finito di scrivere? »

Io, con l'aria che mi si conviene, contrita e stanca (« Non ho dormito tutta la notte per finire »), gli porgo il malloppo a due mani e mi risiedo.

Lui prende le fitte venti pagine e le sfoglia, le soppesa come ci capisse qualcosa, come fosse interessato, ma vedo che è ad altro che pensa e non si accorge nemmeno, sfogliando e risfogliando, che in tutto quel lungo documento non ho messo una singola firma. Lo vedo imbarazzato, che pensa ad altro, e « l'altro » viene presto fuori.

« Dopo l'ultima volta che ci siamo visti sono emerse cose che non sapevo... »

Per un attimo mi preoccupo. Penso alla trappola che mi aspetto da tempo, che mi venga portato dinanzi uno dei nostri amici che confessa cose inverosimili, ma infamanti...

« È venuto fuori che noi ti avremmo picchiato e questo mi ha dato enormi problemi. Io sono un membro degli organi di sicurezza della Repubblica popolare cinese e tutto quello che faccio è secondo la legge cinese » – dice tutte queste cose con la stessa voce con cui mi accusava di terribili crimini giorni fa, ma in verità ora è lui che mi pare nei guai – « e secondo la legge cinese gli stranieri non debbono essere picchiati. Di questo e di come hai scritto la tua autocritica dovremo riparlare. Vieni di nuovo giovedì alle nove. Hai delle domande da fare? »

Spiego, sempre contrito e con voce bassa, che questa storia è già durata a lungo e che io auspico una soluzione ragionevole e svelta che mi permetta di continuare il mio lavoro in Cina e che rinsaldi la nostra amicizia.

Lui dice che io sono un giornalista famoso (meno male, fino a tre giorni fa ero un « giornalista criminale ») e che per questo posso contribuire all'amicizia. Ribatto sulla stessa linea, ma vedo che l'amico non ascolta, sento che pensa ad altro. Risfoglia le cartelle e dice: « Bene, spero tu abbia scritto in maniera soddisfacente, ti dirò se abbiamo ancora domande ».

Io lo ringrazio infinitamente e per la prima volta lo chiamo « *lao* Liu ».

Lui si alza, cerca di darmi la mano, io non capisco e non gli tendo la mia e lui rimane con quella mano per aria e le mie venti cartelle nell'altra e scivola via.

Resto col giovane intellettuale dall'aria intelligente, che immediatamente dice: « Anche il mio capo ha trovato i tuoi articoli interessanti e giusti. Abbiamo avuto una lunga conversazione su questo ».

« Ma il tuo capo è molto sopra a *lao* Liu? » chiedo io.

E lui, come gli fosse chiesto di paragonare il cielo con la terra, alza la mano verso l'alto, butta gli occhi in su e mi fa capire che il suo capo, quello sì, conta davvero qualcosa. « Mi piacerebbe molto rivederti quando questa faccenda è finita », dice il giovane.

« Se rimanessi in Cina, non ci potremmo certo incontrare se indossi sempre quell'uniforme », gli dico.

Lui ride e per un attimo mi chiede se il mio interprete è *xiao* Liu. Lo sa meglio di me, ma lo dice solo per farmi sapere quel che sa già.

Siamo fermi nel mezzo del cortile della vecchia casa patrizia. Dalla stanza dove lo hanno messo ad aspettare esce Giorgi e si dirige verso di noi. Il giovane riesce solo a dire, prima che l'altro ci raggiunga: « In questa tua faccenda c'è una storia di agenti segreti ».

Rido, non faccio a tempo a chiedere di più e usciamo fra grandi salamelecchi.

Chiedo a Giorgi di andare a fare due passi. Parcheggiamo la macchina nel grande cortile della Città proibita e facciamo una magnifica passeggiata nel freddo del tramonto, sotto le mura rosso-violette. Uno spicchio di luna penzola nel cielo, un vecchio imbacuccato passa a ritmo di marcia. Mi sento libero, lontano da microfoni, libero in una splendida Pechino che avrei dolore a lasciare.

Racconto la conversazione col giovane, mi chiedo a voce alta se non ci siano dietro a questa faccenda i servizi cinesi, e lui dice che l'ambasciatore ha già ipotizzato che questa faccenda si potrebbe concludere con un'offerta di reclutamento da parte dei cinesi (visto che sono così «amico»).

Rido a pieni polmoni, bevendo l'aria della sera. E subito mi rattristo, perché vedo come dinanzi a questa offerta potrei solo andarmene, senza neppure sbattere la porta e senza neppure avere la pubblicità e la gloria di essere il primo giornalista espulso dalla Cina dopo la Rivoluzione culturale.

Che a forza di giocar «cinese» finisca ora per alienarmi i miei? È perché mi ritengono perso e ormai «cinese» che l'ambasciata tedesca non mi cerca?

«Se le fanno una offerta», dice la sera l'ambasciatore italiano, «lei è un uomo libero, può fare quel che vuole. Può informare chi di dovere...»

Angelina, ma chi è di dovere in questa storia? E se fosse davvero così?

Se fosse che cercavano da tempo di inchiappettarmi (ricordi tutte le perquisizioni ogni volta che passavo la dogana?) così poi da ricattarmi e reclutarmi? E se quella sera non avessi strillato e mi avessero magari fatto sparire per tre o quattro giorni e ne fossi poi uscito come «uno di loro»? Quelle mie urla paiono ora sempre più la cosa più giusta che ho fatto.

La sera vado a mangiare una pizza da Giorgi, è chiaro che all'ambasciata oramai sono in tantissimi a sapere. Le ore che vengono sono decisive perché, da solo, dovrò vedere dove e come si passeranno i prossimi anni della vita.

17 febbraio 1984, Pechino. Ormai un'abitudine, come farò quando tutta questa storia si concluderà?! Alle nove arrivo alla stazione di polizia. Sul tavolo, la solita chiave che dà accesso ai miei tesori confiscati.

Parla per primo *lao* Liu: «Hai scritto?»

Dico di sì e apro la mia cartella da cui tolgo le nuove cinque pagine, ma anche lo *Spiegel* con la storia dei grilli che consegno con grande cerimoniale.

Lui guarda molto interessato e chiede chi sono (i loro nomi) i vecchietti rappresentati nelle foto. Poi chiede se ho anche scritto sulla questione di cui abbiamo tanto parlato ieri, « le botte ».

« No. Non ho scritto. Come avevo detto e ripeto, se firmassi una dichiarazione del genere non farebbe che sollevare più sospetti. Finora ho firmato tutti i documenti volontariamente, perché mi è parso giusto. Se firmassi una dichiarazione in cui dico che non mi avete picchiato, questo non farebbe che far pensare che mi avete davvero picchiato e che poi mi avete forzato a firmare. »

Se lo aspettavano e hanno già trovato la via di uscita. *Lao* Liu si lancia in un grande discorso che il tipo giovane alla sua sinistra scrive diligentemente. È una lunga dichiarazione in cui dice che quella sera lui non ha fatto che seguire il dettato della legge e gli ordini dei suoi capi, che per questo suo dovere avrebbe potuto anche usare dei manganelli elettrici, ma non lo ha fatto perché si fidava di me e che solo quando ho cercato di scappare è stato costretto a intervenire per rimettermi in macchina e riportarmi alla polizia per « educarmi ».

Lo interrompo facendo mettere a verbale che non ho mai avuto alcuna intenzione di scappare e che non ho mai tentato di farlo. Scappare non avrebbe avuto nessun senso. Scappare dove?

Allora lui dice: « Ma devi concedere che io abbia potuto pensare che tu volessi scappare ».

« Certo, non posso negarle la libertà di pensare quello che vuole. »

Tutto l'esercizio di stamani è nel poter mettere a verbale, pur dette da lui, queste cose a cui non ho da obbiettare e che mi faranno firmare. Lui continua dicendo che volevo scappare e che loro hanno dovuto fermarmi per le maniche, per questo la mia giacca era rotta, che nessuno mi ha tirato alcun colpo, che sono stato io a divincolarmi, che io sono uno forte, tre volte più forte di tutti loro, e che nel divincolarmi ho anche danneggiato la loro macchina (una Mercedes) e che hanno fatto le foto dei danni subiti.

Dico che non mi ero accorto che la macchina era stata danneggiata e che, se così fosse, la mia gamba sarebbe molto più ferita di quel che è, visto che ho battuto lo stinco.

Dice che altre volte stranieri in mano alla polizia hanno raccontato di essere stati picchiati, ma poi « abbiamo parlato loro e le cose si sono chiarite ». Continua a parlare, fa il simpatico, sostanzialmente dice che era una questione di quattro poveri poliziotti che cercavano di trattenere un energumeno « eccitato » che tentava di fuggire.

Abbastanza di questa questione. « Parliamo ora dell'altra questione », dice *lao* Liu.

Mi chiedo quale questione, e presto capisco che qualunque questione va bene. Il suo problema è che mi deve fare una sorta di nuovo interrogatorio per potermi alla fine far firmare un protocollo ufficiale, la sua versione di quella notte per coprire questa storia delle botte. *Chapeau!* La conversazione continua sul perché avevo attaccato il crocefisso sul petto di Mao e non da un'altra parte. « La tua casa è grande. L'avresti potuto mettere nella sala da pranzo, nella camera degli ospiti, su una tua fotografia... Perché sul petto di Mao? »

Ripeto le stesse cose. Sono disteso, oggi sento che è lui ad avere un problema e non io. Dice che è un principio di diritto internazionale che anche gli stranieri debbano rispettare i capi dei paesi in cui si trovano.

Mi permetto di dire che ho una certa conoscenza del diritto internazionale e che è un principio comune a tutti i diritti che il reato di vilipendio dei capi di Stato ha da essere fatto per mezzo stampa o pubblicamente, mentre nel mio caso questo di Mao era nella *privacy* della mia casa.

Lui conclude che il vilipendio è nella natura della mia azione e che essendo stato fatto nella mia casa è di minor gravità, ma ugualmente vilipendio. « Hai niente da dichiarare? »

« Sì. Posso riavere il mio passaporto? »

« Non dipende da me. Io debbo fare un rapporto ai miei capi, debbo dire dei progressi che hai fatto con la rieducazione e toccherà a loro decidere. Ti faremo sapere quando abbiamo bisogno di riparlarti. Hai niente da dichiarare? »

« Sì, il mio più sincero desiderio è che questo sfortunato incidente si risolva in maniera amichevole e che io possa continuare a vivere e lavorare in Cina per contribuire alla conoscenza dei nostri popoli. »

« Hai usato la parola sbagliata », dice lui. « Tu parli di 'sfortunato incidente', ma hai violato la legge cinese e quel che dovresti fare è ammetterlo e chiedere che il governo del popolo ti tratti con clemenza. Tu conosci la nostra politica, i fatti sono fatti, ma quel che conta è l'atteggiamento. Se mostri, come hai fatto, di fare progressi nella tua rieducazione, sarai trattato con clemenza. Allora, perché parli di 'sfortunato incidente' e non di violazione della legge? »

Ma sono le ultime scintille di un fuoco che si sta spengendo. Non è più di questo che stiamo parlando. « Se ti abbiamo detenuto è perché avevi infranto la legge, altrimenti non ci saremmo incontrati in queste circostanze. »

« Spero che ci possiamo comunque incontrare in altre circostanze. Dopo tutto, ora ci siamo così tanto parlati che ci conosciamo meglio. Potremmo già chiamarci 'vecchi amici'. »

Lui ride, io rido e usciamo dalla stanza. Lui sempre un po' imbarazzato fra il suo ruolo di cattivo e di falso gentile.

19 febbraio 1984, Pechino. Pranzo con l'avvocatessa americana. Mi ricorda un famoso detto di Mao: « L'autocritica è la grande invenzione dei cinesi. È come mangiare la carne di cane: solo se la si prova si sa quanto è buona ».

21 febbraio 1984, lettera di Angela da Hong Kong.
Carissimo Tiziano,

mi rendo conto che il nostro *1984* l'abbiamo avuto, lo stiamo avendo in casa, o meglio in due case collegate con un telefono. È proprio macabro o almeno lo sta diventando. Fin quando ho risentito la tua voce al telefono, venti ore dopo il sequestro, ho pensato che questa era se non altro una « storia » che avrebbe svelato meglio di qualsiasi altra la natura della Cina, che rimane un lupo in veste d'agnello, che dimostra che il comunismo resta il comunismo, che lo Stato di polizia è quello che è... come tu avevi sempre voluto dimostrare.

Tutti quanti abbiamo ammirato, ma i professionisti ancora più di me, come ti sei mosso. Pare che se non ti fossi piegato e non avessi dato un po' di « faccia » alla polizia, nessun Pertini ti potrebbe salvare da ben maggiori guai. Chi avrebbe impedito loro, messi alle strette davanti ai loro « capi », o perfino davanti al Politburo stesso, di fabbricare prove dopo prove?

La tua decisione più brillante, quella che richiedeva tanto coraggio, è stata urlare. È anche quella che fa di tutta la faccenda una « storia », le dà il sale e probabilmente ti ha salvato. Con quell'urlo hanno dovuto presumere che qualcuno avesse visto e sentito, che ci fossero testimoni, e tutta la loro trama è andata in fumo. Le botte che ti sei preso di conseguenza, l'ambasciata avvertita di notte da un anonimo straniero del fatto che un italiano veniva picchiato, tutto per loro è andato storto. Puoi ringraziare te stesso se tutto lo *Spiegel* sta leggendo la tua lettera a Dieter col fiato sospeso e se tu ne vieni fuori come un « vero giornalista ».

Sono d'accordo che ora la questione si è sdrammatizzata ed è nelle mani dell'ambasciata e del viceministro, ma ritorna a te il problema professionale: cosa ne fai?

La tua intenzione, mille volte ripetuta al telefono – tu ami la Cina, ci vuoi rimanere, non divorzierai da una moglie « traditora », il legame è vecchio e ci vuole ben altro – credo li rinforzi nella loro tattica del temporeggiare. Il « Fratello » dice che possono andare avanti per mesi senza farsi più vivi, senza renderti il passaporto. Intanto Reagan sarà venuto e ripartito senza che tu abbia parlato, e in capo a sei mesi, anche se pubblichi tutta la storia, la gente si chiederà: perché solo ora? E la Cina la smentirà. Nel frattempo ti sarai logorato, non avrai potuto viaggiare o muoverti, né in fondo lavorare, perché qualsiasi passo può ricondurti in fallo.

Ma prendiamo l'ipotesi migliore: ti rendono il passaporto fra qualche giorno e anche il visto, e ti dicono: amici come prima. Tu cosa fai di questa storia? La pubblichi? Lo *Spiegel* farà una dichiarazione vaga con cui chiuderà la vicenda senza averla mai aperta?

Ti rimetti al lavoro. A qualsiasi tua richiesta la risposta delle autorità sarà: « Ci sono problemi... » Qualsiasi passo lo dovrai misurare. I tuoi amici cinesi non ti potranno più rivedere. Gli ostacoli sortiranno fuori da tutte le parti. Rischi di vivere una brutta vita, non più quella di prima, rischi di logorare le tue resistenze e di uscire un anno dopo per scrivere un libro su una storia vecchia.

Io all'inizio ero con te, pensavo sì, l'importante è che resti in Cina a scrivere qualche altra storia. Ma giustamente Folco dice, quale storia? La storia vera, quella più grande, è quella che il babbo ha fra le mani e vuole tenere nascosta. Mi pare inoltre che non potresti più fare il tuo lavoro come sei abituato a farlo. Cosa diresti tu se scoprissi che a un altro corrispondente è capitata una storia del genere e che non te l'ha raccontata, che l'ha nascosta? Diresti che ha fatto un accordo con la polizia e che non ha fatto il suo mestiere di giornalista.

Come la vedono i nostri amici:

– Padre Ladány è scioccato. Tattica usata nella Rivoluzione culturale, ma mai contro uno straniero. « Ma », dice, « è fortunato perché ha una grossa storia per le mani. Fossi un giornalista, lo invidierei. » Nel corso del pomeriggio ci ha pensato bene. Ha visto il pericolo che ti tengano lì per mesi, senza una risposta (cosa m'importa del passaporto – dici tu – ma ti sbagli. Giocano con te al gatto e al topo, sfruttano il tuo dichiarato amore per la Cina, la tua voglia di stare. Dilazionano la pubblicazione. E cosa avrai in compenso?). Lui è decisamente in favore di un intervento ad alto livello di Pertini (il più rispettato statista europeo in Cina), perché tu riabbia il passaporto entro una settimana. Potrai restare o dovrai partire: nei due casi pubblicherai la storia. Mi ha ritelefonato stasera per dirmi che se diamo ai cinesi troppo tempo, loro lo useranno per fabbricare nuove « prove ».

  Ricordati che i cinesi sono i più sottili psicologi, i più formidabili conoscitori dell'uomo. Sanno come distruggerti. Vattene.

– Il « Fratello » è un consigliere sobrio ed estremamente intelligente. Con tocchi di amico e consolatore di una grandissima finezza. Fra tutte le protezioni immaginabili è stato lui a scegliere quella di Pertini. È un uomo che in Cina è enormemente rispettato, come in Cina si rispettano i vecchi e i sapienti, non le loro funzioni. È stato il « Fratello » a dire che se entro venerdì scorso le cose non si fossero sbloccate, avremmo dovuto contattare Pertini. Sapeva che la polizia aveva bisogno del tuo foglio scritto per proteggersi contro gli eventuali siluri dall'alto. Se non avesse avuto quel foglio, avrebbe forse fabbricato accuse con testimoni falsi. È lui che spiega che una nota di protesta è una cosa seria e che la risposta che il Ministero degli esteri cinese deve presentare agli italiani dev'essere valida; che la polizia non cede di solito.

Lui è molto interessato ai moventi, cerca di capire, ma non riesce. Ha pensato che la polizia agisce per conto proprio, per rabbia, perché sei scomodo, perché conosci troppe persone « strane », perché hai troppi contatti non ufficiali con tanti tipi di persone – « in questo senso è un vero giornalista » –, perché sei indomabile, brusco e impulsivo, e che con la tua conoscenza della Cina, i tuoi amici cinesi d'oltremare, la tua facilità di comunicare hai causato loro incessanti problemi. La vede come una vendetta dopo quattro anni di arrabbiature. Almeno questo è quello che mi par di capire.

Dal punto di vista del suo paese, la pubblicazione della storia « danneggerebbe immensamente l'immagine della Cina, tutta la vicenda non è coerente con le politiche del Politburo ».

Non vede come tu possa continuare a vivere e lavorare in Cina, ma su questo punto non s'impegna in maniera definitiva.

– *Der Spiegel.* Mi sembrano uniti nell'esecrazione. Si sentono personalmente offesi. « Deve uscire! Fuori, fuori! » urlava Böhme. Non voleva sentir parlare di compromessi. Solo perché tu vuoi che stiano fermi, loro stanno fermi. Dieter ha l'acquolina in bocca per la storia, trova la tua « lettera » formidabile, e urlava dalla California che anche la tua « autocritica » è un capolavoro e me ne citava le parti migliori nel suo pessimo inglese. Ti pensano incessantemente – sono le sue parole – e sono frustrati. Pronti a chiudere l'ufficio e a non mandarci più un cane. Almeno per un bel po'.
– Scalfari, oggi, stessa storia. « Io sono stato contattato dallo

Spiegel per fare intervenire Pertini e sono pronto a farlo in qualsiasi momento. Sono in contatto quotidiano col Ministero degli esteri che mi ha pregato di stare ancora fermo, ma sono pronto ad agire, fatemelo sapere. Infiniti saluti a Tiziano.» Molto carino, molto inquieto per questo silenzio stampa che per un direttore di giornale non è tanto facile da accettare.

E ora a noi due, perché siamo noi quelli che contiamo. Non capisco esattamente come ti immagini i mesi a venire.

Ti vedi in quella casa da solo, ad aspettare, anche dei mesi, senza passaporto e, come dicevi stamani, «chi se ne frega del passaporto»? Non ti rendi conto della pressione a cui ti sottometteresti e come questo ti estenuerà? Non ci sono più amici cinesi e se ci fossero non potresti parlarci. Non potresti venire a Hong Kong e la storia morirebbe. Fra qualche settimana si perderebbe nel vago e fra un mese non esisterebbe più. Dalla drammaticità al grigiore quotidiano, senza soddisfazione, e nelle loro mani.

«In Cina ci dovrebbe rimanere dieci anni, non un altro anno. Nell'anno che viene non succederà nulla», diceva oggi padre Ladány.

Sei stato lì quattro anni, vai per i cinque, più di tanti tuoi colleghi. Avevi voglia di Borneo, Brunei, Corea, Giappone fino a poco fa e ora hai riscoperto il tuo matrimonio con la Cina tanto da volerci stare al costo di rinunciare a raccontare una storia che la rivelerebbe tutta e che veramente è una storia tua. Come puoi vivere sotto il fiato della polizia?

Intanto Folco e Saskia diventano grandi e ti perdi gli ultimi tre anni a casa di lui. Perdi il piacere e l'avventura. Noi saremmo costantemente preoccupati a saperti lassù, io non starei più tranquilla, ma non te lo dico per ricatto, sai che se mi vuoi tranquilla sai tranquillizzarmi. Però non penserei più a te con la sensazione d'un tempo: che tu sei in un paese di pecore ubbidienti, senza criminali, mentre noi, a Hong Kong, siamo nella giungla. So che loro sono vendicativi e mi fanno paura.

Qualcosa è successo, qualcosa è radicalmente cambiato ora, e non possiamo fingere che tutto sia rimasto uguale. Mi dicevi che ti basta il solo vivere a Pechino, anche recluso, e già impari qualcosa che qui non impareresti. Certo. Ma fino a poco fa, esattamente due settimane fa, quel che imparavi non t'interessava più, era sempre la solita storia, verificata e conosciuta a memoria. Scrivila e passiamo, almeno per un po', a un altro tema.

Dovresti quindi fare fagotto e tornare a Hong Kong, cercare un ufficio e ripartire per altri viaggi. Ricapitoliamo la mia idea: Pertini si fa vivo con i capoccioni; hai il passaporto; pubblichi e ritorni a Hong Kong. Attacchi con il tuo libro sulla Cina e ti svaghi con bellissimi viaggi in Brunei e in Corea. La famiglia, anziché lo Yangtze, risale con te in canoa il fiume Rajang del Sarawak e si diverte molto di più. Tu non ci rimetteresti lo stomaco in rabbia repressa, rimproveri morali, nostalgia e solitudine.

22 febbraio 1984, Pechino.
Lettera al «Fratello». Caro Fratello («fratello» perché se avessi un fratello cinese saresti tu, «fratello» perché questa è la parola in codice che con Angela usiamo quando parliamo al telefono), quindi:

Caro Fratello,

questa è una lettera difficile perché a differenza di quelle che ti ho scritto mentalmente durante le lunghe ore di detenzione e interrogatori, questa deve essere dattiloscritta e in qualche modo le parole scritte, con la loro inevitabile precisione, fanno violenza alle cose informi che si provano, alle espressioni non formulate che ci vagolano per la testa.

Sei stato importantissimo per me perché ti ho tenuto costantemente presente. Eri la traccia, il punto di riferimento. Con te ho silenziosamente discusso, ti ho consultato e nella nebbia dell'abbandono che il non dormire, il non bere, il non mangiare e lo stress inducono, ho addirittura pensato di essere te, perché ho sempre saputo che, un giorno o l'altro, questo poteva succedere a te e sarebbe stata la fine. Invece è successo a me.

La mente è un oceano pieno di navi colate a picco e lo stress degli interrogatori, l'altalena di minacce e promesse, i momenti quieti tra una sessione e l'altra riportano lentamente a galla i dimenticati detriti della vita: il nostro primo incontro nel settembre 1976 alla Bank of China per la cerimonia funebre di

Mao; le chiacchierate sulle nostre vite e ciò che in esse era giusto e sbagliato.

Piacevoli rimasugli del passato, mentre le orecchie sono riempite di una voce metallica che giunge da una bocca distorta in un sorriso sardonico: « Confessa. Non hai altro modo. Sappiamo tutto di te, vogliamo solo che confessi. Le masse ti hanno sorvegliato da lungo tempo e ci hanno informato. Conosciamo i tuoi crimini. Vogliamo solo conoscere il tuo atteggiamento. Se è buono, il governo popolare ti tratterà con clemenza; altrimenti la punizione sarà severissima. Vogliamo aiutarti. Il nostro dovere è di rieducarti. Confessa ».

Ora dopo ora.

Il mondo è lontano. Si guardano i rami di un albero contro il cielo grigio di Pechino e si pensa a quel che fanno in quel momento tutte le persone che si conoscono.

« Sei un criminale. Devi confessare i tuoi crimini. »

Un po' ero contento, un po' dispiaciuto che finisse presto. Finalmente si era aperta per me una piccola finestra sulla Cina vera e non volevo si richiudesse troppo in fretta.

Quale privilegio, poter guardare nella pancia della balena, avvicinarsi al cuore di tenebra!

Ho pensato di essere un cinese e mi sono sentito disperare. Nessuna terra ferma su cui stare, nessuna legge da citare, nessun diritto da invocare. Solo da chiedere perdono: non a un Dio lontano che una volta conoscevo, ma a un altro uomo che non ha alcuna particolare verità da spacciare, eppure è potente grazie alle sue insinuazioni. « Ci è stato detto che... »

Si passano in rassegna gli amici e li si immaginano tutti come potenziali traditori. Nessuno regge ai dubbi e ci si trova soli con i nostri aguzzini o salvatori.

« Apriti a noi. Dicci cosa pensi e ti aiuteremo a riformarti. »

Quindi? Amo la Cina di meno.

Al contrario, mi sento più vicino a essa. Ed è per questo che mi è stato facile essere come un cinese, vivere come un cinese, magari pensare come un cinese.

Del socialismo? Davvero non saprei che dire.

Con Orville Schell si parlava proprio alcune settimane fa del nostro vecchio entusiasmo per Mao, per la Rivoluzione culturale e « la rivoluzione » in generale. « Ci siamo sbagliati, ma non mi fido di quelli che hanno avuto ragione », diceva.

Sono d'accordo. Ma eccoci qua, ancora intrappolati tra due errori, incapaci di immaginare una via nuova, impotenti nel plasmare una società che rispetti l'uomo singolo anziché « il popolo », lasciati senza una scelta, a parte quella di confessare e di ritrovare casa nell'anonima moltitudine degli altri da cui spunteranno gli accusatori del futuro.

Lo sai, Fratello? Solo per un momento in quelle ore ho avuto davvero paura: quando tutto d'un tratto ho pensato che potessi essere tu il burattinaio dietro le quinte.

Allora quell'idea mi è stata insopportabile. Ancor più intollerabile mi è oggi pensare che nel nome di grandi ideali vengano costruite società in cui questi pensieri sono possibili.

Grazie di tutto il tuo sostegno, della tua amicizia e soprattutto di capire la distanza da cui ti parlo.

Con affetto,

Tiziano

23 febbraio 1984, « Love Letter » to a Wife.

Ad Angela. Ho appena messo giù il telefono con te e come al solito la distanza fisica diventa distanza siderale. Fra mezz'ora passa un « piccione » a prendere queste righe e devo buttarle giù in fretta, per giunta considerando che il « piccione » potrebbe non essere del tutto a prova di bomba. Ne arriverà uno migliore sabato e un altro ai primi della settimana: il primo con una prima parte e l'altro col resto della definitiva « lettera d'amore » da consegnare allo « zio ».

Importantissimo è che tu non ti preoccupi. Davvero, Angelina, tentiamo di non creare fraintendimenti fra di noi perché quelli mi sono più pesi di ogni accusa e di ogni interrogatorio. Lascia che ti ripeta che ho assoluta fiducia in voi là fuori, che nemmeno per un attimo ho mai pensato che tu non faccia quel che hai da fare. Devi solo capire che la semplice delusione della lettera che non arriva – perché questi bischeri di italiani ne combinano sempre una – stride sui miei nervi ormai tesi, ma solo per un attimo. Non mi ci vuole poi tanto a riaccordare il suono. E il suo suono è: ti prego, continua a tenere i contatti fuori come li tieni e continua a darmi in maniera discreta ma precisa i tuoi pensieri oltre a quelli degli altri.

Io sono come si dice in cinese « la rana che guarda il cielo dal fondo del pozzo » e posso fare errori di analisi anche se, essendo direttamente coinvolto, ho sensazioni e ipotesi che sono difficili da verbalizzare con precisione, e questo dovete capirlo. La questione è di sapere se gli amici cinesi sono unanimi nel gestire la conclusione di questa faccenda, e la mia impressione è che non lo sono affatto, come non lo sono stati fin dall'inizio quando il Ministero degli esteri ha rinnovato il mio visto mentre gli altri hanno deciso per la loro operazione.

Sono ormai passate due settimane, toccherebbe a loro. Invece la palla è di nuovo nel mio cortile. Che fare?

Mi chiedo già come potrò portare via i miei appunti di quattro anni, i miei file di dieci anni e la mia biblioteca di libri sulla Cina e l'arte cinese.

Sempre per darti un quadro di quel che succede qui: gli italiani sempre cari e disponibili, ma ovviamente un po' raffreddatisi visto che « le cose lunghe diventano serpenti ». La loro prossima mossa è chiedere per via consolare la restituzione del mio passaporto.

I tedeschi, cari sul piano personale, ma secondo me più che cauti nel muoversi.

Resto della vecchia opinione che se perdo la Cina non voglio perdere anche l'esclusività della mia storia.

Al peggio, che può succedere?

Teoricamente è ancora possibile l'arresto, eventualmente il processo ed eventualmente la condanna, ma questo mi pare da escludere visto il lasso di tempo già intercorso e le due presenze diplomatiche. Resta allora l'espulsione accompagnata eventualmente da un *character assassination* fondato sulle mie « confessioni » e altre eventuali « voci » che possono essere fatte circolare.

Credo che il « piccione » stia per arrivare e debbo dare il tutto in pasto alla magnifica stampante le cui testine sono state utilissime e salvifiche.

Grazie di nuovo, Angelina, mia cara Angelina. Ne avremo da raccontare da vecchi!

Ti prego di credermi completamente nelle tue mani e tu nella mia testa. Ti amo, ti ringrazio di tutto quel che fai e per tutte le energie che ti tolgo dal tuo ora ancor più di prima importante e urgente compito. Qui c'è anche la lettera al Fratello. Leggila prima di dargliela e buttala via se non la ritieni giusta.

Ti abbraccio, vi abbraccio e vi prometto calma e saggezza... e poi alcune ore tranquille al sole.

A presto.

24 febbraio 1984, Pechino. Non vedo né sento i tedeschi da giorni, ma arriva dall'ambasciatore l'invito per la festa di carnevale. Mi viene in mente che potrei andarci vestito da galeotto o con l'uniforme dei campi di rieducazione.

25 febbraio 1984, Pechino. Alle sei, telefonata di Giorgi: « Puoi venire qui? »

« Dove? »

« In ambasciata. »

Strano, che ci fanno lì di sabato pomeriggio? Entro nella stanza dell'ambasciatore e tutto lo staff è lì attorno: Giorgi, Bisogniero, Bresciani, Piaggesi, la Simbolotti e l'enorme cane. Mi viene da ridere e dico entrando: « L'Italia s'è desta ».

« L'Italia non ha mai dormito », dice l'ambasciatore.

La fa lunga, poi mi mette in mano un telegramma « riservatissimo » in cui il Ministero chiede ultime informazioni sul caso del giornalista Terzani a cui si sta interessando anche il presidente.

27 febbraio 1984, Pechino, mattina.
Carissima Angelina,

sono le sei e mezzo del mattino. Ho lavorato tutta la notte ma ho scritto a tutti e ora non ho più tempo per te.

Fra dieci minuti debbo andare a consegnare, jogging, al « piccione ». Leggi il tutto con attenzione, correggi e parliamoci prima di andare al telex nel caso tu trovi alcune cose ridicole o assurde. Forse ho anche un po' perso il senso della misura e questa sproloquiata di venti pagine non interessa che a me e a te. Sii sincera. È una qualità che ti ho sempre ammirato.

Credo davvero che non ho dimenticato niente, tranne che ti amo.

p.s. State tranquilli. Sono prudente e paziente. Salutami tanto Folco e la Saskia. Peccato che non mi siano ancora arrivate le loro lettere.

27 febbraio 1984, Pechino, pomeriggio. Al telefono urlo apposta ad Angela che debbono assolutamente far intervenire Pertini, che Pertini chiami l'ambasciatore cinese a Roma e che scriva pure a Deng Xiaoping, che ora basta, hanno avuto tre settimane per trovare una soluzione amichevole...

Nel mezzo della notte telefona Böhme e dice: «Senti bene queste tre cose: siamo tutti con te al 100 per cento e abbiamo piena fiducia in te; interveniamo presso il governo italiano perché faccia di tutto per farti liberare; scriviamo all'ambasciata di Bonn dicendo che lunedì pubblichiamo tutta la storia».

Telefona Bernardo che continua a dire: «Stai tranquillo, fatti due risate».

Dormo male e alle 7.30 debbo alzarmi per essere presente alla lezione di *taijiquan* al cui corso mi sono iscritto perché dura due mesi e voglio far vedere che credo di essere ancora qui fra due mesi.

28 febbraio 1984, Hong Kong. Lettera di Angela.
Entro venerdì prossimo bisogna finire: intervento dei tedeschi che rappresentano lo *Spiegel* e i suoi interessi; intervento di Pertini che rappresenta il cittadino italiano e la famiglia che trova mortificante e indegna questa attesa.

Passaporto riavuto, parti in tutti i modi e vai a decidere ad Amburgo con lo *Spiegel* cosa fare dopo; passaporto non riavuto, pubblichi tutta la storia. Ti consiglio di prepararla al più presto, perfetta e completa. Se queste opzioni ti paiono accettabili, dimmelo, perché le comunicherei allo *Spiegel.* Per tenerli buoni debbo poter loro proporre una strategia. Ti assicuro che ne hanno fin sopra i capelli di farsi umiliare così.

Quanto a noi qui, stiamo bene. Tua mamma fa coppia fissa con Baolì ed esce tutti i giorni tre o quattro volte con lui. Tutti i poliziotti e gli operai del rione la salutano, carezzano il cane e oggi le hanno fatto la fotografia, l'altro suo amico è il grillo. La Saskia è più libera perché la nonna è finalmente organizzata.

Mia mamma ti traduce molto bene, passeggia un'ora per conto suo e riscompare nel tuo studio. I pasti, dove mi ritrovo con i ragazzi, sono occasioni perdute e non si parla più di nulla. È il prezzo che va pagato. Ci parliamo ogni tanto in un angolo segreto della casa, sono estremamente partecipi, seri e carinissimi. Io lavoro quanto più posso e di salute e di morale sto bene. Ma mi sento anch'io in una condizione provvisoria.

Sento che in questi giorni si gioca la figura che farai con te stesso nel futuro e bisogna sia una figura con cui riuscirai a vivere.

29 febbraio 1984, Hong Kong. Lettera di Angela.
Caro amico,

padre Ladány ha letto il tuo pezzo per lo *Spiegel* e mi ha telefonato. Come me, era commosso, particolarmente dove dici che ora puoi immaginare come deve sentirsi un cinese. È là, dice, che dimostri che ami la Cina. Ha trovato la storia agghiacciante, il tuo inglese bellissimo, non ha critiche da fare, si capisce che non avevi nulla da confessare, solo che loro ti hanno maltrattato oltre il dovuto con i loro interrogatori. Vorrebbe che Folco imparasse da te l'amore per il popolo cinese indipendentemente da chi lo governa. Dimostra d'essere il grand'uomo che è. Era commosso.

Dunque aspetta una sola decina di giorni ancora. Non curarti di quello che Bernardo non chiama *character assassination* ma « i pettegolezzi di Pechino »: fa freddo, non succede nulla e non hanno altro da fare, quindi chiacchierano. E qui il Fratello e Bernardo danno la stessa interpretazione.

Tutti sono sulla stessa linea d'onda. Non sentirti abbandonato.

La decisione dello *Spiegel* è presa, e tutti sono in campana.

E ora, con amore, parte questo « piccione ».

29 febbraio 1984, Pechino.
Carissima Angelina,

sarà una lettera a rate, questa, così come lo sono le mie giornate, messe assieme a pezzi e bocconi, con alti e bassi, con momenti di euforia e di depressione, con attimi di gioia a pensare alla raffinatezza dei giochi in corso, ma anche di paura a immaginarsi certe, ancora possibili, alternative.

La mia vita qui è come quella della vacca a cui tu badavi durante la guerra con la tua amica nello Schleswig-Holstein: sono all'aria aperta, mangio erba fresca, ma sono legato a un palo e non posso andar più lontano di quanto la corda mi permetta. E quella corda ovviamente è il mio costante pensiero.

Dove ho certo fatto passi da gigante è nella « cospiratorialità ». In questo, il telefono gioca un ruolo fondamentale e non devi dimenticarlo mai quando ci parliamo.

« Pronto, ambasciata americana? Sono T.T., vorrei parlare con l'ambasciatore per una questione urgente. » Quelli che stanno in ascolto si debbono dire: « Ma questo conosce proprio tutti, o bluffa? »

Un'ora dopo telefona la segretaria e dice: « L'ambasciatore sarà molto contento di vederla ».

Ed ero lì, stamani. Grande ascoltatore. Gentile e amichevole. Le sole cose che ha detto sono: « Non vedo alcuna possibilità che lei possa continuare a lavorare in Cina normalmente dopo questa storia; quella con cui lei ha a che fare è gente che non dice mai di aver sbagliato o che si ritira in silenzio. Per cui continueranno. Stia attento a far pubblicare qualsiasi cosa 'prima di uscire dal bosco' ».

Avete forse ragione tu e i tuoi consiglieri nel pensare che bisogna ancora tacere. Io, forse, proprio perché l'aria è fresca e l'erba buona, non mi rendo conto del costante pericolo di strangolamento rappresentato dalla corda.

Mi è mancata molto la tua lettera con tutte le riflessioni dei vari personaggi. Spero che arrivi quanto prima e per mani sicure.

2 marzo 1984, Pechino. Alle 9.15 telefona Giorgi per dire che ha telefonato la polizia e ha un appuntamento alle tre. La polizia ha anche detto che se il signor Terzani vuole venire è benvenuto.

Alle 9.30 anche il mio telefono squilla: « Sono della Pubblica sicurezza di Pechino, ti preghiamo di venire alle 3 al nostro posto. Si tratta del tuo problema e abbiamo da comunicarti i risultati».

«Dove, al solito posto?»

«Sì, al solito posto.»

«Sarò lì.»

Alle 10.15 David porta delle sigarette indonesiane mandate da Angela. Con la scusa delle sigarette riesco a telefonare a Deep Throat: «Ho delle sigarette per te. Siccome non ti vedrò per qualche giorno, meglio che te le porti subito, sarò dalle tue parti».

Gli consegno le sigarette e tutti gli appunti di questi quattro anni per un eventuale libro, e gli dico dell'appuntamento che ho alle 3.

Ore 11, da Schödel all'ambasciata tedesca. Chiede quali sono le novità e gliele dico. Facciamo un'analisi delle possibilità che avrò dinanzi alle 3 del pomeriggio:

1) soluzione amichevole, multa e resto in Cina;

2) soluzione non amichevole, espulsione, eventualmente con arresto.

Dico che anche nel caso della soluzione amichevole lo *Spiegel* dovrà pubblicare qualche cosa sulla faccenda.

Alle 3 in punto si arriva con Giorgi che può mettere la macchina nel cortile perché è stato «convocato».

Aspettiamo un attimo perché c'è un po' di confusione nelle stanze.

Da quella in cui io vengo di solito interrogato esce un gruppo di poliziotti con tazze di tè in mano. Fra chi ci viene a salutare, il giovane «Fulmine di pietra» che chiede se abbiamo un interprete perché oggi si debbono dire delle cose «ufficiali» e la traduzione deve essere giusta. Chiamano per primo Giorgi e io sono lasciato a sedere nella sala d'aspetto dei visti, fra delle poliziotte che come al solito discutono di quanto hanno pagato i cavoli e di come comprare certe maglie di lana.

Passeggio nel cortile, un tempo bello, guardo i tetti grigi e l'albero di quella prima mattina e da una stanza escono sette giovani poliziotti che vengono a guardarmi. Uno, per attaccare bottone, mi chiede di che marca è la macchina che Giorgi ha parcheggiato giusto lì.

Pochi pensieri e soprattutto gli stessi: soluzione uno o soluzione due?

Se è soluzione uno, che faccio? Pubblico? Passa più di mezz'ora e l'idea della espulsione mi pare la più possibile. Ora quell'idea mi pare anche un sollievo. Come farei a continuare qui, in queste condizioni? Farebbe felice Angela e io non avrei da prendere decisioni.

Espulso. Perdere la Cina. Guardo il cielo, i tetti, l'albero. Sopporterò la nostalgia?

La porta della seconda stanza, non la « mia », si apre e li vedo tutti uscire. Giorgi mi viene incontro e con un sorriso bisbiglia: « Ti vogliono fuori al più presto possibile ».

Mi pare una liberazione.

Mi fanno entrare nella « mia » stanza, quella da dove erano usciti tutti i poliziotti, e ora capisco perché. La stanza sembra un negozio di *bric-à-brac*. Tutta la mia roba presa durante la perquisizione è esposta sui tre tavoli.

Ci si siede. L'ossuto *lao* Liu si prepara a parlare, il giovane con i capelli a porcospino apre un suo quadernino dove la traduzione è già tutta scritta a fine calligrafia a mano:

« Ti abbiamo chiamato per annunciarti i risultati sul tuo problema. Puoi prendere appunti.

« Decisione sul trattamento di Deng Tiannuo che ha illegalmente acquistato tesori nazionali cinesi:

« Deng Tiannuo, 46 anni, sesso maschile, italiano, cittadino e corrispondente nella Repubblica popolare cinese della Repubblica federale tedesca per la rivista *Der Spiegel*, residente a Pechino, Qijiayuan 7-2-31. Il primo febbraio 1984 è stato fermato al posto doganale di Gongbei, mentre cercava di contrabbandare una statua di bronzo di Buddha. Per questo motivo l'8 febbraio è stato convocato all'ufficio di Pubblica sicurezza di Pechino e la sua casa è stata perquisita. Abbiamo trovato nella sua casa 57 oggetti riconducibili a reperti culturali cinesi. Dopo l'identificazione, 24 di questi oggetti sono stati considerati preziosi e il loro valore stimato a oltre 20.000 yuan. Oltre ai reperti abbiamo trovato quattro orologi di contrabbando.

« Avremmo dovuto gestire il caso di Deng Tiannuo attraverso la procedura legale, ma in considerazione delle relazioni sino-tedesche e sino-italiane e in considerazione dei progressi fatti da Deng Tiannuo nella sua rieducazione e nella consapevolezza dei suoi crimini, abbiamo deciso di trattarlo con indulgenza. Per cui si dispone quanto segue:

1) confisca dei 24 oggetti di Deng Tiannuo illegalmente comprati, più un buddha confiscato a Gongbei, e la confisca dei quattro orologi di contrabbando.

2) multa di 2000 yuan.

3) Deng Tiannuo non è più idoneo a vivere in Cina».

A questo punto mi vengono mostrate le cose su un tavolo. Quelle che vengono confiscate, quelle che vengono restituite e, sul tavolo centrale, le prove della mia offesa ai leader cinesi e al Partito comunista cinese per i quali è stata fatta una speciale lista di confisca che mi viene fatta firmare. C'è scritto: «Questi articoli sono confiscati perché sono il simbolo degli insulti fatti da Deng Tiannuo al presidente Mao e al Partito comunista cinese».

Mentre mi mostrano le cose, *lao* Liu ripete: «Le tue azioni sono una violazione della legge cinese. Le prove sono di fronte a te e devi considerare la clemenza con cui sei stato trattato. Per quanto tu abbia insultato il presidente Mao e il Partito comunista, sei perdonato, e infatti non procederemo in questo senso perché condurrebbe a una sanzione molto pesante. Per cui quest'ultima cosa non è stata considerata nella nostra decisione. Hai qualcosa da dire?»

«Non ho alcun commento da fare.»

«Molto bene.»

Allora chiedo: «Il punto tre dice che non sono più 'idoneo' a vivere in Cina. Questo significa che sono espulso dal paese?»

«Se fosse un'espulsione non avremmo detto ciò che abbiamo appena detto», risponde.

«Ma cosa significa che non sono 'idoneo'?»

«Significa», continua l'interrogatore ossuto, «che devi organizzare la tua partenza il prima possibile. Non ti stiamo dando un ultimatum e non diciamo che tu debba lasciare il paese entro 24 o 48 ore o tre giorni. Solo che devi partire il prima possibile.»

«Dove devo pagare la multa?»

« Qui. »

« Quando? »

« Quando ti è comodo. »

« Allora domani mattina alle undici. »

Passiamo alle firme del protocollo, della conversazione e degli inventari, di ciò che è restituito e ciò che è confiscato.

L'ossuto riprende a leggere da un foglio: « Ritengo che questa soluzione sia decisamente amichevole. Non vogliamo rendere la cosa pubblica, ma quella notte tu urlasti e alcune persone sono venute a conoscenza del caso. Non vogliamo pubblicità perché ci preoccupiamo del tuo futuro e del tuo lavoro.

« Ora voglio dirti una cosa: noi ti rispettiamo, così come rispettiamo l'ambasciata italiana. Dal momento che non hai sollevato obiezioni alla nostra decisione, questo significa che riconosci la nostra clemenza. Ma ho un'altra cosa da dirti. Se quando uscirai dalla Cina tenterai di mentire, di distorcere i fatti, ne sarai pienamente responsabile. Voglio che sia ben chiaro. Ho esperienza di casi simili, ne abbiamo trattati diversi. Ecco perché ti sto dicendo questo.

« Basta per oggi. Se ci saranno problemi, chiamaci o vieni da noi ».

La giornata prosegue con visita all'ambasciatore tedesco e all'ambasciatore italiano che continua a cavillare sul nulla.

3 marzo 1984. Alle tre al Ministero degli esteri a vedere Zhen Wencheng. Mi riceve da solo, tutto amichevole.

Faccio un discorso di ringraziamento, dico che se non sarò io a tornare, certo saranno i miei figli e che la vita è lunga.

Dice che sono benvenuto in Cina e che posso ancora contribuire tanto, che ci si conosce già da tempo e siamo vecchi amici.

Io dico che sì, col suo ufficio ho avuto a che fare dal tempo in cui scrivevo lettere da New York a Ma Yucheng. Ci salutiamo da grandi amici e mi accompagna fino alla porta e resta lì a fare il gesto di saluto.

Rientro a casa dopo aver ottenuto un posto sull'aereo di lunedì grazie alla storia che l'ufficio di Pubblica sicurezza mi espelle. C'è stata una telefonata del Ministero degli esteri. Debbo telefonare subito perché si sono dimenticati di una cosa:

« Signor Terzani, da questo momento lei non è più idoneo a scrivere della Cina, per cui per cortesia deve restituirci immediatamente il suo accreditamento ».

« Vuole dire che da questo momento mi revocate l'accreditamento? »

« Significa ciò che le ho appena detto. Lei non è più idoneo a fare il corrispondente dalla Cina e deve restituire il tesserino. »

« Ve lo restituirò. »

Chiaramente il povero Zhen si è preso una strigliata dai suoi superiori. È ovvio che il Ministero degli esteri ha cercato di mettersi al passo con la polizia facendo il muso ancora più duro. Erano rimasti indietro e ora si buttano avanti.

4 marzo 1984, Pechino, mattina. Entra *xiao* Liu alle nove. Come al solito sono alla scrivania a fare appunti, a ordinare carte. Apre la sua borsa e tira fuori un piccolo pezzo di carta da culo arrotolata, bianca, la distende con cura sul tavolo nero e con calligrafia minuta, senza errori, lui che ne faceva sempre, scrive:

Caro Tiziano,

non avrei mai pensato che il nostro rapporto sarebbe un giorno finito così.

C'è voluto del tempo per diventare amici ma ora lo siamo e sono sicuro che un giorno ci rivedremo in qualche parte del mondo o magari in Cina, quando la situazione sarà cambiata. Spero solo di non fare la fine dei tuoi interpreti in Cambogia e Vietnam. Ma non ti preoccupare di me.

Mi sarebbe piaciuto invitare Angela e te nella mia nuova famiglia, ma anche questo è impossibile. Saluta tanto Angela, Saskia e Folco. Di me non preoccupatevi, cercherò di fare della mia vita una cosa felice.

Finisco di leggere e sono commosso, alzo gli occhi e vedo che anche *xiao* Liu piange. Prendo il foglio e lo distruggo, gettandolo nel water closet. Ci stringiamo fortissimo la mano e io mi rimetto a scrivere.

Lui si chiude nel bagno per una decina di minuti, semplicemente a sfogare il suo sgomento.

Sera. Stanco morto, giornata confusa. L'ultima a Pechino. Incredibile.

Ambasciatore italiano e moglie. Rifaccio tutta la storia. Lui si copre il culo dicendomi del telegramma che farà domani. Poi alla fine non fa che chiedere dove comprare questo e quello. Ho già la giacca addosso, voglio andare e lui naviga verso la stanza dove ha comprato i nuovi tappeti e vuol sapere dove si comprano quelli dello Xinjiang.

Ambasciatore tedesco e moglie. Mi offrono la zuppa di piselli, lo stomaco è bloccato e bevo solo. Rifaccio la storia. Nella teca accanto a dove parliamo ci sono due scatole in argento laotiane e dei pesi della Birmania.

« Ergastolo! » dico io e lui mi pare imbarazzato. « Le ha dichiarate venendo in Cina? »

« No. »

« Nemmeno io. »

Dice che verrebbe volentieri all'aeroporto ma questo gli parrebbe una « provocazione » nei confronti dei cinesi. Lo saluto e siamo in grande amicizia.

5 marzo 1984, Pechino. Tutta la notte a girare come un sonnambulo per la casa, cercando di decidere che cosa mettere nelle enormi valigie, che cosa lasciare, cosa è importante e di cosa posso fare facilmente a meno. Un dormiveglia di un'ora, tanto per potere resistere e poi la routine del mattino, tranne la corsa dai miei vecchi nel parco.

Alle sette arrivano *xiao* Liu e *xiao* Wei per aiutarmi con le valigie. La ragazza dell'ascensore è andata a prendere l'acqua calda per il tè e dobbiamo aspettare. Arriva anche Graziella Simbolotti di ritorno da Datong a salutarmi con un ultimo abbraccio fumacchioso.

La mia ultima guidata verso la piana dell'aeroporto, in macchina con Rupprecht e Giorgi. Si parla del più e del meno, delle cose pratiche, di cosa ci sarà da fare, e una delle splendide giornate azzurre avanza su Pechino. Case grigie, alberi spogli, un contadino mendicante con una carriola a una ruota che raccoglie fogliacci per le strade.

Appena entro nell'aeroporto sento quelli della dogana dire:

« *Laile* » (è arrivato). Guardano la massa delle mie valigie. Mai mi è capitato di essere trattato così gentilmente dalla dogana. Tutto è velocissimo, senza domande.

Dal primo momento un uomo basso, con una maligna attaccatura degli orecchi al cranio e un grosso cappotto grigio, i capelli appiccicati alla testa come chi di solito porta un cappello, mi si mette dietro. Io lascio i bagagli nella sala di attesa per andare a prendere il caffè con gli altri due, ma lui si siede accanto ai bagagli e guarda.

Mi avvicino alla macchina dei raggi X per mettere le valigie sul rullo, ma uno dei giovani doganieri che mi saltellano attorno chiamandomi per nome, « Deng Tiannuo, Deng Tiannuo », mi dice che non ce n'è bisogno, che passi pure. Nessun controllo, nessuna domanda, solo un eccesso di peso di 123 kg, per un totale di 556 yuan.

Quelli della polizia che controllano i passaporti sono gentilissimi, mi chiedono se lavoro per la televisione.

Tutto è sorridente, tutto è liscio. Sono di nuovo sulla giostra di tutti. Ho lasciato a casa i miei vestiti cinesi e rimesso giacca e scarpe di cuoio. In tutti i moduli che ho dovuto riempire all'aeroporto ho scritto il mio nome, « Terzani », e non più quello cinese.

È come se Deng Tiannuo fosse morto o mandato in esilio e riscoprisse la sua identità occidentale.

Tutti i cinesi sorridono, la gentilezza, la cortesia, c'è tutto.

Resta solo quell'uomo col cappotto che fino all'ultimo, quando monto sull'aereo, mi segue a due passi come un'ombra, senza una parola, con sguardi di soppiatto.

Una presenza inquietante, per me come lo è per la vita di tutti i cinesi.

* * *

31 maggio 1984, Hong Kong.
Lettera a S.E. Sandro Pertini, Presidente della Repubblica Italiana, Roma.

Carissimo Presidente,

è strano, ma La debbo ringraziare per avermi fatto uscire da un posto in cui volevo stare: la Cina.

Non è l'unica stranezza. Ero andato in quel paese, di cui Lei a giorni riceverà il Primo ministro, con enorme curiosità e voglia di capire: ho costretto i miei due figli a frequentare una scuola cinese, ho cercato di fare amici locali, di vivere come loro, di viaggiare con loro, ma con ciò non ho fatto che deviare da quello stretto sentiero che, già al tempo del Matteo Ricci, i cinesi, pur di restare sulle loro e non farsi conoscere, assegnavano allo straniero. E così sono incorso nella loro ira.

Purtroppo alla cinesità si è aggiunta la pratica, ormai ben oleata, di un regime oppressivo e poliziesco e davvero non fosse stato per il Suo intervento avrei sprecato dei mesi e forse di più in qualche isolato posto cinese con l'unica consolazione di scrivere un libro a cui nessuno poi sarebbe stato interessato.

Lei sa, Presidente, che dopo la sua visita in Cina, Lei è in quel paese simbolo di prestigio, di saggezza e anche di quella qualità dopotutto apprezzatissima dai cinesi, la sincerità. Per questo una Sua parola è stata importantissima. Grazie d'averla spesa e d'avermi liberato da quel possibile spreco. Dalla curiosità per la Cina ovviamente non mi sono ancora liberato e resto a osservarla dal buco della serratura di Hong Kong.

Le faccio, Presidente, i miei migliori auguri di buona salute e di buon lavoro. Grazie di nuovo. Rispettosamente suo,

tiziano terzani
giornalista

* * *

7 ottobre 1984, Manila. A vedere dove avverrà la manifestazione del pomeriggio. Il palazzo presidenziale Malacañang è circondato da filo spinato e da truppe in uniforme da combattimento che dormono lungo il marciapiedi e attorno al recinto del palazzo. Alla chiesa di Santo Domingo un'enorme folla che sente la messa. Sul fondo, nel buio, una Madonna bambina tutta lampadine.

Al ritorno, alla libreria Solidaridad da Frankie Sionil José (moglie Teresita, cinque figli già sposati).

« La sinistra vuole che Marcos resti al potere perché è il loro migliore reclutatore. Se lui se ne va, loro perdono la possibilità di avere più seguaci. Marcos è dietro l'assassinio di Ninoy Aquino. Avrà detto al generale Ver: 'Occupatene te, ma quello non lo voglio'. Marcos e Imelda sono molto superstiziosi e la gente diceva che se Aquino rimetteva piede nelle Filippine, il destino dei Marcos era segnato... Per questo l'hanno ucciso sulla scaletta dell'aereo prima che da vivo toccasse il suolo.»

Aquino è stato ucciso il 21 agosto 1983. Tornava dopo tre anni di esilio volontario negli USA. È stato preso sull'aereo da cinque soldati e ammazzato nove secondi dopo. Il governo dice che l'assassino è stato un comunista, Rolando Galman, che è stato anche lui ucciso poco dopo. L'inchiesta è durata dieci mesi, alcuni testimoni chiave sono morti di attacchi di cuore o in incidenti d'auto, misteriosamente.

Dopo la dimostrazione dello scorso martedì, undici cadaveri sono stati trovati uccisi con colpi di arma da fuoco. La polizia nega che sia in relazione alla dimostrazione. Un disastro dopo l'altro: 2000 morti, 2,4 milioni senza tetto, 100 milioni di dollari di danni a causa di due tifoni d'agosto. Poi esplode il vulcano Mayon (nel Luzon del Sud) mandando ceneri fino a 15 chilometri di distanza e facendo altri 35.000 senza tetto. Poche ore dopo, un terremoto nella parte nord dell'isola. L'economia ha fatto la stessa fine.

Il vulcano è scoppiato la vigilia del sessantasettesimo compleanno di Marcos, il terremoto nella sua provincia natale. Un vescovo cattolico durante la predica di domenica nella chiesa di Santo Domingo, dove venne fatto il funerale di Aquino, ha paragonato i disastri che affliggono oggi le Filippine alle pesti che Dio mandò all'Egitto perché il faraone non ascoltava la preghiera di Mosè: «Lascia libero il mio popolo».

La chiesa in cui la figlia di Marcos si era sposata è stata completamente distrutta dal terremoto. La gente pregava: «Siamo senza peccato, mio Signore, colui che cerchi non è qui, ma a Manila».

Oggi, per strada c'erano due Filippine che dimostravano. Una per bene, vestita a modo, scesa dalle macchine, alcune con autista; le mogli di pelle chiara, ben truccate, vestite da weekend, i mariti con le pancette di quarantenni, tenute da belle cinture di cuoio. E una di squadracce di donne, scure di pelle, giovani, sdentate, vestite di stracci di plastica, guidate da giovani piccoli, neri, con camicie fuori dai pantaloni e sacchetti sulla schiena pieni di sassi, organizzati, disciplinati e pronti all'isteria, all'attacco.

11 ottobre 1984, Manila. Mattina alla piscina a leggere il libro di Max Vanzi sulla rivoluzione nelle Filippine.

La sera a cena a casa di Maur, sorella di Aquino. Ha invitato alcuni capi della opposizione. Una collezione di cari personaggi, persi nella loro nuova posizione, insicuri, al fondo senza politica.

Mi accompagna a casa Reli German: braccio rotto dai tipi di Marcos alle elezioni, senza passaporto per anni, bravo, ma crede nelle dimostrazioni: la domenica alle sette fa il jogging per Aquino. Ingenui, sprovveduti, la loro condizione gli impedisce di fare scelte radicali. In verità vorrebbero mutare il regime dall'interno ma molto probabilmente non ne avranno la chance. Tutta la sera è un discutere di personalità, di sigle, non di politica.

Sentono che la sinistra li usa e non sanno se uscire dal gioco. Credono nella non-violenza, nel fare ponti, nel tenere tutti assieme. « Buttare giù Marcos, poi si vedrà. »

12 ottobre 1984, Manila. Mattina con Frankie a Tondo.

In lontananza, una fumante collina di spazzatura sulla quale raspano dei giovani che ne tolgono camicie e t-shirt da lavare e rivendere. Dei camion puzzolenti di spazzatura passano, dei ragazzi si buttano sopra per raspare prima che venga buttata nella montagna fumante.

Imelda ha fatto costruire tutta una facciata di case dall'aria mediterranea che dovrebbero coprire l'orrido che ci sta dietro. L'orrido diventa anche più orrido con quelle facciate bianche, i tetti azzurri e i balconi rotondi.

Chiesa San Pablo Apostol. Padre irlandese, Sean Connaughton, aria di grullo, ma intelligente e attentissimo. Dà le sue stanze a vari gruppi per riunirsi. Seduto a un tavolo appiccicoso, muri sporchi, una cucina a gas su cui bolle in continuazione una pentola di caffè.

Nella stanza di sopra si svolge una riunione di una ventina di scaricatori portuali, poveri, sdentati, scuri di pelle, capelli sulle spalle, forti e deboli. Li incontro, mi presento e chiedo.

Ci sono 30.000 scaricatori nel porto di Manila, e 40 sindacati, molti controllati dalle società. Il loro tentativo è di fare un'unione di vari sindacati. Vogliono al posto di Marcos un governo che rappresenti gli interessi del popolo.

Chiedo se Aquino avrebbe potuto capeggiare quel governo. « Non è certo », dicono. Per loro Aquino è uno dei tanti morti.

Raccontano che negli ultimi sei mesi circa 200 persone sono state ammazzate a Tondo: giovani, mani legate col filo di ferro, o strangolati con filo di ferro alla gola e uccisi a colpi di picca. Neppure le pallottole per non far rumore e risparmiare. Molti i giovani, nessun testimone. « Se qualcuno vede che ti hanno preso hai una chance di sopravvivere, altrimenti nessuna. Prima ti arrestavano e spesso torturavano, ora ti fanno semplicemente fuori. » La mattina la gente trova, spesso in gruppetti di due o tre, nei vicoli di Tondo, i « marescialli segreti » che hanno il permesso di uccidere.

Chiedo degli USA e urlano: « Fuori! Portino le basi a casa loro, noi non vogliamo saltare in aria per loro, non abbiamo nemici! »

Uno o due hanno l'aria di politicizzati, sanno quel che dicono, sono attenti.

Persino uno come Frankie non mi sembra capire la rabbia di questa gente, povera, terrorizzata e umiliata, ma che comincia a vedere chiaramente il mondo che la circonda.

Non se ne accorgono di certo gli amici di ieri sera nelle loro grandi case, pallidi, arrabbiati perché Marcos ha ucciso uno di loro, ma ancora con servi, con benessere, con oneste preoccupazioni.

13 ottobre 1984, Manila. Passeggio da solo. Ripenso all'incontro di ieri con gli scaricatori di porto a Tondo, mi ripassano davanti le immagini della borghesia, delle pagine del libro di Max Vanzi e mi sento rimontare la simpatia per la rivoluzione come una via. Che altro.

Possibile che ci si debba ricascare, o è come se la storia dovesse ogni volta ripassare precisamente da qui?

22 ottobre 1984, Firenze. Arrivo da Roma con la macchina di Giuliano e mia madre. Entriamo in città da Signa. A Legnaia è l'ora dell'uscita di scuola. Mi impressiona come i giovani studenti siano grassi, pasciuti, panciuti, siano sciatti nei loro colorati pigiami e felpe e sacchi sulle spalle.

Firenze sempre più bottegaia. Là dove un tempo c'era l'eleganza aristocratica e impoverita di qualche grande famiglia che occupava un'intera villa, ora si sono insediati, espansi, accomodati i negozianti di quartiere. Accanto a un bel cancello in ferro battuto di un tempo se ne aprono altri con controlli elettronici, fra gli olivi sono comparse le piscine, sotto i cipressi le macchine opulente di questi arricchiti.

Ogni volta che torno mi sento più estraneo.

Ogni volta trovo più cuculi in questo nido a cui sempre meno penso di tornare.

Qui davvero non mi pare ci sia il coccodrillo in bocca al quale voglio morire.

Solo un momento è quello del passato: la corsa del mattino su per la salita delle pietre, la bruma fra gli olivi, la torre di Bellosguardo, il muro che nasconde lo splendore silenzioso di Firenze giù nella piana.

Basta non incontrare gli uomini. Anche loro hanno sempre di meno a che fare con quel che li circonda, per questo loro stessi lo distruggono.

24 ottobre 1984, Milano. Quelli che vengono a intervistarmi non hanno letto *La porta proibita*, non sono interessati né alla storia né all'uomo.

Circolo della Stampa: la sala piena, dai corridoi alcuni si affacciano alle porte. La solita sceneggiata. Non si discute delle cose, ma delle idee che le cose nasconderebbero. È ancora più vero per la Cina. Nessuno vuol parlare di quella, ma di come lui, noi, la società, l'Occidente l'ha percepita.

Nessuno in verità è interessato a qualcosa che non sia se stesso.

Aldo Natoli fa tanti complimenti. Poi attacca con l'ideologia, lo stalinismo, Mao: come posso io chiamarlo un «folle»? Jacoviello non ha letto, ha preso dei dettagli e ci gioca, dopo aver fatto grandi complimenti all'amicizia e alla mia professionalità.

La Renata Pisu parla della sua Cina conosciuta prima di me, del libro che lei avrebbe dovuto scrivere, della psicanalisi. L'unico suo bell'accenno è a come dovremmo rifiutare le classificazioni cinesi di «amici della Cina».

Tutto finisce nel nulla, con Jacoviello come gli avessi offeso la mamma perché ho detto che la Rivoluzione cinese è in gran parte fallita («Da uno come te, questa non me l'aspettavo»); con alcuni giovani che continuano a dire quanto grande sia stato Mao; un vecchio fascista che vuol sapere il numero dei morti fatti dai comunisti.

E io che dico: «Non sono un intellettuale, sono solo un aspirapolvere: giro per il mondo raccogliendo storie».

Sempre più isolato. Nessuno vuole davvero ascoltare.

Dovrò aspettare un'altra occasione per essere riscoperto.

29 ottobre 1984, Milano. A casa di Giorgio Bocca per Canale 5.

La solita noia della tecnica tv e lo spreco di tempo ed energie.

Lui ha parole carissime: «Il migliore giornalista italiano in Asia». Poi parliamo di terrorismo. Lui sta scrivendo un libro fondato su interviste fatte in carcere con i grandi, su permesso speciale del ministro di Grazia e Giustizia.

«Il terrorismo è finito quando lo Stato ha deciso che era finito», dice lui.

31 ottobre 1984, Amburgo. Pranzo con Engel e Böhme sul mio futuro in Giappone.

Accordo di principio. Trasloco in estate.

2 novembre 1984, Roma. Riunione di redazione a *Repubblica*, con Scalfari che racconta il suo incontro con Guttuso.

«Ho scoperto il valore della qualità della vita», dice. «Guttuso ha un segretario. Guttuso comincia ad avere una strana inquietudine quando il pacchetto delle sigarette si avvicina alle ultime cinque. Il segretario che sta seduto dietro se ne accorge e silenziosamente si avvicina e cambia il pacchetto vecchio con uno nuovo. Non pieno, non intonso, ma uno aperto, con 16 sigarette, così che il maestro resta sempre con un pacchetto con non più di 16, non meno di cinque, perché niente deve finire e niente deve cominciare, una lunga soluzione di continuità. A un certo punto Guttuso ha detto: 'Vai a prendere qualcosa' e quello ha capito, quello sa, è tornato con tre disegni, il Maestro li ha guardati uno a uno e poi ha detto: 'Ma a Eugenio piacciono a colori', col che voleva dire che non capisco nulla. Allora il segretario è andato di nuovo a cercare, è tornato con altri disegni e io ho dovuto scegliere il più colorato, anzi uno coloratissimo. »

Hanno poi discusso dei falsi, delle copie. Scalfari dice che il problema è che gli artisti copiano se stessi, falsificano se stessi.

Un grande show, lui brillantissimo, intelligente, invadente.

Facciamo poi due chiacchiere nel suo studio, i complimenti per gli articoli sulla Cina, una grande disattenzione.

Io faccio il punto che prima o poi dovrò tornare a scrivere in italiano. Ma lui per ora non mi può pagare. Dice che a lui va bene così, che io scriva senza che costi una caterva.

Dico d'accordo, ma prima pagavate le spese e le dovete ripagare.

Lui dice di farglielo sapere e che sistemerà.

1985-1990

Nel maggio 1985 inizia per Terzani la fase di «avvicinamento» al Giappone. Ha quarantasette anni. Ne sono passati venti dal gennaio 1965 quando per la prima volta era atterrato a Tokyo come manager dell'Olivetti. Lo aspettano un paese mutato e una sfida professionale impegnativa. Mentre cerca casa, ufficio e scuola per i figli, soggiorna in un tradizionale ryokan *e frequenta un corso di giapponese. Colleghi e studiosi conosciuti a Hong Kong lo aiutano ad ambientarsi.*

La società nipponica si mostra dinamica e concentrata nel confronto con l'Occidente per la leadership economica, tanto da preannunciare la globalizzazione degli anni Novanta. Sul fronte lavorativo, Terzani deve adattarsi alle esigenze dello Spiegel *e della* Repubblica *che gli richiedono articoli su temi economici e finanziari, proprio ciò che meno lo entusiasma.*

Dopo mesi di ricerche, trova casa e ufficio nel quartiere di Nakameguro dove si trasferisce a settembre con la famiglia e il cane. Ma l'addio alla Cina, che con le sue drammatiche trasformazioni resta per lui il metro di ogni paragone, gli pesa ancora enormemente e presto si manifestano i sintomi della depressione. Ne sono prova i diari che s'interrompono nell'estate del 1985 e non riportano tracce sensibili, tranne una del 1986, fino alla primavera del 1988.

In questo lungo vuoto temporale Terzani si allontanerà dal paese per occuparsi delle terribili vicende del popolo filippino che con la «Rivoluzione gialla» capitanata da Cory Aquino cerca di liberarsi dalla dittatura di Marcos. Riscopre così il clima, e la passione, delle grandi svolte della Storia. Nelle corrispondenze giornalistiche il Giappone diventa marginale, tanto che nel biennio 1986-1987 la metà degli oltre sessanta articoli destinati alla Repubblica *riguardano le Filippine.*

Nell'ottobre 1987, durante un'intervista alla tv svizzera, è piuttosto esplicito: «Non voglio continuare a vivere a Tokyo. È un paese di una noiosità spaventosa». Pur trovando qualche buon amico fra la vecchia sinistra giapponese, gli è impossibile sentirsi a suo agio fra un popolo abituato al riserbo e alla sottomissione da una lunga tradizione militarista. Nella corsa verso il denaro e nella ricerca del primato industriale e finanziario, che spinge gli individui all'omologazione e all'asservimento alle grandi aziende, vede il destino dell'umanità. È una visione che lo turba profondamente.

Nell'inverno 1988, amareggiato per non aver ricevuto, in dieci anni, un'offerta di lavoro più consistente, lascia la Repubblica, *con cui aveva collaborato per dodici anni, fin dalla fondazione. Approda al* Corriere della Sera, *con cui collaborerà fino al 2001 producendo oltre centotrenta tra articoli e reportage.*

Sempre nel 1988, la lunga agonia e poi la morte dell'imperatore Hirohito lo spingono a indagare sulle sue responsabilità politiche nella Seconda guerra mondiale e ad analizzare le passate ambizioni espansionistiche di un paese ancora fortemente nazionalista e in procinto di rimilitarizzarsi.

Nel 1989, registra nei diari poche date. Le stesse proteste di piazza Tienanmen, soffocate nel sangue, sono raccontate direttamente sulle colonne del Corriere, *dove denuncia l'autoritarismo cinese.*

Il Giappone gli resta impenetrabile e nel 1990 chiede allo Spiegel *il trasferimento a Bangkok, in Thailandia. Decide però di abbandonare il paese a modo suo, ritagliandosi un mese di solitudine nel villaggio di Daigo, per scrivere un ultimo reportage sul Giappone. Con le note raccolte si prepara a scrivere un libro su quel che in cinque lunghi anni ha capito del paese, ma è una resa dei conti che resterà nel cassetto.*

18 maggio 1985, Hong Kong. Ieri sera, lancio della *Porta proibita*. Il «Fratello» viene alla libreria. Gli do una copia con la dedica «*To the brother I chose*». Andiamo da Jimmy's Kitchen e per due ore parliamo, parliamo. Mi pare deluso. Chiedo se vuole ancora cambiare il giornale e lui risponde ricordandomi quel che gli ho detto io, che anche diventare capo di un giornale qui non serve, conta solo essere qualcuno in Cina.

«Alla fine della vita», gli dico, «parlando di noi sotto una pergola in Toscana, o in una casa con il cortile a Pechino, potremo anche concludere che abbiamo sbagliato tutto, che ci siamo sbagliati su decine di cose. Ma vogliamo poter dire che ci siamo sbagliati sinceramente, per amore, per ingenuità. Non per interesse, per avidità, per tradimento.»

Siamo d'accordo.

21 maggio 1985, Tokyo. La prima cosa che mi pare dovrò imparare ancor prima della lingua è l'uso delle macchine: quella che vende i biglietti, quella che cambia i soldi, il telefono ecc.

Jean-Jacques al terminal: sono preso in ottime mani. Il caso fa una vita: non ci fossimo incontrati nella libreria di Kanda non avrei neppure saputo che era qui e ora non vivrei forse in questo *ryokan*. Ceniamo in un grande ristorante (Prince Hotel a Shinagawa) dove i pendolari aspettano di andare a casa con un treno meno affollato delle ore di punta: voci, odori, sorrisi, grida. Grido anch'io. Bello essere finalmente in un paese in cui non debbo avere pietà, compassione, misericordia, dove nessuno dovrà essere aiutato, nessuno vorrà un frigorifero, una televisione, un visto d'uscita.

22 maggio 1985, Tokyo. Sveglia nella luce che traspare dalla carta delle finestre. Corro allo Yasukuni, il tempio del paese che rinasce, forte, duro, non accomodante. Resti di carri armati, di sommergibili, di bombe, ricordi di guerre vinte e perse, di uno spirito che pare debba sopravvivere. Strano che come per caso la mia prima mattina in Giappone cominci qui. Forse è su questo punto che dovrò studiare e capire.

C'è anche la statua di un cavallo, ma non ne capisco la storia nella iscrizione.

Pranzo con J.-J., Pierre e Kato-san. Quest'ultimo riservato, imbarazzato, ma alla fine dice la cosa che fa la mia giornata: « 'Quando soffia il vento i venditori di secchi di legno diventano ricchi' (proverbio giapponese). Perché? Quando il vento soffia solleva la polvere, la polvere entra negli occhi e molti diventano ciechi, i ciechi suonano lo *shamisen*, per fare più *shamisen* vengono uccisi tanti gatti perché le corde dello strumento sono fatte di pelle di gatto, così aumenta il numero dei topi, ai topi piace moltissimo rosicchiare i secchi di legno che così si rovinano e la gente deve comprarne di nuovi.

« Pare tutto logico, ma è abbastanza irreale: così è la lingua giapponese che lei vuole che io le insegni logicamente ».

La sera in un minuscolo jazz bar di Shinjuku con dei giovani manager. Quando si scopre che questo è il mio primo giorno in Giappone, « Party! Party! » e si bevono gran bottiglie di birra e si finisce nel sushi bar di Kato-san dove incontra il suo capo ubriaco coi suoi colleghi.

« Ora che ti hanno visto con uno straniero, la tua reputazione sale o scende? »

« Ovviamente sale », risponde lui, e torno stanco nel mio *ryokan*.

Perché mai per avere contatti con questi giapponesi (come poi con tutti in questo mondo di oggi) sembra si debba solo bere e mangiare? « Allora ci vediamo a pranzo. » « Sì, andiamo a bere un bicchiere. » Perché?

E io che voglio correre, dimagrire e stare ad acqua minerale con una fetta di limone.

23 maggio 1985. Questo è l'unico paese dove il comunismo funziona. La polizia controlla tutto. C'è quel che ognuno crede sia giustizia sociale.

24 maggio 1985. Corsa al mattino al tempio di Yasukuni costruito durante il periodo Meiji e dove ora sono onorati 2,5 milioni di soldati che hanno sacrificato la loro vita per la « patria pacifica », perché appunto sia pacifica.

Il pomeriggio nelle banche per cercare di aprire un conto.

Bank of Tokyo: « Come sa, in Giappone non apriamo un conto se il cliente non ha credibilità o certi requisiti. Abbiamo bisogno della sua credibilità ».

Me ne vado sbattendo la porta.

Fuji Bank. L'ingresso dello straniero crea enormi problemi di imbarazzo, nessuno vuol prendersi la responsabilità di affrontarlo. Uno affonda la testa nei fogli, uno fa finta di telefonare, uno fa i conti intensamente, come non li faceva da tempo, pur di non incrociare il mio sguardo.

« Noi apriamo un conto solo se lei risiederà per sempre in Giappone. Lei starà in Giappone per sempre? »

« Be', per sempre probabilmente no. »

« Ecco, non possiamo aprirle il conto. »

La sera con J.-J. nei bar pieni di donne sole che bevono e fumano, le strade piene di ubriachi che però non perdono mai completamente il filo, nella stazione della metropolitana a ogni colonna un mendicante.

26 maggio 1985. Dormo fino a tardi, metto in ordine i biglietti da visita, telefono.

Henry Scott-Stokes, il biografo di Mishima: « In Giappone non ci sono giornalisti stranieri ambiziosi. Il tuo arrivo preoccupa tutti. Qui c'è una storia che solo pochi sanno e che quasi nessuno è in grado di raccontare: il Giappone ha vinto la guerra commerciale senza sparare un colpo. I rapporti tecnologici USA-Giappone determinano il futuro ».

Pomeriggio al porto di Yokohama. « La domenica? Si lava, si mette in ordine la casa e ci si prepara a lavorare il lunedì », dice *mama-san.*

Tokyo non finisce mai e Yokohama non comincia. Dall'alto della tangenziale si vola su una marea piatta di case, fabbriche e cantieri sui quali ogni tanto spunta la sagoma nera ed elegante del tetto di un tempio. J.-J. trova tutto questo squallido, io sento che la prima parola che mi viene in mente è ordinato, pulito. Mi pare così perché penso sempre alla Cina, a cosa direbbero i cinesi, a come reagiscono i cinesi. E questo è quello che molti di loro vorrebbero. Rimango male quando scopro che i cinesi di Yokohama quasi si vergognano di parlare cinese perché è come mostrare che sono contadini. La strada dei cinesi come nelle vecchie stampe, solo senza più quella bella atmosfera di un tempo.

Ho sonno, sono continuamente depresso dalla non piacevolezza della vita.

27 maggio 1985, Tokyo. Entusiasmo per la prima lezione di giapponese. Il semplice imparare mi fa sentire bene.

29 maggio 1985, Tokyo. Nel parco Yasukuni stamani, nella pioggia, ho visto sfilare un gruppo di giovani bellissimi, vestiti di bianco, con i *geta*, i pantaloni larghi come gonne e le camicie dalle maniche larghe, che andavano svelti, in fila, da un edificio a un altro: monaci della guerra? Custodi dei due milioni e mezzo di anime?

30 maggio 1985, Tokyo. Vedo una casa in cui potremmo vivere ad Azabu, ma il fatto che sia in un quartiere pieno di stranieri me la esclude.

Il primo giorno ero affascinato e angustiato dall'inchinarsi dei giapponesi. Ora nella grammatica dietro varie parole vedo delle frecce che vanno verso l'alto e verso il basso per indicare quando quella parola va usata parlando con un inferiore o con un superiore.

31 maggio 1985. Ricevo telegramma di Scalfari che dice di non essere interessato a un diario giapponese. « Il Giappone per la prima volta nella sua storia si trova dinanzi alla situazione di essere una grande potenza », dice il mio assistente. Per questo son qua e il provincialismo di Roma non lo capisce.

2 giugno 1985, Harajuku. Impressionante. Un enorme quartiere affollato di ragazzi, specie ragazze, che comprano vestiti, scarpe, ricordini ed enormi gelati.

Attorno al tempio per l'ammiraglio Togo, la fiera dell'antiquariato. Niente di particolare: più particolari i gruppi di giapponesi, le famiglie con bambini che salgono le scale del tempio e gettano una moneta, battono due volte le mani e si inchinano in onore del vecchio ammiraglio la cui storia, come in una via crucis, è illustrata in 15 quadri attorno al cortile. Eccola, una differenza: inchinarsi a un leader politico del passato, farne un dio tenuto caldo da un gruppo di preti shintoisti.

Film *Ran* di Kurosawa bellissimo, ma fatto di cose già dette, già viste. È come un'enorme dichiarazione sulle cose conosciute della vita: alla fine è il messaggio buddhista. Forse è tutto qui ed è vero che durante il film lo spettatore non viene coinvolto, guarda tutto come dall'alto, e le passioni che paiono divorare i protagonisti non prendono chi guarda, così come non lo commuovono i morti che a decine si vedono squartati, decapitati, scannati.

3 giugno 1985. Cado nella trappola di questo bengodi delle macchine: compro un gelato dopo l'altro.

Cena con Karel, Roland, Ninja, Fusai e Ian Buruma che racconta i suoi tre giorni a Hiroshima:

- non ha mai sentito la pace più usata, sprecata, logorata che a Hiroshima;
- viene portato in una scuola dove alcuni sopravvissuti fanno la sceneggiata tre volte al giorno con le foto delle vittime, le storie dell'orrore. Mentre c'era lui, un americano ha cominciato a piangere. Una donna lo ha consolato. Lui ha chiesto scusa per gli orrori causati dal suo popolo e la donna gli ha detto che lo perdonava;
- per i giapponesi la bomba è stata un'ottima scusa per dimenticare gli orrori causati da loro nella guerra;
- i giapponesi non vedono che le loro sofferenze, quelle che hanno causato non le conoscono nemmeno. Uno dei ministri del Gabinetto di guerra seppe solo nel 1946 quel che era successo nell'Asia del Sudest. Il giapponese medio non sa ancora oggi molto dei campi di concentramento giapponesi, dello stupro di Nanchino ecc. Così, ora sono loro che perdonano;

– nel museo di Hiroshima accanto alle foto degli orrori della bomba c'è una sola foto che si riferisce alla Seconda guerra mondiale: quella degli americani di origine giapponese messi nei campi di concentramento negli Stati Uniti. Ancora una volta in cui sono stati vittime.

4 giugno 1985, Tokyo. Rivedo Abbas per la prima volta dal 1973 a Saigon. Finiamo in un ristorantino di Shinjuku e poi in un piccolissimo bar dove un poeta ci dedica il suo libro.

Qualcuno suggerisce che le donne giapponesi sono pericolose perché si innamorano e non sanno prendere la vita e l'amore come un gioco.

* * *

7 luglio 1985, Tokyo. A Kamakura con Maurice e il suo amico André. In macchina lungo autostrade orribili fiancheggiate da navi in cemento, castelli medioevali che servono da sfogo alla repressione di tutti (*love hotels*).

« Là dietro c'è il mare », dice André e capisco come le parole davvero significano cose diverse nelle diverse culture per le fantasie che suscitano. « Il mare, il mare » o « *thalatta, thalatta* » mi fa pensare a un'immensa distesa di blu sotto l'azzurro limpido del cielo, a rocce, a pini, a una spiaggia. Qui il « mare » è un'opaca, grigia gora, mossa da onde dalle creste giallognole dietro un'infinita barriera di ferro, qua e là interrotta per farci passare i giovani che vedo di profilo sopra i cavalcavia dell'autostrada, con i loro surf colorati sotto braccio.

Kamakura: avevo sempre pensato a una vecchia città, qualcosa come San Gimignano, Volterra. Invece è Coney Island, con il Kentucky Fried Chicken, McDonald's e tanti piccoli *love hotels*. Un paio di antiquarietti e un enorme brutto, patetico Buddha di bronzo che non ha alcuna serenità, anzi, pare così irritato e intenso nello sforzo di farcela perché in fondo non ha affatto raggiunto la Buddhità. Penoso. Dinanzi a questo grossolano pezzo di ferro del XII secolo capisco perché i cinesi disprezzano tanto i giapponesi. Per la prima volta, qui in Giappone, proprio qui, sento una grande nostalgia, bruciante, per la grandezza della Cina.

Osservo la gente. Un vecchietto, in uniforme e manganello rosso di plastica con la luce dentro, dirige i passanti ad attraversare la strada. Pagato da chi? Le donnine del ristorante di tofu sorridono, si inchinano, sorridono di nuovo e dicono mille inutili sciocchezze. Il vero segreto di questo paese è che la gente adora lavorare, che non ha altro da fare, non sogna altro, non gode d'altro e con questo davvero mi paiono i più infelici della terra, anche se magari loro questo non lo sanno.

Imparare dal Giappone? Nemmeno a pensarci. Anzi dobbiamo conoscerlo bene per non averci niente da imparare, per averlo da temere. Educhiamo i nostri figli alla fantasia, alla libertà e fregheremo i giapponesi, ma soprattutto faremo delle generazioni di felici.

Folco è a Cambridge, teso e preoccupato per il suo primo incontro, ma anche, pare, felicissimo di questa grande avventura della vita che gli comincia davvero a sbocciare davanti come un fiore di carta nell'acqua.

Finisco la sera da una coppia di vecchietti francesi poco ispiranti, in una casuccia di periferia con la moquette piena di macchie, il puzzo di piscio di gatto, le tende, le seggiole, i tappeti sfilacciati. Anche loro di quella mediocrità carina che questo paese sembra attirare. Finora fra questi persi per il Giappone non ho incontrato una grande personalità. Ci sarà una ragione.

Penso alla splendida notte insonne passata con Angela sul tatami. Davvero è l'unica grande ricchezza, questo essere assieme.

8 luglio 1985. Il mio *ryokan* si riempie di giovani viaggiatori. Mi sento ammutolire dai loro sciocchi discorsi di treni, aerei, costi, distanze ed entro in una bolla d'aria perché nessuno mi parli.

10 luglio 1985, Tokyo. Corsa al mattino. Riprende a piovere, sono depressissimo. L'impressione è di venire in un posto in cui non sarò una sola volta, una sola ora felice. In tutto questo tempo non lo sono stato mai. Ho l'impressione di diventare grullo io stesso, ma forse è l'astinenza.

18 luglio 1985, da Tokyo a Hiroshima. Impressionante il Giappone al mattino visto dalla monorotaia che vola verso l'aeroporto di Haneda. Fabbriche e fabbriche, depositi, magazzini, raffinerie, case, casette, casucce e *love hotels*. Attorno, centinaia di giapponesi automatici, mezzi addormentati con le loro giacchette ripiegate sotto il braccio, i loro toupet per coprire imbarazzanti precoci calvizie, coppie scoppiate che fanno colazione nella caffetteria dell'aeroporto con un brutto piatto di plastica. Tanti, tanti giapponesi infelici e incoscienti di esserlo.

In aereo non c'è problema di essere seduti o meno al finestrino. Sullo schermo in cima all'aereo, grande, chiaro, a colori, si vedono la terra, le montagne, il mare, le barche che una videocamera piazzata forse sulla pancia riprende per tutti. Non è certo questo che fa felici. Va spiegato ai nostri là in Europa che credono di dover venire qui a imparare. Non abbiamo niente da imparare, a meno che non vogliamo anche imparare a essere infelici.

* * *

8 giugno 1986, Hong Kong. Cena con Shaw e May Lan (cinese d'oltremare). Prende gli stuzzicadenti passando davanti alla faccia del giapponese vicino di tavolino, e io mi sento i brividi come se li sente quello.

Parlando con Shaw: il Giappone è arrivato sull'orlo dell'abisso. Dopo aver copiato la Cina, l'Europa e ultimamente l'America non ha più nulla da copiare e non è diventato lui stesso un modello. Che fare ora? Gli anni che vengono sono decisivi. Questa è la grande storia del Giappone perché ci sono forze nascoste che sento rappresentare quella cultura della morte di cui parlava Jean-Luc Domenach.

In Cina il più grande valore è la vita e il sopravvivere la più grande qualità di un uomo.

Qui davvero è la morte. Come avrebbe potuto la Cina avere i kamikaze con la sua cultura?

Al fondo mi sento davanti a un altro paese di cui esporre i pericoli.

Al fondo mi fanno paura. Dietro questa gentilezza c'è inusitata inscrutabilità e crudeltà.

Leggo la recensione della *Porta proibita* di Buruma. Ha ragione che il libro ha difetti e non è al fondo un libro intero, l'ho sempre chiamato un *coitus interruptus*, ma anche lui è uno di quelli che, credendo di aver già capito, non ascolta e non capisce. Peccato, è altrimenti uno intelligente. Chiamarmi un romantico mi va bene, ma è come dire che quelli come me non servono più.

E loro, i freddi, che già sanno tutto?

* * *

19 maggio 1988, Tokyo. Un esercito di uomini di mezza età e di ragazze giovani, tutti armati di sacchetti di carta, invadono il nostro quartiere. Ogni gruppetto ha una carta con i nomi degli abitanti, controllano, vanno a ogni porta, si inchinano davanti al citofono quando qualcuno risponde. Sono gli impiegati della nuova filiale della Fuji Bank che apre i battenti qui vicino e viene a distribuire fazzoletti di carta nel tentativo di acquisire nuovi clienti.

I giovani vengono su come dei vasi di acciaio, vuoti. Uniformi, disciplina, il numero dei buchi per i lacci da aver nelle scarpe da tennis: tutto è prestabilito. Poi questo vuoto ideologico verrà riempito, anche perché il bisogno cresce col tempo, con l'arroganza, con la ricchezza.

3 giugno 1988. Alla galleria della stazione di Tokyo un'assemblea di lugubri manager delle ferrovie e delle aziende loro clienti, quelli che vendono le verghe, quelli che vendono i sedili ecc. si ritrovano come a un funerale, con le corone di fiori all'ingresso a vedere una mostra di Picasso. Mostra? No, è la collezione brutta della nipote di Picasso portata qui da una galleria di Ginevra. Il direttore della galleria era un ingegnere di computer; il suo capo l'ha chiamato per dirgli che ora doveva finirla coi computer e occuparsi di arte per le ferrovie. Lo fa con lugubre passione. L'ironia è che i quadri sono bruttissimi e che comunque Picasso sembra davvero aver preso tutti per il culo. Allora tanto vale che prenda alla fine anche i giapponesi.

6 giugno 1988. A cena da una signora americana: i giapponesi adorano vivere nel nuovo, si stancano prestissimo del vecchio. Impossibile fare della vera architettura, qui. Più che una casa, si tratta di mettere su delle scene per una produzione teatrale. Così sono le case: delle quinte fra le quali la gente recita un suo ruolo. Questo è ancor più dovuto al fatto che ora i prezzi dei terreni sono così alti che le case che ci stanno sopra non valgono più nulla, che possono essere sostituite, buttate via, rifatte. Non esistono grandi architetti giovani. Ce ne sono alcuni di valore che hanno fatto belle cose: Tange, Ando.

Io chiedo dell'influenza psicologica prodotta dal fatto che una città come Tokyo sia stata distrutta e rifatta due volte in 60 anni e che la gente abbia continuamente da rifarsi i punti di riferimento, che non ci sia continuità. Philippe sostiene che questa mancanza di continuità nelle cose che li circonda fa sì che restino ancora di più attaccati e fedeli a quello in cui credono dentro, l'Invisibile, la «giapponesità», pretesa o esistente.

18 giugno 1988. Hiroshi, architetto yuppie, moglie intellettuale. Nuovi ricchi. Vita misera in una casa di cemento fuori da Shinjuku, sembra di entrare in un bunker. Tutti i muri di cemento crudo con buchi ritoccati, un quadro che pende dal soffitto come fosse vittima di un'orribile tortura, tutte le stanzucce divise da muretti di cemento che penzolano dal soffitto e in cui io batto la testa. Nella cantina senza luce lo studio con libreria su ruote. Mi chiama per farmi vedere una grande acquisizione dell'epoca Han: cinque teste di figurine tombali impiccate, e forse false, su dei pali neri su un piano di legno nero. Da una vecchia, brutta, rifatta cassa di usurai di Malacca tira fuori una cosiddetta collezione di stoffe del Sudest asiatico. Da un brutto *secrétaire* fatto a Hong Kong su imitazione inglese tira fuori una collezione di borsette da sera.

Hiroshi ha giusto comprato un appartamento a Kuala Lumpur, va la settimana prossima a comprarsene uno a Los Angeles. Le teste Han le ha pagate alcuni milioni di yen.

Che miseria la sua vita!

* * *

14 settembre 1988, Orsigna.
50 anni.
Grandi propositi.
Non bere.
Non fumare.
Dimagrire.
Scrivere regolarmente un diario di aggettivi e idee.
Il proposito di cominciare come da capo.
Senza fare il proprio dovere, come fosse l'ultima chance.
In vero lo è.

* * *

8 novembre 1988, Tokyo. È il secondo giorno dell'inverno secondo il vecchio calendario giapponese. Folate di vento gelido. Pare che Hirohito stia per morire. « Karasu », i corvi giornalisti, fuori dalle porte del palazzo. Già molti poliziotti venuti dalle province. Buio nero in mezzo allo scintillare gelido delle luci nei palazzi di Otemachi. Da lontano si sentono le voci dei pochi che davanti al Ministero delle finanze protestano contro la nuova legge sulle tasse.

Akihito sarà già vicino al Kenji no Ma per prendere lo specchio, il gioiello e la spada? A Kyoto, uno certo sta già facendo la bara. Fanno già la cintura per il nuovo imperatore, ma non con i buchi perché questo vorrebbe dire che il vecchio è morto. Hirohito lascia il suo posto un po' come l'ha trovato: un paese confuso, con il mistico potere dell'imperatore.

Il Giappone è ora come allora incerto sulla via da prendere: aggressivo ed egemonico?

20 novembre 1988, Tokyo. Cena con Karen, moglie di Peter Kann. « Se un marziano scendesse sulla terra e volesse andare a vivere nel paese che avrà più influenza sul futuro del mondo, dove dovrebbe andare? » Tutti quelli che hanno a che fare con i soldi – banchieri, uomini d'affari – rispondono: « In Giappone ». I politici: « In America ». Io: « In Europa ». I giapponesi hanno i soldi, ma hanno influenza? Con quale carica di potere si muoveranno?

24 novembre 1988, Milano. Al *Corriere della Sera.* L'appuntamento con Stille è alle undici, ma quando arrivo le segretarie sono imbarazzate: il direttore dorme ancora e gli telefonano per svegliarlo. Mi riceve allora l'avvocato Pedrelli: « Da quando il suo nome è circolato nel giornale non ho sentito una sola parola contro di lei, da nessuno. È la prima volta che mi capita ».

« Certo, perché nessuno ha da temere da me, non voglio il posto di nessuno, non voglio diventare caporedattore, non voglio diventare direttore, capo degli esteri. »

Chiede quanto voglio, come indicazione. Dico che per gente in queste « vecchie professioni » diventa sempre più imbarazzante vendersi. « In Cina, quando si chiede quanto costa, spesso il venditore chiede quanto si è disposti a pagare. L'affitto è tanto, una segretaria tanto, le spese tanto... mi pare che almeno 70.000 dollari debbono figurare in un contratto. »

Dice che abbiamo assolutamente una base comune. Ovvio che se avessi chiesto di più me li avrebbe dati.

Stille, carinissimo, parla di tre tipi di contributi: presenza sui fatti di grande cronaca, fondi, contributi sulla cultura.

25 novembre 1988. Incontro vicedirettori e caporedattore del *Corriere.* A mezzogiorno sui loro tavoli, intonse, le pile dei giornali.

Stille vuole annunciare a tutti la faccenda. Prego di aspettare fino a che io abbia parlato con Scalfari. Grande, calorosa accoglienza da parte di Fattori.

Il tutto mi fa piacere, ma mi imbarazza anche. Mi piace l'idea di cominciare qualcosa di nuovo, meno quella di entrare in un « vecchio », lento giornale e in un qualche modo di « tradire » lo *Spiegel.* Questi mi pagano troppo poco per farmi abbandonare i tedeschi e troppo per non farmi sentire in colpa e con impegni da mantenere. È finito l'alibi con cui facevo poco per *Repubblica*.

26 novembre 1988, con Saskia a Orsigna. Non so chi sia più bella: lei o la natura.

Le montagne incipriate di neve, il cielo freddo e azzurro, l'aria chiara e precisa come il ghiaccio. Il suono dei nostri passi e delle nostre voci nella notte di luna tornando dal Fosso, il grande fuoco nel camino e intense chiacchiere. Tutto quel che mi intenerisce. Le stazioni della ferrovia, la luce azzurra della luna. La mattina corro fino al Pruno, ancora nell'ombra gelida dell'alba. Avrei dovuto – dovrei – comprarlo?

28 novembre 1988, Roma. Compro due bottigliette di champagne sulla strada che va dalla stazione Termini al giornale e le metto nelle capienti tasche del giubbone nero.

Il direttore mi aspetta nella riunione.

« No, non mi piacciono gli applausi. » A uno a uno vedo amici e gente che ho visto e non ho mai conosciuto. Confondo la Miriam con la Rosellina e viceversa. Poi esce lui, gentile e mellifluo.

Metto le bottiglie sul tavolo dicendo: « Dobbiamo berci su », e in quel momento arriva una telefonata. Scalfari è in piedi, bello come in una vignetta di Forattini. « Sì, è qui dinanzi a me... ah, una brutta notizia... ma è una notizia o una tua illazione... ah, una brutta notizia. » È Bernardo che chiama da Berlino.

« Parlaci, io vado a pisciare », dice Scalfari. Rientra subito dopo. Ha chiamato anche Gianni Rocca, « perché Tiziano pare voglia dare le dimissioni ».

« Eugenio, sei davvero un grande giornalista e fai un giornale straordinario e di grande successo... »

« Sì, di grande successo, ma non straordinario. »

« Sono d'accordo. »

« Allora, hai così buone fonti che sai già la notizia prima che sia tale. »

« Sì, sul giornale... »

Dico che l'apertura dell'ufficio a Tokyo è giusta e che io

stesso l'avevo proposta, che ho incontrato il nuovo corrispondente e che ritengo che sia giusto dare a lui il campo libero, che sia giusto che, come giovane, non lavori all'ombra di un vecchio che sta in Asia da 20 anni.

« Fammi fare un tentativo di tenerti », dice Scalfari e offre subito un contratto ad articolo alle condizioni che voglio io. « L'Asia è importante, c'è posto per due. Lui farà l'economia, tu farai il resto, non ci saranno contraddizioni. Lascia lo *Spiegel* e vieni con noi. »

« Eugenio, se tu mi avessi fatto quell'offerta alcuni mesi fa, mi avresti messo in imbarazzo perché da tempo cerco di risolvere il problema del mio pane che sa di sale, ma ora proprio no. Sono venuto per darti le dimissioni e queste restano. Per giunta ho giusto firmato con lo *Spiegel* un nuovo contratto. »

« Ma lui resta solo tre anni, allora tu resta come collaboratore e a ogni momento nei prossimi tre anni potresti accettare l'offerta. »

Dico ancora di no. Dico che la distanza farà bene a tutti e due e che nella distanza forse ci riapprezzeremo. Che il tempo è lungo, che io sto bene, corro ogni giorno da tre a cinque chilometri, che il giornale è solo agli inizi e che potremmo anche ritrovarci in futuro.

Mi saluta calorosamente: « Mi raccomando, rimaniamo 'visti', come si dice ».

Rocca mi stringe la mano: « Dopo quel che ho sentito, non ho nulla da aggiungere ».

Aggiungo io che ci vuole coraggio ad aver scritto un libro su Stalin. È un osso duro. Gli faccio tanti auguri e me ne vado.

Scappo. Felice. Nella Roma da kasba che mi trovo attorno.

* * *

11 febbraio 1989, Tokyo. Cena da Maurice. Un francese racconta di un'imbarazzante cena a cui aveva invitato un intelligente diplomatico uruguaiano e uno giovane del Ministero degli esteri giapponese. Quest'ultimo per tutta la sera ha trattato dall'alto in basso l'uruguaiano perché viene da un paese che non conta. Lui stesso, il francese, dopo mesi di esercizi di kendo, è stato chiamato dal grande maestro che gli ha detto: « Fino a qui, quarto dan, puoi arrivare. Dopo non più, perché solo un giapponese può capire i livelli superiori ».

L'aspetto economico della faccenda è che i professori di kendo e di rango superiore al quarto dan possono aprire scuole all'estero e fare soldi. I giapponesi vogliono che siano dei giapponesi a farlo, così che poi contribuiscano alla casa madre da cui sono venuti. Sempre l'idea che esista un livello in cui solo chi è giapponese capisce.

28 febbraio 1989. Incontro con l'ambasciatore Dries van Agt. Lui: « Le cose vanno meglio, molto meglio. Hanno riconvertito la loro economia sulla domanda interna. Importano di più. Se noi non teniamo loro testa è perché i giapponesi lavorano di più, sono più disciplinati e non vogliono avere lunghi weekend, sciare ecc. ».

Io, che non ho detto nulla per mezz'ora: « Ma scusi, lei è l'ambasciatore del Giappone presso la Comunità Europea o viceversa? Non si tratta di giustificare. Noi non vogliamo diventare giapponesi! »

Dopo dieci minuti, lui: « Lei poco fa mi ha accusato di essere pagato dai giapponesi per rappresentare il loro punto di vista ».

Io: « Non l'accuso, dico solo che sia nella sua, come nella mia professione dobbiamo smetterla di essere compiacenti nei confronti dei giapponesi, dobbiamo aver chiaro che cosa ci interessa. Il punto è che non dobbiamo diventare giapponesi noi stessi per tener testa a loro. Al contrario, dobbiamo trovare un modo, qualunque esso sia, di difendere il nostro modo di vivere, dobbiamo difenderci dalla giapponesità e dobbiamo difendere i nostri weekend, dobbiamo lasciare che la gente vada a sciare, che scii anzi di più, che la domenica dipinga, che faccia cattedrali, che scriva poesie. Dobbiamo insegnare loro che possono vivere senza i frullatori giapponesi, senza troppa tv ».

Alla fine mi chiede di rivederlo, di chiamarlo.

2 marzo 1989. A pranzo con una professoressa giapponese, una sociologa che ha studiato in America. Le chiedo: « Che cosa contate di dare al mondo? Con quale contributo all'umanità vi volete far ricordare? » E lei calma, dopo averci pensato: « Tecniche manageriali! »

14 marzo 1989, Fukuoka. Cemento, vetro e acciaio. Solo la luce chiara di una giornata primaverile la rende accettabile. Lungo il fiume Nagasu, una serie di nuovi edifici, hotel dalle facciate lucide di alluminio, d'oro, d'argento. Sotto, la solita massa triste e silenziosa di donnine coi tacchi alti che corrono a un appuntamento da hostess in un bar. Centinaia di giovani dai vestiti scuri, di plastica, ingrinziti e puzzacchiosi. Escono dalle stazioni della metropolitana, vanno verso uffici affollati a occuparsi di brochure, di prospetti, di conti, di piani, di telefonate, per poi finire nei soliti bar prima di rotolare in un letto paglericcio moderno, un posto che chiamano casa.

Una città con palazzi di vetro e acciaio, gente zombizzata e troie, troie, un intero quartiere a Nagasu. Discussione con Philippe sui valori, sulla battaglia che si sta preparando fra chi vede nel Giappone di oggi un pericolo e chi no.

« È una questione di sopravvivenza della civiltà occidentale, e dobbiamo trovare le forze per reagire », dico io.

Lui sostiene che la volgarità è ormai un fatto cosmopolita, che le nostre società ne producono la stessa quantità del Giappone, per cui non ha senso opporsi. In fondo i giapponesi hanno da contribuire alla modernità, noi non ne abbiamo più il monopolio, e certo è uno shock per le potenze « bianche » accorgersi che debbono dividere con una potenza « gialla » il potere nel mondo.

Penso a come tutti sono vittime di un sistema che non lascia loro alcuna libertà. Ripenso al giardiniere di Hirohito che raccontava di come l'imperatore odiava i bonsai, che sono dopotutto il simbolo della giapponesità. Allora? Se lui, che era la quintessenza della giapponesità, odiava un simbolo importante come quello, che resta di tutte le teorie?

Il problema è che noi dobbiamo dominare le idee e non farci dominare da quelle, dobbiamo affermare i principi in cui crediamo senza farci dominare da invisibili doveri che tutti accettano senza sapere chi ne è responsabile.

Un bonsai tenuto per generazioni sotto controllo che fa, se nessuno lo pota più? Torna alla natura?

Lafcadio Hearn si chiede lo stesso della società giapponese, potata, tarpata per secoli dalla dominazione di una classe militare.

20 marzo 1989. Alla grande fiera di Yokohama.

La misura della tragedia del Giappone: un paese pieno di soldi che non sa cosa farsene. Nessuna fantasia in tutto quel che viene messo assieme con tanta cura e precisione.

Stand con una banda di robot che suona musica rock. Un capannone della Nippon Telegraph and Telephone Corporation sormontato da una grande arca di Noè in legno. Dentro, una mostra che riproduce i suoni del diluvio universale. Nel capannone di Sogo, una pantomima con delle ballerine che appaiono fra fumi e luci: la storia del tempo. Animali di peluche e suoni assordanti. L'unica struttura tradizionale è un museo di Belle Arti, nuovissimo, in marmo; l'architettura è quella di un *love hotel* con davanti uno specchio d'acqua che ogni tanto si copre di una nebbia bassa, spruzzata da invisibili bocchettoni.

È assurdo entrare in queste enormi stanze vuote. Negli angoli si inchinano delle ragazze in uniformi nuove. Sento soffrire una bellissima Madonna di legno con bambino. Che ci fa qui, fra baracconi, pupazzi, un enorme lunapark con poliziotti, ragazze in strane uniformi di piratesse, travestimenti da periodo Meiji?

2 aprile 1989, Tokyo. A vedere i ciliegi in fiore del quartiere vicino. Per un po' ci si riconcilia: bellissimi batuffoli di bianco sui tronchi neri, la pace del tempio, un piccolo zoo dove madri giapponesi insegnano ai loro figli, ancora maldestri sulle gambe, a toccare polli e galline. Poi, tanto per vedere l'interno della chiesa italiana dei salesiani, ci imbattiamo in un matrimonio.

Un gruppo di giapponesi ha affittato la chiesa e il prete, come fosse un teatro, e lì ci recita il proprio matrimonio con canti di Ave Maria con l'organo, discorso del prete, andare e venire dalla porta all'altare per il beneficio delle videocamere che registrano tutto.

Dura più la sessione per le foto che la cerimonia. Le donne dell'azienda che ha prodotto il vestito della sposa segnalano – anche a noi – quando alzarsi e quando sedersi. I fotografi piazzano i loro flash a ombrello e danno poi il via al gruppo. Gli sposi di nuovo vanno e vengono lungo la navata, poi rientrano dalla porta di dietro, per riapparire nel sole della porta d'ingresso sotto la pioggia di coriandoli forniti dalla società che ha organizzato tutto.

Alla fine vado dal prete che si è appena spogliato: « No, non è proprio un vero matrimonio, ma una benedizione, una benedizione come la diamo a tutti, come benediciamo i maiali... »

Ma in verità è come se a distanza di secoli i giapponesi si vendicassero dei cristiani venuti con la loro assoluta fede a convertirli, a insegnare loro chi è il vero dio. Ecco, ora ci sono riusciti. La vendetta!

* * *

16 febbraio 1990, Tokyo. Philippe dice: « Ci siamo troppo crogiolati nell'idea di essere portatori di una cultura universale. Non lo siamo. Quello che ora inquieta l'Occidente non è tanto che il Giappone ci fa la concorrenza economica, è che per la prima volta un popolo non bianco ci spossessa del nostro preteso monopolio della modernità ».

È vero, questo è un tema che va affrontato. Che cosa vuol dire per noi questa forza giapponese? Che certezza rimuove dalla nostra coscienza? Perché reagiamo con tanta isteria, preoccupazione? C'è qualcosa nel nostro inconscio che ci inquieta: la perdita della certezza che la nostra cultura è tutto sommato superiore.

La Cina, dice Philippe, la possiamo accettare perché al fondo abbiamo un modo di classificarla, di lasciarla nel sottosviluppo, ma il Giappone no.

* * *

1° agosto 1990, Daigo. Una splendida, familiarissima luna aleggia sulla gobba nera della montagna dinanzi a casa. Uno splendido silenzio ci accoglie. Gli odori son quasi quelli di casa, di Orsigna. Grande momento di felicità dopo le sudatissime ore nel groviglio del traffico di Tokyo, gli ultimi imballi, la rabbia per essere vittima della solita furbizia dei giapponesi ladruncoli. La signora Hara sgattaiola via senza salutarmi col suo regalo riciclato portato via alla donna delle pulizie.

Un sonno piacevole e quieto dopo aver messo ordine nelle carte.

2 agosto 1990, Daigo. La solita efficienza ottusa dei giapponesi. A Daigo, nel giro di un'ora: alla posta compro una cassetta per le lettere (ne hanno una standard consegnatami personalmente dal direttore); cambio la presa dei telefoni (una donna sa subito che fare); mi rapo a zero la testa e la faccia col rasoio (la moglie del barbiere sa subito che fare, il marito pur chiamato «padrone» era già perso dinanzi all'insolita richiesta).

Provo una continua gioia. Solo un attimo di inquietudine a vedere i capelli che se ne andavano come stessi per prepararmi a un'operazione al cervello. Solo un attimo di panico al pensiero di come tutto potrebbe essere altro (penso a Bernardo). Poi di nuovo il continuo piacere. Torno da Baolì legato sotto un albero al sole: sembra essersi ammalato di solitudine e impressionato davanti al nuovo.

Corro due volte. Non fumo più. Smetto con l'alcol.

Chiama Angela. Non può credere alla mia felicità. Me ne meraviglio anch'io. Mi sento liberato. Il taglio dei capelli, il taglio dalla casa, dalla routine, dai rapporti di tutti i giorni mi fa sentire leggero. Mi chiedo perché non fare sempre così.

Mi frulla in mente la faccia preoccupata del barbiere che avendo capito che sono qui tutto solo e senza moglie si chiede: «*No wife? No wife serbice?*», quel «b» al posto della «v» mi suona sempre più osceno.

Riesco a far partire il fax. L'efficienza dei giapponesi continua a intrigarmi. Alla cassa ogni resto lo danno facendo il calcolo con la macchina. È una questione di sicurezza. Per tutto ci sono dei moduli. Mattinata impressionante nel segno della straordinaria organizzazione sociale.

3 agosto 1990, Daigo. La natura è splendida. Al tramonto il verde delle risaie s'indora in maniera struggente.

Mi guardo attorno con gli occhi di Lafcadio Hearn che deve aver visto un Giappone straordinario di cui qui si sente ancora una tenue, immiserita traccia: un tetto, il colore marrone scuro di una vecchia casa che ancora resiste. Non ho resistito alla tentazione di andare al tramonto «in paese». Daigo è piacevole, tranquilla, efficientissima. Mi chiedo perché la gente sogna di andare in città. Qui ha tutto, tranne la libertà di essere anonima che mi sto prendendo io.

Oggi ho fatto una sorta di cura del sonno. Ho dormito al sole, sul tatami. La testa a rapa stuzzica la mia vanità, ma deve essere almeno abbronzata perché mi ci senta a mio agio. La solitudine ha accennato a pesare. Con delle scuse ho fatto alcune telefonate, ma tengo duro. Sento bene come si potrebbe dire che non vale la pena. Perché essere qui in mezzo a estranei a guardare una natura che solo alimenta la nostalgia di quella che si conosce e che potrei avere attorno? Ho fatto bene a farmi la rapa. Una ragione in più per non potermi ripresentare al mondo.

I giapponesi di qui sono ottusi come quelli di altrove, ma più piacevoli, più simpatici. «Nessuna faccia nuova, solo facce vecchie», diceva orgoglioso il barbiere che prende la sua nuova Nissan per portarmi dal fotografo a due passi. Il consumismo, l'abbondanza uccidono tutto. A Daigo ci sono almeno tre o quattro cartolerie, tutte hanno le ultime penne, tutti gli stessi tipi di macchinette, nastri, coloranti, quadernini. Ci sono tre elettricisti, decine di negozi ognuno uguale all'altro, ognuno impegnato a concorrere, a sopravvivere, a sprecare in pensieri per lo più inutili delle vite che avrebbero altrimenti potuto dedicarsi... a che? In fondo il problema è che siamo diventati troppi! Per questo è indispensabile produrre l'inutile.

Di nuovo una splendida luna sale sulle colline. Baolì abbaia come un forsennato contro l'eco credendo di aver trovato finalmente un compagno o un avversario. A sentirlo così affannarsi contro la sua eco mi pare che la solitudine pesi più a lui che a me. Anche per lui Daigo è una bella illusione. Almeno non ha quella di scrivere un centinaio di pagine che contino sul Giappone.

Ho appena letto che in Giappone ci sono 100.000 diverse

specie di insetti. Ho l'impressione che tutte si diano l'appuntamento qui stasera. Vado a letto giustificandomi con la stanchezza di anni.

5 agosto 1990, Daigo. I giorni passano. Ho perso il conto e non m'importa. Ancora 12 ore di sonno tranquillo, pieno di resti di tante cose di tanto tempo fa. Nella pace tornano a galla i resti di tanti ricordi, di tanti naufragi.

Bellissima corsa all'alba con Baolì anche lui al massimo della felicità, sempre a caccia di topi appena annusati, sempre inteso a rispondere alla voce di quel cagnaccio lontano che è la sua eco.

Sono continuamente in compagnia di Lafcadio che ha fatto il monumento a questo Giappone che sento essere stato qui attorno e che è scomparso. Alla curva di una strada che passa in una piccola gola cementata, qualcuno ha rizzato quel che resta di una bella statua di Buddha dalle mani alzate. All'ombra di un boschetto di bambù spicca ancora una pietra dedicata al «dio della forza del cavallo», coi bei caratteri colorati di blu. Una poesia scomparsa di cui ancora godono questi giapponesi che mi circondano.

Mi viene continuamente nella testa d'essere felice. Forse lo sono davvero.

Quasi me ne vergogno a pensare ad Angela che per salvarmi è nel mezzo dei problemi della famiglia. Ma qui è davvero il paradiso: non sento che rumori di natura, voci di uccelli, stridii di cicale. Nessuno mi chiama, nessuno vuole niente da me, al massimo Baolì e a quello posso dare un calcio se mi pare. Persino la vanità è soddisfatta: mi abbronzo, dimagrisco, mi diverto a vedere la palla tonda della nuca rapata sulla quale ora rispuntano delle stoppie bianche. Mi spalmo la crema della farmacia di Santa Maria Novella e godo al pensiero di poter fare esattamente quel che lo stesso farmacista riteneva impossibile (per questo lui stesso era calvo): darsi questa roba puzzolente (ma sanissima) per un mese senza mai lavarsi. Splendido. Lo sto facendo.

Forse perché non la conosco come quella dell'Orsigna dove mi pare di sapere di ogni sentiero, di sentire la voce di ogni bosco, la natura qui mi intriga coi suoi suoni, col cangiare dei suoi verdi. Mi perdo ore a fissare nel bosco di cedri dinanzi a casa, ad ascoltare l'abbaiare delle cornacchie, lo sfrigolare delle cicale, il ronzare disperato delle decine di mosche, mosconi, libellule, calabroni, mosconi d'oro che si affannano a trovare un'impossibile via d'uscita dalle mie vetrate. Godo del silenzio, del telefono che non squilla, del fatto che non sento nessuno soffiarmi sulla schiena, del fatto che nessuno si aspetta nulla da me, quasi nemmeno io da me stesso.

Penso al Giappone, ne parlo coi pochi amici-libri che mi son portato dietro, scrivo nell'aria il libro, ma chi sa quando nel computer? In compagnia di Fou Ts'ong, che suona il suo Chopin in sottofondo, e di Baolì che ignora tutto e ronfa sotto il tavolo al quale non mi siedo.

Sono stato a godermi il prematuro calare del sole dietro la collina davanti a casa (sono appena le 16.45), prima insopportabile agli occhi, bruciante, poi come un risplendente diamante fra le vette degli alberi che si fanno sempre più scuri. Si alza un leggero vento che scuote le chiome degli aceri rossi e fa cinguettare gli uccelli.

Che errore è stato allontanarsi dalla natura! Nella sua varietà, nella sua bellezza, nella sua crudeltà, nella sua infinita, ineguagliabile grandezza c'è tutto il senso della vita. Se mai vi viene a mancare, come mi stava succedendo, basta tornare qui, alla natura, alle origini di tutto, all'albero da cui siamo saltati giù avant'ieri, uomini miei vestiti di boria e di gessato grigio.

Risalgo le scale verso la mia cuccia pregustando i resti di altri ricordi che affioreranno col sonno.

6 agosto 1990, Daigo. Sento di nuovo le scadenze. Se finisco di scrivere il pezzo sul Fuji, mi pare che dopo possa essere libero. Penso già più al libro che ad altro. Ma metterlo sulla carta?

7 agosto 1990, Daigo. La solitudine comincia a pesare. Vampate di nostalgia. Ritorna, ricorrente, l'immagine di mia madre a Maresca, mentre si scende dalla strada verso il mercato. Immagine di pace. Nel sonno viene a galla la faccia di una donna pallida e bionda: assurdo, la moglie di Deron. Come il ricordo di qualcosa di desiderato e non avuto. Poi il Laos. Collage di ricordi, di colori.

Ricado nella routine, nelle giustificazioni per sedermi al tavolo, riscaldare l'acqua, andare a prendere la posta, soffiarmi il naso, chiudere una porta. Riparto con la dieta tanto per non aver ragioni di alzarmi per andare a mangiare l'ennesima arancia o la decima mela. Corro con Baolì. Per interrompere la routine cambio strada, ma mal me ne incolse. Una jeep quasi lo mette sotto (mi spaventa lo scompiglio che questo provocherebbe in questa quiete), il nuovo percorso è brutto, unica consolazione una bella cascata d'acqua attorno alla quale stanno costruendo un brutto caffè.

Ritorno come un pallone senza zavorra. Vorrei che qualcuno mi cercasse. Squilla il telefono, è Folco che chiama da Orsigna. Una grande consolazione. Un immenso piacere sentirlo, ma ancora più forte la voglia di partire.

Mi mette in guardia lui. «Qui non devi venire. Se vuoi vederci, qui non è il posto adatto. È pieno di piccolezze, il mangiare, il dormire... da soli si sta meglio: si legge un bel libro, si scrivono delle belle cose.»

Straordinario. È contento di ritrovare la Saskia ripresasi in mano, forte e determinata. Io con lui. Gli raccomando sua madre, anche lei deve alzarsi dalle piccolezze. Torno al tavolo e mi sento i crampi nella schiena.

«Per il tuo pamphlet bastano un paio di settimane», dice Folco.

Ci provo ancora, ma con struggimento.

8 agosto 1990, Daigo. Penso ai condannati alla solitudine. Capisco come si possa impazzire. Lotto con l'ombra di dover scrivere questo maledetto pezzo sul Fuji che mi sono messo come palla al piede e cerco di sfuggire alla routine per perdere un altro giorno (correre, sudare, riposarsi, scaldare l'acqua, asciugare i cocci, accendere l'incenso, sentire la radio, chiudere e aprire le finestre, andare a letto ripromettendosi che domani si lavorerà. Cerco la speranza nei numeri 8.8.1990, propizio? quante altre combinazioni ho provato inutilmente?!).

Una settimana è già passata.

Carissima Angela,

devi ammettere che la tecnica ha i suoi vantaggi. «Sentivo» che avresti chiamato e, uscendo, avevo lasciato questa mia magnifica macchina in automatico. Non mi sono sorpreso, tornando, di trovare assieme a un Baolino scodinzolantissimo (incredibile come abbia bisogno della mia compagnia ora che siamo soli!) anche una bella striscia di carta che faceva capolino dal fax. Grazie. Vedi che anche tu sai dominare la modernità e servirtene?

Oggi è stata un po' giornata di tregua. Ho finito il *Fuji* (manca solo la limatura di un paio di paragrafi alla fine) e ne ho approfittato per andare a fare la spesa al supermercato più rifornito del mondo, rigovernare, spazzare via i cadaveri di decine di mosche, mosconi, scarafaggi, libellule e altri insetti senza nome uccisi senza troppi rimorsi e convenevoli nelle sere passate.

Col *Fuji* fuori dalle scatole, mi pare che il mio ritiro cominci solo ora e che i dieci giorni passati siano stati una sorta di apprendistato. Davvero, aspetto con gioia il domani in cui, dopo aver corso sei chilometri (la strada fino in vetta alla collina, con Baolì che corre dietro senza collare riscoprendo anche lui il piacere della natura con tutti i suoi odori e i suoi imprevisti, stamani un serpente ci venne a far visita), dopo aver fatto colazione con il muesli che mi avevi impacchettato, butterò il mio amo nella massa di note, di dischetti, di file che mi sono portato dietro. Chi sa? Mi sorprendo a non essere sgomento, anzi.

I giorni scorsi sono passati all'insegna di uno straordinario tifone che ha interrotto la calura e ci ha elargito, dopo una pioggia torrenziale di 48 ore, banchi di nebbie basse che hanno reso il mio bosco dinanzi casa ancora più giapponese che mai. Davvero, questi saranno fra i pochi ricordi belli che avrò di questo paese. Che paese! La casa di un americano in una valle senza gente con un cane cinese: eppure qui ho ripreso a sentirmi normale, a dormire con l'agio che fa venire a galla tutti gli avanzi più strani di anni dimenticati, a non sentirmi angosciato da nulla.

Nemmeno lo scrivere il *Fuji* è stato un gran dolore. La lunghezza era dovuta alle interruzioni, al sole e al fatto – ormai lo so – che per dire anche la cosa più banale ho bisogno di sentirla maturare dentro, ho bisogno di scriverla e riscriverla finché mi pare la più ovvia banalità, ma anche la sola e inevitabile verità. Del fatto che i miei preziosi giorni passavano mi son consolato dicendomi che il *Fuji* scritto così potrà essere comunque una sorta di « ultimo capitolo ».

Pensa che strano, Angelina: siamo a diecimila chilometri di distanza, ma tutti e due siamo alle prese col Giappone, dinanzi allo stesso schermo di uno stesso computer! Buon lavoro, ma non sentirti ossessionata! Prenditi il tempo che vuoi. Non facciamoci più soffiare sul collo da nessuno! Io da Daigo vi penso e ricamo su ogni dettaglio che mi dai.

Una straordinaria mezzaluna rossastra, da *ukiyo-e*, fa ora capolino sulla testa della mia collina nerissima, Baolì fa cadere vecchi barattoli preziosi pieni di inutili spezie allineati dietro al gas, nella sua costante caccia all'inafferrabile topo e io mi accingo a spegnere le luci, far certo che l'ultimo incenso è bruciato dinanzi al bel buddha che mi son portato dietro, e a salire quella scalina di legno per buttarmi sul mio giaciglio vuoto.

Buonanotte, Angelina.

13 agosto 1990, pomeriggio, Daigo.
Ad Angela. Amica mia, il mio splendido fax ha appena squillato con la conferma che il mio « Fuji-san » è ben arrivato.

Come al solito non sono contento di quel che ho scritto e mi guardo bene dal mandartelo temendo l'onestà del tuo giudizio. Il punto è che ho voluto usare di una scalata sul Fuji per dire *les deux ou trois choses que je sais d'elle* e questo è un osso con cui la bocca può restare sganasciata. Ora è fatto, e non voglio assolutamente più pensarci. Ho detto ad Amburgo che da domani mi considerino in vacanza a meno che il mondo non si scuota.

Spero proprio che non lo faccia, se non altro perché ho da risolvere fra me e me questo problema se ho o no da dire due cose sul Giappone e se ne sono capace. Se non lo fossi, tanto vale che io non abbia delle buone scuse per non rendermene conto. Ora ho tre settimane pulite davanti a me. *Hic Rhodus, hic salta!*, bello mio.

E te, Angelina? Ti penso spessissimo con tenerezza e con

quello strisciante complesso di colpa che puoi immaginarti. Ti metti in mezzo all'arena con la frusta benevola del domatore amico, lasci che tutti i leoni ti vengano a raccontare le loro pene, lasci a me l'inusitato lusso di starmene lontano quando in verità il tuo è l'unico libro vero, certo e alla fine, come sai che penso, anche il migliore. Insomma, so di avere un debito e ti prometto che ripagherò.

Il sole è appena tramontato. Le cornacchie fanno le loro ultime risate al mondo e le cicale non sono ancora stanche di frinire. M'è venuto un dolo nella spalla destra a forza di scrivere in questo computer e ora vado a smaltirmelo con una bella sudatissima corsa su per la collina. Lascio Baolì a casa, ma la solitudine lo sopraffà e dopo qualche metro me lo vedo trottare dietro un po' controvoglia, ma fedele, anche se è per obbligo di razza.

Fedele anch'io per necessità, t'abbraccio e guardo la data e sento il Ferragosto venire, e i rumori della piazza in festa e gli odori delle lasagne e della polenta fritta della cucina della Pubblica assistenza, insomma in tutto c'è il pro e il contro, come si direbbe.

Vi amo, ma mi sento anche amato.

13 agosto 1990, undici di sera, Daigo.

Angela, scusami, ma ti devo riscrivere, primo per ringraziarti della tua bella lettera che mi tiene al corrente degli spostamenti e degli umori della famiglia e poi per raccontarti ancora dei tuoi giapponesi. Ebbene, li ho rivisti stasera a migliaia e migliaia nella « Strada dei sogni » della Daigo che conosci, lungo il fiume, ammassati sui ponti per la festa locale e i fuochi d'artificio.

Che cosa mi ha impressionato di quella massa? La compattezza di razza e un'oscura, recondita anima che mi sembra sopravvivere a tutte le bombe atomiche e a tutte le americanizzazioni e che solo a momenti si riesce a intravedere. Mi ricordo che tu mi avevi parlato, impressionata, di alcuni suonatori giapponesi di tamburi che avevi visto da qualche parte. Ebbene, io ho visto stasera non il gruppo nazionale, non i grandi, ma i suonatori di tamburo locali, quelli di Daigo, e dio mio se ne valeva la pena.

Erano sistemati nello spiazzo di un distributore di benzina sulla «Strada dei sogni». Dieci, con dei tamburi modesti, ma loro impressionanti in *happi coat*, perizoma, a gambe nude, col fazzoletto da kamikaze intorno alla fronte, intensi e tirati, come felini pronti a saltare sulla preda.

Non erano il fornaio e il civaiolo travestiti da «comparse» rinascimentali il giorno del calcio in costume, erano i sacerdoti di un rito. E quello si è svolto nella più grande concentrazione, mentre tutto attorno il mondo scoppiava della banalità giapponese, o almeno della sua apparente banalità. Nel cielo cominciavano i primi botti, «la voce» dagli altoparlanti della strada annunciava quale *pachinko* e quale supermercato aveva pagato per i fuochi, sul fiume scendevano le prime centinaia di fiammelle messe in acqua a monte – l'occasione del tutto era la festa dei morti –, ma quando quei tamburi toccati, picchiati, accarezzati da quei dieci omacci e ometti giapponesi si son messi a tuonare, ho sentito che c'era qualcosa di vecchio, di antico, di nascosto che faceva capolino e che tutti conoscevano. Come un linguaggio segreto, un cenno di cui servirsi in caso di bisogno. M'ha colpito perché questa sensazione di buttar l'occhio nel fondo di un pozzo, come a volte ci è capitato in questo paese, non c'è certo mai capitata da altre parti.

Son tornato alla macchina che avevo lasciato lontano, a piedi, attraverso la vecchia strada che prima portava al tempio e, una dopo l'altra, mi sono fatto la casa scura del macellaio, quella ugualmente ombrosa del sushista e quelle ugualmente lugubri di tutti gli abitanti di Daigo, rimasti in ragione del minore sviluppo della regione alcuni decenni indietro e perciò più giapponesi anche in apparenza.

Ma il punto è che non cambiano. Questi fra un po' possono abbattere le loro case di legno coi pavimenti in tatami e i tetti di tegole nere per andare a vivere in delle case-gabinetto come quelle che ci hanno fatto attorno a Kamimeguro (com'è già lontana quella vita!), ma quel tuono del tamburo lo sentono sempre allo stesso modo. C'è qualcosa di istintivo in loro che li rende «giapponesi», come è istintivo l'esser cane di Baolino, che ormai reagisce qui al mio dirgli: «Vai a vedere!» come reagiva a Tokyo.

Son tornato, mi son cotto il cavolfiore con una bistecchina, ho ammazzato una decina di mosconi (alcuni puniti per avermi morso, la sera è abbastanza difficile lavorare a causa loro), ho scritto a te come fossero le solite chiacchiere del guanciale e ora mi ritiro al primo piano nella mia cuccia, mentre Baolì ha ormai scelto come sua il tappetaccio in fondo alle mie scale. Buonanotte.

Ferragosto 1990, Daigo. Angela carissima, solo due righe, davvero solo due, per ringraziarti del tuo messaggio di ieri notte. La tua generosità è così puntuale che uno ci può contare per tirarsi su. So bene che il *Fuji* non è come avrebbe dovuto essere, ma a tenerlo nascosto nel cassetto senza fartelo leggere, tu che hai sempre letto, editato e corretto tutto (se tu l'avessi potuto fare anche qui!), mi pareva che il puzzo di merda col tempo sarebbe solo aumentato e così, come con un dente cariato, ho deciso di mandartelo. Grazie della tua reazione. Mi è servita stamani, mattina di Ferragosto, pensa!, a smettere di armeggiare con ami e lenze e a cercare di attaccare l'osso.

La sera. Be', almeno questo favore me lo dovete fare. Un attimo di concentrazione e immaginatevi la mia situazione. Fuori è buio pesto. Le grandi vetrate che danno sul bosco sono solo degli specchi neri in cui vedo riflessa la mia testa rapata, il fumo dell'incenso che brucia davanti al mio piccolo buddha cinese sul tavolo dalla coperta rossa e i palloni bianchi delle luci contro cui si gettano i soliti stormi di farfalle, mosconi, pidocchi volanti e simili. Il silenzio di fuori è reso ancora più denso dal saltuario dolcissimo trillare di un grillo che chi sa perché non tace come gli altri. Forse è come me, che mi attacco al trillo del fax.

Ho appena finito la prima metà della mia cena. Seduto a un angolo del tavolo di ferro al centro della cucina, tavolo ereditato da un albergo fallito, ho ingurgitato dei pezzi di tonno crudo con soia con contorno di ginger e aspetto ora che sia cotto il cavolo. Poi di nuovo sulle carte.

Ora non crediate che io non abbia immaginato voi. Io vi immagino al tavolone a passarvi gran piattate di cibo, a far gran chiacchiere e a sentirvi – diciamo così – accomunati dalla mia mancanza, ma credetemi, nonostante il dolo alla scapola destra da computer, nonostante il fatto che chiudendo una delle vetrate m'è rimasto in mano, freddo e flaccido, uno di questi strani minuscoli rospetti che si credono scalatori, nonostante vagoli fra le masse di carte, ritagli, appunti, dischetti alla ricerca di un ordine che per ora mi sfugge, sto bene, sono sereno (una parola che mi si è sempre poco addetta) e mi chiedo se in una delle mie precedenti incarnazioni non ce ne sia stata una in cui facevo l'eremita.

Dovete capire che da qui, lontanissimo, solo, nel buio con il profumo del mio incenso, vi penso e in fondo vi sento molto meglio che se fossi lì a rimpinzarmi di tortelli. Insomma, si fa per dire! Vi abbraccio tutti. Godetevi il Ferragosto. Io ora vado a godermi il cavolo, ma senza olio, eh.

Vi abbraccio davvero perché se sto così bene qui è perché so che siete tutti lì.

17 agosto 1990, Daigo.
Ad Angela. Oggi è stata giornata di grandi « novità »: ha telefonato Philippe « minacciando » di venire a trovarmi domenica per cena assieme a J.-J.; ha telefonato K. per scaricarmi i suoi problemi e problemini. Vuole scrivere una storia sui giapponesi che hanno paura delle vacanze (« l'hanno già scritta tutti i buchi di culo di giornalisti che son stati a Tokyo dal 1945 in poi », m'è scappato detto).

Un promettente temporale, che da due giorni tuona e lampeggia dietro le montagne, continua a tradirci e un caldo afoso pesa sulle nostre vite: la mia e la sua, insomma quella del cane, ormai così legate, così intime che non mi meraviglierei se a uno dei miei tanti discorsi che gli faccio sulle mosche che ho ammazzato, sul mangiare che gli do o gli rifiuto, una volta lui non mi rispondesse a tono e in perfetto italiano. Forse l'ha anche già fatto e non me ne sono nemmeno accorto.

Continuo a stare benissimo. Io stesso incomincio ora a domandarmi come questo sia possibile, ma credimi è davvero così. Mi sveglio nella luce verdognola della stanza che conosci e mi alzo col piacere della routine che mi aspetta. Per la prima volta da tantissimo tempo non temo più che a un gesto, a un sospiro mi prenda quell'angoscia del vivere che a Tokyo rovinava a me tanti giorni e terrorizzava te, anche in quelli in cui il caso me la teneva lontana. Mi diverte ritornare a essere come sono sempre stato, senza il timore di quel che mi potrebbe angustiare.

Insomma a forza di dormire, di correre, di star fuori dal mondo e soprattutto lontano da quella gabbia che era diventato il mio ufficio di Tokyo, mi pare di stare guarendo. Sì, guarendo, perché ora, ancora più d'allora, mi accorgo che davvero m'aveva attaccato un tarlo che avrebbe ben potuto far lentamente segatura del mio legno che tu sai non è dopotutto troppo duro. Se questo dovesse essere l'unico risultato del mio « ritiro » a Daigo, sarebbe assolutamente valso la pena.

Dopo aver riscoperto la natura, riscopro il piacere di fare le cose che servono a tenere ordine nella quotidianità: rigoverno, spazzo, faccio attenzione d'aver ogni giorno degli asciugamani puliti da tenere attorno al collo per asciugarmi il sudore, metto ad asciugare quelli messi a mollo la sera prima, cuocio pentoloni di mele prima che il barattolone di vetro nel frigorifero con quelle cotte la mandata prima sia al fondo.

Anche le mosche sembrano essersi riprese dal torpore del caldo e trovano, ora che sta per calare la sera, sempre più attraente l'odore della crema di « vette d'albero » che continuo a mettermi due volte al giorno con tutte le regole prescrittemi dal farmacista calvo di Santa Maria Novella, compresa quella di non farmi mai lo shampoo. I risultati non mi paiono promettenti: i capelli ricrescono lentissimamente – così avrebbero fatto comunque – e là dove c'erano delle belle chiazze vuote, chiazze restano. Poco m'importa. Il bello è l'abitudine, l'impegno di mettersi la crema con tutte le regole e rendersi conto che quelle chiazze sono le stesse che aveva mio padre, che aveva mio nonno Livio.

Tu vedessi, Angela, come ora che i capelli mi tornano bianchi e duri gli assomiglio e come a guardarmi nello specchio me lo ricordo, anche lui coi suoi baffi – non ci avevo mai pensato che in fondo quell'immagine mi viene da lui –, con la camiciola di lana che tornava a casa tutto impolverato di calcina e si lavava la testa e il collo in una bacinella piena d'acqua, messa su una seggiola in cucina, bestemmiando.

Chi sa se un giorno in qualche parte del mondo ci sarà qualcuno che con un gesto agiterà una riserva di ricordi da cui ricompaio io sotto forma di nonno in chi sa quale veste, con chi sa quale bestemmia. Non è questa l'unica forma di eternità che c'è concessa? A me debbo dire mi basta. Più di quella che dà la carta stampata? Ma non lasciamo che la lingua batta dove il dente duole. O forse non duole nemmeno. Dovrebbe solo.

p.s. Davvero non sentirti in dovere di rispondermi. Scrivere prende tempo. Io ne ho e mi fa sentir legato al mondo al di là di questo cane, ma tu hai già abbastanza legami. Se ci sono « novità » chiamami al telefono dopo pranzo. Non andrò a letto fino a verso le mie 11 e la mattina puoi contare che sono alzato alle 6.30, che sono le tue 11 e mezzo di sera, quando il tuo circo dorme e tu riponi la frusta.

18 agosto 1990, Daigo.
Ad Angela. Ho lavorato un po' meglio. Il tuo breve, ma come al solito giustissimo consiglio (non rifriggere gli articoli!) è stato utilissimo. Mi son rimesso al computer come se scrivessi una lettera agli amici e, pur non sapendo che senso ha, almeno scrivo. Volevo ringraziarti per la tua puntuale saggezza. Mi accorgo – nonostante il sogno con la grande culla di un bambino che non vedevo – che quel che conta al momento è togliermi di dentro delle cose non dette, più che « scrivere un libro ».

Il libro è una questione di opportunità, di voler o non voler mettersi di bersaglio a chi avrebbe buon gioco col cinismo, contro la spontaneità. Il libro è una questione di calcolo. Ma questo scrivere a ruota libera, senza troppi legami, con infiniti refusi, delle note più che altro, è un modo per scaricare quel « veleno » giapponese che mi sentivo circolare nel sistema dai primi giorni.

Se continuo così avrò almeno detto a questo schermo che mi occhieggia tutto quel che avevo sullo stomaco. Il resto si vedrà.

Dillo alla Paola che questa volta, con una casa davanti a un bosco, un cane e delle giornate dinanzi in cui sapevo che nessuno sarebbe venuto a chiedermi nulla, mi sono risparmiato uno psicanalista!

Ti abbraccio.

19 agosto 1990, Daigo, pensando a una mia splendida figlia vicina.

A Saskia. Tu sai come io qui vivo – in ogni senso – di poco e, tu che mi conosci, puoi bene immaginarti che il tuo fax, stamani, appena tornato da correre in cima alla collina, mi ha riempito la giornata. Ti ringrazio di averci pensato. L'ho letto e riletto e quasi in ogni riga c'è un dettaglio che – qui nell'assenza di distrazioni o di altre emozioni – mi riempie di gioia o mi fa fantasticare.

Mi accende i lumi di varie nostalgie. Ma non sarebbero tali e non me le godrei se fossi lì.

La nostalgia è una cosa che m'è sempre parso di capire bene. Bisogna goderne perché è il grande surrogato dell'avere ciò di cui si ha nostalgia, ma bisogna a volte anche guardarsi bene dal volerla soddisfare perché capita facilmente che uno si ritrovi infelice con l'aver quel che voleva e per giunta senza la nostalgia per non averlo.

Questo vale per me e Firenze. Ho bisogno di starne lontano per godere almeno di averne nostalgia.

Scrivendo di te m'ha colpito che usi la parola « felice ». Non ho bisogno di ripeterti quanto ritengo come questo sia un tuo sacrosanto diritto, che è la cosa per la quale bisogna sentirsi nati (il problema è identificare quel che davvero ci fa felici o meglio quel che fa della vita che abbiamo un'avventura felice), e che è ciò che per te desidero di più. Né alla tua, né alla mia età ci si « adatta ». In nome di quale principio poi, quando la vita è ancora una splendida pagina bianca, come la tua, uno dovrebbe « adattarsi », dovrebbe adagiarsi sul conosciuto perché l'ha trovato dinanzi a casa e dovrebbe poi vivere il resto dei suoi giorni con quell'insidioso, rodente pensiero che magari altrove c'è ancora qualcosa o qualcuno da conoscere per cui varrebbe la pena bruciarsi in un ultimo volo, finalmente, di « felicità »?

Il problema è rendersi conto, a volte proprio « sentire », quand'è che si è rimasti senza alternative, che in fondo in fondo non ci sono più scelte. Ognuno a suo modo ci arriva. Il punto è credere che quel momento arriva e non stare ad arrovellarsi sul quando. Se si vive con qualità, se le persone con cui si divide qualcosa son frutto di rapporti di qualità, non se ne può che uscire arricchiti. Se poi se ne esce « sposati », be': « Oggi profumo di fiori, domani sorrisi di bimbi! » Se c'è una cosa che ti ho visto dentro fin da quando eri piccolissima è un particolare senso della qualità. E di quello mi fido.

Cambiando discorso!? La storia che G. sia arrivato con una Volkswagen cabriolet vecchia di 22 anni, mi ha assolutamente sconcertato. La mamma ti avrà detto che è stata la nostra prima vera macchina (proprio così, bianca!). Quel che forse non ti ha detto è che decidemmo di venderla nel giro di un giorno quando stavamo per partire, liberi, per l'America nell'estate del 1967. Stavamo alle Campora, io feci due cartelli che dicevano: « sono in vendita ». Ne misi uno sul cruscotto davanti e uno legato dietro e andai in centro. Scesi per via Maggio, feci il Ponte Santa Trinita, imboccai via Tornabuoni e un signore sulla quarantina si mise a correre dietro la macchina. « Fermo! Fermo! » Lo caricai, tornammo alle Campora, ci sedemmo un attimo coi fogli al tavolo della stanza da pranzo e la Volkswagen era sua.

Mi fa piacere che la tua amicizia con la Simona regga al tempo anche perché è col tempo che tutto – anche i rapporti umani – diventa sempre più prezioso. Nell'amore, come nell'amicizia, forse come nei mobili, per quanto mi riguarda, c'è quell'accumulazione di storia che diventa insostituibile. Se poi è storia comune è davvero una forza! Anche coi tavoli: pensa a quello su cui mangiate all'Orsigna, l'ho fatto io assieme al povero Aldo, colle assi di castagno prese a Pracchia, ma che veniva dalla valle dell'Orsigna!

Il tuo viaggiare con lei per la Toscana m'ha fatto gola. Quei campi che, come dici tu, potrebbero essere di tre o quattrocento anni fa è quello a cui più tengo. In fondo è per proteggere quella roba lì che vorrei tanto esser capace di scrivere due righe su questi maledetti giapponesi che alla fine dei conti quei campi là, con tutto il nostro modo di vivere, minacciano. Il punto è: come faccio a dire queste cose senza farmi subito attaccare come razzista, come isterico, come la solita Cassandra? Per ora scrivo a me stesso.

Dall'alto del palo della luce, una grossa cornacchia sta ridendo da matta a Baolì, ma lui con nuova saggezza la ignora per dedicarsi all'ancora più invisibile topo. Osservare il cane è per me una sorta di fonte di saggezza. Mi accorgo ad esempio di come, messo in queste nuove condizioni, in mezzo alla natura con tutti i suoi nuovi odori e tutti i suoi nuovi imprevisti, lui riscopre mano a mano in sé istinti e qualità che nella vita da cane di lusso in città aveva dimenticato e forse non sapeva neppure di avere. È strano come siamo così anche noi. Anche tu, Saskia.

Pensa alle cose che hai dentro, alla forza, alla fantasia, al potenziale di felicità che hai ancora da scoprire solo dando al tutto l'occasione di venir fuori. Quell'occasione bisogna dargliela, perché è triste pensare alla gente che quell'occasione non se l'è mai data e alla fine se ne va credendo di non aver mai potuto essere nient'altro.

Pensa a me. Avrei potuto benissimo partire dal Giappone, felice di sottrarmi alla sua malefica magia e andare a leccarmi la ferita che questo paese m'ha fatto al sole thailandese. No! Ho scelto di legarmi al mastio e di sentirla cantare un'altra volta, questa sirena giapponese. Tua madre m'ha aiutato enormemente incoraggiandomi e dandomene il tempo. Ed eccomi qui. La ferita è certo rimarginata. Si tratta ora di vedere se riesco a infliggergliene una io! Ma anche se in questo non riuscissi è già tantissimo, credimi, figlia mia, l'aver ritrovato il piacere dei giorni.

Quello di oggi è cominciato con ventate di fresco autunnale, ma s'è ripreso con un sole pulito e forte che io mi sono goduto, abbronzandomi e sbucciando chili di mele, e che ora mi godo calare dietro i dritti pini, abbracciandoti forte forte.

25 agosto 1990, Daigo.

Ad Angela. Buongiorno! Lo so che, come al tuo figliolo, una vera lettera ti dovrebbe essere scritta a mano, ma ho tante di quelle cose da dirti che a mano mi prenderebbero pagine e pagine. Allora scusami, e prendi quel che segue per un « fax », insomma una lettera di seconda categoria. Essendo però comunque una lettera giapponese, ha da cominciare con un riferimento alla natura. Ovviamente la mia « natura »: l'averti colto ieri nuda e appena uscita dalla doccia ha mandato qui ondate di eccitazione e fatto chiaro che è tempo di fare il punto. Lo fa anche l'altra natura, quella di tutti: il cielo è coperto e non fa più tanto caldo. Sembra che stia per arrivare un temporale, non più uno di quelli estivi, ma uno di quelli che annunciano l'autunno.

Non ti scrivo più da « paziente », Daigo non è più la mia specialissima casa di cura e non ti chiedo altro tempo in prestito per continuare il mio « ritiro ». Sto bene, mi risento normalissimo e ho una gran voglia di tornare ai miei irrinunciati ruoli di padre, di figlio, di domatore... e di amante. Per questo ti scrivo. Finora avete tutti dovuto organizzare la vostra estate sul fatto che « lui » non c'è, e che « bisogna tenerlo tranquillo » e « non bisogna dirgli questo o quello ». Bene. Ora io sono di nuovo disponibile, allora rifate un po' i vostri piani in modo che le cose vi tornino meglio e tenendo conto delle vostre scadenze e non più delle mie.

A Daigo le cose stanno così. Son passate quattro settimane. Incredibile, come un gran sospiro, in un attimo. È stato straordinario: un grande piacere dal primo momento all'ultimo. Mai un attimo di tristezza, mai uno di panico, tranne quei tre o quattro... Oggi è venuto uno dei miei ometti « Giappone in marcia » che avrebbe voluto verificare tutte le tubature del gas, controllare le bombole... e fare conversazione. Baolì col suo grugnire m'ha dato una mano a cacciarlo.

La grande scoperta che ho fatto a Daigo è che si hanno dentro ancora (certo un bel giorno poi no!) tante e tante risorse che basta mettersi nelle condizioni per farle venir fuori. La solitudine, il prender distanza dal mondo, lo star lontano dalle gabbie in cui uno per necessità o per malriposto senso del dovere si mette, servono enormemente. Se ci aggiungi la natura, la formula mi pare infallibile. Lo è stata con me.

Ho corso ogni giorno dai sei ai dieci chilometri, ho fatto ginnastica, sono stato a guardare il cielo, gli alberi e a cacciare mosche. Ho scritto senza soffrire il *Fuji* e ho buttato l'amo nella marea di note, appunti, interviste per il benedetto libro. Ovviamente di quello non ho scritto una riga, ma sarebbe stato assurdo aspettarsi di più. Preferisco tornare sano io, senza libro che al contrario. M'ha fatto piacere che anche tu mi hai prospettato la possibilità d'un topo più grosso dopo, visto che non son riuscito a chiappare quello piccolo ora. L'altra cosa che mi ha ugualmente fatto piacere è che eri al sole e che anche tu col tuo « topo » hai deciso di non farti mettere nella trappola delle scadenze.

Questa questione del « topo » ora la vedo così: fra i pezzi fatti per lo *Spiegel*, le tante note prese in 5 anni e quel che ho raschiato in queste due settimane, un libro potrebbe venire. Mi ci vogliono però tempo e concentrazione. A Daigo ho liberato il terreno dalla zavorra. Ho ripulito i file, messo in ordine le note, fatto una sorta di schema. Se qua e là avessi un fine settimana libero, posso mettermi a limare quel tassello e a imbastire quell'altro nel mosaico, ma poi ho bisogno di almeno due mesi solidi, senza distrazioni per mettere il tutto in una forma accettabile. Nelle settimane che vengono vedrò se posso o meno permettermi questo.

Con settembre vorrei aver sistemato Bangkok così che tutti e due sappiamo dove metter il culo. E poi si vedrà. Io qui a Daigo ho ancora bisogno di tre o quattro giorni, poi posso tornare a galla e anticipare di un paio di giorni il mio arrivo in Italia se questo serve meglio ad accordare i suoni. Potete ora contare su una mia completa disponibilità per organizzare le cose come meglio conviene a voi.

Buona giornata, Angelina. Insomma lo vedi che non potevo scriverti a mano!

1991-1994

Nel 1991, la scelta di stabilirsi a Bangkok lo pone al centro dell'« Asia calda » e quindi delle geografie professionali e sentimentali che predilige. Segue gli sviluppi delle elezioni filippine e le sorti della penisola indocinese, in particolare la Cambogia. Comincia a chiedersi quale possa essere un futuro politico non più guidato dalle ideologie.

Nei diari, il « vuoto » che va dai mesi estivi all'autunno è la prova di un evento che lo scuote: durante l'estate del 1991, il golpe contro Michail Gorbaciov innesca lo sbriciolamento dell'URSS. Un momento epocale, che lo sorprende durante una spedizione sino-sovietica sul fiume Amur. Testimone diretto del crollo dell'impero comunista, in due mesi Terzani attraversa nove delle quindici repubbliche sovietiche, dalla Siberia orientale a Mosca, e ne ricava un diario di viaggio che raccoglie in volume, Buonanotte, signor Lenin.

Nel 1992, il bisogno di far chiarezza sugli effetti del comunismo lo riporta in Cambogia, un paese dilaniato, impoverito e coinvolto in un processo di pace che mostra fino in fondo i limiti e le ipocrisie delle istituzioni internazionali, l'ONU su tutte.

A cinquantaquattro anni Terzani combatte ancora con la depressione, cerca un conforto medico, ma capisce che l'unico modo per cacciare la « vecchia belva oscura » è reagire e rilanciare. Immagina una « buona occasione » per mettere in discussione se stesso e il continente dove abita da oltre vent'anni: immergersi in una nuova avventura, in un nuovo libro. Sceglie di indagare l'Asia della magia, il bisogno dell'uomo di immaginare e dominare il destino. Il monito di un indovino di Hong Kong, che nel 1976 gli aveva raccomandato di non volare mai per tutto il 1993, è il pretesto ideale per tornare a viaggiare come i grandi esploratori.

È l'anno del « volar senz'ali »: dodici mesi senza prendere aerei. Per un giornalista è una sfida enorme, eppure Terzani percorre oltre 40.000 chilometri e attraversa quindici paesi sfruttando qualsiasi mezzo terrestre e marittimo.

L'esperienza, che comincia alla fine del 1992 e non preclude il consueto lavoro per lo Spiegel, *muta in modo radicale il ritmo della sua vita. Viaggia per tutto il 1993, incontra indovini e maghi, raggiunge le realtà più remote e pericolose come il « Triangolo d'oro », crocevia dei traffici di droga e armi, e in estate rientra in Italia attraversando in treno Indocina, Cina, Mongolia, Siberia e Russia. In settembre riparte via mare, a bordo di una nave container sulla tratta La Spezia-Singapore. Scopre un'Asia che non immaginava così profonda e umana. Si rende però conto di come la globalizzazione, fatta di merci e nuovi stili di vita, alteri sensibilmente le volontà e i sogni degli individui. Inizia a dubitare del fatto che la politica e il giornalismo possano realmente cambiare il mondo e migliorarlo. Anche il suo fisico, messo a dura prova dalle tante esplorazioni, comincia a cedere e a preoccuparlo.*

Nei primi mesi del 1994, Terzani chiude l'anno « senza aerei » sperimentando pratiche di meditazione in un centro nella Thailandia del Nord, quindi lascia definitivamente Bangkok per Delhi. L'India, come la Cina, è una civiltà che ha studiato e ammirato fin da giovane. Ma prima di dedicarsi all'approfondimento dell'antico subcontinente travolto anch'esso dalla modernità, torna più volte sulle spiagge isolate di Ban Phe, nel golfo della Thailandia, a scrivere l'opera che racchiude quest'anno di avventure, Un indovino mi disse.

16 maggio 1991, Manila. Arrivo all'aeroporto e mi sento a casa. Un'atmosfera di calorosa umanità. Entro nel taxi e quello ha la radio accesa che parla dei risultati elettorali. Sento che c'è una conferenza stampa di Imelda, alle tre al Philippine Plaza. Mancano dieci minuti. Andiamo lì.

Si aspetta mezz'ora. Lei entra, drammatica, su lunghe gambe traballanti, circondata da vecchi signori con i capelli tinti. Non ci sono che giovani figli di vecchi potenti, i più sono vecchi con capelli riverniciati di fresco. Gente di un altro tempo, di un altro regime, che cerca di ricreare una gioventù che non c'è più. Come lei stessa.

* * *

31 ottobre 1991, Napoli. A Napoli per la trasmissione con Oriana Fallaci sul Vietnam. Orribile, sciocca, nevrotica prima donna che crea enormi problemi per avere la prima poltrona, che parla dei suoi inutili ricordi. Va a giro con il diario preso dal cadavere di un vietcong in Sud Vietnam, di cui cita alcune pagine di poesia. Racconta di aver trovato sul cadavere di una ragazza una piccola borsina con una boccettina réclame di un profumo, un pettinino e un piccolissimo specchio. È un'orribile voyeur, inaffidabile, presuntuosa, piena della propria vanagloria, ora con manie di persecuzione. Querela tutti. Accusa tutti di sparlare di lei citando a testimone gente che è morta e che lei non può richiamare in causa.

Ho l'impressione di essere vissuto in un altro mondo, di aver coperto altre guerre, altri paesi, di fare una professione diversa.

* * *

8 dicembre 1991, verso Bo Rai (confine Thailandia-Cambogia). In un autobussino Volkswagen attrezzato a salotto, guardando un video sul Vietnam con Léopold e James Barnett, verso Chanthaburi e la frontiera cambogiana. Stiamo in un albergo bordello chiamato Eastern Hotel, per i compratori di pietre preziose. Ragazze a cosce scoperte dovunque, al bar, nel ristorante, nel vip lounge, nel bagno turco. La settimana scorsa è venuta qui la tv francese. Se ne sono tutti presi una.

La strada principale si chiama Siam Gems Street. Nella luce azzurrognola dei neon nei negozi dei tagliatori si vedono grandi statue, Cristi in croce e Madonne. Sono cattolici vietnamiti scappati qui già al tempo dei massacri di cristiani nel 1830.

La passeggiata nella notte è stupenda. Si passa il fiume e nel cielo si staglia un tempio cinese, nel cortile si svolge un'opera, solo un paio di donne e bambini ascoltano seduti su delle stuoie distese sul cemento. La folla è davanti alla grande cattedrale di stile coloniale dove si proietta all'aperto un film sulla guerra del Vietnam. Che ironia. Più in là squadre che giocano alla palla di vimini e altre squadre di bambini che giocano a pallacanestro. A pochi chilometri la frontiera coi khmer rossi. Sulla facciata degli alberghi e dei bordelli, i ritratti a colori in grandezza naturale del re. Nei giorni scorsi era il suo compleanno.

9 dicembre 1991, Bo Rai. Ci alziamo all'alba per andare a Bo Rai. La strada è svelta e ben fatta, asfaltata. La cittadina alle sette diventa affollata da venditori, compratori di gemme e banditi. Ognuno davanti a dei banchetti di legno, ognuno con un numero. I minatori, molti giovani e con l'aria di chi è affetto da malaria, hanno facce giallognole sotto la pelle scura e abbronzata. Vengono con sacchetti di plastica a rovesciare la loro « raccolta » sui tavoli dei compratori. Questi, con le mani ingioiellate da grossi anelli d'oro, grossi orologi punteggiati di diamanti e zaffiri, stendono le pietre, le bagnano con un po' d'acqua, guardano e decidono. Ne vogliono solo un paio. Non vogliono niente. Il minatore rimette tutto nel sacchetto e va a un altro banco. Decisioni velocissime. Se il compratore dice « sì » le pietre vengono pesate e il pagamento è fatto in mazzi di biglietti da 500 bath.

Questa è la banca di Pol Pot.

Niente serve più di questo per far capire la vera situazione in Cambogia. Bisogna vedere, per rendersi conto. Hun Sen non riuscirà facilmente a liberarsi dei khmer rossi e questi non hanno bisogno dell'appoggio della Cina. Le loro finanze sono lì, in qualcosa come un milione di dollari che ogni giorno passa la frontiera.

Cerchiamo di andarci.

Passiamo dalle vecchie miniere thai e arriviamo ai piedi della collina. Un posto di blocco dei ranger ci ferma. Noi stranieri non possiamo andare. Passano invece, e a decine, sia i portatori thai che quelli khmer che mostrano le carte di identità. Carichi di benzina, riso e persino gabbie con dentro dei polli. Vanno verso le miniere nella sezione controllata dai khmer rossi. Grossi trattori carichi di fusti di benzina si inerpicano sulla collina. I portatori hanno sacchi di plastica e bretelle che portano anche sulla fronte per bilanciare il peso. Un cammino durissimo su per la collina. Uno spettacolo impressionante di ipocrisia, di avidità, di immoralità. Venga qui l'ONU a capire.

Léopold parla, cerca il colonnello, impossibile passare. «Ma la scorsa settimana...» dice lui. Già, dice l'ufficiale. I khmer rossi telefonarono subito al posto di blocco dei ranger e il militare che era al comando è stato sostituito, mandato via per aver permesso a uno straniero di passare. Il segreto dovrebbe rimanere segreto.

Al mercato di Bo Rai siamo gli unici stranieri. Un uomo ci offre una bella pietra, vuole dapprima 30.000 bath e alla fine è disposto per 15.000. Stiamo per comprarla quando Léopold chiede se l'uomo accetta un assegno su Bangkok. Il tipo dice di sì e Léopold bisbiglia: «Andiamo via». Se è disposto ad accettare un assegno vuol dire che c'è un trucco, che la pietra non deve essere quel che pare o altro.

Rientriamo nell'autobus e rifacciamo rotta verso Bangkok guardando un bellissimo film, *Miller's Crossing*.

* * *

15 aprile 1992, Ubon (Thailandia). Una cittadina diventata prospera con la guerra americana. La grande pista su cui atterra l'aereo è quella da cui partivano i B-52 per bombardare il Vietnam.

16 aprile 1992, Preah Vihear, confine Thailandia-Cambogia. Dall'alto di una roccia la Cambogia misteriosa è un'immensa pianura desertica, senza traccia di umanità, una piatta, arida terra punteggiata di alberi neri, di piccoli laghetti in una caligine azzurrognola che si perde nell'orizzonte in cui dovrebbe esserci Angkor a 260 km.

Alle spalle il triste tempio di mille anni fa. Non restano che i pezzi che non si potevano portare via, i capitelli che avrebbero ucciso chi avesse tentato di toglierli dalle porte vuote. Le pietre sono tristi. Triste il leone che guarda, tenuto in piedi con una stampella di mattoni, triste al centro del tempio l'incenso che brucia dinanzi a dei mozziconi di piccolissimi buddha di cui non rimangono che le gambe amputate.

I thai sono dappertutto. Preah Vihear non è più khmer, ma in coabitazione con la Thailandia. Bangkok si prende quel che perse con la decisione della Corte dell'Aja del 1962. Subito dopo Sihanouk organizzò una gita per diplomatici per celebrare l'evento. Mentre salivano su una scala di legno che il principe aveva fatto costruire, l'ambasciatore sovietico a Phnom Penh restò secco per un infarto.

Si arriva in un grande parcheggio. I thai chiedono di riempire dei fogli con nomi e cognomi del gruppo. Uno deve lasciare un documento. Cento bath a testa. Un grande cartello annuncia: « Benvenuti all'ingresso di Khao Phra Viharn, sinceri auguri dal Rotary Club di Kantharalak ».

Il tutto sembra pronto a ricevere migliaia di persone con parcheggi per autobus e macchine. Si lascia l'ultimo posto thai, si scende una scala di ferro e si cammina per un centinaio di metri in una terra di nessuno fra due file di filo spinato con segni di morte dovunque. Il consiglio è di non lasciare la strada per tema delle mine. Si arriva al posto khmer, si pagano cento bath, si passa un cancello di ferro che chiaramente la notte si chiude come quello sulla parte thai, e si sale la scalinata verso le due teste del *naga*.

Bambini khmer con dei sacchi raccolgono le lattine di Coca-

Cola e le bottiglie di plastica dell'acqua. Bandiere khmer sventolano fra le rovine. Dei bonzi venuti dalla Thailandia si aggirano fra le pietre rovesciate. Solo la grandezza del paesaggio attorno dà senso alla scena. Questi antichi costruttori sapevano quel che facevano e avevano un grande senso del luogo. La scelta dei posti per questi templi era straordinaria.

Tutto è in assoluta rovina. Ci sono appena delle pietre scolpite. Gli ultimi fregi sembra siano stati segnati da qualcuno che se li sta portando via. Li fotografo con l'idea un giorno di vederli arrivare a Phnom Penh.

19 aprile 1992, Phnom Penh. Grande ricevimento nella vecchia casa del governatore francese dell'Indocina sul fiume, ora sede del Supreme National Council.

L'assurdità della pace e della guerra è tutt'attorno. Assassini e vittime si bisbigliano nell'orecchio grandi segreti. Son Sann e Son Sen, Khieu Samphan e Ranariddh si mescolano assieme ai soldati di tutti i paesi: un comandante della marina uruguaiana che promette di dare domani il suo personale biglietto da visita al colonnello-medico tedesco, l'australiano ferito che si fa adorare dalle donne, gli indonesiani che prendono il palcoscenico per cantare un qualcosa in mezzo al quale gli urli di « Indonesia » diventano insopportabili, mentre io vado a giro a chiedere se quella canzone non si chiama *Timor Here We Come.*

Cattive tartine del Cambodiana. I soldati indonesiani di guardia all'ingresso del palazzo. « La missione dell'ONU è di riportare la pace e la democrazia, di creare un'atmosfera neutrale in cui praticare i diritti, ma questi non ci sono mai stati in Cambogia e come possiamo farli valere in un anno? » dice Dennis McNamara.

Continuo a pensare che c'è qualcosa di indecente in una pace fondata sulla ingiustizia umana e una democrazia sulla ingiustizia sociale. Quel che qui succede non è la riabilitazione, ma la protezione di un piccolo gruppo di persone che si arricchisce. Non ci sono investitori, ma speculatori. Il tempo previsto per il ritorno dei profitti è così breve che non ci sono investitori, solo giocatori di poker. Su mezzo chilometro della strada principale non ci sono che alberghi, più di dieci, per sfruttare il turismo. La gente normale non ha certo di che profittare.

20 aprile 1992, Phnom Penh. Palazzo reale al mattino. Conferenza stampa nel padiglione all'aperto. Boutros-Ghali parla del suo ottimismo perché parlare con Sihanouk vuol dire essere imbevuti di ottimismo. La sensazione è che fa il diplomatico, vuole evitare le domande, vuole andarsene dalla scena lasciando una striscia di ottimismo. Si alza Henry Kamm e chiede come risolvere il problema degli assassini e Ghali dice che siamo qui per aiutare la riconciliazione e nient'altro.

Boutros-Ghali parla della riconciliazione nazionale e io penso ai morti: quei milioni non li vogliono riconciliare? Le anime erranti non faranno bene a questo paese, voglio chiedere, ma poi capisco che sciuperei la festa, Sihanouk che sorride, e mi taccio.

22 aprile 1992. Il colonnello capo dello sminamento: « Il problema delle mine resterà coi cambogiani per anni a venire. Quello che è frustrante è vedere che bulldozer e camion donati da enti stranieri, e ora di pubblico uso, vengano utilizzati per fare case e ville dei dirigenti locali invece che per riparare strade e ponti ». Il corso per sminatori dura tre settimane. Ne hanno per ora formati ottanta.

23 aprile 1992, Battambang. Volo con un piccolo Cessna sulla Cambogia. Una piana piena di deserti e di palme da zucchero.

La sera sul fiume il grande casinò di Battambang. Una ventina di banconi gestiti da cinesi che giocano alla roulette e *fantan*. Bambini, militari, ufficiali di polizia e commercianti mettono le loro misere somme sui riquadri con le figure dei dodici animali dello zodiaco; poi, dalla bocca di una tigre dipinta sullo sfondo esce un cartello con la figura dell'animale. E pacchi di soldi cambiano di mano. L'intera città, bella, coloniale, con il vecchio skyline rinasce, è diventata un posto per giocatori d'azzardo.

In un bar del Victory Hotel povere ragazze, alcune di Hanoi, si prostituiscono ai soldati dell'UNTAC. Un intero bar viene svuotato da un camion bianco che viene a caricare il gruppo. Questa è l'opera delle Nazioni Unite. Triste la musica, il rumore, la corruzione. Il tutto in così poco tempo.

* * *

9 luglio 1992, Pisa. Con Angela e Folco da Volterra a Pisa a vedere Cassano, lo psichiatra. Mi dice che di depressione hanno sofferto tutti e che devo leggere Churchill. E mi restituisce la cartella clinica preparata dall'assistente. Mi sento sollevato. Celebriamo in un ristorantaccio vicino a piazza dei Miracoli e compriamo le tinte per dipingere la mia *yurta.*

29 luglio 1992, Orsigna. Dormo da giorni nella *yurta.* Mi sento sempre più isolato dalla famiglia. Invidio il ragazzo seduto sulla sua moto che viene carezzato e sbaciucchiato in mezzo alla piazza di San Marcello. Mi faccio il proposito di non annunciare più propositi, ma mi propongo di riorganizzarmi, partire presto, ritirare le fila da solo, cambiando magari anche alcune delle routine che hanno segnato la vita di questi decenni. Se il problema sono io – come pare – allora non posso che risolverlo da solo.

Per la famiglia sono diventato un peso e la famiglia lo è per me. Folco l'ha detto già due volte che senza di me a Orsigna si stava benissimo. Ed è certo vero. Si stava diversamente, almeno.

Quando mi riavvicino al tavolo di pietra, la notte illuminata (da me!) con belle fiaccole, la conversazione fra Jacopo, Folco, Angela e un'attrice tedesca portata qui da Folco, si gela. Nessuno sa più cosa dire. La mia semplice presenza, il mio digiuno, fa paura a tutti. Oggi torna la Saskia. Vedrò un attimo anche lei, poi partirò.

Debbo cominciare a occuparmi solo di me e lasciare che gli altri si occupino di sé. Forse è questo che tutti vogliono. Anch'io? Debbo ora impormelo.

30 luglio 1992, Orsigna. Dopo pranzo scappo letteralmente sulla montagna, la montagna – come dicevo ieri sera a cena a Jacopo e Chiara – che ha così tanto influenzato la mia vita, la montagna dove andavo da bambino, la montagna dove sono andato in viaggio di nozze, la montagna dove cercai di chiarire i miei rapporti con Folco, la montagna sempre la stessa montagna che mi sopravviverà perché non riuscirò a farla saltare in aria. In cima era bellissimo.

A cena, ieri sera, mi ero aperto in una lunga logorroica descrizione della mia angoscia. Fesso fui. A pranzo mi son sentito tornare tutto con una simpatica, ma pungente presa in giro. Avevo detto che avrei voluto diventare un anonimo Paolo Rossi senza più ruoli da giocare e oggi Jacopo racconta di Pirandello che portato « anonimo » da un amico a una cena finisce per partire andando a stringere la mano a tutti dicendo « Buonasera, Pirandello ».

Continuo a isolarmi e a sentirmi isolato dalla famiglia. Angela cerca di ristabilire un filo, ma pare finto e solo interessato alla pace comune. Folco vive in un mondo di sue ossessioni dove non ci sono tavole da apparecchiare, lampadine da cambiare, insalate da condire. Mi ritiro nei miei ritmi cercando di non dipendere più dagli altri e non fare gli altri dipendere da me.

Sulla montagna sognavo di volare. Mi immaginavo il corpo che planava giù dai dirupi. Quanto è breve questo passo e quanto difficile!

Prolungo i fanghi a Porretta per avere una scusa di stare ancora attorno a casa, per essere sicuro di quel che farò. Ieri sera una telefonata di mezz'ora di Bernardo sulla crisi italiana. Non mi interessa un fico secco, ma lui mi parla perché ne ha bisogno e perché crede così di farmi un favore. Corro a letto nella *yurta* e mi copro per ripararmi da ogni interferenza, anche da quella di Angela che vuole dire buonanotte e io fingo d'essere già addormentato.

Soltanto da solo ho l'impressione di arrivare alla fine di tutto questo e non voglio essere distolto.

25 agosto 1992, Orsigna. Folco è partito col sacco in spalla, una pesantissima valigia piena di libri e il tamburo sotto il braccio. Ha lasciato un grande vuoto.

Viene a trovarci Alberto Baroni con una sua bibliotechina

per il possibile libro sui vecchi. Ci impressiona con un paio di idee: il mutato concetto della morte in questo secolo.

Nella civiltà maya chi vinceva alla pelota riceveva come premio il privilegio di venir sacrificato agli dei. In un mondo in cui il rischio di morire di diarrea era immenso, era un grande onore morire da eroi. La morte si sublimava nell'eroismo.

Oggi nessuno vuole più morire da eroe, perché le chance di vivere a lungo sono grandi. Da qui anche la crisi della religione. La gente non si interroga più sull'aldilà, ma sul come conservarsi, come mantenersi giovane. Io dico che la gente non parla più di Dio e della morte, ma della pensione.

Prima, la morte di una persona era un fatto corale. Moriva uno e i vicini di casa assistevano e aiutavano, ognuno faceva così un'esperienza della morte. Oggi è il contrario, la morte viene celata, nascosta. Nessuno sa più gestirla, nessuno sa cosa fare dinanzi a un morto. I vicini scappano, non partecipano. Prima un ragazzo faceva spesso l'esperienza della morte, oggi uno può arrivare alla propria senza mai aver visto quella altrui. Prima dall'ospedale si veniva portati a casa a morire. Ora è il contrario. La famiglia porta uno a morire all'ospedale perché nessuno sa cosa fare col morto. Ricordo da bambino i morti lavati.

2 settembre 1992, Bangkok.
Ad Angela. Macchina dell'Oriental con autista. Ci addentriamo nella più caotica, sporca, immutata China Town di Bangkok, il quartiere Vorachak. All'appuntamento, alla fine, dobbiamo andare a piedi perché il Nostro Astrologo ci aspetta seduto in una poltrona di vimini dietro una piccola scrivania in una delle solite case cinesi – negozio e abitazione, gli uni accanto agli altri – in un vicolo secondario scuro e puzzolente. Lui tiene le gambe su e con le mani, quando non fa invisibili calcoli, si massaggia i piedi. I suoi occhi son vuoti, al posto delle pupille ha delle macchie di bianco sempre rivolte al cielo che non vede.

Tocca a me e dopo un bla-bla-bla che non ha senso – ora ascolta, Angelina – dice: « Quest'anno non è buono per te e devi fare attenzione. Potresti perdere il tuo denaro, per cui stai attento agli affari. Ma non preoccuparti, dopo i 57 anni andrai benissimo se non farai affari con il governo. Tu sei troppo onesto per fare affari con il governo. Meglio dedicarsi all'educazione – ascolta bene! –, alla scrittura, come i romanzi. Questo ti darà più fama e più denaro. Se vuoi cominciare qualcosa, aspetta il prossimo anno. Quest'anno non è l'ideale per la tua salute e per il tuo nome». Ci pensa bene, bisbiglia, fa altri conti, poi dice: «In effetti il peggio è passato. Tutte le cose peggiori si sono concluse in agosto – come la mia depressione? – e dall'otto di settembre tutto andrà bene, molto bene». A questo punto non posso non dirgli perché sono lì. «Alcuni anni fa un altro astrologo mi disse di fare attenzione agli aerei, che nell'anno '93 non devo volare...» Il Nostro scoppia in una enorme risata, si butta indietro sulla sua poltrona di vimini, mette i piedi per terra, alza le mani al cielo e, davvero con gli occhi vuoti che ora anche loro ridono, dice: «No, il 1991 era pericoloso per te! Ma ora è tutto a posto. Dall'otto settembre tutto andrà bene». Se crede che con questo io metta da parte il mio progetto, il mio «Volar senz'ali» si sbaglia anche qui.

Si ringrazia. Si paga e si esce divertiti con le nostre note accuratamente scritte su dei foglietti da tenere a futura memoria. Sulla via del letto la vecchia signora dice che ora c'è tutta una fiera di astrologi poco lontano dal centro e che i più famosi della Thailandia son lì. Un bel daffare per i miei prossimi giorni. Vado a cena con Léopold.

Un abbraccio grandissimo a tutti.

5 settembre 1992, Bangkok. Penso al prossimo libro perché è l'unica cosa che mi pare divertente, e così investo la mattina alla ricerca di un senso negli astrologi di qui.

Prima fermata a un passo dalla Pagoda d'oro, di là dal ponte dove ci furono gli scontri e i morti della ribellione di maggio. Dietro lo strano monumento fatto da Sumet al suo antenato re, ci dovrebbe essere il convegno degli astrologi, ma in verità non ci sono che due vecchi bonzi addormentati che aspettano di avere lezione in astrologia da un professore che non arriva. Tutto intorno decine di banchetti stanno aprendo per vendere le loro chincaglierie buddhistico-astrologiche.

A me il gioco diverte. Ho l'impressione che aver accettato il discorso del futuro, degli astrologi, ha aggiunto un pizzico di poesia a questa mia *arroutinata* vita di travet giornalista e non voglio rinunciarci (rinunciare vorrebbe dire non pensare più al libro, ad esempio: quella è certo la cosa che mi diverte di più al momento).

Insomma, mi pare sempre di più che con questo tipo di «stregoneria» bisogna stare attenti: se uno vuole può perdersi, può diventarne dipendente come da una droga, può farsi rovinare la vita come dal gioco e alla fine può, per giustificare la propria credulità, far accadere quel che questi arruffoni, a volte più intuitivi di altri, mettono assieme del tuo futuro, in fondo per mettere assieme la loro zuppa quotidiana o, ancor peggio, per mettere le mani sulle vite altrui.

Nota per Angela. In fondo bisogna vedere anche il mondo dal suo punto di vista. Pensa divertente (prova a farlo!): chiudi gli occhi e di' a qualcuno che ti sta davanti: «Io vedo che tu sei una persona così e così, fra un anno ti succederà questo, fra due quest'altro». Quel senso di potere che l'ascoltar dell'altro ti dà deve essere intenso. Se poi non fossimo dei decenti personaggi, rispettosi dell'umanità altrui, potremmo dire al primo che incontriamo sul tram: «Attento! Attento, io vedo nella sua faccia che il 23 del mese prossimo lei avrà un terribile incidente stradale, lo vedo». Tu pensi che quello se ne stia in pace fino al 23 del mese prossimo? Tu non credi che il semplice aver qualcuno formulato quella minaccia renda quella minaccia verosimile e con ciò angosciante?

Debbo confessare che in tutta questa storia è questo che mi affascina e vedo come mi sforzo a sottopormi a queste «infuturazioni» con lo stesso spirito con cui gioco a Black Jack.

24 settembre 1992, Bangkok-Phnom Penh. All'aeroporto. La vista di un khmer con passaporto americano che mi guarda con complicità mi rattrista. Vestito di seta nera, si accomoda continuamente come avesse un tic il fazzolettino che gli sbuca dal taschino della giacca. Viaggia con due racchette da badminton che gli escono dalla borsa. Lo sento parlare di investimenti con il suo vicino di posto, un francese che vende materiale per ospedali.

Penso sempre a scrivere un pamphlet contro l'economia.

Perché dobbiamo essere governati da uomini d'affari? La loro logica è quella che esclude ogni moralità, che tiene conto solo del criterio del profitto che da qualche parte vuol dire sfruttamento di qualcuno. La Cambogia oggi è un buon esempio: è un paese spazzatura in cui vengono vendute medicine non testate, macchine che da altre parti vengono ritenute pericolose. Chi le vende fa dei buoni affari. Nessuno rimprovera loro di farli. Non ci sono leggi. Niente è formalmente illegale.

Torno da correre e a parte il sudore che gronda, sento addosso la paura di quei vecchi fantasmi della depressione sempre pronti a riprendermi alla gola. Capisco che all'origine avevano le loro ragioni anche nella politica.

Tornare in Cambogia è la riprova di quel che sono andato dicendo: che tutto è inutile, che la vita non ha senso, che non c'è grande significato nel passare da qui.

L'ONU sta creando un mostro dominato dall'ingordigia e dall'ingiustizia. La città è inquinata, macchine di lusso che senza targa strombazzano per le strade intasate di poveri per portare i loro grassi e protervi padroni all'appuntamento con cui creare ancora più ricchezza per sé e più ingiustizia per i più.

Se è questo il nuovo ordine del mondo che ci sta davanti bisogna cominciare a combatterlo, ora.

Mi ricordo quanta più aria di giustizia e di compassione c'era quando arrivai qui nella Cambogia occupata dai vietnamiti. C'era un senso di una vita che ricominciava, che i cattivi avevano perso. Ora di nuovo tutto è confuso, marcio, indecifrabile, uno si sente disorientato e io sento i vecchi fantasmi in agguato. Forse debbo decidermi a lasciare l'Asia. Ma come posso, prima di aver fatto i conti?

Un romanzo dovrei venire a scrivere e nient'altro. Non resta che sublimare questa roba in qualcosa che non sia l'articolino. Non troverò il tempo?

25 settembre 1992, Phnom Penh. Mi guardo intorno e questa mi pare una semplice bella guerra, facile da capire. I vietnamiti cacciano Pol Pot, i khmer provietnamiti rioccupano Phnom Penh e si impossessano delle belle case, i loro parenti fanno affari, non ci sono giustizie, non ci sono principi e ora il risultato è che alcuni sono ricchissimi e mangiano, grassi, con gli anelli d'oro alle dita e grosse catene al collo, mentre altri ragazzi battono le loro dita magre e sporche contro i vetri affumicati delle Mercedes.

Arrivano i primi ufficiali giapponesi. All'aeroporto è la ressa di giornalisti, tutti giovani. Quando il primo giapponese mette piede a terra nel rumore dei motori ancora accesi, io urlo: «*Remember Nanking, remember Bataan!*» Una giovane «collega» americana che scrive per l'Associated Press mi viene accanto e chiede: «Di cosa parli? Cosa vuol dire?» Ho davvero la sensazione che la seconda invasione è cominciata.

Ho passato un'ora splendida con Maurice, lo psichiatra-antropologo ebreo-australiano.

Maurice è d'accordo con me che l'UNTAC è l'ultimo assassino che sta uccidendo quel poco che era rimasto in vita dopo l'assassinio da parte di americani, khmer rossi e vietnamiti. Sostiene che i veri khmer non ce la faranno mai a diventare quel che si vuole da loro, «capitalisti», e che solo gli altri, i sino-khmer, i cinesi di fuori, prenderanno in mano il paese. Nelle campagne il «progresso» non arriverà che sotto forma di maggior sfruttamento. Maurice dice che l'UNTAC dovrebbe sentire un antropologo come lui perché debbono sapere quali sono sulla gente le conseguenze delle loro politiche. In verità hanno un paio di antropologi, ma sono americani e, come i funzionari dell'UNTAC, hanno questo senso «nordamericano» di essere qui in missione civilizzatrice. Vogliono insegnare ai khmer a organizzarsi, a essere efficienti, a essere democratici, a rispettare i diritti umani.

Questi pensieri mi fanno sempre più riflettere sulla spaventosa tendenza dell'Occidente, che trascina in questo la maggioranza del Terzo mondo non più ideologizzato, a voler imporre al mondo, così appiattendolo, un nuovo ordine, la sua logica, la sua moralità.

Che ne sarebbe stato se dopo la guerra in Europa fossero venuti i marziani a imporre le loro idee, i loro metodi organizzativi, la loro etica?

Andiamo a «No Problem» seduti per terra. Davanti le orde dei triscio che cercano un tozzo di pane e dentro questa strana razza di marziani tutti bianchi, tutti fortissimi, tutti che bevono, che chiacchierucchiano delle loro piccole storie di ufficio. Gli uffici in cui si uccide quel che resta della Cambogia. Con buone intenzioni.

McNamara, neozelandese carino, beve con un tale della BBC, uno scialbo personaggio. Li sciocco raccontando loro che stamani ho urlato: « Ricordate il vostro massacro a Nanchino! » ai giapponesi. Sento che mi prendono per uno un po' matto, ma è l'unico modo per non sentirmi portato nel fondo della loro banalità e diventare come loro. Bravo, intelligente e ben disposto McNamara a far diventare i khmer dei neozelandesi.

26 settembre 1992, Phnom Penh, festa dei morti. Le anime degli antenati tornano sulla terra a vedere che cosa fanno i loro discendenti. Per questo è importante farsi trovare ben vestiti, profumati, pieni di regali. Altrimenti quelli che vengono dall'altro mondo resteranno a dar noia e portar male. Si può capire che in un paese del massacro le anime che tornano, specie quelle recenti, sono tante.

In ogni pagoda ci sono migliaia di persone, agli ingressi file di nerissimi mutilati, mendicanti, donne con bambini storpiati come se si fosse aperta da qualche parte una cassa in cui vengono tenuti chiusi.

Un altoparlante grida: « La vita non è tua, ti può essere strappata a ogni momento, rifletti su questo ». Ai piedi degli alberi, offerte e bacchette d'incenso. Il banyan è un albero sacro. Si dice che se uno osa tagliare un ramo, si ammalerà gravemente perché nell'albero ci sono tanti spiriti. Immaginarsi che cosa può voler dire in una città come Bangkok in cui tutti gli alberi sono stati abbattuti, e quante malattie, mentali almeno, sono state provocate da questa carneficina di alberi.

Hoc mi fa capire il problema di cui mi parlava Maurice: i khmer non hanno lo stesso nostro concetto del tempo. Mi racconta che sei mesi dopo la liberazione da parte dei vietnamiti, lui e la sua famiglia, che erano sopravvissuti ai khmer rossi, mentre a piedi tornavano verso Phnom Penh hanno incontrato in un villaggio i khmer rossi che li avevano fatti soffrire e che avevano ucciso i loro parenti. « Non abbiamo fatto nulla contro di loro. Non erano malvagi, avevano paura. Erano come noi. » Quel che vuol dire è che non erano quelli di prima, ma che con le diverse circostanze erano diventate altre persone. Non erano quelli cattivi di prima, per cui non c'era da volergliene. Da qui il fatto che la gente non cerca vendetta. Davvero, quando la tv ha mostrato le immagini di Khieu Samphan sanguinante, la gente ha avuto simpatia per lui. Non era quel malvagio di prima, era, ora, un vecchio sanguinante e abbacchiato.

Ceno con Maurice al ristorante thai sulla grande avenue.

Quello che qui c'è da chiedersi è in nome di quale principio le Nazioni Unite con la loro logica da nuovo ordine mondiale vengono qui a cambiare la prospettiva del tempo, dello spazio, dei principi, a imporre a dei giovani khmer la loro visione delle cose. Questo dovrebbe essere il punto centrale dell'analisi di un pamphlet.

Questo è il problema dei khmer: non vivono tanto in questa vita, ma nella prospettiva della prossima, così il senso del tempo è completamente diverso che da noi. Per questo dice Buddha: « La vendetta non può finire nella vendetta ».

I khmer dicono: « Non bisogna protestare contro il destino ». È un modo naturale per dire che tutto è predeterminato. I khmer rossi dunque sono parte del destino, non c'è niente da fare.

3 ottobre 1992, Phnom Penh. All'alba eccomi dal mio monaco mago. Il sole è appena apparso all'orizzonte, i colori sono pastello e le eleganti sagome degli stupa si riflettono nell'acqua delle risaie allagate.

Un'immagine di grande pace in un paese che sta andando verso il modello thai anche qui: davanti alla pagoda un enorme terreno è stato recintato da un alto muro su cui corre per giunta un filo spinato.

« Che ci vogliono fare? » chiediamo a una donna che vende bibite davanti all'ingresso della pagoda.

« Un orfanotrofio e una scuola », dice commossa.

Impossibile. Non si difendono tali istituzioni ancora da costruire con del filo spinato.

Hoc dice che i khmer rossi hanno dato soldi a molti thai con cui sono legati in affari per far loro comprare le terre a loro nome.

Si stanno ricreando due Cambogie: quella delle città dove la gente beve l'acqua in bottiglia, ha accesso alle medicine, all'educazione, agli ospedali; e la Cambogia delle campagne dove bevono l'acqua piovana, i bambini muoiono di malaria, la gente si illumina al petrolio. La maggioranza della gente.

Mi guardo attorno e mi scopro con orrore a ripensare a Pol Pot e a vedere la logica che c'era nella sua follia, quando nella sua semplicità espressiva, ma fortemente simbolica, faceva saltare la banca centrale, mandava via la gente dalle città... viste dall'esterno le città tornano a essere la sede del male, il posto dei diavoli, i luoghi da epurare, da liquidare, da ripulire.

È così che la vedevano i giovani khmer rossi, è così che la potrebbero rivedere gli intellettuali.

All'aeroporto incontro Andrea Comino, salesiano. Sono fra i pochi ad aver fatto qualcosa di positivo. Hanno sfornato i primi 70 saldatori ed elettricisti dalla loro piccola scuola di mestieri lungo il fiume, a dieci chilometri dal ponte rotto, costruita con donazioni private in due pagode abbandonate e messe a loro disposizione. Vanno ora a guadagnare dai 30 ai 40 dollari al mese.

Nel ristorante dell'aeroporto incontro Sergej, figlio dell'ex ambasciatore sovietico a Manila. Mi pare rimasto un duro comunista che dice che la fine del comunismo è terribile, che Gorbaciov ha svenduto l'URSS, che Yeltsin è terribile, che la vecchia guerra fredda non è finita, che la lotta è ancora quella contro l'imperialismo USA che vede ora operare attraverso le Nazioni Unite.

È disposto ad aiutarmi nella ricerca sulla corruzione ONU, sui contratti con i canadesi di Singapore che derubano letteralmente i piloti russi, e altri orribili maneggiamenti fatti a New York. Mi pare un giovane intelligente, educato dal KGB, ma mi piace più degli svaccati.

23 novembre 1992, Hong Kong, Mandarin Hotel. Angelina mia, questo è solo per provarti come sono un genio della tecnica e dopo tanto pensare sono riuscito a far funzionare il fax dalla mia camera... se questo messaggio ti arriva.

Il succo è questo: sono innamorato del passato e affascinato dal futuro, ma il presente mi annoia.

Ho visto lo spettro grigio della nostra casa ancora in piedi a farmi ancora di più sentire il fascino dell'ieri. Credimi, tornare qui è stato come rivedere un primo amore: il petto si riempie di fuoco, la testa si alleggerisce e tutto il sapore degli anni di un tempo, gli odori, gli amici, i figli piccoli, le scappate a Macao, tornano alla gola a stringere di nostalgia. Bello aver amato un posto! Bello amare ancora una donna come te, ed essere sicuro che potrò invecchiarci assieme nei posti del passato. Ti abbraccio elettronicamente, ma non per questo meno teneramente.

tiziano

24 novembre 1992, Hong Kong.
Ad Angela. Ho visto dove andremo ad abitare in questa straordinaria, quotidiana invenzione che è Hong Kong: nel quadrato di vecchie case che salgono ripide sul monte di Hollywood Road, dove zaffate d'incenso ti fanno ancora sentire l'Asia, dove le famiglie mangiano ancora attorno a un tavolo di legno accanto a un altarino sotto una lampadaccia al neon e dove questo incredibile governo coloniale inglese sta costruendo una modernissima scala mobile, che da Central taglia ogni stradina e sale, sale per i pendii di questa roccia su cui, secondo Lord Palmerston, non avrebbe potuto crescere una casa.

Vivremo in tre stanze, senza troppa luce, ma con le pareti bianchissime e delle stoffe colorate al posto dei mobili, dei libri, dei tappeti cui avremo dato una bella, rassicurante e più eterna cornice fiorentina. Sono stato a piedi a trovare i gesuiti, eredi di padre Ladány, che vivono in una casa così, in mezzo ai cinesi, alle stamperie che lavorano fino a notte, alle scuole da cui salgono le litanie dei bambini che ripetono a memoria tutto quel sapere che la colonia ancora dispensa loro.

Ci sono momenti in cui, nella Hong Kong che conoscevamo così bene, non sai più dove sei, ti perdi, i vecchi punti di riferimento sono scomparsi. I negozi del centro son diventati tutti boutique per una nuova tracotante classe di cinesi arricchitisi con la Cina e che ormai da classe padronale « impiega » frotte di giovani *expatriate* che spendono poi sere affumicate in una mezza dozzina di pub – repliche ancor più inglesi di quelli di Londra – i cui nomi esprimono un'assurda speranza di continuità: *1998*, *2001*. No, il mondo dei bianchi – aumentati di numero – è scaduto in qualità.

Quel mondo è passato, finito, e se Hong Kong ci resta nel futuro come una meta esotica da una base a Bellosguardo, non può più essere a bordo del Titanic dei bianchi che va comunque a fondo, ma in quello dei cinesi che, comunque vadano le cose, dovranno restare qui.

Ho avuto un solito pranzo commovente e caro col nostro vecchio amico cinese, con cui ogni volta riprendo un discorso interrotto anni fa e sempre come fosse stato ieri. « Parlare con te mi tira su di spirito, mi dà speranza », mi ha detto salutandomi e chiedendomi di aiutarlo ad avere una borsa di studio per andare a respirare aria nuova, mentre passavamo davanti alla vecchia Bank of China ricordando i sogni che avevamo tutti e due quando nel settembre del 1976 ci incontrammo per la prima volta alla cerimonia funebre per il grande timoniere e il grande nuotatore, Mao.

Alterno momenti di grande esaltazione per la straordinaria vitalità di questa città, commozione per il suo destino, e una profonda tristezza da cui a volte ho voglia di scappare per il grasso ricco in cui si avvolge. In qualche modo lo stile di Hong Kong di oggi è una strana replica di Shanghai degli anni Trenta; così sono i nuovi grattacieli, come quelli sul Bund, così sono i nuovi alberghi, i coffee-shop, come se i cinesi di qui, preparandosi alla stessa fine di quelli di Shanghai d'un tempo, volessero assicurarsi fin d'ora che finiranno nello stesso *décor*.

Stranissima città.

Non penso ancora a quel che scriverò e mi meraviglia che non mi prenda il panico. Che abbia finito davvero per fregarmene?

Ti abbraccio e grazie del tuo fax di stamani. Che dire del mondo? Hai visto le ultime dalla Germania dove i nazisti hanno ucciso tre turchi? Ho voglia di vederti per parlare del mondo. Godi all'idea di tornare a Bangkok. Fa caldo lì e anche se è poi tutto, è già tanto.

tiziano

5 dicembre 1992, Taipei. Apro le tende della finestra in camera e la storia di quest'isola è riassunta dinanzi a me: una distesa di case basse e grigie dai tetti neri in mezzo ai quali spuntano degli alberelli in fiore, dei minuscoli cortili, dei cani che giocano. Attorno i grattacieli giapponesi e dietro le montagne.

Esco e davanti all'ascensore sono allineate le cameriere tutte in uniforme, ognuna con un mazzo di chiavi alla cintola e davanti a loro, come un sergente, una cameriera più vecchia, la capo-piano, che da un foglio legge le istruzioni:

« Il cliente della camera 1020 è partito, nella 1022 ci sta uno straniero ».

L'efficienza, la precisione, la pulizia. Dalla camera vedo un giovane con una scopa raccattare la spazzatura e pulire meticolosamente un parcheggio. Un vecchio in uniforme sta nella casetta di legno a dare i biglietti.

C'è ordine. Ci fregheranno.

6 dicembre 1992, Taipei. Impressionante la mostra dei computer. Una gioventù che vuole imparare, uscire.

* * *

28 gennaio 1993, Bangkok. Si parte alla sera per Chiang Mai. La stazione affollata di odori e di gente. Puntuale alle 19.40 il treno, pulito e ordinato, si avvia. Come dei generali, i funzionari del treno passano a controllare i passeggeri, con stellette dorate sulle spalline, con nastri di battaglie non combattute e uniformi stirate in piega.

Si passa attraverso la Bangkok di un tempo. La ferrovia corre davanti al palazzo reale, si passa attraverso la fermata per il re, le colonne bianche della stazione, poi le capanne affollatissime dell'umanità asiatica che nessuno vede più, andando all'aeroporto.

Sono contento di aver deciso questa maniera di viaggiare per un anno. Potrò di nuovo fare conversazione con i vicini di viaggio e non come negli aerei, dove si può essere sicuri di avere a che fare con un uomo d'affari che ti racconta della sua azienda, delle difficoltà di vendere in Asia ecc.

Le prime persone con cui vorrei parlare sono i bonzi che mi stanno attorno nel treno. Cinque giovani bellini, un po' omosessuali, eccitati del loro viaggio. Non hanno biglietto, ma un foglio di via con dei bei timbri rossi in calce.

Che sogna un bonzo? Quali sono le sue aspettative? A che cosa mira nella vita?

I gabinetti puliti. Al mattino tutti hanno i loro spazzolini da denti.

La notte è fredda, uno spiffero della finestra che non sono riuscito a chiudere mi sveglia in continuazione mandandomi a pisciare. In che gatta da pelare mi sono messo, con questa decisione? Eppure debbo continuare. Belle queste difficoltà imposte. Non mollerò.

L'alba è brumosa, dal grigio freddo e umido si levano le ombre degli alberi, gli sbuffi dei cespugli di bambù e delle macchie di fiori violetti. Li riconosco, sono quelli che quando cadono fanno come degli elicotteri.

Sono contento di mettermi come dei nuovi occhiali per guardare la vita.

L'Asia vista così sarà una nuova esperienza.

1º febbraio 1993, Mae Sai. Città ricca di traffici e di droga. L'albergo sembra esserne il simbolo. Le poltrone Luigi XV in cui si siedono vecchi cinesi eterei e dagli occhi furbi e brillanti, protetti da guardie del corpo con walkie-talkie, un americano suonato con una bella ragazza thai che lo tiene in piedi, forse di trent'anni più giovane di lui (drogato o un agente della DEA sotto copertura?). Luogo di avventure e traffici, drammi e delitti.

Il mio visto per la Thailandia è scaduto, questo rende impossibile il mio andare in Birmania. Mille bath al portiere dell'albergo e se ne occupa. Da un medico fa un certificato, ma quello non va: ci vuole di un ospedale di Stato.

2 febbraio 1993, Kengtung (Birmania). Abbiamo lasciato Mae Sai alle 9.30 dopo aver chiesto un permesso speciale alla immigrazione thailandese e aver depositato i passaporti al posto di frontiera.

La passeggiata nella notte dà una visione del mondo di un tempo. Dalle porte aperte si vedono nel baluginare delle candele famiglie attorno a un tavolo, col cane davanti alla porta, bambini che dormono per terra, l'altare degli antenati in alto e dappertutto ornamenti, calendari, foto di posti altrui. Nella povertà generale una semplice foto è un tesoro.

I thai ne approfittano e distribuiscono i loro calendari con la foto del re e della regina.

3 febbraio 1993, Kengtung. Colazione nella Honey Tea House (le altre si chiamano « Star », « Smile »). Descrivere il birmano-indiano, con la sua gonna lunga, sudicia e la giacca da guerrigliero bisunta, che corre fra i tavoli, il giovane che con le mani nude toglie le frittelle dall'olio bollente, che le ribalta, che lancia l'olio dall'alto con un romaiolo, un artista. Il tè è come quello indiano, dolce e col latte, accanto si serve il tè cinese in delle piccole tazzine. Si mangia *you tiao* come dei cinesi, delle frittelle come degli indiani, pane tagliato a fette, fritto, inzuppato nello zucchero e nel latte condensato. Unto e grasso. Si morirà di colesterolo. Attorno tutti fumano *cheroot*.

Il brusio del mercato, il più colorato dell'Asia. Spezie, verdure, carne, le minoranze che vengono imbrogliate dai cinesi, il cambio delle rupie. Il posto è ordinato, pulito. Molti i militari. La zona è stata militarizzata. Sulla via di Kengtung una collina è stata terrazzata per far posto a delle caserme. È come se per aprire al turismo la presenza dei soldati fosse stata raddoppiata. Al mercato se ne vedono dovunque.

Vedo la necessità di spiegare in questo libro il buddhismo, il significato di certe cose, la loro visione del mondo, la loro tolleranza e poi, in mezzo a tutte le magie, la magia di questi missionari!, la loro forza! Ricordare la conversazione con quello fuori Mandalay sul buddhismo e le diversità con il cristianesimo.

Mi torna sempre in mente la domanda della capa della ricerca dell'École française d'Extrême-Orient di Bangkok: « Perché il buddhismo se ne è andato dall'India? »

Franciscus ha una sua risposta: perché l'islam è intervenuto e l'ha cacciato via in maniera brutale, con terribili persecuzioni, distruggendo tutto quello che era buddhista.

Ma basta questo? Il cristianesimo è sopravvissuto proprio grazie alle persecuzioni. Forse che già in questo c'è una differenza? Pensarci, ragionare.

Dopo cena andiamo dietro il vecchio palazzo reale. Nel silenzio della notte sentiamo tintinnare una campanella. La luna è quasi piena nel cielo e getta ombre d'argento sulla pagoda, la cui cupola è d'oro. L'aria è perfetta. C'è qualcosa di straordinario nel suo essere antico. Angela ha ragione a porsi continuamente il problema del come la gente vive: che cosa conta di più, vivere qui nel timore degli dei, con la luna da guardare, da osservare, con dei rapporti umani fatti di chiacchiere al mercato, senza inquinamento; oppure la vita che stanno imparando a fare i thai?

Il fatto è che, dietro l'apparente romanticismo, c'è il marcio di una società non illuminata: non c'è luce elettrica e non c'è la tv, ma ci sono i video porno. Le conversazioni al mercato sono ascoltate da decine di spie, la vita della gente è legata al filo del caso, dell'arbitrio di un poliziotto, di un soldato, di un vicino geloso che ti denuncia.

La sera nel monastero Wat Zom Kham. Seguiamo il tintinnio della campana nella notte. Camminiamo attorno al muro di cinta della pagoda, entriamo in punta di piedi da un'ultima porta che è rimasta aperta. Straordinario. Incontriamo un gruppo di pellegrini che torna un po' alticcio. « Sono stati alla disco, per loro è una grande novità », dice uno dei bonzi.

Semplice. Non c'è senso del peccato. Uno dei grandi vantaggi del buddhismo. La differenza con l'islam.

4 febbraio 1993, Kengtung. Ci lasciamo dietro la città con il rammarico di non essere stati un giorno di più.

Bisogna pur dirselo: il fascino di un paese dove le strade non sono affiancate da cartelloni pubblicitari, dove a guardarsi attorno lo sguardo è punteggiato dalla sagoma degli alberi, dallo skyline delle colline, la gente è come delle ombre, l'aria è pura, l'acqua dei fiumi è limpida, è bello.

È un paese che dovrebbe essere amministrato da un re filosofo invece che da rozzi militari. Da un intellettuale che sappia difendere il passato e non cedere alle tentazioni, che sappia spiegare alla gente, che sappia dare valore alle cose, che sappia difendere il popolo dal suo futuro.

Ma bisogna essere sinceri e dirsi che in una notte di luna, al suono di quella campana, uno si deve chiedere dove stiamo andando. Se davvero la modernità, come la conosciamo noi, qui ha senso. L'Asia non dovrebbe cercare di mantenere una sua identità?

6 febbraio 1993, Chiang Mai.
Ad Angela. Ho corso nel puzzo appestante delle macchine che già all'alba ingorgano le strade, ho fatto le linguacce a un gruppo di turisti che mi fotografava come una strana curiosità (mi pare di diventarlo sempre di più, certo lo sono agli occhi altrui), ho scritto le prime note, continuerò per un altro paio d'ore, prima di uscire, ma in verità ho in testa solo quei due suoni metallici: quello notturno, leggero, calmante della singola campanella in cima allo stupa con gli otto capelli di Buddha sotto la luna, e quello lento, faticoso, penetrante delle catene di quei disgraziati sotto il peso del loro enorme tronco di legno. Io per ora scrivo a me stesso e a te, nel computer!

Passo la mattina nei magazzini degli antiquari a cercare delle cose di Kengtung. I magazzini sono pieni. Tutto esce illegalmente con l'accordo del governo. Viene da piangere a vedere le centinaia e centinaia di buddha quieti che stanno nei magazzini, tolti alla penombra dei loro monasteri e all'adorazione dei fedeli, per essere messi nei salotti bene della gente in Occidente e così finanziare una dittatura che incatena la sua gente.

26 febbraio 1993, Bangkok. Lunedì la segretaria non viene. Sono arrabbiatissimo, penso di farle un bel discorso. Il martedì arriva: « Son dovuta partire perché mia zia a Surin aveva sognato che suo fratello, mio padre, stava male, aveva fame, tanta fame. Allora ha telefonato e tutta la famiglia è dovuta andare alla sua tomba a mettere da mangiare, fare offerte e scusarsi. Per questo non sono venuta».

Che dire? Dopo tutto quel lamentarmi del fatto che il passato scompare?

1º marzo 1993, Bangkok. Terribile città, Bangkok, coi casini che dominano la notte.

Scrivere un ritratto della città come esempio dell'Asia che muore.

* * *

21 luglio 1993, Bangkok. Parto per un grande viaggio, il più lungo della mia vita, forse anche l'ultimo così lento, così con agio. Ho il peso della famiglia che aspetta e la consolazione di saperli così felici a sapermi felice.

Una linguina di Angela nel fax, dopo quella di Folco e della Saskia, mi fa da viatico. La famiglia. Grande forza!

Passo la notte insonne a fare il sacco e a scegliere i libri. Tanti amici che vorrei portare, di alcuni non so quanto saranno noiosi. Sono come ubriaco di stanchezza. Ho lavorato fino all'ultimo.

Mi pare un momento da celebrare. Fortunatamente non c'è modo perché la guardia ha già fermato le macchine, il cancello è aperto e bisogna partire. Come ai funerali cinesi: non si ha tempo di piangere perché c'è da preparare da mangiare agli invitati. Come ai matrimoni: la forma prende così tanta attenzione a essere rispettata che si finisce per perdere il senso della cosa, per cui la forma sembra essere una scusa per incanalare e assorbire le emozioni.

23 luglio 1993, Phnom Penh (Cambogia). Appena 10 dollari per fare, con un taxi lento e chiacchierone, la strada da Battambang a Phnom Penh: sette ore. La cosa più impressionante, i bambini lungo la strada a buttarsi per terra e inginocchiarsi alle macchine che passano per aver l'elemosina o una ricompensa per aver riempito una buca. Le famiglie mettono sulla strada le braccia inutili nelle risaie: dei vecchi, dei bambini paralitici, dei bambini piccolissimi. Sullo sfondo, le palme. È una scena impressionante.

25 luglio 1993, Saigon (Vietnam). Partenza per Hanoi. Esco per un giro della città. Cerco un ristorante che non trovo.

Trovo invece una città più caotica, più corrotta, più indecente, più svenduta, più puttana che ai tempi della guerra. Da ogni angolo vengo chiamato, attirato, sedotto da una voce di qualcuno che spera di vendermi un cappello, una figlia, una corsa in trisciò, una ciotola di zuppa. C'è del divertimento e della disperazione in questi appelli dai sorrisi marci, neri, giallognoli, nelle ragazze che hanno appena vent'anni. Ognuno cerca di mettere in mostra quel che ha da offrire, un moncherino, due bei seni spinti su da dei reggipetti le cui réclame trionfano sui tetti. Le réclame: ci sono quasi solo quelle delle sigarette.

Davvero, l'impressione di un'Asia tornata a se stessa, senza più i riti, i misteri, ma col caos eretico di chi non crede più in nulla e la cui unica, unicissima occupazione è sopravvivere, mangiare, fare figli. Senza poesia, senza cultura, senza religione, senza spirito.

Se c'è una città che pare tutta presa in questa vile impresa di mangiare e vivere, è Saigon.

1º agosto 1993, sul treno da Nanjing a Xian (Cina). Ore dieci del mattino, il treno si ferma a Changsha, il luogo dove è nato Mao. Penso al passato eroicizzante. E ora?

Una stazione moderna, piena di gente sudata, carica di pacchi, valigie, sporca, mal messa. Strana la libertà. Ora che i cinesi si muovono senza le unità di lavoro, ora che hanno più soldi, i problemi crescono con la immensa massa che si muove.

In verità, più lo guardo, più questo popolo fa paura con le sue potenzialità di violenza, rabbia e desiderio di vendetta. L'impressione che ho oggi è che la Cina vada verso una crescente crisi. Crisi di anarchia in cui chi ha i soldi avrà più potere e licenza, mentre i disgraziati non saranno più protetti da nulla.

2 agosto 1993, sul treno da Nanjing a Xian (Cina). L'unico piacere al mattino è scoprire che nella notte si è entrati nelle campagne, che la terra è di fango giallo, che ci sono le caverne, le risaie e i campi a terrazze. Siamo a due passi da Ruicheng.

Penso alla splendida vita che abbiamo fatto e a quanto poco resta di fatiche e viaggi come questo, o quello che facemmo con Angela. Era un ben altro paese quello in cui si potevano mettere Folco e Saskia su un aereo a Pechino e andarli ad aspettare a Xian.

4 agosto 1993, Hohhot (Mongolia interna, Cina). Sette di sera, torno da un giro in città e sono confuso, inquieto, con l'impressione che in tutta la vita non ne ho mai detta bene una. Nemmeno ora. Nei giorni scorsi mi sono scagliato nelle note contro quel che avviene in Cina, contro la svendita assoluta di ogni vecchio principio; eppure a vedere Hohhot s'ha davvero l'impressione che qui almeno le riforme funzionino, che abbiano sprigionato delle forze vitali, che al limite qui sembrano indicare più stabilità che il suo contrario.

6 agosto 1993, in treno verso Ulan Bator (Mongolia). Il sole si leva su una monotona distesa di verdolino a perdita d'occhio. Una striscia infinita, dorata, tutto a giro dell'orizzonte. La steppa. Non già il verde delle risaie, un verde monotono, silenzioso, senza tanta vita. Non una collina, non un fiume, non la sagoma anche lontana di una montagna, non un punto di riferimento tranne gli infiniti pali della luce in legno che corrono senza distinzione lungo la ferrovia.

Che fa alla mente vivere in una distesa così?

Che cosa può sognare, se non dei demoni, un popolo che vive in questo abbandono? Tutto uguale.

Salgono i doganieri mongoli, vestiti come dei russi, poveri nomadi con i berretti a padella! I formulari che ci danno per la dogana, come quelli per il visto d'ingresso, sono scritti in russo. E pure il resto è scritto in cirillico. Povera Mongolia, certo una colonia. I russi non hanno avuto difficoltà a sfruttare l'animosità mongola contro i cinesi.

Il treno entrato in Mongolia diventa come una carovana, non una macchina di modernità: perde i suoi orari, le sue necessità di orario.

Il cielo è limpidissimo, l'aria si fa fresca e pungente. Il sole cala come una palla arroventata, grande, ma la si può guardare.

Per me è il piacere dello spazio, dopo la Cina. Guardare senza vedere gente, i corridoi del treno sono vuoti, c'è tempo di stare nel gabinetto senza la gente che bussa, che forza la maniglia, che cerca di aprire anche se un cartello dice « occupato ».

Due milioni di persone su una terra immensa.

6 agosto 1993, Ulan Bator (Mongolia). L'arrivo è agognato ma, di nuovo, la sognata Ulan Bator delle steppe si presenta in lontananza non con i tetti dorati di templi e l'aria pulita dalla pioggia e dal sole, ma con i fumi bianchi di altissime ciminiere alla sinistra del treno. Abbiamo passato il fiume in piena. Il treno ha avuto sei ore di ritardo a causa delle rotaie indebolite dalle piogge. Ulan Bator è in una vallata. Niente colpisce da lontano, solo il Pantheon sopra una sorta di Colosseo, le antenne di una stazione radio o tv. Una città socialista, di cemento, avvolta da una bella nebbia dorata perché il sole è tornato nell'aria pulita dopo una lunga pioggia.

7 agosto 1993, Ulan Bator (Mongolia). Forse la Cina ha esercitato la sua ultima maledizione: quella macchina a raggi X nella stazione di Lanzhou può aver fottuto tutte le mie pellicole scattate in Vietnam e quelle nuove. Se ne sarebbero salvate solo alcune che erano nel sacco. Il pensiero mi arrovella la testa, ma non mi affligge. Anche questo, « destino ». Mi dovrò costringere a meglio descrivere con le parole.

Mi viene da pensare che in qualche maniera, come ho visto in Vietnam, la crisi del socialismo respinga i popoli alla loro vecchia natura: che i mongoli tornino a loro modo a fare i nomadi? Se le fabbriche e le autostrade non funzionano più, la gente torna nelle *yurte* ad allevare cavalli e mucche. Mi piace questa idea che le forzature delle rivoluzioni in fondo accorcino certe vie. Ma la scorciatoia si paga e quando, come qui, è stata imposta (non forse quanto la Rivoluzione francese), allora lentamente c'è un riflusso del vecchio.

Ma la cultura? La religione?

10 agosto 1993, sul treno verso Mosca (Mongolia). Siamo partiti puntuali alle 20.15, fra grandi saluti, in un bel sole del tramonto che mandava ombre lunghissime delle donne con le braccia alzate. Un vecchio mongolo mi ha fatto un bel cenno di saluto nel suo vestito marrone con la fusciacca gialla alla vita.

Alle quattro del mattino siamo a Suhe-Bator, l'ultima stazione mongola prima della frontiera.

Leggo per l'ennesima volta il mio Ossendowski, la spiegazione del « dio del Mondo », del regno di Agarthi con la sua vita sotterranea, i suoi accessi, i pochi che lo hanno visitato.

Al fondo di ogni spiegazione resta il mistero.

Anch'io: che faccio se non cercare con una spiegazione di penetrare il mistero della vita? Con questo essere su un treno? Non ho già penetrato abbastanza? Reincarnazione? Certo che sono in qualche modo reincarnato! A volte sento che non appartengo solo al mondo che conosco, alla gente di mia madre e di mio padre, a volte sento che c'è nella mia memoria qualcosa di diverso da quel che apparentemente mi appartiene.

12 agosto 1993, in treno a Novosibirsk (Siberia, Russia). Cullato dal treno e leggermente gassato dalle esalazioni dell'amico mongolo che mangia e beve, ma non defeca, ho dormito otto ore. Il risveglio alla prima luce è quello di sempre negli ultimi giorni: betulle, pali della luce e rotaie. Ancora betulle, betulle, betulle. Il viaggio è bellissimo per la sua avventura umana, ma dopo l'ingresso in Siberia il paesaggio è monotono e poco avventuroso.

Mi vien sempre di più da pensare a quant'è peccato che sia toccato a questi eroici cosacchi colonizzare la Siberia: una tale bella natura sprecata a fare cose banali. Dovunque emerge il sogno materialista di mettere in piedi una società di beni, di ferro, di case, di acciaio, di treni, di tralicci. Forse è stata l'influenza della guerra, forse la banalità dei sogni di chi ha dovuto sempre combattere contro gli elementi della natura, ma il fatto è che questa Siberia resta identica a se stessa da un capo all'altro del continente, sempre fatta di capanne di legno, che diventano casermoni prefabbricati e abitati da gente che sembra non cambiare mai di vestito, di gesti, di povertà.

Vedo una donna che mi pare il simbolo di tutto: all'alba, con una pezzola gialla in testa e un cappotto, trascina un carrettino su una stradina fangosa a passo spedito, come se oggi davvero quella sua borsa si dovesse riempire finalmente di un tesoro.

Mi colpiscono a volte i gesti gentili fra coppie. Spesso li vedo a braccetto, vecchi poveri e uniti nell'accogliente fetore delle loro casupole.

Sulla pensilina le scene sono più infernali che altrove. La folla, come una belva, si butta contro il treno, corre, ansima.

Mi addormento con questa immagine del popolo russo. Una nazione inquieta, in corsa, insoddisfatta, irata, ma per il momento ancora timida, ancora intimorita dai manganelli di due poliziotti con un berretto a padella con striscia rossa. E domani?

Non può della gente così restare a lungo repressa, insoddisfatta, docile dinanzi alla miseria, al sopruso.

E dei cinesi cosa dire, così anche loro in corsa, così vincenti? Così tronfi di sé, ancor più vedendo questi miseri russi dipendere dalla loro industria per coprirsi le carni bianche, pompate di grasso e di pane poco sano?

Due grandi popoli ora al centro di grande instabilità. L'Europa ha da preoccuparsi, da ripensare.

Quanti si rendono conto?

Quanti politici viaggiano su questi treni, vedono queste scene?

Debbo riuscire a spiegare questo fenomeno.

13 agosto 1993, verso Mosca. Finalmente si sente una grande città avvicinarsi. La ferroviera bussa alle porte degli ubriachi, degli addormentati e con una voce ora sempre più cara dice: « Москвá!!! Москвá! » Bellissimo.

Sono le tre del mattino e la solita pioggia cade sulla pensilina nel momento in cui metto con enorme piacere il piede a terra.

L'albergo lugubre, con tutti che dormono sulle poltrone, la reception affondata nel buio. Alle cinque riesco a entrare in una minuscola camera con un bagno in cui mi pare di essere in prigione, un letto imbarcato.

È già il 14 agosto. In Italia domani è Ferragosto. Come due anni fa, a Chabarovsk! Ho un destino in questa Russia!?

14 agosto 1993, Mosca. Quel che succede qui, la trasformazione di una società socialista in economia di mercato, è un fenomeno enorme, strabiliante e dovrebbe essere gestito da una persona di grande ingegno, di grande fantasia, coraggio, visione, determinazione. Invece è affidata a Yeltsin e ai suoi, tutta gente cresciuta nel comunismo, come aberrazioni e scarti di quello.

Questa è la grande tragedia: il comunismo non ha lasciato eroi, ha fatto fuori tutte le eccezioni, ha ucciso sul nascere i veri grandi e ha permesso la sopravvivenza solo dei grandi sopravvissuti dell'apparato.

Quel che succede oggi in Russia avrebbe bisogno di un grande illuminato dittatore, che ridia fiducia, che rimetta un sogno nel futuro di questa gente, ora inquieta e infelice, insoddisfatta e contrita, che cerca ogni modo per rifarsi forte col resto del mondo. A guardar bene, al di là dei confini europei si sta creando una massa di terra e di gente inquieta, insoddisfatta, con conti storici da regolare. In Europa dobbiamo rendercene conto e riflettere.

15 agosto 1993, in treno attraverso la Bielorussia. Un sole come quello dell'avvenire si leva su una pianura di grano che lentamente riprende dall'oscurità il suo bellissimo giallo. La notte è stata limpidissima, con un cielo fitto di stelle e timidamente luminoso.

Mi sveglio e leggo *Siddharta* di Hesse. Sono impressionato dalla similarità di un processo di pensare che mi ha portato a conclusioni simili. Le frasi sul fiume sono quelle che mi vennero a proposito dell'Amur. È un libro che ho avuto a giro dai tempi di Pechino, da quando mi fu regalato da quella strana ragazza italiana a cui avevo fatto da guida al Tempio del Lama; ma non l'avevo mai letto con l'idea che era un « libro culto » per i giovani viaggiatori. Non ne ero stato attirato. Poi, come in tutte le cose, il tempo giusto viene. Eccolo: in treno da Mosca a Minsk, con dietro un mese attraverso l'Asia. A mio modo, un *cercatore*.

È un anno strano, questo, il mio cinquantacinquesimo, e sento da varie parti venire questa « voce » di mutamento.

Il maggiore è avvenuto dentro di me, perché davvero mi interessano sempre di più le piccole (le grandi) cose, e tutto quel che ho fatto finora mi pare solo un mezzo per permettermi il resto. Se può funzionare ancora così, bene, altrimenti ci rinuncio. Non più la politica, ma la vita mi attrae, la natura, la scoperta degli alberi, il vento... il fiume!

La Bielorussia scorre dal finestrino più solida, più ferma, più addomesticata di tutto quel che ho visto finora. In qualche modo ho sentito che con l'attraversare gli Urali finiva la vera Asia, che a Mosca, capitale di un impero – anche asiatico –, l'Asia continua a coesistere, a essere presente, ma che con la Bielorussia si è già completamente nell'Europa.

Entrando a Vienna mi concentro su Folco. Penso che debbo ascoltare, smettere di dare consigli, farlo parlare. La sua è ormai l'unica vita che ha. Non posso più proteggergliela o dirgli dove varrebbe la pena la spendesse. Sono felicissimo di rivederlo.

16 agosto 1993, Vienna. Godo del tornare nell'ordine, nel pulito e allo stesso tempo sento simpatia ed empatia col mondo da cui vengo. Ordine, pulizia e piccolo borghesi sembrano andare di pari passo. Mi colpisce la bocca tirata e cattiva di un uomo al volante di una Mercedes che si affianca al mio taxi a un semaforo.

Fa caldo, c'è il sole. Mi delude che non ci sia Folco alla stazione. Fischio come ai vecchi tempi pensando di sentire da lontano una risposta. Non c'è. È ovviamente ancora a letto. Un'amante sarebbe venuto a prenderla. Perché non un padre? Io sarei certo venuto a prendere lui a una stazione e non l'avrei aspettato in un albergo. Sempre queste mie delusioni dovute al fatto che mi godo la anticipazione di come sarà e poi non è mai come me lo aspettavo!

Mi controllo. Lo lascio dormire. Risparmio lamenti ad Angela e mi appresto a lavarmi di tutto un viaggio. Bussa alla porta ed è lui barbuto e ancora bagnato della sua doccia: caldissimo, facile riprendere un vecchio discorso. Bellissimo fare colazione con lui, girare nel sole e nel pomeriggio andare a vedere *Il terzo uomo*, sulla Vienna di mezzo secolo fa, in un cineclub a due passi dall'albergo, poi a cena in una bettola e a letto presto perché fortunatamente al casinò ci cacciano per non avere giacca e cravatta!

17 agosto 1993, Vienna. Risveglio al Sacher, dove dormo male: i letti sono troppo perfetti, i piumini troppo caldi, i guanciali troppo soffici. Esco a correre in una città deserta e piena di fantasmi nei boschetti.

Il treno è come un ritorno all'aereo, con le porte automatiche, elegante, con aria condizionata, il salone ristorante con le tovaglie di lino inamidate, le lampade bianche a palla e fuori un'Austria indenne e pulita che scorre dai finestrini. Le valli con l'erba fresca, verdissima, le vacche che paiono false. Le case perfette sui cocuzzoli e le guglie di rame inverdito dal tempo contro le prime nebbie del mattino rotte dal sole. Per concludere questo viaggio niente di più inquietante che questa quieta, quasi morta perfezione.

Il viaggio fino a Bologna è segnato solo dal fatto che il modernissimo treno austriaco non permette di aprire le finestre e quando l'aria condizionata si guasta diventa un forno.

Il viaggio in treno si conclude ridendo. A Porretta manca la coincidenza e così arrivo alla agognata Pracchia portato dal taxi di Giuliano.

Il piacere di tornare a casa è immenso!

14 settembre 1993, Orsigna. Compio 55 anni, come al solito senza che senta la grandezza della svolta, ma immaginandomela grande, facendomi grandi propositi: questa volta di TENERE FEDELMENTE, CON SISTEMA, UN DIARIO degli anni che mi restano, come una cassaforte di cose che altrimenti la corrente della vita si porta. Ce la farò? DEBBO FARCELA. È certo un modo per vivere due volte il tempo che resta.

25 settembre 1993, Milano-La Spezia. Si arriva sotto una pioggia a dirotto. Passeggiamo con gli Stajano. Mangiamo alla trattoria toscana da Dino, gamberi lessi e vino bianco delle Cinque Terre. Poi al cinema a vedere *Il fuggitivo*, un po' ubriachi e felici. Godiamo di questa città costruita con tantissimo senso da un certo ammiraglio Chiodo che dovette dare un arsenale marino all'Italia appena unificata. Arriva un traghetto dalla Corsica. Chiedo a un uomo del porto su una barca della capitaneria se sa niente della *Trieste*.

« Sì, è arrivata nel pomeriggio alle cinque e sta caricando al Porto nuovo. »

Andiamo a letto pieni di eccitazione e curiosità.

28 settembre 1993, La Spezia. Vediamo per la prima volta, bianca e nera, quasi grigia, la *Trieste* con « Lloyd Triestino » scritto in bianco sulla fiancata. Avremo da passarci quasi tre settimane a bordo. Curiosità.

Uscendo dall'albergo ci insegue il direttore con un fax: ho vinto il Premio Gaeta, posso andare a ritirarlo il due ottobre? Certo no. Mi fa un piccolo piacere.

La sera. Il porto sembra una scena da film di fantascienza. Non ci sono figure umane. Solo enormi gru che suonano sirene d'allarme che suonando in continuazione non allarmano nessuno. Enormi container vengono alzati da terra come pezzi di un gigantesco Lego, messi sui camion, depositati su altri cumuli di container e poi sulle navi. Un senso di inquietudine al pensiero che tutto funziona come se gli uomini non dovessero essere più necessari.

29 settembre 1993, a bordo della «Trieste». La nave si muove verso l'una di notte. Faccio appena in tempo a correre sul ponte per vedere le luci del porto allontanarsi e la splendida baia lentamente perdersi nell'oscurità fumosa della notte.

4 ottobre 1993, nel mar Rosso. Il sole nel mar Rosso tramonta come in nessun altro posto.

« Se vedi una striscia verde attorno al sole che tramonta, allora la tua fidanzata è davvero innamorata di te », dicevano i vecchi ai nuovi marinai. Il sole nel mar Rosso tramonta sempre con un ultimo bagliore verde!

7 ottobre 1993. Non ho visto Aden. Ci siamo passati al largo nella notte. Il mare si fa piattissimo, più mediterraneo. Finisce l'afa del mar Rosso, le navi si fanno più rade. Continuano le storie di marinai.

Presto passeremo davanti a capo Guardafui (dal portoghese, « guarda e fuggi »), il capo Horn dell'Africa con il fanale Crispi, fatto come un fascio. Si vede prima, nella lontananza, il capo Elefante, sagoma così chiamata dagli italiani.

11 ottobre 1993, sempre nel mare d'Arabia. Mi alzo presto per vedere l'isola di Minicoy nella lontananza. Si vede solo il faro bianco, intermittente. Le capanne coi lebbrosi sono impossibili da vedere. Per giorni si è parlato di questo momento, delle capanne che si possono vedere sulla spiaggia, del faro, ma solo nella fantasia dei marinai è qualcosa di reale.

13 ottobre 1993, nel golfo del Bengala. L'alba è un glorioso ribollire di nuvole nere, grigie e bianche, cariche di pioggia che d'un tratto scroscia forte e calda lavando i ponti, i container, cacciando via le cicche, creando onde oleose sui ponti e rinfrescando gli spiriti. Un sole forte e lavato appare fra i grandi cirri agitati dell'orizzonte. A poppa il mare e il cielo sono una muraglia nera, a prua una fantastica combinazione di luce, grigi, argento, splendore, oscurità.

16 ottobre 1993, sempre a bordo della «Trieste». Alle sette di sera si passa davanti a Malacca. Nel baluginare delle luci non riesco a riconoscere nessuna delle zone che conosco. Una serie di bianchi, scheletrici grattacieli marcano la costa lunga e scura. Mi rendo conto che siamo a Malacca guardando la carta, non la costa. Sento l'afflato della Storia perché mi illudo di vederla così com'era, così come apparve ai portoghesi nel 1511.

Ora tutto va verso il cielo, non con le chiese e i campanili, ma con i centri commerciali.

16 ottobre 1993, notte. La notte alle tre si entra nella rada di Singapore. Il pilota cinese bisbiglia i suoi ordini nel walkie-talkie. Alle quattro in punto i comuni polivalenti gettano le cime agli operai della banchina T4. Alle 4.10, sotto una pioggia torrenziale, grandi gru cominciano a togliere i container dalla nostra coperta. La *Trieste* viene invasa da tanti operai cinesi, malesi, indiani, ognuno con una mansione. La nave sarà scaricata, ricaricata, rifornita in poche ore. Alle due già ripartirà.

20 ottobre 1993, sette del mattino a Kuala Lumpur. Arrivo col treno da Singapore. Con un taxi che viene a prendermi all'alba corro fino a Penang. Ho tre ore fino al treno.

Lascio il sacco in stazione e vado a piedi in città. Sempre un grande piacere il caldo, gli odori, i cinesi non troppo arricchiti che scaricano i sacchi dai camion, che pregano nei templi, che bevono tè nelle case dei clan.

Fine ottobre 1993, Bangkok. Il ritorno a casa è duro. La posta a cui rispondere, i giornali non letti. L'entusiasmo, la gioia, l'esaltazione sfumano col passare dei giorni e presto la vecchia ombra della depressione si rifà viva al mattino. Ci corro sopra, ci sudo sopra, ma la paura che riprenda è già lì.

1º novembre 1993, Bangkok. Cena da Pringle. Discussione. Mi viene da dire:

– il mondo di oggi è alla soglia di un nuovo Medioevo. Bisogna che l'umanità ripensi la direzione dello sviluppo. Così come uno in un bosco o in un deserto si ferma e cambia direzione se si accorge che quella che ha preso è sbagliata, così oggi deve fare l'uomo se si accorge che la direzione che hanno preso la scienza e lo sviluppo lo sta portando a distruggere la natura e a distruggere se stesso;
– viviamo in un tempo in cui è già finita l'estetica. Sta finendo l'etica.

11 novembre 1993, Bangkok. Assalito dalla vecchia belva oscura. Forse il senso di fallimento per il libro su Lenin: ovviamente non ho sfondato. In Italia i grandi giornali non ne hanno parlato, in Inghilterra nessuna vera recensione. In Germania il silenzio. Anche questa è andata a buca. Certo che ho avuto gran fortuna nella vita, ma non con questo libro.

Decido di non guardare più il *Lenin*, di non parlarne più. Scappo dalla routine andando a fare colazione fuori, da solo.

Rimetto tutto in moto, faccio programmi.

19 novembre 1993, Bangkok. Parto per il ritiro buddhista dell'International Buddhist Meditation Center.

21 novembre 1993, Bangkok. Tre giorni di meditazione, di cibo vegetariano, due di silenzio. L'età contribuisce alla tolleranza. Ancora alcuni anni fa sarei ripartito il primo giorno. L'aver resistito m'ha insegnato qualcosa.

Sembra un mondo per i marginali. C'è anche questo aspetto, ma nella sostanza è un modo per cercare di capire quel che succede da 2500 anni in Asia e a cui non si è mai dato più di una minima attenzione intellettuale.

In tutto questo c'è qualcosa di terribilmente attraente. Per questo fra i cinquanta meditatori, la stragrande maggioranza è fatta di giovani occidentali. Il nostro mondo è in crisi, non offre soluzioni, non dà speranza e questi vengono qui a sentire lezioni che ormai non sentono più dal loro parroco, per giunta hanno il gusto dell'esotico, dell'altro, e si inginocchiano con soddisfazione davanti a un idolo, a un dio che con la loro vita non ha molto a che vedere, ma che proprio per questo lo rende loro accettabile.

« In piedi, in piedi, in piedi... » una forma di rincoglionimento da meditatori.

Giorni senza pensare, anzi, a eliminare il pensiero concentrandosi sul banale, il movimento di un piede, quello dell'ombelico.

Che strana religione: tutta protesa a dimenticarsi, senza pensieri, senza dottrina, senza ispirazione. L'unica cosa da fare è staccarsi, eliminare il pensiero di sé e del mondo. Finirò per tornare cristiano. Vedo nei canti e nell'inginocchiamento un senso di assuefazione. Ai giovani piace la ritualità.

Helen, la cicciona, fa di nuovo un discorso sul *dharma* per spiegare che la meditazione aiuta a tutti i livelli, quello della quotidianità e quello del soprannaturale. Racconta di un « famoso scienziato thai » mandato in Inghilterra all'età di 11 anni, ultimo della classe, medita e diventa il primo e studia benissimo e finisce alla NASA. Fare la meditazione « per affrontare meglio la vita d'ufficio, il traffico delle strade, la vita matrimoniale, il logorio della vita quotidiana ».

Sento una cospirazione per indebolire l'Occidente.

Che fa la Chiesa coi suoi valori, i suoi principi, le sue idee che qui solo dimentichiamo? Nel ripetere le formule che nessuno capisce c'è un'abilità, un modo di socializzare asiatico che fa impressione.

Cerco la religione, cerco qualcosa di più impegnativo del quotidiano, ma non posso accettare la schiavitù delle regole, degli inginocchiamenti, dell'idolatria delle masse.

Faccio « meditazione camminata », « meditazione seduta », ma non medito un solo secondo.

Qui dicono che la mente è come una scimmia che salta via, qua e là. La mia sembra un branco di scimmie che saltano dovunque. Il monaco dice di non resistere, di lasciarla andare, da scimmia farne un bufalo selvaggio a cui si mette una corda con cui poterlo ritirare. Non bisogna opporsi al suo scappare, solo notare che scappa, dicendosi « penso, penso, penso » e se si vede qualcosa, se si sente qualcosa, « vedo, vedo, vedo », « sento, sento, sento ».

Alla fine tornerò all'Europa?!

Non medito, ma mi pare di sviluppare una comprensione per quel che gli altri fanno, che mi sembra a suo modo una forma di saggezza. Vedo la gioia di alcuni.

A volte penso che l'alone del saggio di qui sia lo sguardo del grullo. Uno dei bonzi è proprio quello. Per secoli questi hanno meditato mentre fuori tuonava, i contadini morivano nelle alluvioni e nessuno faceva le dighe.

Il buddhismo attrae terribilmente i giovani occidentali (da qui il grande successo di *Siddharta* di Hesse). Il mondo è troppo complicato, nessuno ha più la sensazione di poterci fare qualcosa, inutile darsi da fare per cambiarlo, non serve. Anche se ci si riuscisse, non è che apparenza. Se la Toyota ti costringe a monotoni ritmi di lavoro, medita e renditeli sopportabili. Il Giappone avanza così.

Il buddhismo predica l'inattività, la non opposizione. Non c'è bisogno di fare nulla, solo riflettere per eliminare il pensiero di tutto. Perché il tutto è inutile. La casa del vicino brucia? Tu medita, aiutarlo è inutile.

La fine del comunismo è anche questa riscoperta in Asia. In tutti i paesi il buddhismo torna di moda e i giapponesi sono presi da revival. Il comunismo è finito, i sogni di una società migliore sono finiti. Tutto si risolve stando a pensare a due centimetri al di sopra del proprio ombelico.

Il fascino del fare è finito. Si credeva di aver trovato la soluzione nella scienza. No, la soluzione è nel meditare in una bella hall di stile giapponese.

È uno splendido controllo del sistema sociale. Della società se ne occupano gli altri, gli impuri. Quelli che hanno capito, meditano. Per questo nei vecchi tempi i monaci non leggevano neppure i sutra ai laici, li tenevano segreti. Si capisce la vecchia diatriba fra chi voleva dare il segreto dei sutra ai laici e chi no.

La morte non fa più paura perché c'è la reincarnazione. Una splendida moda. Il buddhismo come strumento di successo asiatico? L'Asia è tutta buddhista e potrebbe andare di buon passo con la riscoperta nazionalista. Il cristianesimo ha solo attecchito a causa della fame, della povertà. « *Rice Christians* », ora che il riso ce l'hanno, riscoprono gli idoli che sono il segno della loro identità.

All'ultimo pasto assieme, dopo essere stati liberati degli otto precetti e aver fatto fede ai cinque (non uccidere, non mentire ecc.), i meditatori si parlano e le misteriose persone dei giorni scorsi acquistano faccia. La ragazza magra, allampanata, con l'aria persa, è la moglie di un banchiere che viene a ricaricarsi per affrontare il peso della vita sociale cui è costretta. La donna più anziana è un'americana che viene dall'esperienza dei figli dei fiori. Poi un diplomatico canadese con la moglie francese, il giovane tedesco che torna a un lavoro ottuso in Germania, il professore di letteratura inglese con la sua barba da dotto, e il mio canadese, semplice, che avevo incontrato sul bussino e che ora mi dice: « Stamani sono finalmente riuscito, sono entrato in uno stato senza tempo dove non sentivo alcun peso, dove tutto sembrava essere senza limiti ».

Io non ho sentito nulla, non ho visto nulla, sono solo sempre più curioso e divertito dalle possibilità che offre questa alternativa.

* * *

9 gennaio 1994, Bangkok. Lo *Spiegel* mi chiede di andare in Australia a occuparmi dell'incendio. Mi sento male e non ce la farei.

Vado all'ospedale Samitivej e la donnetta medico mi dice: « Malaria no, ma anemia e un soffio al cuore ». Il tetto mi cade sulla testa. Altri esami, medicine. Debbo decidere se entrare in questo universo ospedaliero o far finta di nulla.

Ho sempre pensato che la fine cominciasse così, con un medico che mi dice: « Sa, qui c'è un'ombra, un rumore, ci vogliono altri esami, torni ». La povera Angela, già debole di suo e depressa per le mie pessime reazioni alla lettura della traduzione-riscrittura dei suoi *Giorni giapponesi*, ha ora un'altra brutta pressione cui far fronte.

Non ho nemmeno la forza di disperarmi. Mi pare che la vita abbia cambiato ritmo.

13 gennaio 1994, Chiang Mai. Arrivo al mattino col treno. Sono ormai un habitué. La casa di Dan Reid all'alba è splendida. Dormono ancora. La brezza nei grandi cespugli di bambù, il fiume verde che, come una massa tenuta assieme da una grande forza, striscia via lentamente. Foglie secche sulla terrazza di legno.

Ogni oggetto è un piacere. Nella stanza dei buddha metto delle bacchette d'incenso. Sul tavolo, il piccolo cucchiaio con cui prendere il tè fatto come un fallo con la testa di Lao Tse.

Vado all'aeroporto per incontrare Léopold. La macchina del generale su cui siamo invitati si inerpica per un colle al buio. Guidiamo per circa un'ora e arriviamo in una splendida valle piena di oscurità e di una bella, folta, lussureggiante vegetazione.

Dal gruppo viene fuori John Coleman, enorme, grasso, con un bel sorriso di vecchio contento. Ha un berretto in testa, una giacca sopra vari golf e un dolcissimo sorriso un po' arguto. Sono abituato a pensare alla spiritualità come a magrezza, sofferenza e sono poco convinto di questa « visione ».

14 gennaio 1994, Pong Yang, Garden Village (Thailandia). Il posto è splendido. Ci si sveglia all'alba al suono di un gong birmano che rimbomba nella valle. Grandi fiori, cespugli, una rumorosa cascata d'acqua sullo sfondo del ristorante all'aperto. Ognuno di noi sta in uno dei bungalow nella fitta foresta. I tetti d'erba sono coperti di rampicanti con fiori rossi. Sulla terrazza, una macchia di fiori arancioni, come tante dita aperte verso il cielo. Poi un grande cespuglio di quei fiori che si mettono attorno agli alberi di Natale con le foglie rosse.

Terribile questo allontanarsi della natura che ci tiene quotidianamente occupati e come è bello il ritornare, il riscoprirla.

Mi chiedo perché son venuto qui a cercare il nulla del pensiero, il vuoto della mente quando la cosa da riscoprire è questa splendida natura. Capisco il chiudersi nel silenzio quando il primo suono del mattino, dopo quello del gong, è quello di un uccello lontano e poi un altro.

Torniamo a Pong Yang: a un tavolo la donna padrona del tutto, vecchia potente, truccata e grassa, che sta con un cicisbeo omosessuale con al collo un buddha dei tempi pre-Angkor, un generale di polizia, un agente della CIA, delle donne senza speranza. Quanti cadaveri dietro la ricerca del Nirvana!

Sono un fiorentino scettico che ogni giorno vede il sole nascere e gli chiedo se è vero o no, se è fasullo. Che ci faccio qui?

Ore 20: dopo tanti rimandi, il maestro Coleman dice le solite banalità sull'energia, sulla qualità, sulle macchine, sui precetti per potere fondare su una base di moralità il nostro sforzo di ricerca. Non mi impressiona. Sento poca disciplina e già questo non mi piace.

Guardo il suo corpo che sta seduto a meditare e vedo che la parte alta è bella e nobile, che ha una bella testa, che lì c'è forza e che il suo sguardo e la sua fronte sono pieni di una forte bontà.

16 gennaio 1994, Pong Yang. All'alba, al buio e al freddo, con le spalle rivolte a una splendida valle, a pensare alla punta del mio naso. C'è qualcosa che non mi torna. Ho voglia di scappare. Scopro Coleman che nel mezzo della meditazione apre un occhio a guardare, come me, l'orologio digitale che tiene accanto a sé. Anche lui allora conta i minuti per potersi muovere. Soffre anche lui. E perché sottoporsi a questa tortura?

Sento aria di falsità nei discorsi su « energia di altissimo livello, estrema qualità ». Possibile che tutte le religioni siano ridotte così? Forse anche la religione è da ri-inventare. Ma su quale base? Quella della nostra coscienza di oggi, cresciuta nella paura della scienza? La risposta non è certo qui.

17 gennaio 1994, Pong Yang. Sveglia alle cinque. Le ore di meditazione al buio e al freddo sono le migliori. Anche se non medito, comincio a farci l'abitudine. Non si sente che il frusciare dell'acqua nella cascata poco lontana e il rumore si confonde con quello del vento che soffia fra gli alberi dall'altra parte della strettissima valle.

La colazione è tutta vegetariana, con tanti funghi, frittate e due tipi diversi di riso. Cerco anche di mangiare poco. Le ore passano. Non medito un sol secondo, la mente è come la classica scimmia sulle fronde di un albero, salta da uno all'altro, vagola, fa capricci e per lo più pensa a fare all'amore con quella in fondo, con gente del passato, con amici anche vicinissimi, con donne come quella accanto. Riarredo la mia biblioteca, vado dal cardiologo, rifaccio la casa di Orsigna, la *yurta*: cerco di mettere anche lì un posto per meditare. Scrivo un libro, ricevo un premio letterario, ma mai medito. Mi riempio di rabbia al pensiero che i giornali italiani sono stati così poco generosi, caccio quel pensiero, mi rimetto a fare l'amore con la grassoccia vicina, riposo.

18 gennaio 1994, Pong Yang. Solita atmosfera, resto seduto come si deve, ma la scimmia salta da ogni parte, entra nelle mutande di tutte queste donne attorno, scrive lettere a Scalfari, gli manda pacchi di libri con recensioni. Sono ancora un vaso pieno di frustrazioni, di rabbie che non riesco a sciogliere.

La sera ancora un'ora di massimo impegno. Resisto per un'ora intera. Non sapevo che i corsi di meditazione potessero essere così penosi. Meditazione: e uno pensa a della gente in un posto esotico a fare delle belle cose tranquille. Niente affatto, è sofferenza, tortura.

Vado a letto con la paura dell'infarto e di non rialzarmi vivo domani. Ma anche questo non mi angoscia. Tutto il giorno mi sono ascoltato, osservato. Ho anche dimenticato di fare testamento. Ma quelli della famiglia sapranno cosa fare, sia col cadavere che con le mie cose: penso ai libri sull'Asia, a Maraini, a mettere tutto assieme a Firenze.

20 gennaio 1994, Pong Yang. La meditazione all'alba è la più bella. Per dei lunghi attimi sono per la prima volta coscientemente riuscito a dominare, dimenticare, far scomparire il dolore, tanto dolore, ma anche la gioia: sentirla come sciogliersi, scomparire e cercare di non restare neppure attaccato a quella sensazione piacevole perché anche quella è *anicca*. Resto immobile per un'intera ora.

L'ora in comune poi è pessima, non riesco a concentrarmi.

Alle sette, ultima ora di meditazione della giornata. È buio e dopo 15 minuti scappo. Non ce la faccio. La mia testa frulla via. Ho mal di testa, male alle gambe, mi sono visto per la prima volta delle orribili vene varicose vicino al calcagno, certo il risultato di queste lunghe ore immobile.

Perché imporsi questo male? Perché ai tanti dolori che la vita comunque propone aggiungerne altri per poter alla fine capire che tutto è passeggero? Perché non mettersi a guardare la corrente di un bel fiume per scoprire la sua *passeggerità*?

In qualche modo l'esperimento mi attira, perché dietro c'è un aspetto dell'Asia che mi sfugge, ma in un certo modo mi rigetta come una pratica per sempliciotti, fondata sul pessimismo, inerte. Che società avrebbe creato la gente se davvero avesse dato retta fino in fondo a queste idee e fosse stata davvero buddhista?

Capisco che questo fenomeno attiri ora l'Occidente, che ci sia una moda, che ci sia in questo tutto quell'esotico, quel colore, quella poesia, quella pratica che in un Occidente assetato di spirito sembra la risposta.

Certo è che le ideologie, così come le religioni – specie quella cristiana – hanno esaurito la loro carica vitale, sono ridotte a liturgia, vivono solo nelle espressioni più settarie e marginali e che per questo si fanno ovunque largo le « nuove » religioni che altro non sono che nuove versioni semplificate e abbreviate delle vecchie religioni.

Quel che il mondo ora potrebbe vedere è il sorgere di una nuova religione che raccolga i sensi delle altre e che si imponga non più col ferro e il fuoco dell'islam o della cristianità, ma col suo ridare un senso spirituale alla materialità dilagante della vita di oggi. In questo il buddhismo ha certo da contribuire.

21 gennaio 1994, Pong Yang. Il corso ha rimesso in me l'idea della morte.

Prima la morte era importante nella vita. Ora l'ottimismo industrializzato evita la morte, la elimina. Il buddhismo come ricreatore della coscienza di morte mi pare abbia valore. Solo a Orsigna la campana suona ancora a morto. Dove ancora? Altrimenti i funerali si fanno di nascosto come per eliminare un fastidio, qualcosa di ingombrante.

Combino il mio solito dire che forse la nostra esclusiva fede nella scienza ci ha portati fuori strada con questo buddhismo dove il dolore non è solo una roba da eliminare con una pasticca, la depressione con un prodotto chimico che ti dà l'illusione di essere felice. Perché da tre sere dormo senza pensare di morire d'infarto?

Sogni con Folco e Saskia. Non ricordo che cosa, ma niente di angoscioso. Tutto è sereno. Che la mente si sia almeno per ora acquietata? Poi un altro: mi sogno a Firenze a guidare una campagna sulla moralità, mi vedo portare via i giovani dal consumismo, farli pensare, ridare loro la gioia delle piccole cose. Mi vedo su un camioncino vestito normale, per non essere preso per un matto e per dire le banali verità ed essere poi bruciato da Savonarola sulla piazza della Signoria.

Mi sveglio con questo pensiero: se si mette fine al consumo bisogna ritrovare un modo per impiegare la gente, darle nuove mete; riempire il suo tempo, ora così «felicemente» sprecato nella produzione di cose per lo più superflue.

La nuova religione che invade il mondo ben più di quelle «nuove» è il globalismo, la nuova moralità sono i diritti umani con cui gli Stati Uniti cercano di ri-imporre una loro pax americana al mondo degli hamburger. Tutto per il mercato, tutto per l'economia. Per questo nei giovani rispunta la voglia di altro, la voglia di spiritualità.

23 gennaio 1994, Chiang Mai. Dormo magnificamente da solo nel mio sacco a pelo, messo sulla dura terra nella stanza degli ospiti dove il letto era molle e imbarcato. Mi alzo con la prima luce. L'abitudine delle cinque è un po' entrata nel sistema. Vado nella stanza dei buddha a mettere tre bacchette d'incenso all'altare, poi medito per un'ora rivolto al fiume. Bellissimo. Poi ancora una decina di minuti con Dan davanti ai suoi buddha. La colazione è splendida con miele, ginseng e pane nero con sopra semi di girasole.

Annuncio che prenderò l'aereo per la prima volta.

Dan ci accompagna all'aeroporto. Torno a Turtle House e mi dicono che Baolì è in coma da ieri, non si muove più. Ha come aspettato che tornassi perché lo accompagnassi in quest'ultima corsa. Passo quasi tutta la notte a fargli compagnia davanti alla sala della colazione, con gli zampironi contro le zanzare, una coperta sugli occhi ormai vuoti, dove si accaniscono le mosche e le orribili zanzare della notte.

24 gennaio 1994, Bangkok. Baolino è ancora in coma. Cerco in tutti i modi di aiutarlo, ma non riesco.

Mi sono ricordato di *Final Exit* e del metodo del sacchetto di plastica indolore – pare – perché si muore nei fumi inebriati e assopenti del monossido di carbonio, ma all'ultimo momento non resistevo al pensiero di sentire quello spasmo disperato dell'ultimo respiro nelle mie mani.

25 gennaio 1994, Bangkok. Continuo a leggere nelle pile di posta, di conti e di giornali, per non andare all'ospedale.

Chiedo anche alla dottoressa Margherita se mi può aiutare. Non ha la stricnina in ambulatorio. In una farmacia mi dicono di non aver nulla da vendere. Possibile che lo debba lasciar soffrire?

Nel pomeriggio vado dalla veterinaria.

« Uccidere? Noi thai queste cose non le facciamo. »

Perdo il lume degli occhi e lentamente le dico: « Io sono giornalista, pochi mesi fa ho visto i vostri soldati thai sparare sulla folla inerme e uccidere più di 200 persone. 200 persone, dei thai, non dei cani vecchi e ammalati, ma dei giovani, vivi e vegeti thai... Voi thai non uccidete? Quel che voi thai fate semplicemente è mentire ».

Ed esco senza dire altro dalla clinica.

Ho più fortuna dalle giovani veterinarie di Sukhumvit, vicino al Soi 55.

« Vuole mandare il suo cane in paradiso? È proprio sicuro che non ce la fa più, che non può riprendersi? »

Mi fa una boccettina con del liquido da fargli endovena. Aiutato da Kamsing gliela faccio dandogli anche tante pasticche di Valium e tutto il mio Prozac. Credo che non ne avrò più bisogno neppure come assicurazione psicologica. La notte due o tre volte vado a vederlo, respira ancora lentamente, a fatica, ma non mi sembra soffrire, non si agita. Non si scuote.

26 gennaio 1994, Bangkok. Angela è al mare con un'amica francese a Samui. Sta bene. Sono contento di dirle che anch'io sto bene. Sono distaccato. Medito. Mi pare davvero di aver fatto qualcosa.

Vado all'ospedale Samitivej a fare i miei test. Durante la prova da sforzo il medico fa interrompere al 92% dicendo che l'elettrocardiogramma sta cambiando e rischio l'infarto. All'ecocardiogramma mi trovano un collasso della valvola mitrale che perde. Mi pare grave, ma non mi preoccupo.

Da Margherita faccio la vaccinazione contro l'epatite virale e mi preparo a prendere un periodo di riposo al mare. Debbo fare i conti col corpo. Cercare consiglio.

Debbo sapere se sono ancora abbastanza normale da affrontare l'India o se è già l'ora di riprendere i miei noccioli e tornare sul mio uscio. Sarei già stato fuori a giocare abbastanza, se poi fosse così.

Torno a casa e mi dicono che Baolì è morto.

È come morto al mio posto, mentre facevo la prova da sforzo. S'è preso il mio infarto?

Dopodomani torna Angela. Debbo mantenere questa calma e non far pesare su di lei anche questa mia angoscia.

Nel pomeriggio il funerale di Baolì. La fossa era pronta da tre giorni ai piedi della statua di Ganesh. Baolino, coperto da un lenzuolo bianco, con delle collanine di fiori addosso e le bacchette di incenso che bruciano attorno alla fossa, viene calato nell'acqua che si è accumulata in fondo.

Tutto attorno, a gettare la prima manciata di terra, ci sono quelli dello staff di Turtle House, e le guardie. Una cosa semplice, commovente. Se ne va una parte della mia vita, l'infanzia dei ragazzi, una bella parte del legame della famiglia: Hong Kong, Pechino, Hong Kong, Tokyo, Daigo e poi questa vecchiaia in famiglia, a Turtle House. Buon viaggio, Baolì. Chissà nel corpo di chi, dove si sta reincarnando? Certo in un essere superiore a un cane, uno già vicinissimo al Nirvana!

10 febbraio 1994, incomincia l'anno del cane, Rayong, spiaggia di Ban Phe (Thailandia). Sono qui dal 5 febbraio. Ho ripreso a correre, mangio poco, leggo e cerco di pensare se scrivere o non scrivere il libro. Vorrei, non riesco, ma non mi angoscio. Splendida solitudine, nella casa degli ospiti di Pao e Kitti. Un posto bellissimo. Mangio ferro, corro, faccio ginnastica e cerco di ritrovare le fila di questo libro che voglio, debbo scrivere. Non fossi ossessionato dal sesso *compiccerei* ancora di più. Medito ogni giorno e questo mi tranquillizza.

Angela è stata qui due giorni e domani torna. Un piacere.

È il giorno in cui sarebbe scaduta la mia proibizione di volare. Celebro con due birre e tre whisky e faccio grandi propositi di astinenza per l'anno che viene: un mese sì e uno no di alcol. Ginnastica e meditazione. E, soprattutto, l'impegno a tenere il diario. Elettronico o no. Il diario.

11 febbraio 1994, Ban Phe. Angela arriva alla stazione degli autobus alle sette. Io sto benissimo. *Anicca* mi aiuta e passiamo delle bellissime ore assieme, prima sul mare, nel ristorantino sul porto di Ban Phe tenuto da un signore di Bangkok, ex pittore, ex studente a Parigi che alla nostra età ha deciso di lasciare il mondo e allevare gamberetti e godersi la brezza. Poi, nella casa di Kitti per l'ultima sera. Domani debbo traslocare nell'orribile, proletaria casa in affitto, ora piena di grassi cinesini.

La sera dopo, tanti acquisti per riarredare e pulire la casa dei cinesi. Al tramonto torniamo e davanti alla porta chiusa della casa puzzolente troviamo Abbas, venuto da bravo reporter a trovarmi, nonostante non gli avessi telefonato e avessi cercato di evitarlo. Sta andando in Vietnam. Lo vedo in fondo con grande piacere. Ma questo è il peggiore momento.

La notte è orribile. Litigo malamente con Angela. Mi sveglio da terra nel salone alle due e scopro che anche lei non dorme. Mi salvo all'alba con un mazzo di fiori davanti alla sua porta e un biglietto: «Mai prendere decisioni nel mezzo di una notte insonne, mai guardare alla vita dalla coda di quattro birre, due whisky e un drink di benvenuto. Vado a comprare le ultime cose».

Torno e puliamo da matti. Nel pomeriggio la casa è diventata nostra e la battezziamo con uno splendidissimo amore come da giovani cavalli impazziti di passione.

14 febbraio 1994, Ban Phe. Angela riparte al mattino. Abbas viene a trovarmi. Ho letto il suo diario alla fine del suo bellissimo libro di foto sul Messico. Anche il diario straordinario! Bravissimo. Mi parla del suo mito-maestro Weston e della sua musa-amante in Messico, Tina Modotti, un'italiana andata lì da pasionaria.

16 febbraio 1994, Ban Phe. Per due giorni ho scritto con passione. Poi improvvisamente la crisi. Non vedo più la formula del libro, ho perso il la. Tutto mi sembra banale, non so come combinare il politico col personale, come non essere preso per matto. Telefono ad Angela al tramonto ed è splendida.

«Devi scrivere il libro di cui hai parlato per un anno, così come lo hai raccontato divertendo tutti. Il libro deve essere un *divertissement*, un gioco, un modo di dire: 'Guarda che cosa mi sono inventato'.»

È quello che ho sempre voluto fare, ma avevo perso il filo.

Vado al Palmeraie col cuore sollevato. Tornando penso alla dedica «Ad Angela che nonostante tutte le profezie resta la moglie di trent'anni. Resta l'editor straordinario senza il cui aiuto questo libro non sarebbe mai stato possibile».

Ora si tratta di scriverlo e ho già perso dieci giorni.

Ban Phe (fine settimana). Viene Angela. Con grande trepidazione le faccio leggere la nuova versione dei primi due capitoli. Sono approvato. Passiamo due splendidi giorni di grande intimità e grande passione.

Un amore straordinario.

26 febbraio 1994, Ban Phe-Bangkok. Per l'arrivo di Spagnol devo andare in città. È come rompere una clausura, come mettere fine a un voto. Il primo giorno reggo, il secondo do i numeri. Lo porto a giro per la città, lo porto sul fiume, ma non parliamo mai di libri. A pranzo invito anche la Renata Pisu che è una bella, sincera, pura presenza. La strada di ritorno con Angela è dura. Litighiamo, c'è fra di noi un'enorme tensione, irritazione reciproca perché ognuno fa quel che l'altro disapprova: il giudizio sui figli, la visita di Spagnol.

La sera ci riconciliamo. Andiamo a cena sul mare con la luna piena, ma poi qualcosa m'infuoca. Perdo davvero il controllo di me. Guido come un pazzo, la conduco all'ultimo autobus che è già partito. Se non muoio d'infarto vuol dire che il cuore regge. Le prendo una camera in un orribile albergo sul mare a Ban Phe, The Silver Pine Beach Hotel, e me ne torno nel mio silenzio.

27 febbraio 1994, Ban Phe. Mi alzo all'alba per andare a pagare il conto e aspettare Angela nel coffee shop prima che possa prendere il primo autobus. Qualcuno le bussa alla porta, lei crede sia io e dice: « Buongiorno » con un gran sorriso. Sono le donnine del piano che dicono: « Check-out ». Crede di dover partire. Scende. « Il conto è già pagato. » Esce per cercare un taxi per venire a darmi una nota che ha scritto alzandosi. Busso dalla vetrata del coffee-shop. Un gran sorriso e passiamo il più straordinario fine settimana: una grande camminata sotto il sole, dormire nel pomeriggio, leggere assieme, fare l'amore e parlare, parlare. Un amore tenerissimo, ritrovato.

Perché si deve sempre godere della vita con gli alti e bassi? Perché solo nel contrasto si deve trovare la felicità?

28 febbraio 1994, Ban Phe. Dormiamo, carezzati dalla brezza del mare, carica di sale e odore di alghe.

Ci alziamo all'alba. Sulla destra della spiaggia ancora la luna argentea e piena, a sinistra un sole straordinariamente rosso si alza dal grigio verde del mare. Uno splendore. Siamo i soli su tutta la spiaggia a parte un mendicante con un bambino che raccoglie corde, bottiglie di plastica e quel che le onde portano chi sa da dove. Camminiamo per un'ora, faccio la colazione. C'è fra di noi una struggente tenerezza che solo trent'anni di storia possono creare.

Accompagno Angela all'autobus per Bangkok. Torno a casa e il confine tra il mare e il cielo è scomparso e tutto è un celeste verde, grigio e si prepara una tempesta. Bellissimo.

Mi rimetto con lena al libro. Non posso cedere.

3 marzo 1994, Ban Phe. Ancora al mare. Giorni di difficoltà a scrivere. Incoraggiato da Spagnol che ha telefonato da Phnom Penh per dire quanto era entusiasta del libro. A questo ci crede, ne vuol fare un successo. Per me il problema è scriverlo.

Il mio posto continua a essere splendido. Mi alzo alle 5.30-6, corro lungo la spiaggia con la luna da una parte e il sole rossissimo dall'altra, faccio della ginnastica, colazione, e passo la giornata al tavolino con una lunga passeggiata sotto il sole alle due. Non avanzo molto: idee, connessioni, ma la scrittura soffre, non scivola. Eppure non soffro.

27 aprile 1994, Bangkok. Ultima sera vissuta a Turtle House.

Le stanze rimbombano vuote. Le casse son partite, non ci sono più luci. Al bagliore delle ultime fiaccole a petrolio ceniamo con Jon Swain che parla del suo libro-biografia sull'Indocina. Finalmente il momento in cui anche un inglese si lascia andare a se stesso, alla nostalgia, alla passione. Bello vedere Jon che invecchia e che non si sente più costretto a fare la parte del giovane brillante e arrogante.

Alle dieci mi addormento sul pavimento. Dopo un po' lascio Jon e Angela a continuare fino all'una la conversazione sulla vita. Mi è grato anche di questo. Per il titolo del libro anche. *River of Time*: mentre eravamo da Khun Sa, m'era venuto in mente questo modo di dire dettomi da Angela. Siccome il suo è un itinerario lungo il Mekong, mi pare adatto.

Penso al mio « indovino » e tremo.

30 aprile 1994, Bangkok. Turtle House è finita.

Tolgo il cartello, pago i bonus a tutti coi soldi recuperati dalla vendita dei condizionatori d'aria della Casa nell'albero. Le anitre partono nel cestino di una bicicletta per il centro dei bambini con Aids di Mechai, gli uccelli e decine di piante per il giardino della « Locanda ».

Accendiamo delle bacchette di incenso, mettiamo una collana al nostro buddha sulla piccola montagnola e ce ne andiamo a dormire dalla Marisa. Al mattino filiamo verso Rayong col cuore alleggerito.

La casa è chiusa; è chiuso un capitolo di vita e con grande gioia ci apprestiamo ad aprire quello dell'India.

Una sera con Léopold nel mio bungalow di Ban Phe, poi tutti mi lasciano – anche Angela – con dinanzi la montagna del libro da finire.

2 maggio 1994, Ban Phe. Il primo acquazzone della stagione.

Il mare diventa grigio, il cielo pesantissimo e grandi gocciole cadono sulla sabbia appiattendo la spiaggia e dandomi un po' di coraggio. Angela mi manca moltissimo.

* * *

1º giugno 1994, Delhi (India). Primo giorno di una nuova vita. Comincia al Lodhi Garden con la collettiva, enorme, spanciata risata di un gruppo di uomini e donne che finiscono i loro esercizi di yoga all'ombra di belle rovine di una vecchia dinastia sulle cui cupole si riposano enormi avvoltoi.

La città è piena di animali. Uccelli, vacche, cani randagi.

* * *

23 luglio 1994, Ban Phe. Tutto un giorno per scrivere cinque cartelle. Non soffro più, ma trovo ridicolo che alla mia età ogni articoletto sia ancora un esame. Basta.

24 luglio 1994, Ban Phe. Viene a trovarmi Léopold. La giornata passa strascicando e senza sapere scrivere.

27 luglio 1994, Ban Phe. Affronto il libro. È terribile. Banale. Mal scritto. Passo la giornata sui primi quattro capitoli. Così non finirò mai. Penso di abbandonare tutto e partire. Ma come darmi per vinto? A domani!

28 luglio 1994, Ban Phe. Bloccato sul capitolo sei. Orribile, senza un'idea di fondo. Sono depressissimo. Mi consolano due righe mandate per fax da Angela: lo *Spiegel* usa la storia cambogiana. Se non so scrivere libri continuerò a scrivere pezzacci di giornalismo. Ho sempre bisogno di un «altro» in cui evadere da dove sono. Ho sempre fatto così fra i giornali italiani e lo *Spiegel*; ora, fra lo scrivere libri ed essere giornalista.

Orribile. In verità sono ossessionato dal sesso. Sento una voce di qualche ragazza che passa sulla spiaggia e debbo correre a vedere chi è. Ma perché? Credevo che questo pizzicore fosse passato. Invece no, e sulla spiaggia trovo uno strano seme di una qualche pianta che sembra proprio una donna e me lo metto davanti al computer per ricordarmi il meglio della vita.

Che ci faccio qui?

1º agosto 1994, Ban Phe. La mente all'Orsigna. Per cambiare routine, per non cadere nel mondo di ieri. Non corro e già alle sette sono al computer. Ma che fatica un paragrafo!

Ossessione del sesso. Non mi vengono che queste immagini in testa.

2 agosto 1994, Ban Phe. Godo di mangiare una zuppa in un ristorante davanti a una vecchia casa di legno con la veranda tutta intarsiata. Telefono ad Angela, ma mi frustra la vicinanza della voce. Lei vorrebbe eliminare la tv, io il telefono dalle invenzioni del secolo. Rimangio durian e di nuovo un'ossessione che non mi lascia in pace.

3 agosto 1994, Ban Phe. E io che credevo che l'età avesse attutito i sensi e reso un po' della sognata libertà dal bisogno. Come fare a controllare la mente?

Cerco di meditare, ma solo quei pensieri tornano a galla.

8 agosto 1994, Ban Phe. Uno splendido messaggio di Folco con i suoi consigli su come il libro dovrebbe essere: un « pensiero » di cento pagine. Bravo, ma anche lui sa che è più difficile scrivere cento pagine che trecento!

9 agosto 1994, Ban Phe. Un carissimo messaggio di Angela, la mia lettera d'amore per lei dalla Cambogia è stata finalmente pubblicata dal *Corriere* a tutta pagina. Era ora. Sono commosso e questo mi fa ripartire con l'*Indovino*, ma la salita è dura.

12 agosto 1994, Ban Phe. Ho saltato i capitoli difficili di Singapore perché troppo politici. Mi sono consolato coi due sull'Indonesia e cerco di cominciare quello sulla Cambogia.

Delicatissimo, Poldi chiede di venire a trovarmi domenica. Mi fa piacere.

Lui s'è calmato, ma non troppo. Penso davvero che fosse il durian o il facile tentativo di scaricare la creatività che non crea libri in quella grulla attività del fottere.

14 agosto 1994, Ban Phe. Viene Léopold a trovarmi. Perdo una giornata di lavoro e il filo, ma è un piacere parlare di nuovo con qualcuno di intelligente.

15 agosto 1994, Ban Phe. Ancora un Ferragosto lontano. Nel '91 a Chabarovsk, l'anno scorso in treno attraverso la Russia. L'anno prossimo a casa!

* * *

7 novembre 1994, Ban Phe. Un viaggio in un labirinto, quello che mi ha riportato qui.

Ero partito il 27 agosto: Orsigna, Milano, l'India. La peste a Surat, la malaria nel Rajasthan e poi una settimana di febbre virale su una materassa intrisa di sudore con la sola consolazione del *tanka* mongolo che prendeva vita nella luce del pomeriggio.

Poi la depressione, terribile, irreversibile come ai vecchi tempi. Il disgusto dell'inutilità di tutto, la vita a due, il sesso e persino il libro che pareva una scusa per sperare.

Ho detto allo *Spiegel* che dovevo curarmi la sinusite, sono scappato. Due bei giorni a Bangkok in casa di Léopold, anche lui alla fine di una corsa, poi qui dove tutto è identico, ogni dettaglio perfetto come nei ricordi, compreso il cane che aspetta zoppicando. La jeep è rosa, la spiaggia bianchissima e deserta come mai, il mare pulito, il tramonto d'argento.

Solo con la depressione, a cercare di riprendere il filo. Per tre giorni non oso sedermi. Passo il tempo a rompere il ritmo per cercare di rimettermi. Forse è una malattia da cui non mi curerò.

Mi risiedo davanti al buddha e cerco di rifare ordine. Almeno rigodo del silenzio. Ritrovo la libertà di scappare dalla routine, dormire in mezzo alla mattina, mangiare alle cinque del pomeriggio, vagolare, senza impegni. Neppure quello sordo della coscienza.

Una sera a Bangkok sono andato a mangiare una zuppa di pescecane in Siam Square e poi a vedere un solito stupido film americano tutta-tecnica-nessuna-idea. L'unica cosa buffa era essere avvicinato da un giovane.

« Non ti ricordi, Tiziano, sono Jonathan, mi occupo di *wildlife*. Una sera mi invitasti a cena a casa tua. » Nella borsa di plastica ha due *Goodnight, Mister Lenin* appena comprati per i suoi parenti in America. Vuole che glieli firmi.

Piacere? Mi fa sorridere, come fossero di un altro.

1995-1999

Nel 1995, le corrispondenze dall'India si concentrano sulle realtà islamiche del Kashmir indiano e del Pakistan. È colpito dall'islam di cui coglie la penetrazione sociale e il peso politico, un fenomeno già notato mentre attraversava l'Asia centrale. Viaggia a Dharamsala, sede del Dalai Lama, e s'interroga sull'attrazione esercitata dal buddhismo sugli occidentali in cerca di qualcosa in cui credere.

Nello stesso anno, la pubblicazione di Un indovino mi disse*, al di là della sopraggiunta fama, segna una svolta nella sua vita. Affaticato dalla ripetitività del mestiere e non del tutto affrancato dalla depressione, sente il bisogno di nuove esperienze. Lo stesso* Indovino *si chiude con una frase che rappresenta una sfida: « Dopo tutto, uno è sempre curioso di conoscere il proprio destino ».*

*Il 1996 si apre con le elezioni in Bangladesh. Terzani, stanco, le segue di malavoglia. Dall'Italia riceve una notizia inattesa: il successo dell'*Indovino *lo pone tra i candidati del Premio Bancarella. Incerto sul da farsi, finisce col parteciparvi, ma scopre presto di non essere il vincitore annunciato. Torna quindi in India, dove ci sono ancora grandi storie e figure interessanti da raccontare, tra queste Madre Teresa di Calcutta.*

L'incontro con la religiosa svela tutto lo scetticismo di Terzani che non si sottrae alla dialettica con il figlio Folco, che da qualche tempo lavora da volontario nella Casa dei morenti di Kalighat. È un confronto vivace: da una parte un uomo di 58 anni che sta per concludere la carriera professionale, dall'altra il figlio di 27 anni che cerca la propria strada, spinto da ideali che in fondo non sono così distanti da quelli del padre. La spigolosità dei due caratteri forti cede dinanzi al comune piacere del viaggio. Insieme, seguono a Dharamsala le tracce di eremiti la cui scelta di ritirarsi dal mondo affascina entrambi. Ma in Terzani la paternità, mossa da costanti conflitti e prese di responsabilità, rivela in controluce una preoccupazione crescente: lo scorrere del tempo.

Verso la fine dell'estate, la decisione: dopo ventiquattro anni lascia lo Spiegel*. Il prepensionamento è formalizzato in autunno. La scelta sorprende tutti, è un addio netto, quasi precipitoso. Sente esaurita la missione del giornalista, vuole dedicarsi ad altro, immagina la scrittura di un romanzo ambientato a Benares. A settembre, la morte della madre*

Lina lo spinge a meditare sul desiderio naturale di lasciare traccia del proprio «passaggio».

Nei primi mesi del 1997 viaggia in India raccontando le celebrazioni dell'indipendenza indiana e il lascito di Gandhi. A marzo, pochi giorni dopo il matrimonio di Folco con una ragazza conosciuta nella comunità di Madre Teresa, rientra in Italia dove un controllo medico impone maggiori verifiche. Al Memorial Sloan Kettering Cancer Center di New York gli viene diagnosticato un linfoma allo stomaco. La notizia lo turba profondamente ma non gli impedisce di voler essere testimone, ancora una volta, di un evento storico: la restituzione alla Cina della colonia inglese di Hong Kong.

Solo alla fine dell'estate torna a New York, dove affitta una camera con vista su Central Park e si sottopone per quattro mesi alla chemioterapia e alla rimozione di un tumore al rene. Affronta la malattia con coraggio e la consueta curiosità. La nuova esperienza gli suggerisce l'idea di un libro di cui conserva le prime tracce in appunti, fax e lettere alla famiglia. Incuriosito da cure alternative che possano controbilanciare i devastanti effetti collaterali della medicina ufficiale, sperimenta il qi gong, il reiki, a Boston partecipa a un seminario sull'omeopatia e comincia a interessarsi alle diverse forme della spiritualità orientale. Nel 1998, i diari proseguono tra cicli di radioterapia e viaggi a Delhi alternati a visite di controllo a New York. Cerca una soluzione che ponga la sua malattia su un piano che non sia esclusivamente personale. La stessa vita newyorkese gli offre lo spunto per un'indagine sul rapporto tra l'uomo e il malessere del suo tempo. Alla fine del 1998, dopo aver consegnato l'antologia In Asia, *compilata in due mesi di lavoro a Orsigna, decide di semplificare la sua vita indiana e di spedire a Firenze gran parte dei mobili e libri collezionati in trent'anni d'Asia. Sparge voce a Delhi che cerca un posto isolato in cui ritirarsi. Un amico francese gli parla della cittadina di Almora nell'Himalaya. Proprio nelle vicinanze di Almora, a Binsar, a dicembre incontra per la prima volta Vivek Datta, l'uomo che esattamente un anno più tardi diventerà il suo principale interlocutore nella solitudine dei boschi dell'Himalaya.*

Nel 1999 continua a informarsi su medicine e cure alternative in Thailandia, nelle Filippine e a Hong Kong. Per alcuni mesi frequenta un corso sulla Bhagavadgita tenuto da uno swami *in un* ashram *nell'India meridionale. Si libera del proprio nome, che sente troppo legato a una dimensione pubblica e professionale con cui non si identifica più, per presentarsi con quello di Anam: in hindi, il Senzanome.*

11 marzo 1995, arrivo a Karachi (Pakistan). L'impressione è di arrivare in una città assediata. Due americani sono stati uccisi sulla strada dell'aeroporto e i tre stranieri nel bussino fanno il viaggio col fiato sospeso.

19 marzo 1995, Peshawar (Pakistan). Il romanticismo di questa vecchia città di frontiera da cui è passata la storia è soffocato dal fumo dei motorini e dei *three-wheelers* che rendono l'aria blu. Il vecchio bazar ha ancora il suo fascino, con la sua popolazione di cui la metà, le donne, resta invisibile perché anche quando alcune di loro escono sono come delle grandi, lugubri bomboniere nere.

Mi viene da pensare a come questo *chador* in fondo è democratico perché dietro questo velo tutte le donne sono uguali, irraggiungibili e desiderate, sognate e lugubri. Le belle non possono monopolizzare nulla, non hanno vantaggi, e anche le racchie hanno il loro musulmano fascino dell'orrore, intabarrate come le altre.

Di nuovo provo l'inquietudine dell'islam. Questo è un caso interessante. Il Pakistan nasce sulla base dell'islam, e sulla base dell'islam morirà perché per rafforzarlo i vari governanti hanno sostenuto il fondamentalismo – e quelli che non lo hanno sostenuto hanno dovuto tollerarlo (come Benazir Bhutto) – e con questo i gruppi più militanti stanno prendendo il sopravvento.

Entro nella città dalla strada che viene da Islamabad. Siamo partiti alle 5.30 e dopo due ore e un quarto di bella strada fra i pioppi e sotto una bellissima luna piena – come un lampione bianco nel cielo azzurrino, ancora alta e visibile quando tutto era già luce – abbiamo viaggiato da matti fra camion carichi di merci e di vacche che andavano a una fiera. Traversare l'Indo era bello dalla parte sud, ma il fiume non era impressionante, quasi in secca.

L'ingresso a Peshawar è bello, con il suo forte (anche installazione militare). Mi fa pensare a quanti prigionieri sono stati portati qui.

Passiamo tre ore col magnifico giornalista di Peshawar corrispondente della BBC che racconta del taglio della mano da parte dei talebani: i medici tagliano chirurgicamente mani e piedi. A Lashkar Gah, una donna ha avuto il privilegio di sgozzare l'assassino del marito.

Sono stanco e sempre meno eccitato dall'avventura.

23 marzo 1995, Lahore (Pakistan). A casa di Imran Khan. Una casa di mattoni in un modesto giardino. Due Pajero nel cortile. La casa è senza tante pretese, arruffata e senza troppo gusto, al pian terreno una grande stanza per giochi di bambini, su, una grande stanza con dei divani accanto alla sua camera da letto. Lui giovanotto forte e aperto. Non si è fatto la barba, ha dei sandali pakistani, dei pantaloni verdi, una maglietta, i capelli lunghi. Ci offre del tè. È nato il 25 novembre 1952. Ha un'aria simpatica e sincera, da «*born again*».

Da Lahore alla frontiera indiana sono solo 28 chilometri. I pakistani sono gentili. Tutto è verde, anche l'arrivederci scritto su bianco. Il benvenuto indiano al *Point Zero* è su un grande arco costruito dalla Pepsi Cola. Gli indiani sono molto più rilassati. I controlli sono lenti. I portatori pakistani sono con camicioni verdi, quelli indiani che aspettano alla frontiera con turbanti bianchi e arancio e camicioni azzurri.

Due bandiere. C'è una certa tensione. «*Welcome to India*», dice il soldato al *Point Zero*. La frontiera fra due grandi paesi. Uno di quasi un miliardo di persone, l'altro di centoventi milioni. Questo è il principale punto di frontiera e passano solo venti-trenta persone al giorno, solo stranieri.

28 marzo 1995, Delhi (India). La preghiera per la pace nel mondo. Su un bellissimo prato verde sono raccolti i rappresentanti di tutte le religioni, vere e false, i turlupinatori del mondo. Il Dalai Lama, sempre il meglio, gioca coi tamburelli dei giapponesi, prega, canta, parla in tibetano alla sua gente.

Quel che è rivoltante, e mi pesa per tutta la giornata, è il seguito di bianchi, di donne cinquantenni *mal baisées*, di giovani europei pieni di foruncoli. Due italiani mi portano a incontrare il Lama Guaritore, che vive a Milano, fa il medico, racconta balle a tutti. Mi si rivolta lo stomaco a vedere la gente che ha letto a scuola il libro *Cuore* inginocchiata ai suoi piedi e pendergli dalle labbra.

2 aprile 1995, Bombay (India). Lungo viaggio in città senza emozione. Sporco, miseria, squallore, piccole baracche di tende, di stracci, di paglia lungo i muri. Il mare è giallo, scostante, con un brutto odore, anche lui di merda. Il lungomare è squallido, con palme striminzite e tante brutte case di cemento, ogni tanto si vedono quelle in Jugendstil.

Mi rendo conto dell'incredibile fortuna di essere nato sul Mediterraneo.

Al Gateway of India: da una parte della strada lo splendore del Taj con i turisti vestiti da esploratori, dall'altra parte la miseria, la sorridente disperazione, l'aggressiva insistenza dei venditori di ricordini, di cartoline, i tuffatori che si buttano dalla balaustra. Gli inglesi costruirono quell'Arco per commemorare l'arrivo del loro re, ma in verità quel monumento finì per essere il simbolo della loro partenza. È da lì che gli ultimi soldati inglesi si imbarcarono per tornare a casa, lasciandosi alle spalle un impero.

4 aprile 1995, Bombay. Nel pomeriggio vado al tempio Siddhivinayak. Entro per pochi minuti a vedere, colpitissimo, la devozione con cui la gente offre i fiori, i dolci e li riprende, si inginocchia, prega, interroga il dio Ganesh.

Torno e le scarpe sono scomparse. Strana sensazione, quella di trovarsi nel mezzo di una strada sporca, piena di merde, di vetri, di sassi, scalzo. Nessuno sembra sapere nulla. Cerco di mettermi quelle di qualcun altro, che arriva dicendo: « Queste sono mie! »

Stasera qualcuno cerca di mettersi le belle scarpe di Mannina in qualche slum.

5 aprile 1995, Bombay. La solita rabbia a vedere lungo il mare la distesa dei mendicanti, i ricchi che fanno la ginnastica per eliminare i loro immensi grassi e gettano distrattamente ai piccioni romaiolate di granturco che pagano, mentre quelli non hanno da mangiare.

L'India è il posto che mi convincerà, una volta per tutte, della necessità di abolire la politica, di distruggere i politici, di affidare le cose dello Stato a dei filosofi.

Della giornata mi diverte la ricerca delle scarpe. Il fioraio attorno al tempio suggerisce di andare al mercato dei ladri. È lì che tutto finisce: i vestiti lasciati fuori ad asciugare, i pezzi di roba messi al sole, le scarpe nei templi. È un incerto racket: uno arriva con delle ciabatte di plastica, osserva uno con delle belle scarpe, si mette quelle e lascia le sue di plastica.

10 aprile 1995, Delhi-Katmandu (Nepal). Io debbo partire per la spedizione in Mustang. Chiedo ad Angela di accompagnarmi. Andiamo all'aeroporto senza un biglietto e il resto è splendido.

All'aeroporto il nostro salone è invaso da pellegrini indiani musulmani che vanno all'Hajj. L'altoparlante si scusa con i passeggeri della Royal Airlines di questo gruppo di persone: « Molti di loro non sanno come comportarsi, non hanno mai volato e vi siamo grati di capire la situazione ».

I pellegrini, tutti in bianco, con le donne nei veli, con le cinture sulla pancia coi soldi, si mettono per terra in cerchio a mangiare, alcuni a torso nudo. Sempre incredibile questo islam! Il volo piacevole e senza paure. Si atterra nell'altopiano. Si sente arrivando un'aria più semplice, più mistica, più rilassata ancora dell'India.

Usciamo per andare a Bhaktapur. La strada fiancheggiata di pioppi. Le case di mattoni nuove, lo sviluppo che mangia le colline terrazzate, l'inquinamento, poi la cittadina. Il grande deposito dell'acqua in cui i bambini si tuffano. Poi, impressionante, la città « rinascimentale ». La piazza.

In un angolo nel ristorante di grande lusso mangia – elegante nella tonaca violetta – un monaco tibetano con due donne che hanno le chiavi di queste camere lussuose. Beve birra e ha un'intimità con le donne che mi colpisce. Non riesco a togliergli gli occhi di dosso.

11 aprile 1995, Katmandu. Esco alle sei a correre per la vecchia città che si sveglia, che prega, che si butta davanti ai piccoli altarini a condividere con le statue di pietra il burro, le mosche e una piccola macchia di rosso sulla fronte, per la vecchia città che puzza dove i cani tirano via dai cumuli di spazzatura un'ultima cosa da mangiare assieme ai mendicanti.

Una grande misticità, spiritualità, il senso del sacro, dell'abitudine al sacro. Ragazzini mendicanti ancora addormentati attorno a dei falò diventati cenere. Da delle piccole finestre di bel legno intarsiato escono le ciambelle oleose del mattino. Sui marciapiedi con fuochi e pentole si fanno altre frittelle.

Molti senza denti, sporchi, infreddoliti. Povertà e spirito. Che debbano sempre andare assieme?

12 aprile 1995, Katmandu. Angela torna a Delhi. Corsa all'aeroporto. Colazione nel sole. Ci rendiamo conto che siamo circondati da una fredda « tedeschità ». L'aeroporto – scopro poi – è stato costruito da una ditta tedesca nel quadro degli aiuti allo sviluppo.

* * *

11 giugno 1995, Delhi-Srinagar (Kashmir). Delhi insopportabile con 46 gradi di temperatura. Con Angela, magnifica, scappiamo nel Kashmir, ai pendii dell'Himalaya.

L'aereo dell'Indian Airlines ha il solito ritardo di un'ora. L'arrivo è piacevole e triste. Gli indiani che fanno domande, gli uomini dei servizi segreti che scrutano i passeggeri. Gli indiani non hanno alcun interesse a favorire il turismo. Più turisti vengono, più soldi finiscono nelle tasche dei kashmiri, e più nelle tasche dei militanti islamici. La notte è splendida, la luna quasi piena si riflette nel lago, le montagne sono un velo smerlato contro il cielo grigio azzurro, ma come fluorescente. Le sagome delle barche-casa, il pigolare degli uccelli.

La grande tristezza di questa storia è come sia stato possibile rovinare un tale paradiso.

In lontananza tremolano le luci del grande giardino nel quale sta il governatore indiano. Lui ha l'elettricità. Noi no.

12 giugno 1995, Srinagar (la città del sole). La città, fonte di ricchezza per tutti quelli che l'hanno governata.

Ci svegliano le grandi, monotone, ossessive lamentele «*Allah oh Allah*» che vengono dalla moschea Hazratbal attraverso gli altoparlanti. Sono appena le quattro e la vista è unica. Le zanzariere fanno un velo in cui si stagliano gli intarsi come delle farfalle di legno agli angoli della finestra. Le ombre delle piante sull'acqua, un palo su cui si posa un uccello e, lontano, il velo dritto e piatto delle montagne blu dell'Himalaya. Dalla moschea le grida sono ossessive, a volte come minacciose.

«Sembrano preghiere di guerra», dice Angela.

13 giugno 1995, Srinagar. Visita al santuario di Khanyar, mentre arrivano camion carichi di *commandos* indiani per un'operazione nella vecchia città.

Il tempio sufi è bello, tutto foderato di legno con le grandi colonne verdi intarsiate, nello stesso stile che ho visto nell'Asia centrale. Dal soffitto pendono candelabri che sembrano di Murano. Delle donne sono sedute dinanzi alla gabbia di vetro con il sarcofago di un santo; altre donne entrano e strusciano la mano lungo la balaustra di legno. Sedute, mormorano lamenti e preghiere.

C'è qualcosa di feticistico nell'atteggiamento di queste donne sufi. Capisco che i fondamentalisti non sopportino questa gente e posso bene immaginare che abbiano dato alle fiamme il tempio. Per terra ci sono delle stuoie, degli uomini accovacciati sorridono. Ma persino in questo islam dei sufi c'è qualcosa di oscuro, di minaccioso.

A un passo troviamo il tempio di Cristo (nel Kashmir c'è tutto, dicono che anche Shakespeare era kashmiro e si chiamava Shaik Bir). Una piccola costruzione tutta dipinta di verde, polverosa e con i cancelli chiusi.

Un giovane viene ad aprire. Dice delle parole italiane perché vendeva cianfrusaglia kashmira a Bangalore, vicino al tempio di Sai Baba. Dice subito che la storia di Cristo è stata inventata da un rinnegato musulmano per far soldi.

Dice di essere un militante. Dice che tutte le risposte a tutte le domande del mondo sono nel Corano e che basta leggere quello per saper tutto quel che si vuole.

14 giugno 1995, Srinagar. Di nuovo, alle quattro del mattino il latrare, il miagolare, il nitrire dei musulmani nella moschea, per due ore esatte, dalle quattro alle sei. Come possono avere la mia simpatia quando mi svegliano ogni mattina? Forse erano sopportabili quando cantavano e basta, ma ora, con gli altoparlanti che impongono i loro stridolii quasi drogati sulla superficie dell'intero lago? Come i musulmani con la scimitarra, o la bomba atomica.

Pranzo da Dargar. Guardo con orrore delle donne velate di nero che con la sinistra si alzano il velo e con la destra si mettono qualcosa in bocca. Che schiavitù! Ripenso alla conversazione con Imran Khan a Lahore che diceva che siamo noi occidentali a non aver rispetto umano per le nostre donne che esponiamo nude, che facciamo andare avanti e indietro mezze nude su delle passerelle per la moda, che le usiamo per réclame di dentifrici e altro.

Allora l'argomento mi aveva impressionato.

17 giugno 1995, Srinagar. Le scene idilliche di un passato che non tornerà più. I cani, le mucche, le oche su una diga. Le ragazze che lavano le belle pentole e gli oggetti di rame nel fiume con alghe e fango, i bambini che cantano pescando, un uomo nudo che fa il bagno sulla riva, un martin pescatore che da un palo si butta nell'acqua e riparte con un pesce. Una piccola nebbia biancastra è posata sulla superficie di un fiume gelido che viene dalle montagne dove si sciolgono le nevi e riempie il lago Dal e poi gli altri. Una pace come non si riesce più a immaginarla.

Si capisce che per secoli non hanno voluto che vivere in questo paradiso, senza agitare le acque, senza chiedere neppure la fine del loro sfruttamento o della repressione da parte di governanti stranieri, e ora che questo avviene è la fine: non saprebbero gestirsi, anche se riuscissero a ottenere l'indipendenza. Non c'è abbastanza gente educata, con esperienza.

La solita tragedia davanti alla quale uno si sente impotente e depresso. La natura è straordinaria, ordinata. I cani hanno trovato una piccola mucca morta su una diga e lì si sente ringhiare per la priorità dei morsi, mentre i corvi e le cornacchie aspettano attorno l'occasione di dare una loro beccata. Colpisce come la gente è bella e sana.

Pomeriggio a giro per la vecchia città. La moschea di Shah Hamdan costruita nel 1640 da uno venuto dalla Persia. Una vecchia città medioevale con le case sbilenche, la spazzatura per i vicoli, le altane di legno che si affacciano sul fiume Jhelum come sul Canal Grande.

Dovunque bunker. « Se un cittadino si ferma a parlare con un soldato indiano, i militanti poi gli spareranno. » Dovunque si guardi qualcuno dice: « Vogliamo *azadi* ». Che vuoi? chiede un vecchio a un bambino e quello balbetta: « *Azadi* ». Un vecchio da una finestra mi invita a prendere il tè con lui. Racconta che la vita è impossibile. Ogni giorno le forze di sicurezza entrano in casa a perquisire e quando se ne vanno hanno portato via soldi e gioielli. La ragazza che parla con Angela vuole solo una cosa: « Silenzio ».

La moglie di Z. dice che la verità è una sola: che la gente si sente stretta fra due violenze, quella degli indiani e quella dei militanti. Se i militanti la sentissero parlare così, la ucciderebbero.

Perché un grande paese come l'India ha fatto degli immensi errori come nel Kashmir? La città è in stato d'assedio. Si va verso una moschea e improvvisamente dinanzi si fa il vuoto. Una nuova bomba a mano, i soldati intervengono e c'è una sparatoria.

Nessuno sa più come vivere. La paura è negli occhi di tutti.

* * *

25 agosto 1995, Firenze-Roma-Hammamet. Ho scritto il pezzo sul Kashmir, pubblicato malamente e di nuovo con qualcuno che si è permesso di mettere le mani nelle prime righe.

Mantengo la promessa di andare a trovare Bernardo. Arrivo in Tunisia col piacere di una grande fuga. Tutto è bello, ma rimpiango Ban Phe e il silenzio e la solitudine.

Settembre 1995, Orsigna-Firenze.

Esce *Un indovino mi disse*, mi occupo di contratti, di essere cremato.

Associazione per la cremazione, vicino al mercato centrale. Ci si può fare cremare, ma le ceneri poi debbono andare in un cimitero. Se uno le tiene a casa o le disperde, rischia dai due ai sette anni di galera. La senatrice Fagni di Rifondazione comunista vuole cambiare la legge. La appoggerò.

Rientro a Delhi esattamente dopo due mesi in Europa. Ci stavo facendo l'abitudine.

23 ottobre 1995, Kurukshetra (India). L'eclissi e i sadhu.

All'alba si parte, Dieter, Charan Das e io verso il Nord, lungo la Grand Trunk Road, la strada che da Delhi va a Chandigarh. Ci fermiamo a prendere due stanze in un albergo lungo la strada.

Charan Das bloccato davanti alla televisione. Mangia a più non posso – dopo un attimo di esitazione –, legge montagne di giornali e gode. È come se si dicesse che lo deve fare quando gli capita, e se gli capitasse spesso penso che potrebbe perdere l'abitudine al resto.

Si dorme, si riparte e si arriva al sacro laghetto quasi al tramonto. Migliaia di sadhu sono già arrivati, lucidano i loro secchielli dell'acqua, quelli con cui bevono, quelli in cui tengono l'acqua per lavarsi il culo: « si debbono lavare con la cenere o con il fango tre volte, sempre con le stesse mani ».

Si cammina su una strada appena coperta di piccoli sassi aguzzi. Charan Das, a piedi scalzi, dovrebbe avere difficoltà. Non pare. I suoi piedi sono grandi e poggiano bene, tutti, per terra, forti. Dice che più sassi ci sono, meglio è. Fanno da massaggio. Il bello poi è camminare sulla rugiada al mattino, dice, « ha una funzione terapeutica ».

Sadhu: ce ne sono di tutte le varietà. Anche loro sono divisi in sette, i naga, combattenti, con degli arnesi che sembrano e sono delle armi; i tiagu, a cui lui appartiene, più intellettuali. Anche i sikh hanno i loro, fondati dall'ultimo guru, per cui più militarizzati.

La sera al lunapark con dei leoni in povere gabbie da gatti, una iena che gira e gira in pochi centimetri quadrati, un baraccone delle risate in cui si pagano solo due rupie per guardarsi su due piccoli specchi deformanti.

I sadhu che ti seguono in cerca di un'elemosina. Piccoli fuochi fatti sotto vecchie radici di alberi, strani uomini coperti di cenere. Uno, jugoslavo, che sfugge, che non si fa vedere da altri stranieri perché non ha visto e teme che gli indiani lo espellano. Un tempo la gente andava nella legione straniera. Ora si fa sadhu, la moda è la non-violenza, ma anche quella è una fuga, un rifugio.

La mattina la gente si bagna nelle acque sacre.

L'eclissi: l'aria si fa grigia, fredda, un grande silenzio, la gente va nell'acqua. L'ombra si fa strana: vicino al corpo è precisa e netta, la testa risulta come doppia. Charan Das dice che bisogna entrare, purificarsi nell'acqua sacra, altrimenti il corpo sotto l'eclissi soffre, si fa debole, può succedere qualcosa. E infatti, tornato in albergo ho sete, prendo una bottiglia di acqua minerale, il tappo non viene, cerco di toglierlo coi denti, *tac!*, uno mi cade.

* * *

19 dicembre 1995, Delhi-Dharamsala (India). La notte sul treno Jammu Mail. Si arriva dopo dieci ore a Pathankot, piena di soldati e di caserme. Tre ore in bussino. Fermata davanti a un tempio e a una caverna di eremita con delle scimmie, e colazione con un'orribile frittata di cipolle e peperoni.

Poi Dharamsala: ancora una delusione dopo averne tanto sentito parlare. Una miniatura del Tibet, una riproduzione in dimensioni lillipuziane. Niente grandezza, niente spazi, solo una bella valle aperta vista da delle piccole sconnesse stradine, case moderne di cemento, piccoli monasteri moderni e bruttini, qua e là sulle colline.

Un piccolo piacere arrivare al Kashmir Cottage, dal fratello minore, ma grande consigliere, del Dalai Lama: Tenzin Choegyal Rinpoche, ex ufficiale nell'esercito indiano. La madre aveva fatto 16 figli, solo 5 fratelli e 2 sorelle sono sopravvissuti. Bella la storia della sua nascita. La madre aveva fatto 15 figli, l'ultimo morì subito dopo la nascita. La madre era tristissima.

Un lama venne e disse: « Non ti preoccupare questo rinascerà » e gli fece un segno sulla natica con del burro. Presto rimase incinta di nuovo e il neonato aveva quella macchia sulla natica. Ce l'ha ancora. Scherzando dice che se la vuole far sostituire con della pelle nuova.

Mentre mangiamo arriva la telefonata. Sono aspettato da più di un'ora dal Dalai Lama al « Palazzo », un posto modesto, dove vengo perquisito da un poliziotto tibetano e poi subito dopo, davanti a lui, da uno indiano.

21 dicembre 1995, Dharamsala. Corsa al mattino. Mi alzo alle cinque per trascrivere l'intervista.

Il sole sorge nella Kangra Valley, a sinistra del Kashmir Cottage. Bellissime file di montagne rosa, quasi trasparenti. Salgo sulla collina dove c'è un ospizio per anziani e per pensionati del governo. Le montagne bianche e grigie imponenti, dietro. File di tibetani che circolano attorno al tempio sulla vetta. Rumore di ruote che girano, campanelli argentei. Mi riconcilio anche con Dharamsala.

Passeggiata per Dharamsala, « il posto dove si fermano i pellegrini ». Un'atmosfera di serenità e tolleranza che attrae i giovani occidentali: l'italiano che pretende di studiare astrologia, la brutta norvegese che riceve istruzioni di tantrismo da un bellissimo giovane tibetano, la ragazza inglese pallida che legge l'autobiografia del Dalai Lama.

« Perché sei qui? » le chiedo.

« Perché, come tanti altri, sono infelice. »

* * *

25 gennaio 1996, Delhi.
Ad Angela. Ieri non sono riuscito a scriverti perché sono stato sempre di corsa: ho cominciato la giornata andando a vedere un guru che si era sepolto in terra da una settimana e ne usciva fuori. Ovviamente era uno dei soliti trucchi « indiani », ma il più grullo di tutti i diecimila che erano venuti a vederlo era il rappresentante della Società razionalista che lo voleva fare arrestare dalla polizia come un truffatore. Il bello era che diecimi-

la « fedeli », per lo più donne, credevano al miracolo e il fatto che ci credessero era il miracolo in sé: in culo al razionalista.

E ora alle cose pratiche. Mi fa piacere ogni parola che dici di Folco. Lo so anch'io che è straordinario e mi vanto del suo essere così « diverso ». A volte mi viene solo il panico di padre che possa aver sbagliato tutto. Salutalo tanto e saluta anche la carissima Saskia che come me vende le sue « macchine da scrivere ».

26 gennaio 1996, Delhi. Parata nazionale. La retorica del patriottismo mi irrita. Sempre patetiche queste manifestazioni di forza che sembrano fatte per turlupinare la gente. Dopo un po' mi annoio e parto.

Inutili serate a massaggiare le spalle indolenzite degli altri sotto il peso del mondo.

Meglio la solitudine di Ban Phe.

29 gennaio 1996, Delhi. Vado al tramonto a vedere il *Beating Retreat.* Patetico vedere l'esercito indiano marciare al suono della musica con cui gli inglesi marciarono a massacrare gli indiani e a conquistare il paese. Grande tolleranza o grande debolezza? Trovo assurdo che Dio abbia fatto gli uomini perché marcino vestiti da burattini su una piazza al suono di cornamuse. Mi chiedo che cosa pensano gli attaché militari vietnamiti e i due generali cinesi in prima fila. Debbono davvero credere di essere in un paese senza palle.

17 febbraio 1996, Dacca (Bangladesh). Sono venuto controvoglia per le elezioni.

Mia cara, cara Angelina,

l'albergo è vuoto. A un tavolo del ristorante deserto tutti i giornalisti accreditati a Delhi mangiano e parlano di elezioni e da solo mangio un uovo sodo nella mia stanza. Coi « giornalisti » mi sento ormai come mi sentivo con quelli della Olivetti: il più grosso peso era l'essere preso per uno di loro.

Qui il problema è semplice. Son venuto « per forza », non c'è storia, debbo succhiarmene una dalle dita che so già verrà cestinata. Cerco stasera di prendere la nave che non riuscimmo a prendere e starò via qualche giorno nel Sud.

Grazie del tuo fax. Sei davvero cara e generosa, ma quel che è più impressionante è la tua abilità coi sogni. Hai perfettamente ragione: io avevo confuso il pacco con il contenuto. Forse hai ragione tu, quel che mi preoccupa sono i figli; ma spero solo per egoismo, perché vorrei saperli « sistemati » per potermi permettere di uscire in un modo o nell'altro dal mondo e dal mio ruolo di « responsabilità ». Sento che per me è questione di mesi e inconsciamente cerco di far quadrare anche le loro scadenze.

Mi raccomando, resta ferma sul tuo principio di « vivere » nonostante quel che ti trovi a fare. Non puoi rimandare ormai nulla, il tempo che resta poi non si sa quanto possa essere lungo.

Io sono in un periodo di ibernata depressione, ma anche questo – lo so ed è un grande passo – passerà e aspetto la buona occasione. Ti ho detto che ho ricevuto un commento carinissimo da Coleman che dice di non aver mai saputo quel che io dico di aver capito da lui. Manda tanti saluti anche a te di cui diceva che della meditazione « non » avevi bisogno. A sentire le tue urla di ieri al telefono, direi che forse la situazione è cambiata.

Non so se parto e non so quando torno. Raghu sarà sempre in grado di rifaxarmi notizie e darne a te, ma ti prego non pensarmi in pericolo, qui non ce ne sono. Non preoccuparti dei miei silenzi e tanto meno dei miei urli (come quelli di ieri): alla fine sappiamo che li facciamo per amore.

Ciao Ems. Stai bene e goditi quel che puoi di quella Firenze lontana, sempre più lontana anche nella mia nostalgia. Credimi che se ho bisogno di pensare a un « rifugio » corro più al Contadino con la mente.

Ti abbraccio forte, forte. In bocca al lupo.

tiz.

19 febbraio 1996, Mongla-Khulna (Bangladesh). Alle tre vengo svegliato dalla solita straziante litania aggressiva dei musulmani. Sembra si siano installati apposta accanto alla Missione.

Al traghetto a piedi nel sole. La disperazione di essere sempre in mezzo ai poveri, ai mendicanti, ai ladri. Sul traghetto, con il pazzo paraplegico che mi dà colpi per avere soldi, mi chiedo come difendere il tutto, le tasche del sacco sulle spalle, la borsa che ho in mano, la penna al petto, i soldi in tasca, il pacco dei dollari nella tasca di dietro, la carta di credito... Che faccio?

21 febbraio 1996, Mongla-Khulna, grande festa di Id. La notte vengo di nuovo svegliato dalle litanie del muezzin. In albergo han tolto la luce, il generatore non funziona e debbo farmi la barba alla finestra, guardando un panorama di palme lontane, una città deserta.

Tutti vanno a giro vestiti di bianco, con dei lunghi kurta e dei pantaloni, per le strade si abbracciano ipocritamente tre volte, con ostentazione. Le ragazze eccezionalmente si mettono il rossetto, i gioielli, e viene loro permesso di godersi la festa passeggiando per la strada.

Non riesco a trovare il bello, a sentire simpatia. È il giorno in cui si rimangia dopo il Ramadan e nessuno sa spiegarmi bene perché. È il giorno in cui tutti mangiano, anche i mendicanti. Sono tutti fuori in eserciti aggressivi che battono sul braccio, che ti chiamano e invocano il nome di Allah.

22 febbraio 1996, Mongla-Khulna. Trovo il messaggio fax completamente illeggibile, sono finalista per il Bancarella.

Mi fa piacere e mi sento al perso. Grande sorpresa. Voglia di rivalsa e di dimenticanza.

23 febbraio 1996, Dacca (Bangladesh).
Ad Angela. Ems! Ricominciamo da capo e da parte mia... con sincerità. Sì. Ieri sera al telefono (non dovrei mai telefonare! quella parte sui telefoni la togliesti dall'*Indovino*, avevi ragione, ma la sostanza era giusta, certo per quanto mi riguarda) ero alla fine irritato.

Ho passato una notte di dormiveglia con tanti arruffati pensieri e scelte e sensazioni. Innanzitutto una grande simpatia per te che davvero stai gestendo questa mostra di tuo padre magnificamente.

Ecco il problema. Ho letto nel tuo fax – finalmente chiaro – di questo Terzani fra i sei autori finalisti. Mi pare di conoscerlo, forse l'ho incontrato nel mio futuro, ma con me non ha molto a che fare. Terzani? Quale? Quello di Monticelli? Quello del Vietnam? Quello della Cina? Quello dell'*Indovino mi disse*? Nessuno di loro è più me – credimi – e cercare di definirlo è inutile.

Sì, mi ricordo che Spagnol aveva parlato del Bancarella – anch'io ne avevo parlato a te – ma non avevo mai preso niente sul serio. Erano tutte parole e io tornavo in India. Dinanzi a quei ritagli la mia reazione è stata dopo un po' come quella davanti alla notizia che l'elicottero in Cambogia era caduto. Non mi riguardava più.

Stamani correndo al parco ho ripensato all'essere nella sestina e mi divertiva, lo sentivo come una rivalsa (non vendetta) del mio non essere mai stato un giornalista italiano, del mio non essere mai stato di casa a casa, e davvero mi faceva sorridere l'idea ora di « fare notizia »... anche per *la Repubblica*. Mi faceva sorridere allo stesso modo con cui se la gode Anzio nel vedere gli striscioni col suo nome per le strade di quella città che non l'ha mai voluto riconoscere cittadino. E poi? Poi m'è preso il pensiero di sempre: il dubbio sul che fare.

Dai ritagli ho capito che il premio è assegnato il 14 luglio, ma che prima, fra il Salone del Libro di Torino e manifestazioni in vari posti come Montecatini, c'è una sorta di circo equestre in cui gli « autori » sono invitati a fare il loro « numero ».

Ho scritto a Spagnol perché mi faccia sapere che cosa crede sia bene fare e a Bernabò per avere anche il suo parere, ma a te – che davvero mi conosci – debbo chiedere quel che chiedo a me. Debbo mettermi in questo gioco? Debbo venire, andare a giro, espormi al ludibrio delle genti e così, come i buddha o i vecchi di cui scrivo, perdere la mia patina?

O debbo starmene lontano, fuori, e lasciare al silenzio di aumentare *mon prestige*? « Terzani? Non sappiamo dov'è. S'è perso in India. »

Il problema d'altro canto è che un libro come l'*Indovino* non lo si scrive tante volte nella vita e non vorrei fare col venire-non venire un errore come in passato col titolo sbagliato di *Giai Phong*. Se più copie vuol dire più libertà, se partecipare vuol dire chance di un altro libro da scrivere con calma, se essere « autore » vuol dire smettere il giornalismo, allora debbo fare attenzione a che cosa mi aiuta di più: il silenzio o il circo equestre? E alla mia salute mentale? Alla mia voglia istintiva di rivalsa? Alla mia professione di evaso?

Pensaci Angelina mia, viaggiando tranquillamente, in pace in treno verso Milano. E poi goditi questa Venezia come te la godesti dopo aver fatto la Saskia. Chiedi anche alla Paola che cosa pensa del venire-non venire, lei forse conosce quel mondo meglio di noi, ma alla fine mi fido del tuo giudizio perché tu conosci me e sai che mi dispiace di essermi fatto sentire irritato ieri sera, che voglio tu mi saluti Folco, che tu abbracci la Saskia e che tu saluti anche quel Terzani di cui dicono i ritagli di giornale, se lo incontri.

Perché quello deve essere dalle tue parti, visto che io son qui, sempre tuo marito, amico, confuso, sempre alle prese coi poveri, il puzzo di merda, l'ingiustizia, a cercare di far quadrare i cerchi altrui e il poco senso della propria vita.

Ti abbraccio fortissimamente

tuo

t.

27 febbraio 1996, Dacca. Visito Yunus alla Grameen Bank. Dice che lui nella politica non vuole entrare. È troppo un personaggio privato, non fa vita sociale, a casa gli piace star solo, non va a trovare nessuno e chi gli vuol far visita vada da lui. Per i politici « casa è la folla », vai a casa a mezzanotte e c'è gente ad aspettarti. No. Mai!

28 febbraio 1996, Dacca. A letto, mi alzo, un pisolino, scrivo note. Finalmente finisco alle tre del pomeriggio. Lo sciopero è finito, posso partire.

Prendo un volo in ritardo per Calcutta. Grand Hotel Oberoi, ancora uno di questi posti pretenziosi e arroganti, cari, senza stile e inefficienti. Mangio male e non pago. Fortunatamente incontro Ettore Mo e il giovane forte fotografo Luigi Bardelli e riesco a trovare una ragione per essermi fermato qui.

Riparto per Delhi. Da Firenze altre notizie disastrose: Renata si è rotta anche un braccio. Picador rifiuta l'*Indovino*. Mi pare giusto.

* * *

7 aprile 1996, Benares (India). Con Dieter il fotografo per fare la storia su Phoolan Devi che si presenta alle elezioni.

Si va con il nostro taxi all'Hotel de Paris, vecchio misto di colonialismo inglese a 4 km dalla città. Non il posto in cui stare, ma Dieter lo adora. Si entra in città. Poca gente per le strade, vacche dovunque che pascolano sull'asfalto. Enormi lucidi bufali neri vanno in fila indiana chi sa dove, poco traffico e poca umanità. Mi chiedo che impressioni uno possa registrare.

Mi pare che tutto sia già stato detto e scritto. A volte che tutto sia ancora da dire. Viaggio con Mircea Eliade nel sacco e apro proprio a quella pagina con la stessa impressione che aveva colpito anche lui: tutto già detto, tutto da ridire.

Entro al Ganga View Hotel ad Assi Ghat come in un tempio. Sento che qui potrei avere un futuro, c'è qualcosa di magico nell'aria, come il fascino che ha un baratro.

Forse è qui che mi perderò.

La prima impressione è di grande pace: sullo spiazzato polveroso e battuto dal sole, sotto un albero spoglio (o morto?) decine di bufali. Ho voglia di commuovermi, ma mi disturbano gli stranieri, anche quelli travestiti da indiani e forse ancor più loro degli altri.

Usciamo e tutto mi sembra girare attorno a questi bianchi adoratori di un qualche aspetto dell'India. Tutti i mendicanti, gli storpi, i bambini, il turco drogato col berrettino da grullo in cui nasconde i suoi segreti. Gli orientalisti da letteratura, alla Pasolini in *L'odore dell'India.* Chi dice la verità? L'odore dell'India è l'odore di merda.

È domenica di Pasqua. Incontriamo Charan Das per caso, dice che in città in un teatro c'è un convegno di prostitute dove un italiano suona il sitar. Andiamo.

L'italiano è mezzo polacco, Mark. Di prostituta ce n'è una sola, e molto spaesata, ma la musica del sitar di Mark è trascinante e splendida. Lì si incontrano due strane belle ragazze tedesche. Presto si apprende che una fa la « troia filantropica ». Scopa con ricchi stranieri per 200/500 dollari a colpo per aiutare i lebbrosi, cioè per pagarsi da vivere a Benares dove ogni tanto va a dare una mano in un lebbrosario.

Cosa non si inventa l'uomo (o la donna in questo caso!) per giustificare le proprie debolezze!

Vorrei esser solo e passeggiare, perdermi in questo stranissimo posto dove dovunque vedo assurdità e dove tutto sembra impegnato a morire, con qualcosa che abbia a che fare con la morte.

2 maggio 1996. Delhi-Zurigo-Lugano-Firenze per il Bancarella.

Una bella tranquilla giornata. Ospite della Saskia, magnifica signora. Parliamo di Hong Kong e Singapore.

5 maggio 1996, Orsigna. Una splendida giornata con Folco. La casa è ispirante, lui ancora di più: un vero artista che soffre e che marcia.

6 maggio 1996, Bergamo. Una bella festa di cui avrei ben potuto fare a meno. L'adrenalina del successo, della fama, della gente attorno che chiede autografi, della ragazza che vorrebbe un foulard indiano e che lo ottiene, dura solo per qualche ora. Poi subentrano il vuoto, il silenzio, la domanda solita dell'altro Io: a che serve?

Spagnol caro. Mi parla della sua allergia della pelle per la quale deve prendere ogni giorno del cortisone e sogna la medicina ayurvedica. Entusiasta del progetto *Amore a Benares.* Lo vuole presto.

Viaggio a Bergamo. Premiazione della Selezione Bancarella. Ancora una volta mi chiedo che cosa ci faccio nella volgarità, nella banalità del commercio. Mi commuove solo la commozione di Simona, la figlia di Cristallini, PR del Bancarella, che piange dopo che le regalo la sciarpa indiana che ho al collo.

Odio Zecchi, tipico intellettuale che complica il semplice.

7 maggio 1996, Milano-Firenze. Caffè con Daniela e Luigi Bernabò anche loro contentissimi dell'idea di *Benares.* Lei suggerisce di aiutare a capire perché l'India deve piacere. Si scandalizza dei racconti entusiasti della gente che torna. Come si fa ad amare l'India, che cosa c'è?

Una storia d'amore, con tutto quello che c'è dietro.

8 maggio 1996, Firenze. Firmo il contratto per i cento olivi e la sera mi godo uno splendido tramonto con la Saskia sulla terrazza e sulla vista dei « nostri campi ». Mi viene da pensare che, nonostante la sua innegabile bellezza, in questa città non riuscirei a scrivere più una riga. Con questa casa, ora con gli olivi, costruisco un tempio per gli altri e ne sono contento.

Eviterò di stare qui perché non mi mette le ali alle spalle, ma le palle ai piedi.

16 maggio 1996, Delhi. Il governo di Vajpayee giura. Con François Gautier riusciamo a entrare senza pass al giuramento. Sembra che la stampa straniera sia stata messa al bando, ma ci riusciamo grazie all'aiuto di un gentile signore addetto stampa del Presidente.

Una bella sala con colonnette di marmo, il soffitto affrescato con scene di caccia. Uno squillo di tromba annuncia il Presidente, dei magnifici lancieri altissimi, in bianco, con grandi stivali neri lucidissimi, stanno sull'attenti lungo le pareti, da dei palchi al primo piano un'orchestra suona l'inno nazionale.

Grande India, tradizione, senso della forma, senso di sé.

Notte tra il 22 e il 23 maggio 1996, Delhi-Frankfurt-Torino. La sera una grande cena del Bancarella. Odio la situazione in cui sono stato spinto e faccio di tutto per essere gentile e scappare.

24 maggio 1996, Torino. Bella corsa al parco con donne solitarie, cani, in una cornice di morta eleganza.

A giro per librerie, poi a Biella, nel bel teatro barocco a fare della scena, a sentire Severgnini, « nato direttore ». Il solo che sento vicino è il vecchio Rigoni Stern a cui regalo il libro.

26 maggio 1996, Torino. Mi alzo alle cinque del mattino per andare all'aeroporto. L'autista del noleggio mi fa un ritratto della città. Mi prende una grande angoscia e Srinagar con i suoi orrori mi pare più stimolante. Un paradiso.

29 maggio 1996, Srinagar (Kashmir). Con Dieter, qui per le elezioni. Un'assurda, ombrosa, attraente atmosfera. Nella vecchia città a Khanyar, attorno alla vecchia moschea, gli uomini che pregano, fumano all'ombra delle case, i cani che bevono dalle cloache aperte. Un'immensa puzzolente sporcizia, ma un'aria di gran pace.

30 maggio 1996, Srinagar. Giorno della vergogna per l'India. Le elezioni sono una farsa.

Il giorno comincia al buio con una voce che invoca «Allah» dall'altoparlante della moschea vicina all'albergo. Mi sveglio con un po' di apprensione. Forse un po' di paura da vincere. Si pensa sempre che potrebbe essere l'ultimo giorno. Basta una pallottola a farmi diventare una «notiziola» su una pagina di giornale.

Bellezza spettacolare: piccioni, cani randagi, cornacchie e soldati che guardano in alto.

L'alba è di una limpidezza che toglie il fiato. Il cielo azzurrissimo, non una nuvola, l'aria di cristallo, le montagne nitide, l'acqua nei canali e nel lago straborda sui sentieri del Welcome Hotel. Le strade deserte, solo i cani accampano sull'asfalto. Centinaia di colombi e cornacchie sui fili della luce.

La gente è barricata dentro le case che sembrano abbandonate. Le finestre dei piani superiori spezzate, aperte, i tetti spesso scoperchiati. Nella vecchia città si capisce che c'è gente per i monti di spazzatura che puzzano al primo sole. Una mandria di cavalli inseguita da dei cani randagi scappa e sfila lungo il muro esterno della grande moschea con attorno il mercato.

Dovunque migliaia di soldati in assetto di guerra. Un'atmosfera di terrore sotto la natura più struggente.

Facciamo un giro della vecchia città mentre si chiudono le urne. Nel quartiere Vasant Bagh, un gruppo di uomini dicono che lì nessuno di loro ha votato. Nessuno ha il segno sulle dita, sono venuti degli sconosciuti da fuori a votare per loro. «Non sappiamo nulla di loro, non erano di queste parti.»

Io chiedo se ci sono stati casi in cui alcuni sono stati presi a fare brogli, a votare due volte con nomi falsi:

« No, nessuno! »

Orribile vedere della gente mentire così. Orribile. Insopportabile. Capisco che dei giovani possano diventare terroristi! Disgustoso vedere della gente per bene, decente, mentire non solo a me, ma a se stessa.

Il tramonto è di nuovo struggente, visto accoccolato sulla spalletta del lungo lago davanti al Welcome Hotel. Stanco, dormo senza voglia di scrivere. Solo la piacevole notizia che su *Le Monde* è uscito un pezzo, *T.T. vagabond d'Asie.*

Mi sento sempre più così e sempre meno giornalista.

16 giugno 1996, Delhi. Con il professor Anand Krishna al Qutb Minar, in una splendida mattina carica della prima pioggia del monsone.

Magnifico, grandioso monumento. Inquietanti come sempre le cose islamiche. Tutto quel che è attorno, i colonnati della moschea, i padiglioni, son fatti di resti dei templi giainisti distrutti dai musulmani. Il monumento è del XII secolo, quando in quel posto c'era una distesa di templi giainisti.

Le colonne sono messe una sopra l'altra, in ordine sparso, bellissime alcune con figure a cui è stata tolta la testa, raschiata via la faccia. Ai piedi di alcune colonne ci sono figure di donne che danzano. Accanto, una delle grandi sale che la dinastia dei Mamluk voleva costruire, con una bellissima volta come un lotus rigirato, le pareti belle nella combinazione di pietra rossa intarsiata e marmo, dei rilievi, dei quali alcuni a intarsio. Le scritte sulla colonna-minareto sono arabe, ma con motivi indiani, fiori, lotus, facce ridotte a festoni di fiori e ghirlande.

Una bella combinazione di islam e di indù, ma in cui gli islamici fanno il punto di essere i conquistatori.

Una grande folla di indiani a testa in aria, alcuni gruppi di giovani musulmani orgogliosi e timidi.

Le prime gocce cadono freschissime sulla pietra calda mentre la gente continua a fare la coda per abbracciare con le mani la colonna di ferro del IV secolo a.C., « la prima costruzione di acciaio inossidabile», dice Anand, portata qui secoli dopo e messa nel centro del bellissimo spiazzo.

Anand spiega che i musulmani hanno inaugurato l'era dei grandi templi, grandi spazi, perché congregano molta gente allo stesso tempo. Le moschee sono anche scuole, per cui tanti bambini quando passano da una classe a un'altra non fanno che andare in un nuovo cortile. Mentre i templi indù erano piccoli perché ognuno poteva andare a pregare quando voleva. Mai grandi assembramenti religiosi.

Anand parla dei santi sufi che venivano chiamati *mujaji*, « coloro che fluttuano tra la vita e la non-vita ».

Fa una bella domanda con cui cominciare un romanzo: « Perché abbiamo l'ombra? » La notte nessuno ha ombre, ma la notte non fa vita. Gli dei non hanno ombre e anche di Gesù, quando risorge, i discepoli si accorgono che non è più di questo mondo perché non ha ombra.

19 giugno 1996, Delhi-Hartwa-Tehri (306 km da Delhi). Di nuovo con Dieter.

La stazione di Delhi, come al solito, rimette voglia di partire. Alle sei sotto un grande cartellone dell'Hindustan, una cinquantina di bei portatori in rosso aspettano di prendere senza troppa aggressività le valigie dei viaggiatori. Se non fosse per la sporcizia, l'India sarebbe ancora uno dei posti più romantici al mondo. Spesso ho nostalgia dell'ordine dei paesi del Sudest asiatico.

Il treno è odioso con la sua aria condizionata, i ventilatori con i sedili pieghevoli, tipo aereo dei poveri, carico di media borghesia che va in collina per scappare al caldo della capitale.

Che idea, questa di « creare » una classe media perché tiri lo sviluppo di un paese. Persino i cinesi ci si sono messi. Come può un partito che si chiama comunista, che ha lottato per l'eliminazione delle classi, che ha fisicamente eliminato le classi proprietarie e colte di un tempo, mettersi ora a perseguire una politica il cui scopo intermedio è quello di creare questa orribile classe media, incolta, tutta dedita all'accumulo di capitali, uguale in tutti i paesi? Una classe tronfia della sua capacità di arricchirsi che cresce figli tronfi di essere grassi, che non ha il rispetto degli altri, che vede sé come la portatrice di civiltà?

Si arriva a Hartwa dopo quattro ore di moderata corsa. La stazione è come tutte, sporca, piena di gente che bivacca. Vedo due vecchi che si cuociono sul pavimento dei *chapati* al fuoco fatto con merde secche di vacca. Un buon odore si leva dal fornello.

I taxi sono in sciopero fino alle 12.

Si mangia « nella parte ad aria condizionata » di un ristorantaccio. Stessi odori, stessi sapori. Un giorno dovrò scrivere di questa mancanza di gusto nel palato degli indiani. Dovunque si vada sempre le stesse *masala*, spezie, lo stesso orribile odore di cardamomo e qualcos'altro al fondo di ogni piatto. Angela dice che sono stati i moghul a portare dall'Asia centrale la loro cucina e a imporla agli indiani che continuano a usarla anche se non ha niente a che fare con il loro clima e le loro esigenze.

Un'altra prova che gli indiani si adattano a tutto, prendono un po' da tutti, contando sul fatto che la loro grandezza li farà restare sempre uguali a se stessi, perché niente può davvero cambiare il tutto.

Si vedrà col materialismo!

1º luglio 1996, Ban Phe (Thailandia).

« *It is here, It is here, It is here.* » Il paradiso è qui.

6 luglio 1996, Bangkok, nella casa della Marisa. E poi non ho scritto più una riga dal paradiso.

Vi ho passato quattro stranissimi giorni, senza parlare a nessuno, senza fare sostanzialmente niente tranne dormire, drogarmi di digiuno, di sola verdura, con improvvisi desideri soddisfatti di grandi spanciate di frutta (due durian, uno dopo l'altro, e una notte a pensare di morire), perché al mercato avevo fatto una provvista come fossi dovuto stare un mese, e letture: due volte Marguerite Duras, *L'amante*, bellissimo, ma in fondo mi fa pensare che sull'amore tutto è ancora da scrivere perché quello che lei descrive non è l'amore; Thomas Mann, *La morte a Venezia*, vecchio stantio, una lingua di un altro tempo con belle intuizioni, ma che in nessun modo parla come vorrei io ai giovani d'oggi; e poi *Benares*, il libro che mi fa da cuscino e che mi ispira, che mi fa vedere la luce. Forse.

Giorni stranissimi in una casa da paradiso, a prima vista immutata, persino col cane che corre a salutarmi all'arrivo.

Un terribile mal di schiena di cui cerco da mesi di disfarmi diventa qui centrale alle mie giornate e alle notti. Vagolo da un letto a un altro. Il mio, con la vecchia materassa sotto la finestra, col vento e la voce del mare, stranamente ora non c'è. Provo anche a dormire sulla terrazza dove vengo svegliato nei brevi pisolini dalla luce della lampada tascabile del guardiano di notte che viene a proteggermi contro i banditi. « Perché dormi qua? »

Il mare è apparentemente bellissimo, solito, conosciuto, ma non ci si può stare a lungo perché è la stagione delle meduse: bianche e violacee vagano a fior d'acqua e rendono impossibile nuotare.

Alla prima alba ho preso possesso della spiaggia andando a salutare il tempietto in legno con la scaletta e dentro poco più che un paio di donnine di gesso e una sorta di *lingam* fatto di corallo, con delle vecchie ghirlande e un bicchierino di acqua stantia.

Durante le lunghe passeggiate sulla spiaggia, sempre solitaria, ho pensato alle 120 pagine. Il titolo è fatto: *Benares*. La storia: forse un padre che va alla ricerca di una figlia perduta in India, arriva a Benares e riscopre il divino e l'amore, e alla fine ne muore. Resta una lettera scritta dalla veranda del Ganga View Hotel dove la storia comincia. La lettera arriva quando lui è stato bruciato sulla riva. L'amore è con una donna anziana. Anche lei dopo vari mariti, amanti. I due stanno assieme. La rinuncia: l'amore come invecchiare assieme. Si danno appuntamento nella prossima vita, dove potranno avere un passato comune.

7 luglio 1996, Orsigna, il Contadino. Gioia. Irritazione. Il solito processo di ogni anno. Mi sento fuori posto, preso nelle piccole beghe che altrove sono più capace di dominare e controllare. Non ho voglia che di scappare a Benares. Il Bancarella con tutte le obbligazioni, le interviste, la gente che chiama è un « peso » e non più una gioia. Anche il premio sembra interessare poco alla famiglia, come poco interessa a me.

12 luglio 1996, Genova. A fare da saltimbanco sul lungomare. Mi spiegano che il premio lo vincerà Stefano Zecchi. La Mondadori contava di vendere tantissime copie, ne ha stampate 100.000, ne ha vendute solo 30.000 e per smaltire le altre ha investito nel premio: qualcosa come 450 milioni.

Somenzi della Longanesi è disperato.

13 luglio 1996, Pontremoli. Passiamo da La Spezia a firmare, poi la corsa verso Pontremoli nel primo pomeriggio, con Folco.

La cittadina è una delusione. La bella Pontremoli non c'è e l'albergo è lontano, di plastica. Senza fascino, con appena un po' di pace.

Facciamo una passeggiata sulla piazza. Firmiamo copie per i librai che hanno votato per altri, ceniamo mangiando le povere specialità del posto, delle pappardelle condite con olio d'oliva e pesto, e poi vengo messo su un palcoscenico che dovrebbe essere il « salotto » del Bancarella.

Sto accanto a un giornalista che presenterà il suo libro su qualcosa, e il vecchio Giorgio Saviane. Mi rattrista vederlo malridotto così, che celebra sorretto da un'avvenente signora che ha trent'anni meno di lui. Dice di avere appena rivisto le copie del suo ultimo libro *Voglio parlare con Dio.*

Sì, ma Dio vuole parlare con te? gli sussurro.

Dice che il Bancarella, che lui ha vinto anni fa, è il miglior premio d'Italia perché premia il libro che ha venduto di più e quello è certo il migliore perché il mercato è il vero giudice. Un ingenuo, coi tempi che corrono!

Faccio finta di andare al gabinetto, mi alzo, lascio il palco, faccio segno ai miei in platea e scompariamo. Non voglio stare lì a fare lo zimbello degli organizzatori. Finiamo nel bel paesino di Mulazzo, sulla montagna dove il Bancarella cominciò e dove le piazze e le strade sono intestate ai grandi editori. Finiamo in casa di qualcuno. Sono carini, non hanno votato per noi e sono terribilmente imbarazzati. Mi dicono: « Auguri per domani », e stringendomi la mano guardano per terra.

Non bevo alcol e non mangio il salame che mi fa tanta gola.

14 luglio 1996, Pontremoli. Comincio la giornata pacificamente correndo sulla collina e scoprendo un bel campo sportivo circondato da un'alta rete nella quale ovviamente trovo un buco da cui entrare. Faccio ginnastica fra il cinguettare di uccelli nel verde.

Sono conciliato a perdere, voglio solo salvare la faccia. Mi chiedo come e chiamo Piero Bertolucci chiedendogli di venire a dare consiglio: faccio una scenata prima dello spoglio o faccio bella faccia a cattivo gioco?

La voglia è di fare almeno un discorso ironico, pieno di allusioni:

«Vengo da lontano ed è stato bello essere stato selezionato. I premi, si sa da sempre, hanno una loro logica legata a quel che si può dare in cambio del premio. Nell'Olimpo le dee litigavano, Zeus non voleva decidere chi era la più bella e le mandò dal più bello dei mortali perché decidesse lui. Giunone andò da Paride e gli promise di diventare il re dell'Asia se dava il premio a lei, Minerva gli promise saggezza e vittoria in ogni battaglia, Venere l'amore della più bella donna del mondo (Elena). Paride il premio lo dette a lei facendo così scoppiare la guerra di Troia. I premi si sa... e io so...

«Sono andato da un indovino indiano che mi ha detto 'il premio lo vincerà un autore nel cui nome ci sono le lettere Z, E, I'. Anche nel mio, ma non nell'ordine giusto. I libri sono importanti, ma purtroppo ora vige l'era dei libri confezione, formule di successo scritte per vincere, per vendere, non perché si ha qualcosa da dire.

«Eppure i libri sono come i figli, si fanno solo quando si è incinta e meglio se per amore, più che per caso.

«Anche questo premio ha avuto alti e bassi, andrebbe rivisto il criterio con cui viene assegnato.

«Che cosa è il Bancarella? Il libro più venduto? Basterebbero le statistiche. Quello più bello? Quello più amato dai librai? Rivediamo il premio, non perché vincano i giovani (i candidati son tutti ultracinquantenni), ma perché basta guardare la lista dei vincitori, cominciata con Hemingway, per vedere che poi c'è stata l'introduzione di altri criteri oltre a quello del bello: a cominciare da quello della politica (vedi i libri di Luigi Preti, di Andreotti), o l'orribile influenza della tv quando è stato premiato Sgarbi contro un romanzo di García Márquez.

«Anche voi librai dovete fare attenzione a non perdere i clienti forzandoli a comprare cose che non possono poi amare. Certo, viviamo in un mondo orribile e confuso, in un paese che ha perso il senso del giusto. Un mondo in cui un libro candidato al premio per il più brutto libro dell'anno è anche candidato al premio dei librai.

«Sì, strani tempi i nostri. Eppure ai giovani occorre dare speranze, non far pensare che tutto è già deciso da qualche parte con criteri che non li riguardano. Dove la mediocrità è al potere, dove il danaro compra tutto, anche i premi e l'amore della gente. Dove i giornali sono sempre più pornografici, dove tutto è merce e si fa la ricerca del turismo spirituale, dove i giornalisti accusati di falso vanno per la maggiore.

«Ora basta, vediamo lo spoglio segreto delle urne e vediamo chi vince perché se un indovino in India può vedere il numero dei voti in un'urna in Italia, allora c'è qualcosa di grande negli indovini indiani».

Piero consiglia di fare molta attenzione a non rendermi ridicolo lamentandomi di non aver vinto perché lo avessi vinto io sarebbe stato in base agli stessi criteri.

Folco è sempre presente, partecipe e carinissimo: «Valeva assolutamente la pena che venissi. Ho imparato un sacco sulla vita».

Viene la sera, mangiamo. Spagnol abbacchiato e triste. Sulla piazza non riesce a sedersi e, mentre noi veniamo messi in prima fila, lui si agita camminando con Piero.

L'umiliazione è che la coreografia viene rivista e dopo il prefetto che ringrazia il sindaco, il sindaco che ringrazia il comandante dei carabinieri, quello il presidente della banca ecc... non posso fare nessun discorso, né cattivo né solo ironico.

Si aprono le urne e comincia la litania: «*Sensualità... Sensualità...*» Mi diverto a battere le mani quando una o due volte viene il titolo del libro di Rigoni Stern.

Quando l'ultima scheda è aperta, mi alzo e vado a congratularmi con Zecchi.

« Ecco i due amici che si abbracciano », sento dire all'imbonitore col microfono. « Bene, allora sarà Terzani stesso a consegnare il premio. »

Ed eccomi lì: « Sono contento di aver perso, così potrò tornare a Pontremoli ».

27 luglio 1996, Calcutta. Sulle tracce di Madre Teresa. A volte mi pare di avere davvero esaurito le batterie.

Mi fa male la schiena, sono assalito dalla misera rivoltante deformazione dell'umanità. Calcutta non è la « città della gioia », ma dell'umiliazione umana.

Incontro il vicedirettore del *Telegraph*, poi il suo reporter locale. Mi parlano di dettagli, di quel che non va con Madre Teresa. Dove sono i bilanci, dov'è il rapporto del contabile? Dove vanno i soldi, nelle conversioni?

Strano tempo il nostro, in cui non sopportiamo di avere degli ideali, dei miti, delle persone a cui guardare per ispirazione!

Sì, attorno alla missione si chiude un circolo di silenzio difficile da penetrare. Hanno qualcosa da nascondere. Innanzitutto le loro finanze: da dove vengono e dove vanno i soldi. Come ogni altra istituzione che riceve fondi dall'estero, questi soldi dovrebbero passare dalla Banca centrale ed essere verificati. Non lo sono.

Il sospetto è che vengano usati per le conversioni nel senso di dare doti alle ragazze che si fanno cattoliche e mandare i bambini a studiare nelle scuole cattoliche se si convertono.

Quando hanno chiesto a MT che cosa pensa del libro critico su di lei, ha detto le sue solite cose: « Prego perché Dio li perdoni, io li ho già perdonati ».

Ma il dubbio resta. Ieri la donna della libreria diceva che il libro solleva delle giuste domande. « Perché rifiuta di dare delle medicine? Degli antidolorifici? »

Il problema non è se Madre Teresa è una santa o meno, ma se una città come Calcutta deve esistere o meno. Che ci sia, sembra provare che non c'è dio.

31 luglio 1996, Calcutta. La mattina mi alzo e vado lungo il Brahmaputra, « il solo grande fiume maschio dell'India ». Impressionante. Maestoso. Forte. Le barche a motore debbono fare grandissime deviazioni pur di attraccare. Ne osservo una che butta un terribile fumo nero e che sembra andare contro corrente per cui viene tutta storta ad attraccare. Decine di uomini in bicicletta con dei tamburi di latta si dirigono verso la riva aspettando forse i pescatori per comprare i pesci vivi da trasportare al mercato.

Vita lenta e povera. Poco romanticismo tranne quello del fiume. Mendicanti nel parco lungo le rive, disgraziati che si lavano i denti nei canali dei rifiuti delle case in alto, come quella in cui sto io. I più fortunati se li lavano nell'acqua che esce da una grande tubatura rotta.

Soldati si addestrano per la strada, un bramino turlupina di prima mattina della povera gente in un tempietto sul fiume. Davanti a un povero Hanuman qualcuno prega. L'aria è grigia e pesante, l'umanità lenta, raffreddata, con gli occhi abbacinati. Anch'io sono così.

Non ho forze, ho mal di schiena. Solo il fiume rincuora. Solo gli alberi sono possenti. Uno, all'angolo del fiume che sembra ringorgare e cambiare direzione, vive sulla riva e pare avere millenni di età. Magnifico, con tutta una vegetazione di parassiti che gli cresce sulle immense braccia che si allungano sul fiume fangoso, spesso, forte e quietamente pauroso. Da lontano sembra pacifico, solo da vicino la sua lenta forza fa paura.

Una pesante pioggia persistente e la nebbia affogano la valle del fiume. « Sento » il monsone, la gioia della sua frescura, poi l'orrore del suo caldo ribollente. Pesantezza, solitudine, stanchezza.

Il pomeriggio con Madre Teresa che inaugura il ricovero per AIDS. Ancora una riprova: la donna non capisce più nulla, ripete sul suo Dio le stesse cose, come un'ossessa, vuole che tutti preghino, lavorino coi poveri, ma non mi pare riflettere. Non la sento per niente santa.

Le chiedo di sua madre, nata italiana vicino a Venezia e lei dice: « No no, siamo tutti albanesi, albanesi, non italiani ». Chiedo del fratello Lazzaro, di quando è morto in Italia e dice: « Tanti anni fa ». Non è vero, solo alcuni anni fa.

Non capisce più nulla, è arteriosclerotica forse?

La scena dei medici, dei funzionari, dei poliziotti, tutte le autorità venute a inaugurare, a fare discorsi, a ringraziarsi a vicenda. Non c'è un solo rappresentante di quelli con AIDS. Le statistiche date dal Ministero della salute sono senza senso: su 22.000 analisi del sangue solo 17 positive. Undici malati e in tutto lo Stato sette i morti? Vacci a credere!

1º agosto 1996, Guwahati-Shillong (capitale dello stato di Meghalaya, India). Finalmente un bel sole, il Brahmaputra è azzurro come il mare, solo un po' più soffice, le isole sono belle nere nella corrente, gli alberi verdissimi e freschi. Sono stanco e ho mal di schiena.

Mi chiedo che cosa ci faccio qui. Imparo sempre di meno e mi sforzo sempre di più per andare avanti. Ho voglia di calma, di godere di quel che ho accumulato nella memoria e da quella ricavare gli ultimi fili da torcere. Parto di nuovo per una destinazione sconosciuta, un posto dove non sono mai stato e in cui non andrò mai più. Forse ci vado solo per questo; ma vale ancora la pena?

Avrei voglia di essere a Orsigna a godermi la nuova *gompa*, a passeggiare, a sentire l'estate e a ricordarmi tutte quelle del passato che non passeranno più che nei miei ricordi.

Torno in casa con la scusa che debbo scrivere le impressioni di ieri. Le impressioni sono solo: basta. Bisogna che smetta di correre dietro al nuovo e mi metta a godere del vecchio che ho messo da parte.

21 agosto 1996, Calcutta. Cena da una coppia dell'ambasciata belga. Incontro di nuovo Momin Latif, magnifico. Sostiene che le caste sono state la grande invenzione della cultura indiana per evitare la rivoluzione: «Non è un sistema sociale, è un sistema metafisico», dice, «perché rimanda le soluzioni alle prossime vite. Da qui è venuta la stabilità del paese».

9 settembre 1996, Delhi-Pathankot. Folco arrivato da due giorni. La prima sera ceniamo da Momin, stasera con gli amici italiani. Finalmente possiamo stare assieme senza troppe contraddizioni.

10 settembre 1996, Dharamsala. Caffè con monaco tibetano Rinpoche.

« Dharamsala è un granello di sabbia, ma luccica. » La sua disillusione su tutto: « I giovani non sono più convinti. Prima si beveva e non si litigava mai. Ora, appena si beve, la gente se le dà. Non c'è più tolleranza. Troppa religione ha rovinato il Tibet. Ora qui succede un po' la stessa cosa. Nel VI secolo eravamo la nazione militarmente più potente in Asia, nel 1959 siamo stati schiacciati e spazzati via come nulla: colpa della religione. Bisogna seguire gli insegnamenti, non gli insegnanti. Gli stranieri che si fanno buddhisti? Per gran parte dell'Occidente questo buddhismo è cosmetico, una cosa superficiale ».

Alle sette con Folco andiamo a vedere un documentario, *Escape from Tibet*, fatto da Yorkshire TV. Fasullo, ci pare una messa in scena, ma efficace come propaganda. Ceniamo nel Tibet Hotel. Parliamo di idee, è piacevole. Dharamsala, sogno degli occidentali, è un posto di tristezza ridotto a chiamare il turista solo se il Dalai Lama è in città, altrimenti gli stranieri non vengono.

Rinpoche vuole fare la vita di un *sannyasin* (senza cambiare i suoi vestiti), ma in verità immagino che anche il Dalai Lama non pensi ad altro. Deve essere anche lui stanco di questa vita « politica », senza speranza. Qui l'hanno persa tutti, i giovani vanno sempre più verso il materialismo e l'Occidente, e gli stranieri cercano qualcosa di superficiale per salvare le loro anime californiane.

Rinpoche pensa che i tibetani debbono progredire, debbono diventare moderni, che la religione non deve giocare più quel ruolo predominante che ha avuto per secoli e che ha distrutto la nazione tibetana.

11 settembre 1996, Dharamsala. Bella passeggiata con Folco in cima alla montagna e attorno alla casa di « Kundun », il Dalai Lama. È nato di mercoledì, per cui oggi, mercoledì, fanno preghiere che servono alla sua longevità.

Cena con Rinpoche e la moglie e Folco. Carinissimi. La foto di lui piccolo presa nel 1950 da Heinrich Harrer.

Chiedere al Dalai Lama: c'è una grande potenzialità che non viene sfruttata: milioni di giovani che cercano solo una causa giusta per cui marciare, fare qualcosa.

« C'è l'energia, manca la lampadina », dice Rinpoche.

Bisogna inventare quella lampadina. Anche la moglie sembra esprimere la frustrazione di questo non fare nulla. Del non tradurre la potenzialità di simpatia in un risultato politico.

Strana situazione: una folla di stranieri che in pellegrinaggio vengono qui a cercare una loro salvezza nell'idea del Tibet, e una piccola comunità in esilio che è sempre più in crisi con la sua causa, col modo con cui viene perseguita e che vede nell'immagine che gli stranieri hanno di loro un peso, una prigione. Loro vorrebbero progredire, avanzare, non essere presi solo per dei cavalcatori di yak, dei meditatori.

Si sente in lui la critica di tutti quelli che in un certo modo distruggono la causa proiettando questa immagine esoterica del Tibet, il tantra, le pratiche ecc. Sopravvivono vendendo una immagine di sé che alla fine impedisce loro di perseguire la causa per la quale sono qui. La pubblicità uccide la causa stessa.

Sulla strada, un cavallo colpito da un camion giace nella mota, sbuzzato, con la testa alta come a guardare se nessuno lo aiuta. La gente si ritira, ha paura a guardare. Ci vorrebbe un ufficiale inglese con una pistola a tirargli un colpo di grazia.

Lo rivedo morto nel pomeriggio, sempre sbuzzato sulla strada.

12 settembre 1996, Dharamsala. Il cavallo è sempre sulla strada, coperto di frasche, con dei sassi attorno per delimitare lo spazio della sua morte.

Gli eremiti. Partiamo alle dieci con la guida.

Il trekking parte da lì, ai piedi di una modesta montagna coperta di luce verde, ora che la foresta è stata tagliata. Si passano alcune case di contadini indiani con degli enormi bufali nei cortili, dei bambini mocciosi, dei cani petulanti, e presto si arriva a una capanna di sassi ben messa sull'orlo di un pendio con una splendida vista sulla valle.

Il primo « eremita » viene fuori dalla sua piccola porta di legno. Tashi, 63 anni, originario del Tibet e poi finito nel monastero di Gyuto. È qui da 12 anni, per modo di dire. Ogni quindici giorni, quando ci sono delle lezioni a Dharamsala, va a sentire e fare provviste. La sua vita qui è felice, dice, ci sono orsi e a volte delle tigri che sono così pesanti che si sente il loro calpestio sulla terra.

« Ho cominciato a morire e ora guardo avanti, alla prossima vita. » Dice che quando va giù gli prende una certa inquietudine, si perde nel gossip su quello che fanno gli altri monaci, sulle « voci » che corrono, vede tutta la roba nei negozi e gli viene voglia di questo e di quello, vede tutto il mangiare che c'è al mercato e gli viene voglia di rimpinzarsi.

« Qui tutte queste tentazioni non esistono e si è molto più felici, molto più sereni e calmi. Qui non ho 'attrazioni' e posso dedicarmi a pulire il mio cuore. Appena comincio a salire la montagna mi sento sollevare, sono felice, perché mi lascio tutto dietro. »

Continua a parlare delle « *attractions* » che prendono l'uomo nel mondo e che creano infelicità. Lui è diventato monaco all'età di nove anni. « Se riesco a pulire bene il mio cuore in questa vita, nella prossima potrò avere delle visioni. »

I soldi per le provviste gli vengono dati dall'ufficio privato del Dalai Lama. Quando qualcuno muore, i monaci fanno il servizio funebre, la gente paga e quei soldi vanno a tenere in vita gli eremiti. Ce ne sono diciassette al momento sulla collina.

Si alza la mattina prima del sole, fa le sue genuflessioni, legge i testi sacri che tiene avvolti in dei pezzi di stoffa rossa e gialla in una teca. La sua capanna è magnifica, i muri esterni sono come quelli di un rifugio nella valle dell'Orsigna, sassi tenuti assieme con del fango, dalla parte della tramontana ha messo, un po' distante dal muro, una paratia fatta di lamiere di vecchi bussolotti dell'olio. Il tetto è di ondulina di ferro, l'interno della capanna è più piacevole, le pareti fatte di fango lisciato e dipinto di un verde pisello, il letto è sotto una piccola perfetta finestra che guarda la valle, stretto tra due legni che ne fanno come una bara.

Dorme su due materassini coperti di cotone, e si avvolge con una bella coperta violetta e un cappotto dalle maniche violette, con l'interno giallo di finta pelle di pecora. Sulla parete, contro la finestra, dei calendari con immagini buddhiste, delle stampe di *tanka*, una foto del Dalai Lama incorniciata da un *kata* bianco. Dietro al letto, su una mensola, una serie di piccole ciotoline (sette o multipli di sette) in cui al mattino offrire la cosa più pura e di meno valore dell'acqua.

Sulla terra battuta, delle lastre di pietra, sulle lastre una sorta di coperta-tappeto. Ordine e pulito.

Lui è un vecchio carino e sereno. Ci fa il tè. La cucina è isolata dalla stanza da una porta e da una grossa coperta che pende davanti alla porta. Sul fornello, un'apertura nel tetto con un vetro dà la giusta luce. Prima usava la legna per cui tutta la cucina è nera, ma ora qualcuno gli ha regalato una bombola di gas. Mi ricordo che a cena Rinpoche ha detto di voler dare agli eremiti un pannello per l'energia solare.

Camminiamo ancora una mezz'ora e raggiungiamo una piccola piana con un'ultima casa di contadini, un bel bove, una donna, a pochi passi due capanne di sassi, sulla soglia di una un monaco piccolo e vecchio con l'asma, in una giacca di feltro europea con su scritto in piccolo « Patagonia ».

È il monaco che, dal 1979, ogni due anni va in Italia. Ecco allora un altro « eremita » che va avanti e indietro fra Dharamsala e l'Italia. Ha 70 anni, è entrato a dieci nel monastero di Sera in Tibet, ci è stato per circa vent'anni. Nel 1960 è venuto in India, è qui a « fare l'eremita » da vent'anni. C'è qualcosa di falso in lui e mi irrito. Questo « eremita » non mi piace. Dice che gli italiani che vanno a sentirlo, al settanta per cento diventano credenti.

Quando Folco gli chiede quali sono le più grandi difficoltà del vivere, risponde solo che la vita da « eremita » è dura, bisogna aver forza.

Io sbotto a dire che la vera vita dura, difficile, è quella laggiù, nelle città, con mogli e figli da nutrire, con problemi da risolvere. La sua vita di « eremita » è facile, comoda, non ha da preoccuparsi di nulla, da fare nulla. Lo provoco ancora per vedere come reagisce, si irrita, non è tranquillo e alla fine dopo una mezz'ora dice: « Bene, ora vi basta? » e ci caccia.

Fuori piove, ma ce ne andiamo lo stesso. Facciamo pochi

passi e incontriamo altri due « eremiti » che stanno salendo verso le loro capanne. Uno ha in un orecchio l'auricolare di un walkman.

Ripassiamo davanti alla capanna dei contadini. La sola differenza fra loro e gli « eremiti » è che i primi debbono lavorare per vivere. Anche Folco è deluso, dice che forse bisogna ritornare alla scienza, che avremmo dovuto dargli uno schiaffo per mettere alla prova quanto era riuscito a raggiungere comprensione e compassione.

Mi fanno di nuovo rabbia i miei colleghi. Ricordo Tim come mi aveva parlato di questa scoperta degli « eremiti »: era andato a piedi per delle ore assieme al figlio di Rinpoche per raggiungere questi posti, caverne nella montagna, magnifica gente, davvero particolare... Che inventori di miti! Perché ne abbiamo così bisogno?

Al ritorno vogliamo fermarci di nuovo dal primo eremita per lasciargli dei regali, ma l'eremita questa volta non viene fuori dalla sua capanna. È occupato a ricevere altri due « eremiti ». Gli lasciamo pacchi d'incenso e del latte fuori nel cortiletto.

Il tema con Folco è come questo posto, che dal resto del mondo è visto come una Mecca, come la fonte di una qualche grandezza, non sia altro che una misera meta per turisti, come ci sia crisi, divisione, come molto di quel che da lontano si sogna sia qui senza tanto senso.

« Mi viene da ridimensionare tutta questa storia », dice Folco, che ha appena finito di leggere Hitchens su Madre Teresa.

Di tutti gli eremiti resta la conversazione col primo vecchino che bene spiega l'orrore della società dei consumi, che per necessità deve vendere quel che produce, che per questo deve fare pubblicità, il che vuol dire creare desideri che non esistono e con ciò seminare continuamente infelicità.

14 settembre 1996, Dharamsala. Compio 58 anni. Quanti me ne restano?

Una bellissima scrosciante pioggia da ricco monsone cade sulla valle davanti alla terrazza. Tutti dormono e godo dei fili d'acqua densa e frettolosa che scendono dal tetto, creando come una tenda mobile davanti ai cespugli scuri, prima della fitta nebbia grigia e poi dorata che copre la valle del Kangra.

20 settembre 1996, Calcutta. Ritorno dalla passeggiata del mattino invaso da una grande depressione, non ne posso più di povertà, non posso più vedere alzarsi sui marciapiedi gli sporchi mendicanti a prendere ancora il loro sacco lurido di immondizie e ripartire per un'altra giornata di orrore.

Siamo qui da ieri mattina, con Folco, per lo sciopero dei risciò. Ieri, passeggiando, Folco è stato sconvolto dalla vista di un giovane che con un piede mangiato dalla cancrena e con i vermi che gli pullulavano dentro, era disteso su un marciapiedi poco lontano dal Grand Hotel Oberoi.

La sua reazione è stata: « Come può Hitchens dire che Madre Teresa non è una santa? »

Abbiamo visto gli scioperanti, Kalighat, la Casa dei morenti e poi la Casa Madre per la preghiera della sera. Mi pareva impressionato dalla pulizia e dall'ordine di lì.

Poi io ceno con Dieter, lui va al Press Club a conoscere giovani cineasti e il segretario dell'YMCA, dove potrebbe abitare. Non viene all'appuntamento al Grand dove ceno con Dieter. Io cado dal sonno, torno in albergo e mi addormento con l'incubo che sia solo in città senza soldi, che cada in una delle mille trappole e buche e fogne dei marciapiedi della notte.

Mi preoccupa questo figlio con la testa nelle nuvole, pieno di poesia, ma così sprovveduto ad affrontare la vita. Mi chiedo se debba davvero buttarsi in questo orrore per trovarsi. Sono troppo ingombrante, troppo svelto, troppo preciso, troppo sbrigativo con tutto. Anche con la poesia!

Che fare? Non posso suicidarmi per fargli posto? E poi che posto sarebbe?

Depresso, vado a passeggio da solo e ne torno distrutto. Il cumulo delle immondizie coperte da cani e da corvi, che si disputano trascinando per l'asfalto illuminato dal primo sole le budella di un qualche topo di fogna, è rivoltante.

Perché non ritornare a Orsigna?

Angela è sempre più coinvolta con le sue cose italiane, di famiglia, di quadri. Il figlio su una strada sua e io solo. Debbo farmi forza, ritrovare pace e allontanarmi a cercare tranquillità in un ritiro pieno di verde, senza puzzi, senza orrore.

28 settembre 1996, Delhi-Parigi. Partenza. La notte, Folco con gentilezza mi accompagna e la grande ultima scenata è sulla via dell'aeroporto. Gli urli, poi il silenzio.

Lascio la macchina andando verso il check-in. Lo sento dire a Billa: « Aspetta qui cinque minuti » e mi segue riuscendo persino a passare il controllo dei poliziotti.

Mi aspetta in silenzio. Lo sento alle mie spalle fino a che ho finito, poi viene e mi abbraccia.

Nella hall due uomini adulti commossi, in lacrime, cercano di dirsi quanto si amano e quanto difficile è amarsi. Una difficoltà fra i due, forse, insuperabile.

29 settembre 1996, Parigi. Angela giovane e distesa, capelli corti, vestita in modo buffo che non mi piace, ma è giusto il segno del suo essere diventata « altro » da me, dell'essersi « liberata ». Stiamo formalmente bene. Io sono lontanissimo.

7 ottobre 1996, Francoforte. Fiera del Libro. Mai più.

10 ottobre 1996, Amburgo. Spiegel addio.

16-19 ottobre 1996, Cernobbio. Aspen: basta con questo mondo. Non mi interessa sentire uno dell'Eni che mi parla privatissimamente dei problemi dei grandissimi giacimenti di petrolio del Kazakistan e degli oleodotti che la Russia non vuol far passare dal suo territorio verso l'Europa.

Sono un pesce fuor d'acqua, sempre con idee più folli sul mondo. « Lei è come Savonarola o Pannella », mi dice uno a tavola.

Viviamo in strani tempi dove la letteratura è pubbliche relazioni, dove quel che si produce non conta, basta che venda, dove le relazioni sono virtuali, dove la conoscenza viene uccisa dall'informazione, dove le menzogne sono vendute come verità, dove la dittatura della mente domina la democrazia, dove i cittadini e le menzogne sono al centro dell'universo. La moralità è persa, tutti i criteri sono economici, l'economia mette fuori gioco l'etica e l'estetica... Dove può condurre questo credere solo nell'economia?

Che senso ha, oggi, la parola libertà? Tutto è così poco « libero ».

6 novembre 1996, Orsigna, il Contadino. Finalmente telefona Folco da Calcutta. « Non sono mai stato così bene in vita mia, il giorno lavoriamo, la sera stiamo assieme. Un gruppo di gente particolare, interessante. Sono stato promosso, ora sono coordinatore del reparto maschile a Kalighat, la Casa dei morenti. Non posso lasciare ora che ho la responsabilità. È bellissimo. Aspetto che la mamma venga a trovarmi. Certo, ancora per un due o tre settimane. Sto ancora all'YMCA, ma forse mi trasferisco in un altro ostello. »

« Mangi? Cura il tuo corpo. »

« Sto benissimo, la sera mangiamo sempre al Blue Star Café. »

« Non voglio certo darti consigli, Folco, ma una cosa posso dirti: usa di questo tempo, tieni dei diari, ricicla, nel viaggio della vita non si può essere solo autostoppisti. »

« Non sono autostoppista, sono generale a Kalighat. »

« Stai bene, Folco. Lavora... »

« E tu di' agli europei che vengano qua, vengano qua a lavare culi, farà loro bene... non posso parlare più, sto finendo i soldi che ho in tasca. Saluta tutti. »

27 novembre 1996, Orsigna, il Contadino. Dopo la morte della nonna Lina, per la quale sono tornato dopo pochi giorni d'esser partito per Delhi.

L'Orsigna è uno di quei posti che uno a volte pensa non possano più esistere: primitiva, cristallina, magnifica. Mi sono alzato per vedere, col sole che già splendeva, una luna quasi piena che dominava ancora, nel cielo azzurrissimo, la Pedata del Diavolo. Frotte di uccellini – tanti i merli – giocavano fra i rami dei due sorbi e tutti i gatti del vicinato venivano a fare le fusa sulla porta di questi due inattesi umani venuti a smaltire fatiche e raffreddori, emozioni e chiacchiere.

La partenza della nonna è stata – a suo modo – in grande stile. Allampanata, come l'avevamo vista negli ultimi mesi, stava tranquilla, cerulea e composta nella bara con un bel velo nero in testa, un elegantissimo tailleur chiaro e una bella camicia di seta di Hong Kong. Aveva le mani fini fini che tenevano un rosario, e le gambe pudicamente ed elegantemente un po' piegate perché la bara, a conti fatti, era un po' corta.

La processione dei vicini, dei parenti, dei curiosi era controllata e contenuta anche nelle cose che tutti si sentono costretti a dire per riempire un altrimenti accettabilissimo silenzio.

Purtroppo la modernità ha tolto alla morte anche i suoi vecchi suoni: i chiodi non vengono più martellati nella bara, né le viti spinte giù lentamente: degli uomini con delle facce di circostanza vengono con dei cacciaviti a batteria e... *vrrrr! vrrrr!*, l'affare è fatto in un momento. Così in chiesa: non la mia vecchia chiesa di Monticelli, ma un baraccone nuovo, orribile, freddo, costruito accanto al Boschetto con un enorme altare di marmo, un prete sbrigativo. Le parole previste dal rito non belle, ma nessuno le sentiva perché il prete aveva al collo un modernissimo collare-microfono che raccoglieva la sua voce e la faceva rimbombare nei grandi altoparlanti alle pareti, con il risultato di evitare ogni eventuale commozione.

Ho voluto dire due parole, ma dopo aver detto le mie solite sciocchezze sulla naturalità della morte e sul suo essere la più fedele, pervicace e affidabile compagna della vita, non ho trovato di meglio che leggere il bellissimo fax della Saskia con il quale tutti si sono davvero commossi.

Tutto è finito in un'ora. Erano già le cinque, a Soffiano hanno preso in carico la bara, ma hanno rimandato la sepoltura alla mattina. Allora tutti a cena dal vecchio Natalino in piazza del Carmine. Questa usanza cinese si è subito ben adattata alla mia banda. Ho dormito per terra in salotto, la Elvi nel letto della nonna e la mattina di nuovo in marcia, carichi di tutti i fiori e i telegrammi che ci erano arrivati.

« Io sono la Resurrezione, o Signore! Quando questa sorella Lina verrà davanti a te, ti prego, perdonale tutti i suoi peccati perché il suo cuore era puro, perché per tutta la vita ti è stata fedele, io sono la Resurrezione... » Un magnifico prete in tonaca lunga, stola violetta, berretto a tre cocche ci ha accolti sulla porta e con voce stentorea che non riesco più a togliermi di testa ha intonato questa litania guidando la bara messa su un carrello spinto da quattro becchini.

Una ruspa aveva già fatto la buca e la ruspa con un brutto rumore l'ha ricoperta. Solo il primo tonfo d'una zolla che ho buttato era quello classico, come la voce sempre più stentorea del magnifico prete che sempre più forte gridava: «Io sono la Resurrezione, o Signore. La morte non è eterna. Quando l'angelo della Resurrezione chiamerà, noi tutti torneremo assieme nella comunità...»

Un attore magnifico, e da allora non mi tolgo di testa quelle parole che vado urlando sul prato del Contadino.

Prima di lasciare Soffiano, l'Anna mi ha fatto rifare tutta la storia di Monticelli nelle tombe. Questo era il fruttivendolo, questo il barbiere, questa era la «te la ricordi? stava davanti a quello...», e avanti di tomba in tomba con storie di cui non avevo alcun ricordo.

Poi con tutti siamo andati a vedere la casa e la terra di San Carlo e da lì, paghi di emozioni, banalità, ma anche bottiglie d'olio e capperi, son tutti ripartiti per le loro vite. E le loro belle morti.

Se mai ne avrete la chance, vi prego, risparmiatemene una così!

Ora godo dell'Orsigna, sono debole di testa e di ginocchia, e penso solo a tornare a casa.

23 dicembre 1996, Calcutta. Con Angela siamo arrivati all'alba a goderci il figlio «liberato» dopo settimane di carte, rimborsi spese, dubbi sulla decisione *Spiegel* dopo che avevo firmato i fogli.

Ogni volta che si arriva, la città colpisce con la sua umanità. C'è qui un calore rasoterra che non si sente a Delhi, neppure nella città vecchia.

Siamo appena entrati in albergo, c'è Folco, arriva, magrissimo, gli occhi spiritati, ma felice, caloroso, con un sacco sulle spalle. È ovviamente in qualcosa in cui si sente a casa.

Nella cattedrale, alla sera, costruita dagli inglesi 150 anni fa, bianca, un po' torta, natalizia ma bella, coi grandi ventilatori che scendono dal soffitto incurvato. Il prete è protestante, carissimo. Ha visto Folco per pochi minuti e gli ha permesso di mettere in scena la sua Natività. Ingegnosa, ogni passo una bella idea. Folco si muove in mezzo a questi giovani con una sicurezza che è bello vedergli. La scena è carinissima, ogni vignetta una trovata. Erode che entrando fa spostare varie volte il posto del trono al suo servo facendo capire la sua arroganza; i due pastori, la ragazza che fa magnificamente l'asinello con una faccia dipinta che scuote in maniera dolcissima.

Per me un grande sollievo. Finiamo in quattro a goderci il lusso del ristorante francese all'Oberoi con due bottiglie di buon vino, io un piatto di pesce e Folco una magnifica bistecca. Un grande piacere anche per lui, dopo mesi di «povertà» imposta, ritrovare un po' di benessere.

All'Oberoi sono colpito da alcuni uomini d'affari occidentali ben vestiti, con le loro belle borse di cuoio con piani di sviluppo e «progetti» che vengono a vendere agli indiani: questi sono i veri terroristi. Son loro che avvelenano il mondo di desideri e che lo appestano con il loro criterio di sviluppo: terroristi!

27 dicembre 1996, Santiniketan-Calcutta. Risveglio al suono di uccelli, telefono, motore di un generatore, ma sulla terrazza c'è un bel sole nel quale mi metto a leggere di Tagore. Figura patetica che ha cercato di risvegliare l'India. Voleva creare una cultura universale, di Oriente e Occidente. Lui ha fallito, ma Reagan e Clinton ce l'hanno fatta: è la cultura della globalizzazione che arriva anche qui. Al Kumbh Mela c'erano anche i tendoni per le moto, le lavatrici e i frigoriferi.

* * *

24 gennaio 1997, Ahmedabad (India). Un messicano sull'aereo: «Sento parlare italiano e penso al Carpaccio». Immagino che dica il pittore, poi aggiunge: «Con vino rosso». Che caduta, quella dell'umanità!

La grande moschea al tramonto. La solita impressione di inquietudine alla vista di una folla di uomini con i loro berrettini bianchi che corrono a mettersi in perfette file dinanzi alla moschea e al ritmo della preghiera si inginocchiano e si inchinano e battono la fronte contro il pavimento. Le donne stanno lontane. Per non perdere la preghiera moltissimi corrono come verso un treno che sta per lasciare la stazione. Fuori sono allineati i venditori di frittelle – da mangiare alla fine della preghiera, dopo che il sole cala, è Ramadan – e i mendicanti.

Passeggiata alla sera nella città vecchia entro le mura.

Charme del vecchio bazar e angoscia al numero di crescente umanità che rende tutto soffocante, sporco, impossibile. Se l'India non riesce a controllare la popolazione, il paese andrà a fondo.

25 gennaio 1997, Ahmedabad. Arriva il giornale del mattino, giorno della celebrazione della Repubblica: un rapporto di una commissione dell'Alta corte del Gujarat conferma la continua esistenza dei *manual scavengers* (pulitori di latrine). « Questo nel posto in cui Gandhi 50 anni fa ha fatto la sua campagna contro l'uso degli *scavengers.* »

Nelle pagine di commemorazione i risultati di un concorso per bambini: che cosa farei se avessi poteri assoluti? Tutti suggeriscono di dare casa ai poveri, di dar da mangiare ai mendicanti, di pulire le città, eliminare i politici corrotti, piantare più alberi, ridurre la popolazione.

Forse bisogna mettere al potere i bambini!

Se fossi ancora uno scribacchino mi metterei in viaggio verso il villaggio dei *manual scavengers,* dove le donne tre volte al giorno « si scuotono di dosso la merda e gli insetti che cadono loro addosso dai cesti che portano sulla testa ».

26 gennaio 1997, Ahmedabad. Ricado nel « desiderio ». Vado alla ricerca di colonne di legno del Gujarat. Finisco per comprarne sei per mille dollari. Invece di uno scrittoio alla Gandhi finisco per comprarne tre. Uscendo me ne vergogno. Voglio viaggiare sempre più leggero ma a volte non resisto alla vecchia tentazione di « costruire ».

La città è invasa da gente che lungo le strade vende e compra: brutte cose, poca qualità, tanta miseria. Nella folla, i miei bellissimi uomini-vaccari vestiti di bianchissimi turbanti e grembiuli che finiscono sulla pancia e si gonfiano come fossero gravidi. Hanno orecchini e dei bei baffi grandi e mogli dure, dritte e bellissime.

Il professor Subhash spiega quanto indù e musulmani si sono influenzati e hanno preso gli uni dagli altri. Nell'islam – dice – non si coprono le cose, ma le tombe qui hanno tutte delle coperte, come vuole l'abitudine indù di vestire gli dei. Nell'islam non si usa incenso e non si accendono lampade, ma in ogni cerimonia musulmana ora lo si fa. Allo stesso modo tutti i dolci indiani vengono dall'Iran, compreso lo *shiro* che gli indiani ritengono indianissimo.

29 gennaio 1997, Delhi-Allahabad in treno. Con Bernardo Valli, venuto da Parigi a smaltire il suo *cafard.*

Il viaggio in treno è bello per il risveglio al mattino. Hotel Yatrik, poi la città: la casa di Nehru, elegante e d'altri tempi, l'incrocio dei fiumi con la grandezza della follia indiana. Un giudice, seguito da un ispettore di polizia, viene a fare il bagno. La tendopoli del Mela, come un grande accampamento medioevale di matti.

Siamo venuti per le ultime ceneri di Gandhi. Un bel sole, una triste cerimonia. Di quel grand'uomo non resta nulla.

Sono combattuto fra il vecchio istinto di scrivere e quello nuovo, forte, di chiudere con questa vita di corse, di competizione, di superficialità. Mi pare di capire come dopo una vita passata a inseguire la storia di un giorno, con la prospettiva di un'altra diversa corsa domani, per un'altra storia, uno sviluppi una deformazione professionale che impedisce la riflessione, l'approfondimento e come l'essere stato giornalista ti dà un senso di protagonismo che vela ogni altra considerazione.

Mi sento staccato, lontano da questa dimensione. Voglio essere qui per osservare, per poi riflettere, mettere assieme.

5 febbraio 1997, Delhi-Colombo (Sri Lanka). Con Angela a vedere padre Balasuriya, il prete che contesta la immacolatezza della Madonna. Sarà poi la mia ultima storia per lo *Spiegel.*

6 febbraio 1997, Colombo. Magnifico arrivo da una Delhi inquinata e deprimente. Ricordi dell'infanzia singaporiana dei bambini, con le palme, i grandi alberi della pioggia allineati lungo i viali. Magnifico charme del vecchio Galle Face Hotel, ora difeso nel suo fascino vetusto dal giovane Gardiner. Avevo mandato un fax annunciando il mio arrivo « storico » con mia moglie e le pillole magiche d'aglio, e con un fax mi hanno annunciato che il padre era morto a settembre, il giorno in cui il figlio si sposava. Il mio piano segreto era di avere il mio nome scritto sulla lapide degli ospiti « illustri », dopo che ci avevo visto scalpellato da poco quello di Simon Winchester!

Penso sempre di più al tema di un romanzo da scrivere qui. I terroristi dell'LTTE che difendono il paese dal suo futuro determinato dai « terroristi » degli alberghi a cinque stelle, con le loro valigette piene di progetti di sviluppo. Terroristi contro terroristi per mantenere lo charme di un paese.

A piedi andiamo allo Stardust, uno dei casinò più volgari della città con le povere troie di Shanghai. Mi colpisce sempre entrare in un casinò e ritrovare agli stessi tavoli la gente vista due anni fa. Ogni sera sono stati lì mentre io facevo mille altre cose. Mi vedono e fanno aprire un tavolo di Black Jack. Cambio cento dollari, vinco e perdo, poi per dividere due otto debbo cambiare altri cento dollari e nel giro di dieci minuti vinco e vinco. Mi alzo e vado a cambiare: abbiamo vinto abbastanza dollari da passare una settimana in un bel posto al mare.

9 febbraio 1997, Bentota (Sri Lanka). Partiamo dopo una bella colazione sulla terrazza del Galle con le cornacchie che vengono a rubare dai piatti. Incomincio ad abituarmi all'idea di non essere più di corsa, di non aver da scrivere, di non avere un'identità legata a qualcosa che è fuori di me, al prestigio di un nome a cui sono stato legato per un quarto di secolo e con cui ora mi accorgo di non aver poi avuto granché a che fare.

Ho voglia di star sempre più lontano dal mondo e scrivere della sua degenerazione.

13 febbraio 1997, Bentota Hotel. The Villa. Si gode davvero. Ci si abbronza. Ricevo un simpatico messaggio di Spagnol. L'*Indovino* è alla sesta edizione.

21 febbraio 1997, Delhi. Pomeriggio a una lezione di Thich Nhat Hanh, il monaco zen vietnamita. Bellissima la sua semplicità nel dire le cose che i preti non sanno più dire.

Vado a letto convinto a scrivere il libro su tutti quelli che cercano l'erba magica, l'elisir di lunga vita, il tè che cura il cancro, la pietra filosofale. Gran progetto, mi pare.

1º marzo 1997, Calcutta. Sposiamo Folco.

12 marzo 1997, Parigi. Fiera del Libro. Presentazione di *Un devin m'a dit.* Un terribile errore venire a umiliarsi davanti a quattro gatti e due amici. Mai più i giornalisti, le interviste, « il pubblico ».

15 marzo 1997, Parigi. Bernardo: « Nella vita non si può che parlare di cose futili ».

Alla Salpêtrière mi scoprono una terribile anemia.

21-29 maggio 1997, New York. Al Memorial Sloan Kettering Cancer Center. La delicatezza dell'amministratrice quando firmo l'assegno.

30 maggio 1997, Orvieto. Da New York a Orvieto per il Premio Barzini.

Una bella serata in una bellissima luce in un bellissimo posto, dove la grandezza è nell'aver rinunciato a fare del nuovo e a godere del conservare il vecchio.

17 giugno 1997, Hong Kong. Arrivo nell'appartamentino in Glenealy Road trovatoci dalla Saskia. Piove. È come « tornare » a casa. Un mondo che si conosce. L'emozione di rivedere un *coolie* che con un cappello di paglia spinge un carretto davanti alla fermata dei taxi all'aeroporto.

Passiamo la giornata a organizzarci, a comprare macchinette per l'« ufficio ». Hong Kong ha fatto ancora incredibili progressi. È più ricca, più pulita, più nervosa.

18 giugno 1997, Hong Kong. Piove sempre, ma non rinuncio ad andare al Giardino botanico. Meraviglioso, con tante vecchine che con piccoli ombrelli si aggirano per i vialetti, restano stupefatte a guardare una madre orangutan che tiene un neonato in braccio. Altre che fanno ginnastica sotto le pensiline ben piazzate fra gli alberi. La solita grande sorpresa alla incredibile bellezza della natura vista attraverso gli animali.

Il resto della giornata «sprecato» a tentare di risolvere un problema di comunicazioni con il computer, in cerca di un «dottore». Alla fine la soluzione viene dall'India.

19 giugno 1997, Hong Kong. Porto Angela al Giardino botanico.

Colazione al Landmark, frotte di giovani con facce da cartellone pubblicitario. Che tragedia, quella della Cina che ora si mette a correre dietro a tutto questo materialismo. Che vittoria, quella del capitalismo.

Scrivo il mio primo pezzo per il *Corriere.*

21 giugno 1997, Hong Kong. Alle 5 arriva *xiao* Liu a trovarci. Meraviglioso e sempre grande amico. Lavora nel Liaison Committee e si lamenta del fatto che i suoi colleghi della parte di Hong Kong hanno paura ad avvicinarsi troppo e a fare amicizia con lui. Dice che per la Cina H.K. è importantissima perché gran parte dei cambiamenti avvenuti lì hanno origine qui. Torniamo a piedi attraverso Wanchai. Ci fermiamo a bere una spremuta a una bancarella ancora aperta a mezzanotte.

«Brindiamo alle celebrazioni», dice un cinese con una bottiglia di birra in mano e apparentemente un altro paio nello stomaco.

«Brindiamo.»

«Non riesco a capire chi abbia ragione e chi abbia torto. Davvero non riesco. Diciamo addio agli inglesi, benvenuti ai cinesi, ma non so bene. Siamo sempre governati da altra gente.» È un impiegato del governo e il suo capo gli ha dato l'ordine di togliere la corona inglese da tutte le buste e le lettere dell'ufficio. Lui ha detto che tagliare sciupa e che la miglior cosa sarebbe mettere un'etichetta. Non ha avuto risposta.

«Ma questa è la migliore soluzione, il riciclaggio. Brindiamo al riciclaggio!» La sua voce tuona nella notte.

25 giugno 1997, Hong Kong. Con Bernardo al Peninsula Hotel, poi al mercato degli uccelli. Con Angela allo stadio a sentire le bande militari inglesi. Un grandioso addio coloniale e i cinesi applaudono entusiasti e commossi. Li rimpiangeranno? Non credo.

Con questo l'Inghilterra dà un esempio del colonialismo al suo meglio: lasciano una città meravigliosa, in un posto su cui 150 anni fa non c'erano che rocce.

30 giugno 1997, Hong Kong. 16.15: la macchina del governatore gira tre volte attorno al cortile del palazzo governativo per augurarsi di ritornare. Con Angela, attaccati a dei rami nel boschetto di fronte alla residenza. Cade una leggera pioggia. Compaiono le prime t-shirt «Goodbye Hong Kong».

16.30: il governatore leva la bandiera dal pennone. Intonano il valzer delle candele. 16.40: la macchina esce dal cancello seguita dai poliziotti.

A giro per la città, poi a scrivere fino a tarda notte.

9 luglio 1997, Macao. Siamo arrivati ieri a occhi chiusi per non soffrire. La vecchia Macao è stata torturata e uccisa. Meglio non piangerci sopra. Mi preoccupa solo che un giorno questi orribili cinesi, che stanno distruggendo il loro paese per diventare ricchi, moderni e uguali a noi, si renderanno conto che noi siamo ancora avanti perché verranno nelle nostre città e si accorgeranno che abbiamo ancora la tradizione, la bellezza che loro hanno così alacremente mandato all'inferno.

Che secolo il nostro, così pieno di scempi: Macao sarà uno degli esempi più tragici, come Pechino, come Phnom Penh.

Siamo arrivati nel pomeriggio a bordo di un idrovolante ad aria condizionata dove non si sente più l'odore di questo splendido mare carico di storia e di fango portato dal Fiume delle Perle. La parte di territorio di Hong Kong che era ancora vergine o abitata da gruppi di abusivi è diventata un'orribile foresta di brutti e semplicissimi grattacieli senza gusto e senza passione, prigioni di depressione e di solitudine; le stesse isole sulla rotta non sono più quelle misteriose ombre di natura nell'uniformità del mare e del cielo, ma brutti foruncoli di moderno cemento.

La vista in lontananza di Macao è desolante, un nuovo ponte, la baia riempita di terra, i baracconi di abitazioni vuote e deserte, un orribile monumento nero che si alza in cielo senza nulla della passione con cui si alzavano le chiese. La Praia Grande contro cui batteva il mare sonnolento scomparsa per far posto a un aeroporto, a una diga, a tanti abbriccichi senza alcuna logica o gusto.

La passeggiata nelle vecchie budella della città consola, ancora degli odori di vecchia Asia, ancora delle immagini come quella del vecchio barbiere seduto fuori dal suo negozio, le famiglie che mangiano coi cani e i gatti nell'interno di una bottega. Zaffate di incenso, ma non dal tempio A-Ma che chiude alle cinque e che è illuminato da grandi riflettori per turisti, come una nuova Disneyland.

Ceniamo da Solmar, accanto al tavolo del vescovo che intrattiene alcuni missionari venuti in visita dalla Francia. Noto il suo anello grande al dito, che si fa baciare.

Poco dopo vedo l'anello imbrillantinato, anzi due, alle mani di un giocatore cinese al casinò Lisboa. Anche lì tutto è cambiato. Non più uno straniero, i croupier durissimi e cattivi, un'aria da grande banditismo, nella hall piena di ragazzine cinesi venute a vendersi.

Penso ai sacrifici, alla dignità, alla lotta, ai morti della Rivoluzione, quella culturale e quella di prima, per salvare la dignità di una razza. Ed eccola qui che prostituisce le sue giovani. Orribile, sotto gli occhi dei magnaccia carichi di telefonini che fumano negli angoli dove avviene il mercanteggio.

31 luglio 1997, Delhi. Corsa a pagare tutti. Parto per l'Italia e... gli *aggiustatori* (speriamo) di New York.

25 agosto 1997, New York. Atterro a New York con un volo Virgin Islands da Londra. Nella fila dell'immigrazione il poliziotto mi chiede: « Per quale motivo viene in USA? »

« Per curarmi il cancro », gli dico.

« Buona fortuna! » e gentilissimo stampiglia il normale visto, ma con l'aggiunta di un partecipante sorriso.

All'alba, dalla finestra dell'albergo vedo gli alberi del Central Park, i fumi che escono dai tombini della città del « giorno dopo », le carte che svolazzano lungo i marciapiedi, i pochi taxi: una città vecchia e grandiosa.

Leggo nella vasca da bagno sui templari e mi preparo a incontrare il mio aggiustatore e, si spera, non il mio Creatore.

29 agosto 1997, New York. Ospedale (ci ho fatto l'abitudine). Trasloco (mi sento a casa).

4 settembre 1997, New York. Corro nel parco, sono distratto, vado dietro a una donna che improvvisamente sentendomi alle spalle sobbalza e mi guarda terrorizzata. Qui ogni incontro è frutto di paura. Anche per me a incontrare le strane donne-belve, belle e abbronzate, che corrono nel parco con giubbetti a strisce sulla schiena, reggiseni strettissimi e mutande frisa culo, le code di cavallo al vento e lo sguardo duro di sfida a quel mondo maschilista là fuori che diventa sempre più omosessuale.

In India, con una giornata davanti a giro per la vecchia Delhi, mi chiedo a quale museo andare, in quale parco, in quale tempio. Qui mi chiedo che cosa comprare. Circondati come si è da mille e mille cose non si vede altro senso nella vita che quello di comprare.

5 settembre 1997, New York. Entro nell'ospedale di ottimo umore. Ho come l'impressione che sono lì per sbaglio. Aspetto un'ora dopo il mio appuntamento. Viene un giovane medico a vedermi. Non sono arrivati i risultati dell'istologia. Debbo tornare fra un'ora. Non ci penso neppure, esco nel sole, vado in un ristorantino a mangiare una frittata. Torno in ospedale. Aspettando, un giovane sui trent'anni con una garza al collo mi trova « familiare », mi prende per un pittore famoso di quadri sportivi. È un grande uomo d'affari, vende acciaio, tre giorni fa ha scoperto di avere un linfoma. Cerco di dirgli che è una grande occasione di ripensare alla vita.

Tocca a me. La dottoressa entra e con faccia seria dice: « Mi dispiace ma ho brutte notizie. Le cellule sono mutate, non sono più quelle che si muovono lentamente, ora ne abbiamo di rapide, aggressive, la radioterapia non basta più ». Mi parla, mi spiega, debbo fare della chemioterapia distruttiva per due mesi: un trattamento ogni due settimane, poi un mese di riposo e dopo anche la radioterapia. Ne avrò per quattro mesi.

La ascolto, è come se non si parlasse di me. Non sento quasi alcuna emozione. Alla fine mi viene solo da dire: « Mi dispiace per lei che mi abbia dovuto dare queste brutte notizie ». Ci rivediamo venerdì. Cammino fino a casa pensando all'alternativa a cui lei ha accennato: fare la chemio in Italia o qui. Non ho dubbi. Qui, dove sono anonimo, dove non incontro nessuno, dove non mi debbo difendere, dove nessuno ha da commiserarmi.

Penso di non dire niente ad Angela appena tornata a Firenze da Milano, ma non riesco.

È morta Madre Teresa, mi verrebbe da scrivere un pezzo per paragonare lei e la principessa Diana. Ma la testa frulla in altri versi. Non ho alcuna voglia.

6 settembre 1997, New York-Chicago. In volo verso Chicago da Newark. L'aereo è pieno di cinesi che vanno a Vancouver.

È tutto infantile quel che mi circonda. I discorsi dei co-passeggeri, i loro sorrisi di falsa familiarità. Tutti schiavi del dover essere sempre tutti uguali. Leggo Fitzgerald, *Racconti dell'età del jazz*, con gioia. Un altro sassolino lasciato da Angela.

All'aeroporto, i Mugnaini carinissimi, non visti dagli anni di Pisa, ma come ci fossimo lasciati ieri. Che cosa è che fa quei rapporti di quegli anni ancora così semplici e veri?

Penso addormentandomi a come è più semplice ora, che non ho da recitare dal mio repertorio. Eppure, se mi ricordassi tutte le belle storie con cui ho intrattenuto a cena decine di persone! Non una. Da ogni viaggio tornavo con impressioni che andavano via con le bottiglie di vino a cena. Alla fine odio « gli altri ». Odio le « conversazioni » in cui debbo fare le parti usate del repertorio.

Con i vecchi amici no, mai. Si riprende ora un discorso interrotto 40 anni fa. Bellissimo.

12 settembre 1997, New York. Day One, almeno lo chiamano così, come dovesse cominciare una nuova era, l'era della mia lotta contro la bestia. Mi sento bene. Per ora.

13 settembre 1997, New York. Day Two, non dormo bene, ma non mi alzo stanco. Grande passeggiata a Soho, a Little Italy.

14 settembre 1997, New York, mio compleanno. Day Three, mi alzo stanco e depresso. Vado a fare una grande passeggiata nel parco. Medito su una pietra nell'acqua. Riprendo forze, aria nei polmoni, speranza. Torno in mezzo a migliaia di donne che corrono e camminano per una campagna contro il cancro al seno. Mi accorgo che ho perso la chiave. Penso, mi concentro e la vedo là dove ho fatto la ginnastica, sull'unica panchina piatta di legno, in riva al laghetto davanti alle due torri gotiche del West Side. Ci torno, è lì che luccica per terra come l'avevo immaginata.

Ho dei «poteri»?

Tornando a casa mi sento benissimo.

15 settembre 1997, New York. Non ho scritto e non mi ricordo nulla.

16 settembre 1997, New York. Day Five, sonno leggero. Corro al parco al mattino presto. Comincio le iniezioni che debbono aiutarmi a rifare i globuli bianchi e che mi faranno male alle ossa. Scrivo lettere tutta la mattina.

Vado a piedi all'ospedale perché han telefonato che vogliono darmi altre medicine (un antibiotico perché temono che possa sviluppare una broncopolmonite). Spiacevole incontro con la farmacista che mi tratta di nuovo come fossi un delinquente che potrebbe scappare senza pagare.

Torno a piedi e mi sento come in trance di stanchezza. Scrivo ad Angela.

Angelina,

come vedi abbiamo trovato un senso all'e-mail. Sono le nostre chiacchiere del guanciale. Non sono riuscito a «parlarti» prima che tu ti addormentassi perché ho voluto fare a piedi la strada da John Gruen a casa e così, lento lento, sono arrivato tardi.

Gli effetti della cura cominciano a farsi sentire, ma in maniera più interessante che fastidiosa. Come dicevo un'altra volta, sento che sono soggetto a delle mutazioni e mi diverte osservarmi nella cornice di un'esperienza che ho deciso di accettare, perché in fondo è anche quella che tanta altra gente ha fatto e deve fare.

Il mio corpo non è più quello che conosco e spesso debbo fermarmi per capirlo. La testa non è più quella mia, svelta e presente, ma una lenta, un po' ottusa, estremamente dimentichevole ma pacifica. E questo è il grande piacere. Le giornate passano brevissime come se il tempo di questa nuova era cominciata con Day One fosse davvero di un'altra dimensione.

Mi alzo presto al mattino. Anche i sogni, se ci sono, sono così leggeri che non li ricordo. La prima sensazione è una leggera depressione. Non il buco oscuro del Giappone, non quel senso pesante dell'inutilità della vita, ma un senso di distanza che rende il mondo irrilevante per cui non estremamente interessante da vivere. Da qui, un senso di disagio all'esserci dentro. Sì, col cancro, mi dico. Ma la cosa non mi terrorizza, non mi rattrista.

Guardo la mia faccia arrazzata dal poco sole che ho preso, mi rado e vado nel parco. Correre non posso, ma camminare è un enorme piacere. Ci sono momenti di grande poesia, con certi grattacieli fra le piante, qualche uccello, gli scoiattoli e alcuni pacifici barboni che parlano col venticello dell'alba. È il momento più bello di New York perché il più silenzioso. Per il resto la città mi viene fuori sempre più sciatta e come un continuo campo di battaglia. Le guerre che ci si celebrano sono infinite, soprattutto quella delle donne contro gli uomini.

Le donne. Mi colpiscono molto le giovani che corrono: forti, sicure, fisicamente arroganti e sprezzanti. Corrono, si allenano, si preparano alla loro battaglia di una notte, di un weekend e lì bruciano tutto. Invece di usare della gioventù per investire, la sprecano in un preteso sogno di libertà guerriera. E basta poco per vedere i risultati: le donne coi cani, quelle che non corrono più, coi loro tic, le loro rughe, le loro insostenibili e volgari tristezze.

New York è umanamente un campo di sterminio: tutti sono dediti a farsi dei bei corpi di cui poi sembrano non saper che cosa fare, così che presto non restano che dei corpi flaccidi e solitari senza respiro. Per cominciare chiuderei tutte le palestre!

Ogni brandello di conversazione che mi arriva è una disputa, un litigio, un affermare un punto su un altro, una rivendicazione. Stamani son tornato con nelle orecchie una sola parola, «*ferocious*», che una donna diceva a un'altra.

Torno a casa, leggo i giornali – anche il *New York Times* ha ceduto e pubblica foto a colori da stamani – e faccio colazione. Le prime pasticche non se ne vanno silenziosamente nello stomaco, ma mi rendono cosciente che ho una bocca che brucia. La prima puntura, quella che deve aiutare il midollo a riprodurre i globuli bianchi uccisi dalla chemio che non riconosce le cellule buone da quelle cattive, dà un senso di pesantezza alle ossa, specie quelle dello sterno e del bacino, ma non il dolore che mi era stato annunciato. Lo stesso con la nausea. Bevo grandi frullati – quelli che mi hai sempre voluto dare tu – in cui metto di tutto, dagli spinaci alle banane. Ho anche riempito la casa di noci come vuole la mia dietista.

Dall'ospedale sono andato a piedi attraverso tutto il parco fino a casa di John – un'ora – e con lui a prendere il tè su una terrazza nel parco lungo il fiume. Era piacevole. Resta affezionato e carinissimo. Ha voluto farmi il ritratto coi capelli lunghi e vuole farmene uno quando sarò rasato (quello me lo risparmierò).

Sei davvero la colla, Ems. La colla di tutto e di tutti. E poi, puoi stare una settimana tranquilla all'Orsigna a fare un po' di ordine nella tua testa?

La lettera della Saskia era bellissima. Quella ragazza ha un'incredibile stoffa. E Folco davvero mi ha scritto una bellissima lettera, ma al momento non sono in grado, come vedi da questa, di rispondergli. I pensieri non cagliano. Se gli parli digli che ero felicissimo. Forse domani riesco. Mi vien da dormire. Ora faccio la mia cena, mi sdraio sul magnifico – non ci crederai ma ho trovato il modo – sofà, guardo un po' di tv.

A domani, mia carissima amica. A domani. Finché ce ne sono.
tuo
tiz

19 settembre 1997, New York.
Ad Angela. Day Eight. Mi sento grasso. Ernesto dice che alcune delle medicine ritengono i liquidi, le debbo prendere per smaltire le cellule morte. Il groppo alla gola è più forte: che sia il polipo attivato dalla chemio? Ho una pancia gonfia, la faccia anche. La faccia è più sensibile al farmi la barba. È come se ogni momento si dovesse spezzare la pelle.

Un'alba meravigliosa sulla destra, strisce rosse dietro i grattacieli. Il cielo azzurro cupo.

Vado al parco.

Bassissime forze. La mente non caglia. Non riesco a correre. Sto seduto sul prato davanti al magnifico edificio gotico con sullo sfondo quello come una fortezza indiana. Ritrovo un po' di pace. Ogni pensiero è una tempesta, ogni voce un grido.

Mi ha scritto, carinissimo, Spagnol a cui piace molto l'idea del libro e vuol venire a New York a incontrarmi per discuterne!

Abbi una bella serata, Ems. Non ti preoccupare di scrivermi. So che sei dalla mia parte, sempre. Io risponderò a tutte le tue domande, anche quelle pratiche sulla tua e-mail per quando torni. Sappi che tutti i tuoi messaggi – anche quelli « piccini », come dicevi – sono arrivati benissimo.

Ti abbraccio.

20 settembre 1997, New York. Day Nine.
Mia carissima, vicinissima Angelinchen,

ti avevo « ordinato » di non scrivere, ma ho appena finito di leggerti. Sei meravigliosa, Ems.

È metà pomeriggio: ho fatto la spesa per giorni così che se voglio non debbo uscire di nuovo. Ho un video in riserva, *City of Joy* stasera alla tv, e una bella pila di libri. Immaginami allora tranquillo e sereno, ma lascia, se non altro per riderci poi, che ti racconti i dettagli di un'altra giornata. Questa:

Alzandomi, per la prima volta sento un forte formicolio al pollice destro, ma le forze sono ottime. È una giornata grigia e la radio annuncia afa e un possibile temporale. Facendomi la barba, come da ieri, non mi viene in mente che una cosa: quel che debbo ancora fare finché sono «riconoscibile». Certo la banca. Ho bisogno di mettere in casa abbastanza soldi per tutti i bisogni e l'unico modo è andare a ritirarli personalmente da quella cassiera che già l'altro giorno sentendo al telefono la mia voce roca, o dal polipo o dal non parlare, diceva: «Ma dottore, lei è malato?» Non posso certo presentarmi alla banca con la testa rapata, senza baffi e forse senza più sopracciglia. Ho ancora tre o quattro giorni di grazia. Andrò in banca lunedì, decido.

Al parco è come al solito bellissimo. Ormai finisco per incontrare sempre la stessa gente e mi diverto a pensare a come non mi riconosceranno. Un giorno dovrei cambiare tutto, anche la roba che porto addosso, i colori delle mie cose. Ancora quattro giorni di grazia.

Cammino, più che correre, ma la testa fa grandi giravolte. Continuo a pensare a te che ti occupi di tutte le case e penso: ma qual è la casa in cui potrei morire? In quale stanza? Mi rendo conto che non abbiamo costruito per questo e che, se potessi scegliere, andrei a Orsigna.

La foschia se ne va e alle dieci New York è nel suo splendore autunnale e a cercare una ragione per uscire me ne viene subito una. Comprare degli aghi e del filo con cui rimettere i vari bottoni che ogni volta mancano ai pantaloni che tornano dal lavandaio.

E così, con la gioia di questi capelli bianchi e lunghi ancora al vento, con la mia casacca di cotone indiano, i pantaloni di lino, le ciabatte indiane, mi avvio verso Fifth Avenue tutta imbandierata, tutta scintillante, tutta arzilla di americani in tuta e di turisti con carte in mano che cercano di ritrovare la strada per i piedi, dopo essersi fatti girare la testa a guardare i grattacieli. Cammino, cammino svelto, mi sento libero, felice. Il formicolio al pollice mi ricorda chi sono.

«Tiziano», sento da dietro la voce di qualcuno che mi insegue. E lì sul marciapiede mi si parano dinanzi Sabatier e la moglie Deny. Incredibile: l'ultima volta che l'avevo visto era stato a Ulan Bator, allo stesso modo!

« Eravamo sull'altro marciapiede. Ci siamo detti: 'Chi è quel bel signore, quel guru?' 'È Tiziano!' ha detto Deny. »

Queste medicine sono strane: vederli m'ha attivato una particolare euforia, ho cominciato a parlare, a raccontare, a farli ridere così che mi avrebbero affittato per tutta la giornata. Metto in tasca l'indirizzo, li saluto con un calore che forse avrei sempre dovuto avere per loro (fu lui che mi dette la fotocopia di quel romanzo francese sul fiume Amur).

Mi rimetto in cammino coi capelli nel bel vento caldo che ora soffia. Fra quattro giorni, come avrei potuto affrontarli? Trovo il filo, una bella bustina di aghi da un vecchio merciaio della Guyana di origine indiana e mi riavvio a casa.

Mi metto a leggere sul divano. Per cena mi preparo spaghetti all'aglio e poi dormo quando tu mi leggerai.

tiz

26 settembre 1997, New York. Manciate di capelli nel pettine, anche i baffi perdono pezzetti di bei peli. La cosa più strana è toccarsi la faccia prima di farsi la barba e non aver quel ruvido senso da trasformare. La faccia è liscia, la barba nella notte non è cresciuta.

Il sole è bello come al solito, una nuvola arancione taglia il birillo alto di un grattacielo sullo sfondo di destra, come a fare una croce. Un malaugurio? Non mi tocca.

27 settembre 1997, New York. Mi sveglio come al solito alle sei e mezzo, nel bagno c'è sempre quel brutto vecchio giallognolo che ha preso il mio posto e non vuole andarsene. Forze pochissime. Riesco a malapena ad arrivare al mio albero, stamani libero.

Mi vengono in mente titoli per il libro-raccolta dei migliori articoli: *Posti della memoria (trent'anni di giornalismo in Asia).* E per il libro sull'infanzia: *Tempo della memoria.* Camminando mi vengono buone idee, bisognerebbe che portassi un blocchetto e una penna.

29 settembre 1997, New York.
Ad Angela. Gioite. Gioite. Solo mezzo rene da portar via. « Chance, dopo? » « Eccezionali. »

È incredibile, ma non riesco a disperarmi, anzi – forse per questa vita solitaria, per le medicine, per la lontananza da tutto il mondo che era mio – ho addosso un'euforia che in qualche perverso modo è un po' simile a quella che provo a ogni partenza. E questa è certo una!

Esco nella New York che ormai conosco. Un altro taxi verso casa. Mi meraviglio di me stesso. Nessuna angoscia, nessuna commiserazione. Tutto mi pare ovvio e scontato... e siccome si tratta ormai di quel vecchio pelato e in quel vecchio ora mi sento io, la cosa finalmente riguarda me. E non mi angoscia, credimi.

Penso solo a quanto è assurdo che in questo paese che non ho mai amato son venuto a trent'anni a ridarmi un'educazione e la libertà e ora, a sessanta, vengo a cercare di avere un'altra spanna di vita. E me ne fido. Allora?

Sento il buon odore del riso che viene dalla pentola a pressione. Lesso dei gamberetti e mangio il mio pranzo, pronto a parlarti se vuoi o a fare poi una passeggiata ancora con due reni e oggi anche con tanta forza di andare avanti in questo strano viaggio.

A dopo, Ems. Ti abbraccio.

La sera. Rientro da una passeggiata e trovo il tuo messaggio su Folco. È la prima volta che piango. Di gioia.

2 ottobre 1997, New York.

Mia carissima Angela,

il vecchio del bagno mi sorride sempre di più e ci sto facendo così l'abitudine che pensar che l'altro non c'è più quasi mi piace.

E così in un giorno completamente fuori dalla routine ho fatto quello che in anni di New York non facemmo mai. « *Take me to the Metropolitan Museum.* » E ci ho passato tre ore e so perché non c'ero andato prima, perché non vo' mai al Louvre, non vo' agli Uffizi... È bene che una volta per tutte lo ammetta: odio i musei. C'è troppo: troppi quadri, troppa gente, troppa arte, troppa confusione, troppi negozi, troppe guardie, troppe luci, troppe cartoline, penne, magliette, ristoranti.

Ed era anche magnifico. Per me. Son passato dal Museo di

Degas (i quadri che lui aveva collezionato; davanti a due Gauguin mi son perso, ma non per i quadri in sé, per quella sua vita laggiù con una compagna dalla pelle olivastra che continuava a dipingere sullo sfondo di colline verdi e fiori coloratissimi), son passato attraverso il Rinascimento, il XX secolo e poi lentamente, un po' sudaticcio come mi capita d'essere (controllo sempre di meno il mio corpo gonfiato, specie sul petto, per cui batto contro la gente, do colpi ai bambini), mi son perso dietro le cose che conosco: un bronzo tibetano, un buddha Ming, un *ukiyo-e*, una scorza della Nuova Guinea, un *bi-tong* su un tavolo per rotoli, un armadio cinese... Era come se rifacessi, attraverso un oggetto che me ne ricordava uno mio, il viaggio – che sento sempre più straordinario – della mia vita, da Monticelli e ritorno.

Capivo come per me l'arte non è mai stata un grande amore nella sua interezza, nella sua storia, la sua evoluzione, il suo significato. Di questo, come della musica, della letteratura, in fondo della gente, dei posti, dei popoli non ho mai capito granché. Ma mi sono innamorato in continuazione di un oggetto, di una statuetta, di un *tanka*, di un pezzo di legno e attraverso quello di un popolo, di una storia. Gli oggetti – tutti gli oggetti, anche quel sasso preso sulla spiaggia di Sachalin dove atterravano i prigionieri della *katorga* – mi hanno parlato, mi hanno raccontato le favole che volevo sentire.

Sì, ci sono musei che amo, quello di Lahore, quello di Peshawar, perché ci si cammina senza angoscia, le cose che si vedono vengono dalle montagne vicine, hanno un rapporto – o lo avevano – con la gente che si aggira lì attorno. Ma uno straordinario affresco della dinastia Yuan, rubato all'inizio del secolo e messo su un muro nel centro di New York?

Ho continuato a camminare godendo, per associazione, dei miei oggetti, quelli che senza alcun piano, per istinto, anzi per bisogno – come sposare te, per necessità, senza alternativa – sono andato accumulando da giovane. Dai primi rotoli giapponesi, a Hiroshige, al bronzo Ming datomi da Chong, al bel *tanka* di Ulan Bator, agli ultimi tappeti cinesi trovati alla frontiera con l'Afghanistan e portati a spalla attraverso la frontiera indiana.

Che viaggio!

E lì in mezzo al Metropolitan, perfetto, funzionale, efficientissimo, ho avuto il rimpianto – il primo e l'ultimo, conto – di non essere riuscito a mettere assieme una grande casa, con una fila di stanze in cui adagiare libri e cose e in cui godere e far godere altri di quel bel viaggio che in tanta parte abbiamo fatto assieme. In fondo, ho capito, è sempre stata questa la mia inspiegata resistenza a San Carlo. Ho voluto sì, viaggiare leggero, ma avessi messo il peso tutto sotto un tetto mi sarei anche potuto andare a riparare in mezzo alle cose che conosco e di cui ognuna è anche una storia e un piccolo amore.

Ma non vuol dire. È altro che ora mi aspetta.

Vorrei andare verso una vita davvero più leggera, più lenta, anche più vuota, magari in Asia, magari in questa o in un'altra esistenza. Lo vorrei davvero ed è solo il Metropolitan che mi ha messo di mezzo i ricordi. Sì, odio i musei.

Mi son seduto nella caffetteria a mangiare un salmone e per rompere ancora di più, cercando di riprendere forze, ho ordinato anche un bicchiere di vino bianco che non bevevo da settimane. Principi? Nessuno. M'ha divertito.

Ems, ti aspetto, un po' imbarazzato, un po' timoroso, ma a gloria! Ti abbraccio, buona notte. Ora immaginami a godermi il tramonto sul sofà. Poi al buio cena, con lo sgabello trasformato in tavolino, davanti alla tv a mangiare il tofu guardando Dan Rather, sempre più bolso e vecchio. Che tristezza: pensa, Ems, questa povera gente che per guadagnare milioni di dollari all'anno, ogni sera ogni sera ogni sera deve essere lì a divertire, informare, commuovere, anestetizzare il mondo.

Almeno io son libero! E credimi, ne godo immensamente.

A prestissimo,

tiziano

5 ottobre 1997, New York.

Mia amatissima figlia,

sono le cinque del mattino, sono troppo stanco per dormire, fuori è ancora troppo buio per andare al parco e godendo di avere un paio di occhiali con cui leggere – lo dicevo alla mamma l'altro giorno: di tutte le belle cose che nella vita ho accumulato (quadri, statue, bronzi e tappeti), l'unica cosa senza cui oggi avrei difficoltà a vivere è un paio d'occhiali – mi sdraio sul divano a prendere per l'ennesima volta la mia migliore medicina: la tua lettera. Grazie, Saskia.

L'ho sempre pensato che l'unico seme di possibile « eternità » che un uomo normale può lasciare sono i figli e tu sei la conferma: in te mi riconosco, mi ci sento e so che con te la storia, la nostra storia, quella degli Staude, dei Terzani, dei Venturi e quella di tutti gli altri continua. E in quel flusso uno gode a essere solo una foglia, anche caduta.

Non so se riceverai queste righe prima di vedere la mamma – con la differenza d'orario le mie giornate qui sono brevissime – ma augurale buon viaggio. Ne ha bisogno. Viene da Firenze, da Milano, dai mille problemi che si è messa magnificamente a gestire – tu sapessi che sollievo saperla in quel ruolo – ed entra in uno strano, nuovissimo mondo in cui poco o nulla è riconoscibile, a cominciare da me.

Il mio di questi tempi è un mondo di silenzi, di ore vuote, di piccoli gesti, di rigiri inutili, di un'instabile pace mantenuta tenendo a bada ogni soffio dei tanti venti che si agitano fuori da queste belle finestre. Perdo ore a guardare il mutare di un grattacielo nella East Side, al mattino nero come un birillo contro il cielo arancione e terso dell'alba, grigio nel cielo troppo luminoso del giorno e splendido come un cero ardente la sera, quando, appena dopo il tramonto, si accendono i piani alti e decrescenti, davvero come fossero una fiamma a rischiarare le mie notti.

Ieri non ho scambiato una sola parola con nessuno e tu sapessi come ne godo, dopo una vita in gran parte passata (sprecata?) a raccontare, soprattutto per divertire gli altri, per essere accettato, per ottenere qualcosa – un favore o un'intervista – storie di un repertorio che persino io ho dimenticato.

Godo della lentezza che i miei *aggiustatori*, con le loro velenose e salutari pozioni, mi impongono. Godo quasi di una testa che è sempre più vuota, di un cuore che è sempre meno conflittuale e di questo tempo che passa così velocemente come non mi è mai parso e ora lo fa per giunta senza darmi angosce di inutilità e sensi del dovere.

Il telefono non squilla, alla porta non c'è mai nessuno e il mondo degli altri è al massimo un mormorio lontano in cui il mio nome non viene mai fatto. Da me – ho l'impressione – nessuno ha da volere più nulla e questo mi dà una straordinaria libertà. La libertà di perdere il tempo, di tacere, di aggirarmi, rigirarmi, aspettare: niente in particolare, non una data, non un'operazione, neppure che passino le settimane e i mesi dopo e quelli di poi.

Leggo, scribacchio, gioco con progetti di libri, ma soprattutto godo di questa esperienza a cui non avrei mai pensato, ma che ora, trovandomela sulla strada, prendo come una nuova, bella scusa per uscire da quella che era pur sempre una routine. Nel 1993 fu l'*Indovino*, ora è quell'aggeggio.

« La vita è piena di buone occasioni. Si tratta di riconoscerle e a volte non è semplice... » Sì, questa volta ancor meno semplice di sempre, ma eccomi qua con tutta la gioia di abbracciarti.

Abbraccia tanto Ems da parte mia e dille di essere pronta all'« altro » e a non spaventarsi.

Tuo padre

7 ottobre 1997, New York. Stasera arriva Angela. Sono preoccupato, impaurito per me e per lei di questo incontro di due mondi ormai così diversi e lontani. Chi è sano non può capire chi è malato ed è giusto che sia così. C'è nel malato una sorta di rassegnazione che il sano non può sentire perché ha a che fare con la chimica.

Che cosa mi rende così sereno?

Non la meditazione che non riesco a far bene, non il distacco che sto prendendo dal mondo, ma la stanchezza fisica, l'onda troppo alta di problemi che mi viene addosso; allora mi spiego tutto, lo giustifico, mi distendo e aspetto, mi riconcilio con l'idea della morte, ricorro al mio dire da tempo che miliardi di miliardi di miliardi di uomini prima di me han saputo morire e lo saprò fare anch'io.

Con una differenza: quando lo dicevo un tempo era una cosa di testa, ora è nelle ossa, nel petto, negli occhi. Ora so che la possibilità è lì davanti a me, non una cosa di quei miliardi di miliardi.

Lei mi riconosce immediatamente, io quasi no.

10 ottobre 1997, New York. Un altro Day One: alle 9.30 ci riceve la dottoressa, dritta, magnifica, precisa come sempre.

Le chiedo di riesaminare l'idea dell'operazione al rene fatta – se capisco bene – senza essere sicuri che è un cancro e sostanzialmente per sciogliere un dubbio. Non sarebbe meglio aspettare un sei mesi e vedere?

« Senta: se aspetta è morto. »

Non c'è da discutere. È convincente. L'operazione è fissata per il 12 novembre.

20 ottobre 1997, New York. Angela parte. Triste, debole, stanca, depressa e disperata di quel peso che ora sente lei.

Mi preoccupo, scrivo a tutti i familiari.

24 ottobre 1997, New York. La mia infermiera mentre mi fa la chemio parla della meditazione, chiede a me, vorrebbe sapere di più sui metodi alternativi. Crede che io abbia ragione, ma sono due mondi chiusi diversi, due vasi che non comunicano. A lei dispiace.

30 ottobre 1997, New York.
Mia carissima, pazientissima compagna,

una giornata meravigliosa ho passato! Sono le quattro del pomeriggio, ho appena finito una *soba* con alghe, mi son fatto un tè cinese, ti scrivo due righe e una pila di giornali e libri mi aspetta sul divano, mentre un glorioso pomeriggio caldo e dorato volge verso la sera dietro il vetro delle mie finestre su cui sfilano cavi gialli, uomini con elmetti gialli su pontili, che salgono e scendono in continuazione, come il mio mood... ora in grande risalita.

Son dovuto partire alle nove e mezzo stamani, avevo da consegnare tante camicie al lavandaio e ho pensato di mettere nel mazzo anche i pantaloni neri, usati oramai da settimane. Leggero, coi pantaloni che piacevolmente scendevano fino sulla scarpa, senza il vento che mi si infilava per le gambe, ho camminato lungo la 59ª fino quasi alla Lexington dove mi son fermato – questa volta davvero a guardare – i libri di seconda mano davanti a una vecchia libreria come non ne esistono più.

Meraviglioso. Nel giro di mezz'ora avevo raccolto dieci libri da un dollaro l'uno. Sono entrato per pagare e l'odore era magnifico. Davvero, una vecchia libreria tenuta da un signore bene di mezza età con tanta letteratura, stampe, libri d'arte e un cartellino che diceva MORE DOWNSTAIRS. E lì era la miniera.

Che nostalgia di una vecchia, vasta biblioteca – peccato che non ho potuto averne una! Ti abbraccio.

tiz

1º novembre 1997, mezzogiorno, New York.

Ems,

ce la faccio appena a sedermi a scrivere due righe.

Ancora una giornata dura, ma – credimi – pacifica. Comincio a capire come debbono soffrire gli altri, quelli a cui la chemio arriva nel profondo e non trovano la pace che io ho la fortuna di vedermi sempre davanti. Chi sa perché?

Ho dormito nove-dieci ore, ogni ora alzandomi, ma sempre come in trance, come ubriaco, con appena la forza di ricadere nel letto: stranissimo. Alla fine rotolo giù dal letto, le ossa fan male, specie là dove la gamba entra nel bacino, in gola come un boccone che sto sempre per rivomitare, la faccia gialla – mi accorgo che la pelle sotto la gola è tutta un frinzello, piena di grinze, come quella delle vecchie di cent'anni. Non mi tocca.

Il cielo è grigio, piove leggero e fitto. Mi forzo a vestirmi, il parco è bellissimo – fai presto per goderti ancora l'incredibile combinazione dei gialli, dei rossi, gli arancioni, gli ultimi verdi e i tronchi umidi e neri, fai presto a venire prima che sia tutto spoglio – anch'io, ma quasi non ne godevo.

Sono andato nel profondo del bosco selvaggio, poi è venuta una pioggia a dirotto, poi al ritorno non riuscivo ad attraversare la strada del parco: era invasa da migliaia e migliaia di maratoneti che domani parteciperanno alla grande gara che finisce proprio qui, nel mio parco, passando davanti a casa.

Era strano vedere tutta quella bella, tantissima gente, sana, forte, che correva, sudava sotto la pioggia con le bandiere di tutto il mondo. Non avevo nostalgia: mi veniva in mente l'immagine di me che correvo davanti al ritratto di Mao sulla piazza Tienanmen e vedevo un vecchio cinese col cancro che da qualche parte allora mi guardava, pensando quel che penso io ora e a cui veniva in mente un'immagine di sé. Il mondo continua e gli uomini tutto sommato mi danno speranza.

Già. Mi volto indietro e ripenso che è da Calcutta, con la breve, magnifica, saggia e fortunata interruzione di Hong Kong, che non vivo più normalmente.

Parigi, Bologna, mesi al Contadino, poi qui ed eccomi qui ancora per settimane. E non mi angoscia. Non ho nulla da fare, nulla da sognare, nulla da sperare. Solo la pace, il silenzio e questa magnifica giornata tranquilla che ho davanti e in cui nessuno mi cercherà, non dovrò andare da nessuno... Stai bene, Ems. Io sto!

tiz

p.s. mi piace l'idea di scrivere di questo cancro guardando l'America dalla finestra.

6 novembre 1997, New York. Magnifica giornata, mi alzo pieno di forze, vado al parco. Faccio bene la ginnastica, esco con gli acquerelli e passo tre ore a dipingere, poi mi preparo all'incontro con Spagnol.

« Dalle 4.30 alle 5.30 sarò a prendere il tè nel Palm Court del Plaza Hotel. »

Arriva puntuale alle 4.30. Io non l'ho visto e lui viene diritto da me, riconoscendomi con le lacrime agli occhi. Magnifico e caro nel nostro piacevolissimo « lei ».

Vuole tre libri: riedizione della *Porta*, la mia *Asia*, il libro sul viaggio nel cancro e nella medicina alternativa. Viene a vedere la mia stanza e come si può vivere leggeri.

12 novembre 1997, New York. Parto da casa che è ancora buio. L'alba è piena di vapori. Lungo le strade deserte non si vedono che zaffate di fumi bianchi che escono dall'asfalto come se davvero l'inferno fosse giusto sotto la prima superficie di questa città.

Un vaso di fiori sul tavolino accanto al lettino. Lo spogliatoio dove si lascia l'armatura del quotidiano, il vestito, i pantaloni, la giacca per mettersi in quella uniforme di malato che prelude a un mondo. Debbo presentarmi alle sei all'ospedale.

Tutto è pronto per accogliermi. Ho firmato i fogli che danno ad Angela il diritto di staccare la macchina nel caso entri in coma. La donna che viene a farmi pregare perché Iddio guidi la mano del dottore è una sorella domenicana, cattolica. Chiede il mio nome, il nome del medico che mi opererà per poi dire tutto giusto.

15 novembre 1997, mattina, New York. Solo. Grande allegria di ritrovarmi vivo. Ho dormito tutta la notte. Consola vedere una sorta di meta.

Mi portano una macchina per fare degli esercizi di respirazione così che io riapra i polmoni e non tema il dolore che sento forte nel fianco sinistro; la macchina gorgoglia e mi ricorda il gorgogliare della pipa dell'oppio sulla lampada magica da Chantal a Phnom Penh. Stesso gorgoglio, che altro mondo. Eppure mi perdo nel ricordo.

Davvero, Ems, sei proprio meravigliosa,

tornavo a casa lento e malmesso, sempre con il terrore che qualcuno mi desse un colpo, sempre bloccandomi davanti a tre persone che mi venivano incontro cercando di capire da che parte mi sarebbero passate accanto; sempre attento ai marciapiedi per paura di tombolare per terra e poi mi sono reso conto che, soprappensiero, avevo attraversato una strada con il rosso (!!!) e ho pensato che forse avrei dovuto dirti di venire a prendermi, che da solo non ce la faccio a venire a Firenze, quando tornando a casa ho trovato – assieme alla risposta dello *Spiegel* – il tuo fax in cui proponi di venirmi ad aiutare.

Solo l'idea mi fa piacere ma, credimi, non ce ne sarà bisogno!

12 dicembre 1997, New York. Chiedo alla dottoressa Portlock dei possibili svantaggi della radioterapia.

« È cancerogena. Teoricamente sia la chemio che la radio possono avere degli effetti di questo tipo, ma noi li scartiamo, specie nel caso di una persona che non fuma. La radio coinvolgerà una parte del polmone, una della milza e la parte alta del rene, ma quella è stata rimossa, quindi non ci sono problemi. »

Le chiedo della medicina alternativa.

Ride, continua a ridere, dice che una volta parleremo di questo.

Le chiedo che cosa deve fare uno poi per evitare...

Ride sempre. E alla fine chiede: « Mi dica, Mister Terzani, che soprannome mi ha dato? »

Le dico che è « Portafortuna » ed è felicissima.

Ogni volta che esco da lì ho un'iniezione di fiducia e di speranza.

* * *

12 gennaio 1998, New York, sera. Si arriva a New York dopo aver chiuso il Contadino in mezzo al sole.

Tornare a N.Y. è facile, ma non familiare come in India.

22 gennaio 1998, New York. Angela riparte. Uno splendido mese, un altro viaggio di nozze, un altro innamoramento.

25 gennaio 1998, New York.
Ad Angela. E ora immagina il tuo marito, stamani alle 8.30 di una domenica ventosa e fredda, uscire di casa vestito da barbone, tuta rossa, pantaloni blu, berretto, scarpe bianche, la borsetta da monaco a tracolla, guanti neri. Non domandarti che cosa si sono chiesti ancora una volta i portieri... e via a passo da bersagliere, in una mezza tormenta giù per 40 strade in una Manhattan deserta, coi fumi che uscivano dall'asfalto, qualche taxi in cerca di passeggeri, qualche disperato in un antro e io via quasi di corsa, controvento, fino al centro di Holistic Medicine dove c'era il seminario di qi gong del maestro Ho, un cinese di Xian di 42 anni con un assistente romano che ha scoperto che fare il guaritore è meglio che l'orefice.

Allora, grande bella sala piena di gente (gente?), tutte donne, alcune con dei culi così enormi da rendere precarie le sedie e impossibili anche i più miti esercizi di inginocchiamento, e io lì nel mezzo, mistero per tutti.

Il qi gong (ho anche parlato col medico di Canberra che mi ha dato l'indirizzo di un vecchio amico a Pechino, non so se fidarmene) è interessante, perché più sistematico, più misterioso, più antico del reiki (ma siamo lì). Ho imparato un po', continuerò, lo prometto, perché mi interessa, ma il fondo della cosa è che tutte queste pratiche stanno bene a casa loro, difficili, esoteriche, irraggiungibili ai comuni mortali e a volte conquistate con tanta pena e perciò efficaci. Ma quando tutto questo diventa mezzo di sopravvivenza o di arricchimento di qualcuno e passatempo psicoanalitico alla portata di tutti quelli che possono pagarselo, perde il suo mistero e con ciò, secondo me, gran parte della sua efficacia. Il workshop è durato fino alle cinque.

Di nuovo blocchi e blocchi di strade nel vento e quella è la parte più curativa del qi gong, forse. In verità, pur con la testa che non può non pensare, gli occhi che possono solo vedere, è stata una bella giornata, anche se è costata quattro volte il reiki.

Buon lavoro con la tua gente. Io sono ancora indietro con il «pulire» il tavolo: non ho fatto il rimborso INPGI e non ho scritto ancora a due o tre persone a cui devo. Domani spero di fare tutto prima di cominciare la nuova fase di radioterapia e libro (quale non so, ma oggi pensavo che mi diverte l'idea di non scrivere più lettere e e-mail come non facevo a Ban Phe). Sì, anche questo è qualcosa di cui lentamente mi libererò. Pensa, sono stato settimane, mesi a Ban Phe senza ricevere né posta né telefonate né fax né e-mail. Che meraviglia!

Me lo riprometto... e so che tu capirai a volte il mio silenzio pur pieno di parole. Anche se stasera scriverti mi fa bene. Ti prego, non sentirti in dovere, in nessun dovere di rispondermi, di tenermi al corrente di quel che succede.

Ems, abbiti una bella giornata e sappiti oggetto di un grande amore rinnovato, raddolcito, tenerissimo del tuo vecchio e rabberciatissimo marito.

Ti abbraccio forte forte.

29 gennaio 1998, New York. Pranzo con Peter Kann. Tè con Paul De Angelis, spesa da D'Agostino.

Attento, Tiziano, a non tornare «normale».

4 febbraio 1998, New York.
Mia carissima Angelina,

il mio spirito è come quello d'un caleidoscopio: di tutti i colori, e si muovono, e il nero diventa rosso, e il giallo verde, e il blu si muta in nero e così via. Comincio con i colori dell'oro: il simbolo – adesso – della libertà, della leggerezza. Ora ho preso il caleidoscopio in mano e l'ho messo fisso sui colori più belli. Il mio tavolo è vuoto e comincio con un foglio bianco: l'ossicino del libro sul «piccolo giornalista», i pensieri di un altro. Non più «doveri».

Stai bene. Saluta tanto i Sabatini. Il loro pensiero mi fa venire una grande zaffata di nostalgia per quella «Orsigna regale», come la descrivi tu.

8 febbraio 1998, New York.
Mia carissima Angelina,

sono tornato da poco da Boston (volare in questo paese è oramai più facile e più semplice che prendere l'autobus da Porta Romana al Duomo). Ho passato tre giorni davvero meravigliosi grazie a Mangiafuoco e alla sua bella visione del mondo, della medicina e della malattia. Certo che in questo tipo di questioni e di mondo il messaggero è almeno importante quanto il messaggio, essendo in particolare questo apparentemente irrazionale ed esoterico, e, avessi dovuto giudicare solo dall'apparenza di alcuni dei partecipanti al seminario, sarei scappato.

Domani mattina vado al mio primo bombardamento. È un passo che non mi lascia tranquillo e forse sto facendo un errore di cui potrei pentirmi, ma sono come «rimasto all'impegno» e non me la sento di tirarmi fuori ora.

Sono sempre più convinto che questo cancro è una sorta di occasione, un ostacolo che mi vien messo sulla strada perché io faccia un salto. Tocca a me far sì che il salto sia in alto e non per parte. Se ci pensi bene, sono anni che cerco di uscire dalla mia routine, dal giornalismo, dagli impegni sociali, dagli impegni della cronaca, anche da quella politica che pur mi ha così sempre divertito. A dirla in parole povere, sono anni che tiravo verso qualcosa di più spirituale, verso un altro modo di guardare alle cose. L'*Indovino* e il 1993 furono certo una svolta, ma per tanti versi – anche a causa del successo del libro, la necessità di apparire in pubblico – stavo tornando nella routine, nella materialità del quotidiano.

Il cancro è venuto in tempo a rifermarmi, a ridarmi il ritmo giusto, ponendomi dinanzi alla vera essenza di quel che sono o vorrei ancora – per quel che resta – essere. Insomma, se c'è una faccia oscura del cancro come malattia, come minaccia, ne vedo sempre più anche una che è di luce, di potenzialità, di innovazione.

Pensa: la parola omeopatia l'avevo forse sentita un paio di volte in vita mia. Ora per tre giorni ci sono stato immerso e penso che non finirà qui.

Quel cancro è « mio », come lo sono i miei libri, i miei 60 anni.

Allora dovrei gestirlo con meno aggressività, non volerlo a tutti i costi reprimere, distruggere (a meno che non sia lì lì per distruggere me e... questo lo era?), ma piuttosto accettare, prenderlo come una manifestazione di un disequilibrio che io mi sono prodotto e che se riesco a eliminare eliminerà anche il cancro.

Insomma, pensami domattina alle nove che mi metto sotto una macchina futuristica a farmi bombardare di orribili cose col rischio di aggravare una condizione che oggi mi pare, dico pare, ideale. Anche a Boston sono stato benissimo, ho grandi forze, sono all'erta, non ho angosce, dormo bene, mangio con moderazione, soprattutto continuo a essere sereno anche sulle radiazioni, diciamo. Scusa lo sfogo.

Ti abbraccio,

tiziano

9 febbraio 1998, New York.

Mia carissima Angela,

ho la giornata davanti per rifare ordine nella mia testa. Purtroppo New York alle otto del mattino, quando sono uscito stamani, non è come la vedo di solito dal parco, silenziosa, elegante, riflessiva. Per le strade è tesa, affrettata, violenta. Camminare per le strade stamani, all'ora in cui di solito siedo in pace sotto il mio albero, non era rappacificante, al contrario. Tutti corrono, si scontrano, ognuno è teso.

Non sono in pace. Vado all'ospedale senza la mia solita strana gioia.

Il mondo bianco mi disturba, forse perché ne sono stato lontano per troppi giorni, forse perché il tanto parlare di « natura » mi fa vedere questo mondo ancora più innaturale e le radiazioni sono la negazione di tutto quel che mi pare di aver di recente capito delle cose. Gli inservienti come al solito gentili ed efficienti alla loro catena di montaggio.

Alle nove in punto vengo chiamato, messo nella mia mezza armatura, disteso sul tavolo e bombardato quattro volte, davanti, dietro e sulle parti, ogni volta una trentina di secondi, ogni volta collo sfrigolio della macchina, un senso che qualcosa mi viene distrutto dentro.

Strano: la chemio, molto più aggressiva, l'avevo presa bene, mi divertiva quasi, le « mutazioni » non mi facevano paura. Queste radiazioni invece, disteso nel buio con le strane luci rosse che segnano l'obiettivo, la macchina come un gigantesco ragno robotico che mi gira attorno, si ferma, frigge, soffia, sfrigola, mi inquietano. Nel giro di dieci minuti tutto è finito, l'uomo che era a svestirsi con me si riveste, riprende la sua borsa piena di incartamenti e corre via verso un ufficio, forse di avvocato. Come niente fosse, come ci fossimo incontrati al caffè.

Io cammino, mi pare che tutto dentro bruci, che il mio stomaco sia dolente, che la mia ferita sia di nuovo come fresca. Per due ore non posso mangiare per tema del vomito.

Allora cammino, cammino e odio New York, i negozi che si stanno aprendo, i commessi che puliscono i vetri con le loro spatoline di gomma, le donne ben vestite e profumate che tirano su le saracinesche delle loro boutique dove vendono mutande e scarpe di lusso. Madison alle 9 e mezzo è orribile.

Cammino e lentamente ritrovo la strada di casa in quasi ogni senso. Ora ho una giornata, spero, di silenzio davanti a me. Vorrei tanto che tutti mi lasciassero in pace. E avere solo da te uno dei tuoi magnifici segni di vita. Ti abbraccio e scusami. Che caro John Coleman a ricordarmi di conoscere *anicca*. Quanto ha ragione. Tutto è apparenza, tutto è transitorio, tutto è senza tanto valore. Tranne la pace che ora cerco.

A presto.

14 febbraio 1998, New York. Finita la prima settimana di radio. Stamani ho corso nel parco fino alla fontana. La testa lentamente torna serena e libera.

19 febbraio 1998, New York. Uno shock: le mutazioni continuano. Mi asciugo un piede e l'unghia del pollice si muove, sta per cadere. Per impedirlo la appiccico con un cerotto.

22 febbraio 1998, New York.
Ad Angela. Ore 16. Sono appena tornato e uscito dalla doccia dove ho cercato di lavarmi via la carica di tristezza che mi son sentito lasciare addosso da onde e onde di gente in cui non vedevo che disperazione, forse solo la mia, ma tanta!

La giornata era perfetta. Ho camminato – anzi marciato – strada dopo strada dopo strada, vestito da barbone, con la sacca da monaco a tracolla e il berretto di lana bianca, ora sporca. Giù. Giù e sempre più triste. Bande di ispanici, le ragazze coi jeans nuovi per mostrare ancora una volta – forse l'ultima – un po' di culo sformato dal «cibo spazzatura», negri abbandonati, venditori e compratori dei mercati domenicali di cianfrusaglie, relitti di cose e uomini, resti di lontani, inspiegabili naufragi. Gente, gente e ondate di tristezza.

Ho marciato ancora fino da Strand, trovato un libro sui cani di tutto il mondo, preso il subway nella direzione sbagliata, vagato nelle budella di varie stazioni a ritrovare la via giusta e ora, vestito da Bagonghi, deciso a non perdere più tempo, a non vedere più nessuno, a non lasciarmi più sedurre neppure da una giornata di sole, mi preparo a prendere un tè e a sognare il cane che potrei avere.

Faccio i conti: son quasi sei mesi che sono qui, un anno che sono in standby.

A presto, Ems. Non mi muovo. Sto qui zitto zitto con un filo d'incenso che sale davanti al caro buddha da viaggio e tante altre cose che potrei fare.

Ti abbraccio,
lui

25 febbraio 1998, New York. Mi sveglia un fax che non arriva. Deve essere l'India. Folco manda un fax di due giorni fa che non si riesce a leggere tranne che per capire che è, come l'ho sempre desiderato: libero!

Ho voglia di scrivere. Di tagliare tutti gli impegni, i rapporti, solo scrivere del mio mondo, del mio cancro. Scrivere per lasciare un ricordo di com'era la vita a Monticelli.

1º marzo 1998, New York. Un anno fa si sposava Folco. Mi pare un'eternità.

Un anno fa sono entrato praticamente in questo tunnel.

Nei giorni scorsi ho visto una serie di bei film che mi hanno compensato della depressione con cui mi alzo. L'arte è straordinaria in questo. Stessa lunghezza d'onda con Angela che a Venezia guarda l'ultimo Tiziano e a Firenze per le strade sente la stessa consolante grandezza. Ho visto *Calore e polvere, Quel che resta del giorno, Shakespeare Wallah, Casa Howard, Quartet*, meravigliosi.

Sento sempre di più quanto mi sia estranea questa civiltà. Cammino per le strade e mai il segno del divino, mai una processione, una festa, un dio che passa. Mai un segno di qualcosa al di là delle assurde apparenze. Mi manca persino una manciata di sale fuori dalla porta di un ristorante in Giappone. Mi manca l'Asia, mi manca il vecchio.

Oggi sul *New York Times* il nuovo corrispondente lamenta la fine della vecchia Pechino e degli *hutong*. Ho scritto le stesse cose quasi vent'anni fa. A che serve?

Adoro pensare all'Orsigna e al silenzio.

8 marzo 1998, New York.
Ad Angela. In una bella casa di mattoni rossi sulla East Side, con veri Picasso, Matisse (ma io li prendevo per copie e non faceva differenza, tanto tutti erano indifferenti alla loro presenza), con camerieri bianchi in livree grigie, ho cenato con Kofi Annan, ho parlato del Giappone, che anche lei odia, con la signora Montebello, moglie del direttore del Metropolitan Museum, con Arthur Schlesinger di Gavin Young, con lo storico Paul Johnson del suo bell'articolo su Hong Kong l'estate scor-

sa, con Bob Silvers di quel che avevo io scritto sulla *New York Review of Books* nel 1976, con Jonathan Galassi, che l'altro giorno nella sua veste di vicepresidente di Farrar Straus mi aveva rifiutato l'*Indovino*, di altre sue idee per pubblicare il libro, con un paio di donne dalle facce così mal rifatte da farmi pensare sempre al *Pianeta delle scimmie*, di India, con la padrona di casa, signora Heinz, di Italia e del suo seminario di scrittori sul lago di Como. Ho solo mangiato una minestrina e un purè di patate per evitare l'agnello... e alla fine dice William che tutti mi han trovato *charming* e mi vogliono ri-invitare.

« Il tuo amico è veramente simpatico », ha detto la padrona a William mentre io ero costretto a firmare il libro degli ospiti.

« Sì, ho impiegato sessant'anni per diventare simpatico. »

William ha ragione: era davvero il mio « *coming out party* ». Out per sempre. Era un bel test. Ci sono andato, so ancora come si fa, ma proprio non mi interessa più alcunché, davvero alcunché. Ne sono felicissimo.

Ciao Ems.

* * *

22 aprile 1998, Orsigna. Sono qui da un mese. Con lo straordinario, quieto, rassicurante aiuto di Angela ho scritto l'ultima parola del « *t.t. in Asia* ». Ho dormito nella *gompa*, ho visto una fetta di luna di mercurio nel cielo di lapislazzuli dell'alba, tre maestosi cervi sulla strada. Ho fatto qi gong guardando l'Uccelliera innevata, la Mahadevi luminescente, la mia Himalaya nell'Appennino, a un'ora da Firenze.

Ho riflettuto sulla transitorietà di tutto questo. Sono felicissimo.

* * *

Metà/fine di maggio 1998, Delhi. Una settimana caldissima a « casa ». L'arrivo è ogni volta commovente. Il viverci, questa volta, sorprendente. Andiamo dal gioielliere di Angela a Sundar Nagar. Ogni fermata con gente che conosciamo, il nostro vicino Sharma, l'uomo degli oli profumati nella vecchia Delhi, una gioia.

Poche ore dopo essere arrivato, la mattina della domenica 17 maggio vado con John Burns alla conferenza stampa del dr. Chidambaram e del dr. Abdul Kalam, i padri della bomba atomica. Anche quella è una gioia. La platea applaude. Scrivo di questo in un pezzo di commento sulla bomba (difendo il diritto indiano ad avere la bomba) che provoca varie lettere al *Corriere* e tanti amici che scrivono congratulandosi della mia « ricomparsa ».

1º giugno 1998, Hong Kong-Vancouver. Partiamo all'alba del lunedì primo giugno per arrivare, dopo nove ore di volo, all'alba dello stesso lunedì a Vancouver dove ci viene a prendere la cugina di Angela, Jean Kershner.

Passiamo cinque giorni sull'isola di Lummi.

Inizi di giugno 1998, Lummi Island (USA). Fra tre settimane sarò di nuovo nelle mani dei « veggenti » di New York a sentire la loro versione del mio futuro.

È uno strano viaggio: l'India calda e nucleare, Hong Kong non più nostra, la Saskia felice, presente, solida.

Arriviamo su quest'isola non troppo bella, non troppo straordinaria, ma piena di begli alberi di cedro, di frotte di uccellini e una straordinaria selezione di vite fatte e disfatte, donne di terza, quarta, quinta mano, coppie all'ennesima ricerca di felicità, lesbiche « divorziate », miliardarie che vivono con pescatori di decenni più giovani, silenziosi barbuti boscaioli e giovani barbuti ecologisti, tutti con un pick-up col quale son arrivati qui portandosi dietro i resti di una qualche esistenza altrove e col quale son pronti a ripartire mettendo dentro quel poco che resterà loro dell'esistenza qui. Una fetta d'America da romanzo con qualcosa che attrae persino me, i grandi spazi e una grande libertà di esprimere la propria creatività costruendo capanne o castelli di legno; o producendo seducenti bronzi di Minotauri, donne che sorgono dal vaso della loro coscienza, corpi umani che si scompongono per ricomporsi in forme di piante e animali seminati in un grande parco privato di cedri centenari e misteriose erbacce, battuto costantemente dal vento che viene dal mare gelido e pieno di salmoni.

29 giugno 1998, New York. Ritorno nel mondo dei « malati » al MSKCC.

Le donne sole che aspettano alle sette del mattino la loro operazione o il loro test. Sole, tristi, pallide: le stesse trentenni che vedo correre nel parco: solo dieci, vent'anni dopo.

Alcuni giorni di esami, alcuni giorni di attesa. Il responso: « Torni fra tre mesi ». Presto per gioire. Se avessi un po' di futuro saprei come riempirlo.

* * *

14 settembre 1998, Orsigna. Compio 60 anni: l'inizio di una nuova vita. Un giorno bellissimo.

Il computer è guasto da giorni e Angela suggerisce di portarlo a Firenze dal mio guru. Torniamo all'una di notte, è già il mio compleanno. Spiego ad Angela la mia condizione: una grande inquietudine, la voglia di silenzio e di pace. Niente è contro di lei, ma a volte ho bisogno di stare lontano dal mondo, dalla gente. Non c'è nessuno che voglio vedere. Potrei uccidermi domani e lei a chi mi cerca dovrebbe dire: « Non c'è ».

Perché non dirlo già ora, risparmiandomi magari di uccidermi?

Al lume del fuoco che crepita nel camino mangiamo salmone e pane e beviamo una bella bottiglia di vino. Ci ritroviamo come due ragazzi sul bel divano rosso, come un tempo dinanzi al caminetto di Leeds per consolarci del freddo e dello squallore fuori. Dormiamo nella *gompa*.

L'alba è stupenda, una delle più belle dell'Orsigna, il verde dei boschi è fresco e profondo, il cielo azzurrissimo e puro. Partiamo fino a Pian Grande in macchina, poi a piedi fino in cima alle Ignude. In fondo come volevo: il mio Himalaya.

Con l'odore dell'erba tutto attorno, chiudo gli occhi e una straordinaria immagine mi appare chiara, insolita: nell'alone bianco di un'apparizione vedo la serratura di una porta di pietra, grigia, bella. Nella serratura c'è una chiave, come un invito a entrare, sull'altro lato della pietra compare leggera la mano di un bambino come volesse aiutarmi ad aprire. Io so che posso entrare quando voglio, ma per ora aspetto.

Un senso di pace, di serenità. Una magnifica sensazione. L'intesa con Angela è meravigliosa.

Delle belle nuvole nere cariche di pioggia salgono dalla vallata di Maresca e ci colgono sulla punta a mettere i semi della vita che viene, breve o lunga non si sa, ma pacifica, più silenziosa.

Torniamo cogliendo cardi e ceniamo dai Sabatini. Un compleanno tranquillo.

Più di ogni altra volta son pieno di propositi di pace. Le regole mi paiono chiare: stare lontano dal mondo. Scrivere un diario OGNI GIORNO, anche due righe, meditare e fare yoga, perseguire altre mete di quelle del passato, buttare via zavorra, ridurre proprietà e consumi, non coinvolgersi troppo nella quotidianità delle cose.

23 settembre 1998, Orsigna. La montagna ha partorito il topolino. Ho mandato l'introduzione alla ristampa. Sono sereno. Continuo a costruire la *gompa*.

24 settembre 1998, Orsigna. Angela sempre a Firenze, presa dai problemi del mondo, dei condomini, della vita com'è. Io sempre qui, con la mia gente, con la natura.

Visita di Piero Bertolucci. Belle frasi, belle intuizioni: « C'è saggezza nella fuga » (Norman Douglas?). Parliamo dei vecchi compagni di Pisa, di Firenze, della sua fuga nelle colline di Lucca. Per la prima volta sono completamente disteso con lui, una giornata senza ansia che mi ridà voglia di leggere e di scrivere. Dice belle cose su *Asia*: trova geniale l'idea dei cappelli. Gli piace l'idea di *Un altro giro di giostra*, dice che è difficile, deve essere ironico, distaccato. C'è un famoso inglese che pubblica da Adelphi e racconta il cancro della moglie: Lewis?

Gli dico del libro di viaggio che vorrei scrivere sull'Italia vista da un giornalista che viene dal Laos e mi ricorda le *Lettres persanes* (l'ambasciatore in Persia che scrive da Parigi), mai lette.

Piero è interessatissimo alla parola che ho usato parlando di Angela: separazione. È curioso, vuol capire. Dico che in tutta la vita siamo riusciti a stare assieme grazie alle nostre grandi assenze e poi le grandi presenze. Lui insiste, dico che siamo su due onde diverse, Angela sempre più nel mondo, io sempre meno, lei sempre più responsabile, io sempre meno, lei di casa a Firenze e io qui a Orsigna.

Dice d'aver capito e sento che già il parlarne complica. Usare le parole, già cristallizzate, rende tutto più preciso, più serio. Lo fa accadere. Separazione? Spiego come sto bene da solo, come invece con i suoi arrivi tutto si arruffa nonostante l'attrazione, l'incredibile attaccamento, l'irrinunciabilità.

7 ottobre 1998, Orsigna. Vado con la Franca alla Coop di Maresca. Mentre spingo il carrello della spesa vengo preso da una terribile angoscia, dal terrore di essere caduto nella trappola della sopravvivenza, nella routine della quotidianità piena di impegni, di « cose da fare ». Sono travolto da una bruciante nostalgia dell'India. Lascio il carrello semipieno e corro a casa. Telefono all'agenzia di viaggio e chiedo il primo volo per Delhi. È tutto completo.

9 ottobre 1998, Roma, all'aeroporto.

« *Are you Mister Terzani?* »

Due bei manager dell'Air India si prendono cura di me, mi danno un magnifico posto nella prima classe e un invito nella sala vip. Sono stato forse classificato da Deepak Puri un elemento importante per la sicurezza dell'India. Volo in stile verso casa.

L'arrivo all'alba è al solito struggente, con la gente dietro nuove grate, come gabbie allo zoo, la città puzzolente, con ciechi e storpi agli angoli, ma dorata all'alba. L'odore, i mobili di casa coperti da lenzuoli bianchi impolverati. L'erba sul prato è verdissima e i corvi sempre vivacissimi. Tutti quelli che conoscevo son certo morti e altri ne han preso il posto. Sono felicissimo.

Adoro essere qui, in questa India arca di Noè di tutti i mali, le passioni, le tragedie dell'umanità. Sento il carico di dolore e di gioie con ogni respiro. Qui stranamente la vita mi pare più bella, più grandiosa e più magnificamente disperata che quella di un paese dove il governo cade per un voto. Qui la gente piange o ride esaltata. Magnifico.

Party da Padma per l'inaugurazione del nuovo ufficio dello *Spiegel*. Dico a Baskar che l'India, che segue sempre da lontano e lentamente il resto del mondo, arriverà in ritardo al « funerale della civiltà occidentale » e lui aggiunge: « Arriverà tardi al suo stesso funerale ».

15 ottobre 1998, Delhi.

Mia comprensiva compagna,

sono le sei del mattino e fuori è ancora buio, ma il sole manca perché è nascosto da una coltre grigia di smog, fumo e puzzo che mi fa gli occhi appiccicosi, la gola secca, il naso intasato. Dormo con le finestre sprangate, ma la merda sembra entrare dappertutto.

Nel salotto guardo le masse dei libri, silenziosi davanti ai cumuli di poltrone e cuscini coperti da lenzuoli bianchi impolverati, e penso che se tutta questa biblioteca trovasse il suo posto a San Carlo forse sarebbe più a casa e io troverei più casa fra quelle « voci » da cui, per osmosi, ho imparato tanto in questi quasi trent'anni di loro silenzio.

Davvero ho bisogno di ri-imparare tutto, anche i miei rapporti con gli altri: inutile che veda giornalisti qui quando non li voglio vedere altrove e non voglio più essere uno di loro.

Insomma, Delhi come base ha solo senso per poco, per avere un alibi psicologico ma non davvero per viverci. È diventata invivibile, credimi.

Vedo che ci sono messaggi tuoi, ora cerco di leggerli... anzi no, li stampo e me li porto al parco. Ti leggerò sotto le belle tombe musulmane e così anche tu sentirai questa gioia...

p.s. mentre uscivo è andata via la corrente, così ho dimenticato di spengere l'acqua che riempiva la tua giara. Tornando ho trovato l'acqua in tutta la casa. Così va questo mondo.

Questo è il vecchio problema che aveva ben posto padre Bencivenni: l'Occidente si è occupato del mondo attorno all'Io ed è diventato materialista; l'Oriente ha scavato nell'Io ed è diventato spirituale, ma ora questo Io muore di fame e di peste.

Guardo fuori dalla finestra e non potrebbe essere più vero,

specie perché, col complesso di colpa che l'Occidente dà, l'Oriente corre ai ripari importando i rifiuti della modernità a una velocità che lo soffoca; andrebbero bene gli autobus nuovissimi ed ecologici, ma qui viaggiano quelli venduti a poco o regalati perché vecchi e inquinanti, quelli proibiti in tutto l'Occidente. Qui ci sono le fabbriche che nessuno vuole, le medicine che si sono dimostrate mortali.

L'orrore nella storia dell'umanità sono stati le cannoniere nere che arrivarono in Giappone, quelle che conquistarono la costa della Cina, gli esploratori, i missionari, i mercanti, i conquistatori, i costruttori d'imperi.

Come salvare quel poco che l'umanità dovrebbe ancora avere da questo disastro dell'Oriente?

16 ottobre 1998, Delhi.

Mia cara Ems,

in un momento di grande esuberanza (ho scritto l'introduzione per Piteglio) avevo cercato di sfidare il tabù del telefono e dopo averti cercata a San Carlo ho sentito dalla Norma che sei al... supermercato. Così sono arrivato a sognare che anche tu lasciassi in mezzo a tutto il carrello semipieno e corressi all'aeroporto, o nelle nebbie ai piedi di una montagna, a raggiungere quel tuo magnifico figlio che ci scrive lettere diverse e ugualmente intense e intelligenti. Che gioia anche lui, oramai.

Oggi è stata una manna di belle storie, a cominciare dalla tua lunga lettera che ho letto nel grigiore piovigginoso e freddo dell'alba, a Sujan Singh Park alle sei, aspettando Dieter per andare a un *darshan* del Dalai Lama.

Mi son concentrato, mi son divertito e mi son scocciato con tutti questi sempre più ridicoli fricchettoni del *dharma* occidentali che mugolano le preghierine tibetane, fanno i gesti che van bene forse nell'Himalaya e poi con fare devoto mi raccontano che l'anno scorso un nugolo di vespe attaccò il *darshan* e tanti poliziotti furono punti varie volte, ma Sua Santità MAI e mi sorridono complici. A meeeeeee! Divento sempre più fiorentino o forse orsignano quando mi sento preso per uno di loro!

L'unica cosa ancora da fare è quella che proponi: viaggiare in

India e porsi le ultime grandi domande che a suo modo si pone anche Folco dall'altra parte del mondo.

Forse per questo ho ordinato venti scatole di cartone per mettere i libri e altro. Oggi Mahesh era per terra a spolverare uno a uno e a dare la cera ai libri sulla Thailandia e la Birmania. Mi sento liberissimo. Il tavolo è vuoto e comincio a mettere via i libri per San Carlo.

E penso al libro di foto e sento forte che debbo scrivere quello della *Giostra*.

11 novembre 1998, Benares. Mattino meraviglioso nella casa di Anand Krishna. Visita con lui al museo e sue teorie sull'«*arrested moment in art*». Una stimolantissima definizione.

Mi commuovo a vedere Roerich. Dinanzi al quadro del vecchio che salendo dal buio della valle incontra il Buddha che scende da una sorta di scala di uno stupa, mi viene da commuovermi, da buttarmi in ginocchio. Come mi fosse caduto un fazzoletto mi chino dinanzi a quel messaggio. C'è qualcosa nella sua pittura che mi parla, forse come ogni grande arte dovrebbe fare, anche se capisco lo scetticismo di Angela che sente e vede una differenza fra questo lavoro di Roerich e altri pittori. Forse lui non è un «pittore».

Sempre figure solitarie in paesaggi freddi di montagne con l'aspirazione alla luce. La più parte sono atmosfere di crepuscolo.

Angela parte nel pomeriggio. L'accompagno all'aeroporto. Mangiamo in magnifica armonia.

12 novembre 1998, Benares. Che l'infelicità occidentale venga dal fatto che noi abbiamo sempre voluto cambiare il mondo?

Dall'alto – protetto – sulla terrazza del Ganga View Hotel osservo all'alba, col sole che sorge e sembra lo faccia solo per me, lo scorrere, qui eterno più che altrove, della vita.

Una donna premurosa e diligente accomoda e annaffia una bella corona di fiori ai piedi di una piccola dea di pietra sulla riva del Gange. Una capra nera ne azzanna un boccone finché vien cacciata da una mucca che in un colpo ingurgita tutta la bellezza e la preghiera. Nessuno si ribella, la donna, la capra, la vacca si allontanano ognuna avendo fatto il suo sforzo per sopravvivere.

C'è una qualche grande saggezza che a noi occidentali illusi di divinità sembra sfuggire. Adoro stare a osservare questo mondo di vita e di morte che scorre così pacificamente.

Da sotto un albero un vecchio con una gran barba si alza dai suoi cenci arancioni e si mette a urlare a qualche fantasma sulla riva. Si calma, si accomoda e si mette a ri-urlare. Così per più d'una ora. Nessuno gli fa attenzione.

Torno a essere interessato alla ragione. Angela non ha torto a dire che qui si ha sempre l'impressione di guardare al mondo dall'alto, con lo sguardo di Dio, e con questo di capire come anche lui non possa occuparsi di tutto quello che ci (gli) passa sotto gli occhi. Forse la profonda infelicità occidentale viene dalla nostra indecente sacrilega presunzione di poter capire e persino cambiare il mondo.

Ora che i giovani sempre più si accorgono che questo non è possibile, e che forse quel po' che abbiamo cambiato non lo ha reso migliore, si scatena la rivolta contro la ragione, la rinascita del misticismo, il ritorno al rifugio della irrazionalità.

Forse è perché educhiamo i nostri giovani alla logica del computer che questi poi cadono così facilmente vittime della prima « filosofia » da poco prezzo che incontrano lungo la strada e senza scetticismo vanno a stare nella « Dr. Tripathi Guesthouse », seguono corsi di « Meditation and Celestial Vibration and Mantra Language » e sono impressionati dal primo indiano che dice loro: « Dio è uno ma ha molte facce. I cuori degli uomini sono diversi... » ecc.

Ne ho abbastanza di queste banalità, di questi occidentali sporchi e fumati che si aggirano per le strade di Benares, unico posto che ancora li accetta, che permette loro di sopravvivere di una qualche misericordia, anche umana, con tutti questi indiani che col sogno di un piccolo affare, di una scopata, parlano loro di dio e di se stessi.

Rispetterò solo quelli che sono « alternativi », che si procurano un modo alternativo di mangiare e di sopravvivere e non vegetano nelle pieghe della società che odiano e disprezzano, ma non al punto da farne completamente a meno, da rifiutarne tutti gli aspetti.

13 novembre 1998, Benares. Di nuovo il sole sorge solo per me.

« Ho 60 anni e non mi ero mai reso conto che quando il sole sorge, e si è sulla riva del mare o di un fiume, crea una lunga striscia tremante di luce e di vita, diretta a te che guardi e che entra nel tuo cuore. Il sole sorge per me alto sulla terrazza del Ganga View Hotel. Sono venuto qui per cercare un figlio... »

Le 120 pagine potrebbero cominciare così, sulla falsariga della *Morte a Venezia* che l'io segue come per confrontarcisi, per dirsi che non è così, che la sua passione non è quella perversa per un figlio di qualcun altro, ma per il proprio, perso nel turbine confuso dei nostri tempi.

È l'io che cerca di capire la disperazione, si mette al passo con l'idea di questa spiritualità orientale che attrae i giovani, cerca di capire, di abbandonare i pregiudizi, di lasciare le sue difese, i tabù, l'arroganza – e con questo si perde. E un giorno per aver bevuto dell'acqua, mangiato il pezzo di cocco offerto da un santone che non vuole offendere, si ammala di una grossa febbre e muore nel rumore di suoni che non sono i suoi, in mezzo a odori che lo ripugnano, con la nostalgia del mondo che ha imparato a disprezzare, ma che è il suo e che avrebbe fatto meglio a non lasciare.

Ci deve essere tutto il senso di Benares, città della morte, la disperazione, il fascino dell'eterno *samsara*.

Ah la Follia, la mia follia!!! Quella che adoro, sì, perché nonostante il mio risorgente razionalismo, e la mia rinascente fiorentinità, forse è meglio spendere la vita a fare gesti rituali attorno a un albero ritenuto sacro che a una catena di montaggio. Meglio carezzare un *lingam*, guardare negli occhi una statua che una macchina da cui c'è da aspettarsi al massimo sopravvivenza materiale, ma non liberazione!

3 dicembre 1998, Delhi. Parte il container con quasi trent'anni di vita in Asia. Senso di leggerezza.

6 dicembre 1998, Almora (India). Una notte in treno, tre ore di macchina per arrivare in un paradiso sul punto di essere anche lui perduto.

Penso alla mia vita, ho voglia di impegnarmi a mutarla, a non parlare più di me, a cambiare il modo con cui vedevo le cose in passato, a buttare a mare la zavorra di abitudini, di consuetudini, di cose dette, di repertorio. Un grande impegno, un bell'esercizio.

8 dicembre 1998, Almora. Ancora una volta vorrei essere due persone: una che diventa Anam, senza nome, che non ha passato, che si ritira, che rinuncia; l'altra che cerca di trovare un equilibrio fra il vecchio e qualcosa di nuovo.

Oggi un'esperienza sorprendente, come tutte quelle lasciate al caso. Sulla lista delle cose da fare c'era quella di visitare Marie Thérèse, la «segretaria» di Daniélou, ma stamani l'idea era di rinunciare ad altri incontri. Non mi sentivo di andare. Le montagne mi parevano dipinte, l'intera cosa mi suonava fasulla. Solo i tamburi insistenti e ossessivi che venivano dalla valle per un matrimonio avevano un suono di autenticità; volevo dipingere e restare fermo. Poi per non deludere Richard abbiamo deciso di andare per poco – è poi stata tutta la giornata – a trovare Marie Thérèse.

Si viaggia per strade impervie e strette lungo crinali di colline brulle punteggiate di nuove casette, baracche a tetti piatti appena imbiancate per gli hippy che «sono la base dell'economia di qui, ormai». Si lascia la macchina in uno spiazzo e si cammina per un'ora. Si passa sotto altre case, la foresta e il sentiero sembrano quelli di Orsigna. Si arriva in cima a una collina, un cane bianco abbaia e un vecchio signore, dall'aria mesta e lenta, con un berretto verde e delle ciabatte, appare e ci saluta. Le montagne dietro di lui sono favolose.

Restiamo a parlare sotto il portico davanti alla sua cucina, nel sole forte del pomeriggio.

Lui, Vivek Datta, marito di Marie Thérèse, comprò la attuale casa che era stata costruita da un funzionario inglese. Si entra in casa dalla cucina. L'ambiente è semplicemente meraviglioso.

Le pareti color ocra fatte di fango e sterco di vacca, il pavimento di vecchi travi di legno, un camino in cui è infilata una grossa tonda stufa di ferro, come una damigiana, dovunque lampade a petrolio con cui fa luce, più una pila che funziona con l'energia solare.

Tutto è scarno, tutto è elegantissimo. Sul muro di fronte alla finestra aperta sulla più incredibile vista del mondo, un piccolo quadro di Earl Brewster del Nanda Devi, lo stesso monte che si vede dalla finestra! Mi avvicino e sento come un'incredibile forza nel quadro che specchia la realtà di fronte. Colori tenui pastello, due grandi alberi azzurrognoli con le cinque vette sullo sfondo.

Due belle comode poltrone di legno intarsiato, un bel divano marrone, un tavolino da caffè, un tavolo ottagonale colorato di nero dal nerofumo della pentola d'acqua e della cera. La stanza da letto semplice e spoglia con delle librerie e libri anche sulle poltrone: un libretto della Blavatsky, un libro su Rushdie, un altro sul buddhismo. Un piccolo buddha nepalese su una mensola, un vaso di rose, la foto al muro di un buddha che mi pare coreano. Una grande pace, una gioia incontrare quest'uomo. Una vita con ordine, difficile.

10 dicembre 1998, arrivo a Delhi. Dormo nel bello scomparto superiore del vagone letto di seconda classe, quando sono svegliato dal forte battere di mani contro le bordate di ferro del treno che si è appena fermato. Qualcuno apre le porte e una folla di infreddoliti, stanchi, assonnati facchini invadono il treno non tanto per prendere in consegna i bagagli quanto per riscaldarsi col calore animale dei passeggeri ancora assonnati nelle cuccette. Uno, tremante, entra e si siede sulla cuccetta di Angela che ancora dorme.

Si esce a Delhi in un'immensa folla sporca e affaticata che scende le scale, avanza, caracolla nei camminamenti. I facchini con le marsine rosse, tutti in fila, uno accanto all'altro, uno che pigia l'altro, ma senza violenza, senza senso di minaccia. Sui gradini della stazione, davanti alla cabina dei telefoni, una distesa di fagotti di gente che dorme avvolta in misere polverose coperte. In mezzo alla folla un vecchio sadhu pazzo col suo grande tridente per aria.

L'ultimo paese di vera follia.

* * *

1º gennaio 1999, Orsigna. L'anno comincia dormendo.

La famiglia tira fuori il peggio di me. Torno a essere banale, misero (mi distruggo un'ora perché qualcuno ha gettato il filtro del caffè nella pattumiera pulendo la sola bella caffettiera che funziona). Sogno di riammalarmi per poter essere concentrato sulla morte (che forse esorcizzo così?).

Faccio una bella camminata con Folco nella neve fino al passo di Porta Franca. La natura è bellissima, ma non mi commuove. Solo la solitudine lo fa ormai.

Folco è magnifico. Leggo il suo diario di Calcutta con entusiasmo. Alcune pagine sono da antologia, di bella poesia.

11 gennaio 1999, Firenze. Folco chiama dicendo che diventerà padre. Tutto ha senso. Per Angela è una sorta di colpo, per me una sorta di liberazione: « Ora che hai deciso di essere tu padre, non ho più bisogno di esserlo io. Una meraviglia! »

12 gennaio 1999, Firenze. All'alba andiamo alla chiesa di San Miniato. Magnifica. Meditiamo e preghiamo nella stupenda penombra rotta da un incredibile raggio di sole.

È bello essere in questa città un tempo straordinaria.

16 gennaio 1999, Orsigna-Pistoia-Firenze. Giorni del Trasloco. Sono pieno di energie. Mi fa piacere fare questo per Angela e per la famiglia, per poi poter di nuovo scappare.

Scrivo a Bernardo: « Sono a Firenze alle prese con il container di 13 metri arrivato alla porta di casa pieno di 25 anni di vita in Asia (salvo l'India) e che avrei meglio visto finire al fondo dell'oceano Indiano. Così ho a che fare con i facchini, gli imbianchini, i doganieri, i fontanieri. Il tutto mi capita in un momento della vita in cui sento che la cosa più importante è alleggerirsi, buttare a mare la zavorra di cose, di relazioni, di impegni, di abitudini, come si fa con le navi quando ci si appresta ad affrontare l'ultima tempesta. Ed eccomi qua, invece, che rimando l'appuntamento con N.Y., quello col silenzio, con la solitudine e con quel nuovo ideale di vita che mi s'è piantato in testa: un vecchio americano incontrato nell'Himalaya che, dopo una vita spesa a Hollywood a farsi un nome da attore e regista, vive ora lassù in una piccola casetta bianca e si fa chiamare Anam, il senza nome».

2 febbraio 1999, Firenze. La casa è finita e io risento la voglia di scappare.

4 febbraio 1999, Firenze-Milano. Vado a trovare Spagnol, sempre più vicino alla morte.

Non muove le mani né le gambe, un naso orribile di plastica gli dà aria nei polmoni, una donna gli gira le pagine del nuovo catalogo che legge assieme ai suoi più stretti collaboratori. La sua testa funziona ancora alla meraviglia. Dice a tutti che vuole per Natale un nuovo libro di Terzani... Bravissimo. Gli occhi sono quelli terrorizzati di chi vede la morte, la faccia pallidissima, la voce difficile. I suoi tre dirigenti in piedi, pieni di rispetto. Di ogni libro dice quel che vuole, commenti diretti e precisi.

5 febbraio 1999, Milano. Pranzo con de Bortoli, caro e leggero. Racconta che nel '69 era nella manifestazione di ultrasinistra che dimostrava contro il *Corriere* («Ma non lanciai le molotov») e ora alla testa di questo grande carrozzone editoriale, con qualche principio, ma soprattutto quello di sopravvivere, di non urtare. Mi tratta con grande cortesia e con calore. È interessato a una sorta di diario «di straniero in patria», storie di viaggio, di vita vissuta. Ricorda il grande successo del diario di Hong Kong.

13 febbraio 1999, Firenze. Ieri sera meno male abbiamo visto *La vita è bella* di Benigni. Poetico, come è la vita, ora esilarante (il primo tempo), ora tragica (come il secondo). Che coraggio usare l'Olocausto per dire quella semplice cosa.

4 marzo 1999. A Orsigna, poi a Firenze con Saskia a parlare del suo futuro.

Bellissimo rivedere Angela nel letto cinese nel mezzo del pomeriggio e parlottare di noi, dei figli, in pace, senza la trappola della routine che ci rimpicciolisce.

5 marzo 1999, Orsigna. Nevica, sono solo, qui tutto è bianco e silenzioso.

Spagnol: « Parlo sempre di più coi morti che coi vivi ».

« Parla coi grandi? »

« No, quelli mi mettono in soggezione. Parlo coi miei amici di Lerici, mio nonno... »

11 marzo 1999, Bangkok. Parto da Roma per Bangkok. Solito arrivo con l'odore dolciastro dell'alba, ma presto il camminare nel passato mi stanca, mi fa sentire a disagio.

L'ultimo giro di giostra? Gioco con l'idea che poi si dirà: « Se lo sentiva ».

12 marzo 1999, Bangkok. Un piccolo albergo per bene, La Residence: non più il lusso dell'Oriental, non il bel sordido bordello che era lo Swan Hotel o il Trocadero, ora rifatto.

14 marzo 1999, Bangkok. Mi alzo affaticato e sudato. Con la finestra aperta i rumori della strada sono troppi, con la finestra chiusa il freddo dell'aria condizionata spiacevole.

Dormo male, ma con un bel sogno: sono solo a Orsigna e mi viene a trovare Bernardo. È vecchio, ma ha una macchina sportiva, grigia, bassa, con i fari che salgono su dalla carrozzeria. Gli dico che voglio star solo e lo mando via la sera, al tramonto. Vedo la sua macchina che parte, mi chiedo dove mangerà, dove passerà la notte, mi dispiace averlo cacciato, ma è già via. Adoro essere solo. È inverno, sono nella cucina che non è dove è davvero, ma nella vecchia camera della nonna Lina. Da lì sento tramesticare nella casa, qualcuno che si aggira nel salone. Sento la tv accesa, a voce alta, poi bassa. Sento dei passi, qualcuno che prende il telefono. Chiudo la porta a chiave, poi decido di farmi vivo, e dal buco della serratura vedo una giacca verde e rossa come quella di Angela, so che non è lei, sono preoccupato, impaurito, ma non troppo; apro improvvisamente la porta per sorprendere l'intruso e vedo che è la Brunalba, impaurita lei stessa a vedermi. È venuta a riportarmi Baolì, tutto sporco di stallatico, con la paglia nel pelo. Lo carezzo e mi accorgo che gli casca un piede, tutto il piede con le unghie e il pelo. La Brunalba mi rassicura: è naturale, è così che avviene quando cambiano il pelo. Guardo il piede che ho in mano, guardo le zampe di Baolì e vedo che è vero, lui è tutto a posto e la nuova zampa ha i suoi unghielli.

Mi riaddormento e alle sette sono in piedi.

Pranzo sulla terrazza dell'Oriental Hotel. Orribile questo camminare nel passato dove il posto di ogni sorpresa, ogni possibile emozione, ogni curiosità e ogni scoperta è già occupato dai ricordi. Per questo forse amo l'India, ancora tutta da scoprire, dove mi sento come per la prima volta, dove non ho confronti da fare... soprattutto con me stesso.

La modernità costringe tutti a un ritmo di vita che non si confà a nessuno.

15 marzo 1999, Chiang Mai (Thailandia). Dan Reid all'aeroporto, gli occhi pungenti, intensi, la faccia tutta pelle grinzosa, quasi trasparente. La casa piccola, bellina, con una grande pace. Si attraversa un piccolo stagno con piccole piattaforme di cemento e dei fiori di loto con delle belle larghe foglie.

16 marzo 1999, Chiang Mai. Ci si alza presto. Ho dormito benissimo, solo un sogno: che ero diventato giovanissimo, mi ero tagliato la barba e i baffi ed ero abbronzato. Mi ha fatto quasi paura e mi son svegliato felice di scoprire che la barba ce l'avevo ancora.

Dan per colazione con tè, una banana e le noci della Cina. Le sue teorie: l'America, il paese più orribile del mondo, finirà per distruggersi con una crisi della salute; già nuovi virus.

18 marzo 1999, Chiang Mai. Alle nove si fuma, un magnifico sfrigolare dell'oppio che cuoce in un minuscolo pentolino sopra la fiammella. Una serie di belle bolle tonde e lucide si formano e scoppiano.

« È cotto quando l'ultima bolla d'aria non ha la forza di esplodere da sé. »

Fumo tre pipe e mi sento quasi male; una situazione al limite fra la gioia, la serenità e il torpore da vomito. Mi distendo e sogno a occhi aperti, godo del tintinnare delle campanelle giapponesi, dell'uccello che vedo venire a mangiare il suo pesciolino e del bel loto che ha giusto aperto i suoi petali.

I giorni passano veloci e inutili con una serie di personaggi che vanno e vengono di quella che Léopold chiama l'Accademia dei Matti.

20 marzo 1999, Chiang Mai. Sabato sera al tempio di Khun Anusorn con decine di monaci che salmodiano per « caricare » le diverse statue, le donne in trance che ballano, lui che soffia su quelle che svengono, alla fine *kun* Yin che cerca clienti fra i suonatori. Una donna viene da me per essere benedetta.

Il tempio in festa, centinaia di fedeli venuti da Phuket e da Bangkok con un grande bus. Pentoloni di cibo vegetariano, enormi candele messe in delle tinozze d'acqua per recuperare la cera. Tutto il tempio è coperto di fiori veri e di plastica, belle costruzioni. Nel centro del nuovo tempio sono accatastate le nuove statue, i regali della gente, i monili da « caricare » dei fedeli (Dan mette il suo rosario buddhista); arrivano i monaci che si siedono ai quattro lati; il più vecchio, fragile e grinzoso, arriva per ultimo. Tutto il tempio, le statue, i corridoi, gli oggetti sono legati da fili rossi che vengono collegati al filo bianco che cade nella pentola dell'elemosina.

Vengono accese le candele, tenute in delle cassapanche di legno, salmodiamenti, poi il vecchio rovescia la candela accesa nell'acqua, la spenge, e con la scopa di vimini benedice tutto e tutti. La gente si fa sotto strisciando per avere la sua benedizione. Nel tempio di Shiva comincia la musica, le donne si fanno avanti e ballano e si invasano. La moglie del mago balla, grassa e coperta di ori, poi mette un dito sulla fiamma della grande candela e fa un *tika* sulla fronte delle donne. Tutte lo vogliono, mi si rivolta lo stomaco.

21 marzo 1999, Chiang Mai. Dormo leggero, vengo svegliato dal cinguettare insistente di un uccello che sembra proprio sul mio letto. Medito per una mezz'ora in una delle belle caverne riesumate, mi disturba la voce monotona di un altoparlante da cui, come ogni mattina, vengono ripetuti i discorsi del tramonto di un qualche monaco.

Un pazzo dopo l'altro. Ieri è stata la volta di un giovane (35 anni) monaco americano figlio di un professore di economia, divorziato e risposato in Sudafrica con un'indiana. Da 9 anni più due di noviziato in Inghilterra ha scelto la via dura del *sangha,* ma ora ha dubbi, si chiede perché; da quando è entrato soffre il freddo, un freddo che gli spiffera sulle spalle, che gli entra nella pancia e da lì nelle gambe e a volte non va via per giorni anche quando è ai tropici. Gli suggerisco uno psicanalista. Ho l'impressione che adorerebbe avere una bella ragazza, vivere in una *farm* e fare figli. Sarebbe bravissimo.

Tanti matti. Avrei solo voglia di scrivere un romanzo con questi protagonisti pazzi, i giovani occidentali che credono di aver trovato come Dan Reid una qualche verità esoterica, tutti questi religiosi.

Un tempo di grande confusione!

22 marzo 1999, Chiang Mai. Ore sette, tazzine di tè con Dan sulla veranda. Si parla della Cina, del suo rapporto con la Cina (virtuale, dico io), l'unica – secondo lui – grande civiltà che si può portare dovunque. Se ne prendono i grandi contributi e li si trapiantano dove si è. L'arte del tè, il qi gong, la medicina, l'erboristeria, il taoismo e li si trapianta in Thailandia o in Australia, come i fiori di loto. Bisogna profittare – dice Dan – di quello che i grandi saggi hanno lasciato. La Cina di oggi è orribile, l'incubo di Confucio si è realizzato, i mercanti sono al potere, non c'è più alcun rispetto per i sapienti o i sacerdoti, ma l'antica Cina può continuare così a esistere per chi la vuole.

Parlo di Arthur Waley e lui tira fuori una bellissima biografia-tributo di Ivan Morris, *Madly Singing in the Mountains,* con una splendida suggestiva foto di Waley sul letto di morte nel giugno del 1966 nella sua casa: un divano-letto nel sole, i libri, la finestra aperta su un bel giardino.

Dove farò mettere il letto? Folco (o forse Saskia) mi farà quella foto con cui vorrei essere ricordato per dare come in questa « morte taoista di W. » – dice Dan – l'idea che la morte è un bel passaggio?

Di Dan mi meravigliano il suo corpo muscoloso, la sua pancia senza grasso, ma non la sua aria malaticcia e fragile. Il suo umore è forse piatto e calmo a causa dell'oppio, ma anche lui e Yuki non sono esempi di persone che attraverso le loro pratiche raggiungono la pace, la serenità che cerco.

Pomeriggio con Poldi. Come fanno i vecchi solitari, si parla per ore e ore senza interruzione, un fiume, una valanga di parole. Lui ha una bella teoria sulla territorialità degli oggetti che una volta tolti dal loro « territorio » perdono di significato e di valore, un po' come i buddha di cui si diceva che tolti dai paesi buddhisti portavano male. Secondo lui la globalizzazione, portando gli oggetti di tutti dappertutto, crea la grande confusione che prelude alla catastrofe.

Leggo con interesse nei giornali che l'esercito malese è stato impiegato per eliminare migliaia di maiali portatori di un virus che uccide. Qualcosa nel mondo non va.

23 marzo 1999, Vientiane (Laos). L'aereo da Bangkok è pieno come un tempo di funzionari dell'ONU in business class e di impiegati delle varie ONG nell'economica.

Ritorno dopo il 1992. La stessa aria di posto tranquillo.

Piccola siesta nel pomeriggio, poi al tramonto su una bella terrazza di legno sul Mekong senz'acqua, con le tante isole di sabbia che i francesi assegnarono a se stessi togliendole alla Thailandia e di cui oggi godono i lao. Tante belle ragazze a caccia di occidentali che lavorano per le ONG. Al tavolo accanto, impiegati dell'ONU di una qualche importanza parlano a un cellulare, poi delle loro esperienze a mangiare serpente in Vietnam.

A piedi lungo il fiume – vediamo la casa che Léopold vuole affittare per ritirarsi – torniamo da mister Kho e sua madre, Madame Loc. Una bellissima cena è pronta con dei bei grandi pesci alla brace che si involtano in foglie trasparenti di riso e insalata e ginger, foglie di menta e di giovani ributti di banani. Poi si sale.

Un giovane oppiomane scuro in faccia fa le pipe. La vecchia si siede abbracciandosi le gambe contro una bella parete coperta da quattro quadri, rappresentazioni di un qualche paradiso. Fumo una decina di pipe, faccio alcune foto... una a cui, penso, guarderò sul letto di morte: ho sempre in mente la foto di Arthur Waley.

A passeggio per le strade, poi un tè nel grande albergo del centro dove finisce un matrimonio.

Ho sempre di più la sensazione che non verrò mai più. Non ne avrei ragione, tranne per venire a riempire una bottiglia scura di questo meraviglioso oppio: 400 dollari al chilo. Il migliore è quello di tre anni fa, perché quello recente – dice Madame Loc – è misto a salsa di fagioli perché i muong hanno avuto un cattivo raccolto.

24 marzo 1999, Vientiane (Laos). Tesissimo pranzo sul Mekong con Poldi, che mi racconta che la grande rottura con me avvenne all'aeroporto di Bubaneshwar in Orissa, India, quando io affamato ordinai due sandwich e lui vide questo come un «segnale» di terribile volgarità e lì decise che non mi avrebbe più visto. Mi spiega che i segnali sono importantissimi, vitali, che lui ha imparato da suo padre che se uno mette la forchetta a destra invece che a sinistra del piatto, o scurreggia a tavola, è un segnale insopportabile e che una persona così non va più vista.

Gli dico che trovo questo spaventoso e che una persona capace di pensare così non è degna di essere mia amica... Dentro di me faccio piani di tornare a Bangkok per andare a stare in albergo e non vederlo mai più, ma lui addolcisce la pillola e parla parla, chiaramente avendo capito di aver detto una cosa un po' troppo grossa.

30 marzo 1999, Delhi. Bello rientrare a casa ma qui, dove per restare al gioco devo «fare la parte del giornalista», più che altro viene fuori la mia contraddizione non risolta. Debbo cercare un modo e un posto in cui essere quel che sto diventando: mezzo Anam, mezzo Tiz.

Certo non Delhi.

Ho sempre sognato di passare dei mesi in altre città: prima era Macao, poi Benares. È tempo che lo faccia prima che gli indovini di New York mi riducano in cenere gialla.

31 marzo 1999, Delhi-Bombay-Coimbatore. Si scende su un aeroporto caldissimo: belle aiuole con strane piante che creano come un mare in tempesta con tanti bozzoli e ciuffi di erba a palle. Il taxi va verso la città, anonima, di cemento come tutte, senza alcun carattere, senza alcuna storia. Poi si muove in una valle chiusa da una bella linea di colline blu che si parano davanti: le colline di Anaikatti.

Un collegio di ayurveda nuovo, un liceo, un'altra scuola. Poi il Gurukulam, nuovo, di cemento, semplicissimo, sciatto, cartacce, plastiche nei giardinetti che circondano le casette-dormitori. Mi rendo sempre più conto che davvero per gli indiani la realtà è *maya*, illusione, che non la vedono, che non conta e che la storia non è nelle pietre, nelle cose, ma forse solo nelle parole.

Qui tutto sembra – ed è – nato ieri, senza alcuna tradizione, senza alcun sentimento, cura, passione. Gli alberi non sono potati, ma mozzati, il cemento è versato e lasciato lì. Persino il tempio sembra fatto senza amore. Mi guardo intorno: molti vecchi della mia età, ex funzionari di Stato, alcuni giovani, invasati e monaci, due «vedove» occidentali che, al contrario di tutti gli altri, passano e non salutano e non sollevano neppure lo sguardo.

Son contento di essere qui. Non ci sono comunicazioni; avrò tempo di stare in silenzio, di riflettere.

1º aprile 1999, Gurukulam ad Anaikatti (India). Finalmente sono arrivato in India! Seduto per terra in un grande stanzone, con davanti un piatto di metallo con tante ciotoline piene di cose sconosciute, in fila con tanti signori di età avanzata che si abbuffano con le mani e si leccano avidi le dita sporche di cibo, faccio colazione con ceci lessi, intrugliati a tante spezie, una solida pappa di fagioli e riso, forse. Il posto è modesto, di cemento, pulito e magnifico.

La sveglia era per le cinque del mattino, l'inizio del corso alle 5.30. La prima ora spesa a spiegare l'invocazione rituale.

L'alba è consolante in ogni posto del mondo, ma qui era particolare, in cima alla collina col tempio appena illuminato dal primo sole che sorge dietro la più alta delle colline di Anaikatti. Sembra che il Gurukulam sia in una valle circondata da basse montagne con picchi e rocce: le falde sono coperte da alberi da frutto piantati da poco, ma la nebbia la rende romantica, e rispetto alla solita India è un sogno.

Il tempio è semplice, di cemento, senza tanta elaborazione kitsch. Ma complicatissima, elaborata, è la cerimonia del mattino: tre sacerdoti si affaccendano in continua corsa attorno alla statua nel sancta sanctorum, ciotoline di acqua, grandi otri di ottone vanno riempiti, portati davanti al tempietto, e la statua viene lavata con latte, con acqua, ricoperta di miele, di farina, di zucchero, poi di una polvere gialla (curry?), il tutto in un continuo salmodiare diretto da due culonissime, care signore della mia età, in bianco, forse vedove, che controllano anche i sacerdoti con la loro precisa conoscenza di ogni gesto della liturgia. L'incanto del salmodiare è infinito, con i fedeli-studenti che ripetono le invocazioni.

Quel che mi colpisce è quell'indaffaratissimo andare e venire dei *pujari*, finché dopo un'ora di questo formichesco lavorio le statue sono splendide di colori, di punti bianchi e rossi, coperte da sciarpe damascate. Le due donne in bianco si affacciano a guardare se tutto è in ordine dopo aver dato, per tutta la cerimonia, ordini con occhiate e gesti svelti della mano: perché si suoni la grande campana, perché si smetta, perché si porti ora quella ora quell'altra ciotola al *pujari* presissimo nella camera oscura del dio principale.

Uno spettacolo incredibile: tutto per vestire due pietre, non un gesto inteso come ormai ne facciamo tanti (quasi tutti) per produrre qualcosa, al massimo un piacere.

Sono nell'ultima casina del complesso, sento gli uccelli e guardo la cima azzurrognola di queste colline.

C'è pace. La trovassi dentro anch'io. Pace sul chi essere, come essere.

Mi son impegnato almeno per una settimana a non parlare con nessuno, almeno a non parlare di me.

Ho una naturale ripulsione per tutti gli inginocchiamenti, il toccare i piedi degli *swami-ji*, il prostrarsi davanti alle immagini, alla cattedra. Eppure, se ripenso all'orrore e alla desolazione che ha prodotto ogni tentativo di eliminare questo, mi accorgo che c'è un enorme valore di pace, di acquietamento in tutto ciò.

Mi accorgo che gli *swami-ji* sono i più distanti dalla liturgia, non si inginocchiano profondamente, non fan gesti plateali e anche dinanzi ai loro dei non mostrano mai quella persa devozione dei laici.

Vado in città in autobus. Senso di libertà e di gioia. Mangio usando per piatto una foglia di banana.

Satsang della sera. Ognuno si deve presentare. Quando viene il mio turno al microfono, dico che è una sfida parlare di me, perché, compiendo 60 anni pochi mesi fa, ho deciso di non parlare più di me, di non ricorrere più al mio passato come a una moneta di scambio, come a una misura di grandezza e che, avendo speso una vita a farmi un nome, volevo ora viverne una senza nome. Per cui quel che avevano davanti a sé era una persona che cercava di non ripetersi, di non farsi bella di quel che era stata, ma una persona che cercava di essere nuova e che voleva essere conosciuta semplicemente come Anam.

È stato lo *swami* a ricordare al pubblico, che già applaudiva, che ero italiano, giornalista, scrittore e che uno dei miei libri era anche nella biblioteca dell'*ashram*.

Così anche qui sono Anam e mi piace.

Oh, il Sé! Mi ero davvero stancato del mio, di quella figura che dovevo sempre portarmi dietro e ripresentare al pubblico. Quante volte in un aereo, in treno, a una cena in casa di un diplomatico, a un cocktail party dovevo riraccontare la mia storia, spiegare perché da italiano scrivevo per lo *Spiegel*, che cosa pensavo del paese in cui vivevo; quante volte ho dovuto con un'obbligatorietà da cui non sapevo liberarmi, riraccontare i soliti aneddoti della mia vita, le mie ultime avventure per intrattenere il mio casuale intrattenuto. Avevo tanto riso dei giapponesi con il loro Sé e il loro rispetto di sé legato ai loro biglietti da visita, e io mi comportavo allo stesso modo: per essere preso sul serio, per non essere ignorato presentavo anch'io, più parlata che scritta, recitata invece che stampata, la mia carta da visita; quella versione di me da cui sembravo così tanto dipendere. Andandomene dal microfono mi viene da ridere e ridere!

La sera è quieta. Una delle colline del semicerchio è illuminata da una corona di fuoco. I pochi alberi che ci sono bruciano.

Sogno di terre lontane, di storie che non hanno niente a vedere con qui.

2 aprile 1999, Gurukulam. Non riesco a meditare con la continua voce dello *swami-ji*. Mi fan male le gambe e i piedi su cui posano, sempre più pesanti, le ginocchia.

Mi piace il rituale della rigovernatura. Tutti in fila lungo una sorta di abbeveratoio con decine di fontane e con delle ciotole con sapone. Ognuno deve pulire e risciacquare bene, nella speranza che lo facciano tutti. Mi ripugna ancora mangiare con le mani senza essersele lavate dopo essere stati seduti per terra ed essersi toccati tutto il tempo i piedi.

Mi prendono momenti di grande nostalgia di Angela. Che senso ha questa forzata separazione? Siamo vecchi, non abbiamo ancora un tempo infinito assieme e invece di passare quel che resta gioiosamente accanto, siamo lontani miglia e miglia. Eppure, da un'altra parte del cuore sento che in questa distanza ci ritroviamo, ci ripuliamo del peso della quotidianità e saremo forse poi più capaci di godere della nostra reciproca presenza.

Angela ha ragione: a me basta avere da fare qualcosa a cui tengo, altrimenti mi perdo nella banalità, nella volgarità dei dettagli.

3 aprile 1999, Gurukulam. Al tramonto di nuovo sulla collina col *mandir*. Dapprima sono solo, poi il *pujari* fa una breve cerimonia per una coppia di contadini del vicinato venuti a celebrare qualcosa. Il sole cala glorioso dietro le colline mentre lui continua a salmodiare e la donna gira gira su se stessa al centro della piattaforma, per poi buttarsi distesa a terra.

Sono venuto con l'e-mail di Angela ancora da leggere. Che strano questo mondo delle comunicazioni. Ricevo quasi in tempo reale, ma mi porto questo dono prezioso in cima alla collina per godermelo assieme al tramonto.

Ad Angela. Ore quattro del mattino, mi sveglio in mezzo a sogni senza drammi di posti lontani, di storie come di un'altra vita e mi ritrovo in questo strano posto, con le zanzare che mi ronzano negli orecchi e mi costringo a non ucciderle, con la brezza fresca, quasi fredda della notte che soffia fra le due finestre.

Il mio primo pensiero è a te, Angelina, a scriverti, a tendere questa mano verso una lontananza dove so che tu sei e che se non ti sapessi esistere mi lascerebbe senza vita. Sono qui solo perché so che, non da qualche parte del mondo, ma lì in quella casa, a tenere acceso il fuoco di tutti ci sei tu.

Seduto sotto delle giovani palme che frusciano rumorose come avessero fronde di metallo, ripenso al nostro rapporto di giovani. La nostra, fin dall'inizio, è stata – vista da ora – una comunione di vita, un istintivo accordo su come guardare al mondo e sul dove andare; un istintivo riconoscersi. Il desiderio fisico non era mai quello che si consuma nell'umidità sudorosa di due corpi; almeno a me pareva che il «dopo» fosse sempre l'inizio di quella serena unità alla quale ho sempre tenuto più che a ogni altra cosa. Certo non avessimo mai avuto rapporti fisici, quell'unità non sarebbe nata e persino ora soffrirebbe, ma non è sicuramente un caso che col passare del tempo l'ossessione della carne recede per lasciar posto a questa molto più profonda, languida, penetrante nostalgia dell'essere.

Alle sei lascio la mia stanza e a pieni polmoni respiro l'aria pulitissima dell'alba. È bello in quella prima luce vedere solitarie e silenziose decine e decine (siamo 110) di figure tutte bianche avviarsi sotto le palme, i banani, gli alberi della pioggia e quelli fiammeggianti, verso la Kashi Meditation Hall. Tutti in bianco. È come se vent'anni fa, quando scelsi la mia «uniforme», mi fossi preparato a tutto questo? In qualche modo. Rileggevo ieri nel computer il mio diario di Daigo, il mio andare sul Fuji in pellegrinaggio, il mio «ritirarmi» in silenzio in quella casa... c'era un filo che ora sento di avere fermo in mano. Un filo di Arianna per uscire dal labirinto della depressione.

Le giornate qui sembrano tutte cominciare e finire meravigliosamente. Ma che si fa qui per il mondo e per la guerra che ora immagino sempre più vicina a casa? In apparenza nulla, eppure posti come questo tengono in vita un'idea, rappresentano un'ispirazione, offrono un'occasione di ripensamento necessario, indispensabile.

Non erano così, fino a qualche generazione fa, i nostri monasteri?

4 aprile 1999, Gurukulam. Mi sveglio presto e vado alla *puja* del mattino. Mi ripugna il rituale (e quindi l'idea appena espressa dallo *swami* che il rituale conduce alla salvazione, perché così dice il Vedanta), tutto quell'inginocchiarsi, quel correre con le mani ai piedi dello *swami*, quel correre a prendere il calore del fuoco che passa fra i fedeli alla fine della cerimonia, quel fermarsi intensissimi a osservare le immagini di pietra da cui uno deve sentirsi guardato (*darshan*), il gettarsi per terra, il battere la testa sul pavimento e... stamani quel distribuire, assieme a una cucchiaiatina d'acqua, una manciatina di banane fermentate che tengo con disgusto in bocca finché di nascosto non riesco a sputarle via.

Mi colpiva la leziosità del gesto del *pujari* che fingeva di dare da mangiare le banane al toro di pietra nera davanti al tempietto.

Giornata di dubbi: parole su parole su parole per dire in fondo poco. Resto a origliare quel che lo *swami* ha da dire a una frotta di commercianti e piccolo borghesi di Coimbatore che sono venuti con le famiglie (in macchina!) a passare la domenica qui. Parla per più d'un'ora sul concetto di « mi piace e non mi piace » e afferma che bisogna dire la verità apertamente. Non valeva la pena venire da Coimbatore per questo, a parte la gioia dell'*ashram*, il pranzo vegetariano servito da studenti stranieri, l'atmosfera di calma e i bambini che giocano nei prati.

Sento sempre di più nello *swami* una forte dose di sciovinismo indiano, un modo per rafforzare l'identità indù. Leggo *Una civiltà ferita: l'India* di Naipaul e non fa che alimentarmi il dubbio anche sul mio esser qui. Mi resta di traverso l'idea che i rituali conducano in paradiso. Non posso aver lasciato un «credo» per venire a farmi imbecherare da un altro. Ci deve essere una misura, un equilibrio fra la distruzione delle religioni e questo «credere», qui per giunta rivenduto come qualcosa che può essere provato. Si vedrà come.

Mi guardo attorno e sento le vite nella loro miseria e poco nella grandezza. La mia voglia di ritiro – come ha ben suggerito Angela – è sempre più orientata sul silenzio di Orsigna... stasera.

6 aprile 1999, Gurukulam. La corriera che passa è quella che va attraverso i villaggi dei mattonai e che impiega quasi due ore per arrivare a Coimbatore. Sto molto tempo in piedi in mezzo a una massa nerissima e magra di indiani stanchi e mal messi, bambini senza scarpe che tornano da scuola, uomini assonnati.

Che relazione ha quel che insegna lo *swami* con questa gente? Che cosa significa questo bell'*ashram* per questa gente?

Ad Angela. Stanotte c'è stata una gran tempesta, i panni che avevo fuori ad asciugare son volati via e l'aria si è fatta più fresca. Le lezioni dello *swami* sono ripetitive e fatte di sofismi non sempre convincenti. A volte ho l'impressione di essere a una lezione di filosofia per casalinghe. Dopo ogni lezione, una gran parte degli *shisha* (studenti) si precipitano a seguire lo *swami* nella sua *kutia*, la sua residenza, dove uno a uno si buttano ai piedi di lui, ora seduto in una bella poltrona sotto una lampada al neon.

Con l'idea che dopo la reverenza lui dava anche una banana, stamani sono andato anch'io, ma quando stavo per varcare la soglia mi si è rivoltato lo stomaco a quell'idea di buttarmi ai suoi piedi e son scappato via dinanzi alla costernazione della vecchina che, in fila dopo di me, aspettava ansiosa il suo turno. Ho poi anche scoperto che le banane stamani son restate tutte nel cesto accanto a lui.

Come vedi, non sono ancora impazzito... e stamani ho per giunta – in un momento di rabbia eretica – anche ammazzato una bella quantità di formiche che si erano avventurate nella mia stanza e avevano attaccato la mia preziosa scatola di datteri. Ho fatto la doccia, col bel metodo che anche tu ami del secchio (bisogna mettere anche da noi – utilissimo, perché non ci abbiamo pensato? – un rubinetto basso all'altezza del ginocchio), ma poi andando ancora al buio al tempio per la *puja* del mattino... ho sentito che comincio a puzzare di quell'odore dei monaci: odore di castità, di cibo senza piacere, di negazione della carne – non solo quella degli animali ma anche la propria. L'odore di Karma Chang Choub, insomma.

Oggi, come vedi: giorno di crisi ideologica, ma ugualmente bello e sereno. Ridi, Ems, ridi con me e stammi vicina come ti sono io in quel tuo quotidiano affrontare i problemi del mondo e di famiglia con cui ti ho lasciata.

Ora corro a lezione, metto il dischetto nella sacca di monaco e, se riesco, salto il pranzo, scappo alla corriera e corro a spedirti tutti questi pensieri e la mia inutile magari, ma cara, credimi, « presenza ».

Hari Om,

Anam

7 aprile 1999, Gurukulam. Satsang della sera. Il tempio era bello. È venuta di nuovo una grande tempesta e dopo l'annuncio a cena siamo andati a vedere la statua della dea che ha portato i Veda all'umanità. Era tutta ricoperta di profumatissima polvere di sandalo e poi dipinta, gli occhi e le mani. Un gran lavoro e la gente era in estasi, si fermava, si inginocchiava, toccava le pietre con una vera, genuina – e per me incomprensibile – commozione.

9 aprile 1999, Gurukulam, compleanno di Angela. Bellissima giornata. Vedo il sorgere del sole dall'alto della collina dove sono solo con le cornacchie, poi la meditazione in cui mi vedo entrare nella camera da letto di Angela a San Carlo, io grande fino al soffitto, con un'armatura, a proteggerla ora e sempre... anche se accanto a lei ci fosse un altro uomo.

Poi il pranzo con l'annuncio e il mio vicino che mi domanda dove si trova Mrs. Anam.

Le lezioni dello *swami* diventano sempre più confondenti e più volte mi chiedo se non debbo alzarmi e partire. L'idea che lui abbia una soluzione è ovviamente follia, eppure mi incuriosisce capire fin dove può arrivare con la sua testa.

Mi meravigliano varie cose: la credulità di tante donnette che gli penzolano dalla bocca, a mio parere senza capire nulla, come la medichessa in prima fila che dalla mattina alla sera scuote la testa in segno di approvazione a tutto quel che dice; il gioco di masturbazione intellettuale che questo pensiero comporta. Capisco come presi da questo ragionare non abbiano fatto nulla, come siano diventati cavillosi e retorici. E come senza che nessuno davvero capisca una sillaba lui continui a fare categorie e a descrivere situazioni con parole che nessuno segue e che poi vengono ridimensionate, ridefinite in un continuo processo che sempre più mi pare inteso a provare che tutto quel che l'esperienza dà per certo non esiste e che solo esiste quel che l'esperienza non può provare.

11 aprile 1999, Gurukulam.
Carissima mia moglie,

lo *swami* è andato a imbecherare qualcuno lontano da qui e noi abbiamo oggi un giorno di libertà « per fare i nostri compiti ». Io per scrivere in pace a te.

C'è stata di nuovo una grande tempesta sulla montagna e poi qui e alla mia finestra sono arrivati stormi di piccoli insetti dalla corazza dura, molti dei quali sono riusciti a entrare nella stanza e a trovare casa nei miei capelli e nella barba. Così mi sono svegliato e ho goduto dei lampi, della pioggia.

L'alba era fresca e chiara e io ho evitato la meditazione di gruppo per andare da solo sulla « nostra » collina (hai ragione, è simile a quella nel film *L'amore è una cosa meravigliosa*, non c'è un grande albero, ma la bella struttura del tempio senza pareti è aperta in tutte le direzioni e a tutte le brezze). Davvero bello il mondo da lassù visto con l'indifferenza di chi non si aspetta niente da lui e non ha desideri di mutarlo.

Ho fatto il bucato, spazzato la stanza, cambiato i lenzuoli, dato l'acqua ai fiori e dato una bella sciacquata alla terrazzina. Un bel canto (semivedico), *Om namah shivaya*, esce dal mio computer, una bacchetta d'incenso manda un bel filo di fumo e di profumo al centro del mio tavolinetto e dalla finestra vedo la montagna, ora completamente uscita dalla bella mistica nebbia dell'alba.

Se mai qualcuno mi domandasse se io sto diventando religioso e perché mi circondo ora, alla fine della mia vita, di immagini sacre e oggetti legati alla devozione di questo o quel credo, la risposta più sincera sarebbe che mi piace il lato estetico, che trovo in tutte queste pratiche e oggetti religiosi qualcosa che mi manca nella consuetudine e negli altri oggetti della quotidianità, tranne in una bella cosa artigiana o in un pezzo di vera arte.

Credo davvero che questo aspetto estetico delle religioni costituisca una grande attrazione e magari Karma Chang Choub ha scelto di diventare « tibetano » non solo perché il lamaismo era – specie ai suoi tempi – il più lontano di tutti e per questo il più esotico, ma anche perché gli piacevano i colori delle tuniche che avrebbe dovuto indossare.

Io ad esempio non avrei mai potuto essere domenicano per quella brutta combinazione del bianco crema col nero!

E la meditazione. Ci pensavo stamani sulla collina, seduto nel fiore di loto con gli occhi chiusi e col primo sole che mi batteva in faccia: il punto è fare il punto all'inizio di una giornata, così come raccogliersi, anche solo per un attimo, a pensare, come si fa qui, alla bellezza – alla grazia, se vuoi – del cibo che ci si sta per mettere in pancia. La nostra gente, specie i giovani, potrebbe rifarlo senza dover per questo diventare – o tanto meno dirsi – buddhisti o qualcos'altro.

12 aprile 1999, Gurukulam. Corro di nuovo a Coimbatore per mandare un messaggio ad Angela e telefonarle. La città è come tutte, faticosa e stancante. Tornando seduto nell'ultima fila della corriera osservo la vita che passa veloce davanti, come in una moviola: mendicanti strisciano lungo la polvere, un bottegaio offre con dovuta distanza un bicchiere d'acqua a una povera donna, un vecchio è riverso sul canale che porta le fogne, una capra mangia da dentro una cesta, i cani camminano costantemente con la testa bassa, presi come sono dal solito cercare qualcosa di sporco da mordere... e poco sopra, sui tetti dei piccoli templi indiani lungo la strada, bocche di leoni, serpenti dal capo ritto, come se fra quel mondo della fantasia e quello della strada non ci fosse grande distanza.

Sotto un antichissimo grande banyan, due vecchi chiacchierano accanto a un altarino di vecchissima pietra, attorno al quale l'albero è continuato a crescere.

Entrare nell'*ashram* è una gioia. Gli alberi abbassano la temperatura, la verzura è piacevolissima. Perché non ci sono posti così anche da noi?

Ho voglia di scrivere, di andare a parlare con qualche cardinale per proporgli degli *ashram*, così che la gente non debba sempre necessariamente andare in vacanza per distrarsi.

13 aprile 1999, Coimbatore-Kottakkal (via Palakkad, Ottapalam, Pattambi, Koppam, Valanchery). Vado a letto in un posto che non avrei potuto immaginare: la stanza 502 dell'ospedale ayurvedico più famoso, ma più strano, dell'India.

Ci sono arrivato dopo quattro ore di macchina da Coimbatore. Attraverso il Tamil Nadu sporco e malmesso. Si passano cittadine piene di frutta, negozietti che straripano di enormi caschi di banane, che nei riquadri di minuscoli negozi penzolano con lunghi steli, ricurvi come le lettere del sanscrito che cerco di imparare. Poi attraverso un Kerala povero ma ordinato, pulito e ben gestito. Campi di calcio con spettatori, belle risaie, strade in ordine, belle case con piani sopraelevati e tetti a discesa, muri di cinta fatti di fango rossissimo.

L'ospedale è conosciuto da tutti, tutti lo sanno indicare, modesto, misero, in una stradina che parte dal centro della città. Tutto in cemento dipinto di marrone e giallo, è estremamente semplice, ma razionale. Le camere sono affacciate sul cortile, tra un piano e l'altro c'è un corridoio in salita per quelli che si muovono in carrozzina. I pazienti si aggirano in ciabatte e *salwar kamiz.* Incontro il general manager, anziano e gentile, poi il direttore della mia corsia. Sono fortunato, domani si riunisce il gruppo sul cancro.

« Non promettiamo nulla, ma possiamo far qualcosa per migliorare il livello di vita. » Gentili scritte di non fumare. Un'altra dice « consulenza gratis ». L'orario del medico per queste consultazioni è dalle nove di mattina alle 12.30. Mi assegnano una camera (502) senza chiedermi né soldi né davvero chi sono.

Dall'altra parte della strada un gran rumore. Un festival in un bel piazzale su cui vola in continuazione un bell'odore di medicine d'erbe. Un elefante che credevo dipinto, immobile com'era a un lato del piazzale, improvvisamente sbatte le orecchie, gli viene messa una bella coperta dai mille ricami d'oro sulla fronte a scendere sulla proboscide, e si muove fra la folla trascinando triste la sua catena al piede destro. Un uomo racconta un episodio della *Gita* (lascio l'*ashram* e la *Gita* per ritrovarla qui), un gruppo di percussioni suona poi come in trance.

Bella folla di gente, coi medici ben vestiti che tengono le cocche dei loro *sarong* come fossero due ali troppo lunghe che non debbono toccare terra. Solo fermandosi lasciano cadere il *sarong* fino a terra.

La cittadina piomba nel buio, i soliti blackout. Esco dall'ospedale: fogne aperte da cui escono zaffate di merda, un uomo e una donna al lume di una fiamma a olio leggono la mano fuori dalla porta dell'ospedale. Piombo in una sorta di pura disperazione medioevale.

Sono davvero diventato Anam, « Nessuno », in un posto lontanissimo dal mio mondo, sporco, affollato, pieno di malati, e sono venuto qui a curarmi? Eppure mi vien da ridere e mi sento bene e godo della musica, dei percussionisti, del fatto che rientrando mi chiama al telefono il general manager per sapere se ho « preso il mio cibo ».

Stranissimo questo mio scappare, questo seguire una qualche traccia per andare « altrove ». Ogni tanto mi chiedo se non sia tempo di smettere, di andare a Orsigna, di fare il pendolare fra San Carlo e il Contadino e scrivere prima che sia troppo tardi la storia del mio tempo.

In fondo debbo ora ammettere che questo gettare la rete nel mare dell'ignoto porta sempre meno pesci. Il nuovo è sempre una versione del conosciuto e le situazioni pur nella loro diversità finiscono nella sostanza per ripetersi. Con l'*Indovino* cercavo i veggenti, qui i medici alternativi, ma la storia non è nuova.

14 aprile 1999, Kottakkal. Incredibile notte. Ho dormito benissimo nel costante, ininterrotto sbatacchiare di tamburi e cembali e piatti, e nel cantare monotono e ossessivo di un uomo dopo l'altro. Non capisco nulla ma ho l'impressione che nel corso di questo festival ci sia come un impegno a non interrompere per un solo secondo l'inneggiare agli dei, a impedire a qualsiasi costo l'intervenire di un solo secondo di silenzio.

La notte passa così col battere frenetico di strumenti a percussione sotto la mia finestra, finché il primo sole dell'alba, che fa uscire dall'ombra file e file di alberi di cocco, non mi fa alzare a godere lo strano confuso paesaggio che si apre ai miei piedi, le facciate di mattoni, alcuni camini da cui esce del fumo, e un costante odore di erbe medicinali assieme al tambureggiare e al tintinnare di sonagli. L'elefante è sempre sul piazzale.

Al tramonto, nella spianata davanti all'ospedale si addensa una bella folla di gente, famiglie con bambini, vecchi che si tengono a malapena in piedi, notabili cui viene di corsa offerta una sedia. La spianata è coperta da un grande tendone di paglia intrecciata. Una grande troupe di suonatori e attori ha messo le tende negli edifici dietro il *samadhi* del vecchio fondatore dell'ospedale. Si vedono, puliti ad asciugare, dei grandi pentoloni in cui la troupe ha cucinato, le casse dei vestiti, le lampade votive, dei giovani attori che parlano, un vecchio seduto come in meditazione su un muro.

All'ingresso della cappella della dea due bei tronchi di banano tagliati di fresco sono messi come stipiti alla porta con caschi di banane ancora attaccate. È l'ora in cui dei vecchi accendono le decine di piccole lampade a olio, quelle in piccole coppe di pietra inserite nei muri, quelle nei vari ripiani delle grandi lampade d'ottone tipiche di qui. Odore di olio bruciato spazzato via da dolcissime zaffate di medicinali che vengono dalla fabbrica accanto. Il rumore dei bambini, soffocato da un insistente, ossessionante tambureggiare e sibilare di uno di quei pifferi da incantatori di serpenti, che un vecchio lezioso e vanesio suona con maestria e perdizione mentre la lettrice della mano, cacciata dalla polizia dal suo posto di ieri, si accomoda pochi metri più in là. Suoni, luci, odori. Mi pare davvero di essere in un altro tempo.

Come nel caso della fede, anche in questo vorrei tanto credere, vorrei credere che questi hanno riscoperto una vecchia saggezza, che c'è in quel che fanno qualcosa di vero e di autentico che può aiutare tutti. Invece sospetto sempre di più, come nel caso del mio *swami* e i suoi Vedanta, che non c'è una scorciatoia a nulla e che l'unica soluzione è quella conosciuta e che l'ultima risorsa siamo noi, una volta messa da parte la speranza di una soluzione altrove.

Da un ufficio pulito e moderno, con l'aria condizionata, dove un giovane musulmano ha messo una scuola di computer e mi fa usare il suo per mandare un messaggio ad Angela, ho scritto che forse ho raggiunto la fine del mio viaggiare, che sempre di più mi accorgo di non avere più niente da scoprire, tranne dei dettagli, delle sfumature, che tutto sembra ripetersi e che forse è venuto il momento che mi metta a riflettere sul mio ombelico e a trovare – se c'è – qualcosa dentro di me e non più fuori come ho sempre fatto.

Per arrivare al giovane musulmano di ICT computer ero passato in mezzo a delle rovine, salito su una scala di cemento polverosa e mezza disfatta, su un ballatoio di cemento su cui si affacciavano varie porticine. C'era una stanza buia in cui ho visto nel bagliore di una candela la barba nera di un uomo seduto dietro a un tavolo.

« I due estremi dell'India », mi ha detto il giovane musulmano. Il tipo con la barba è un « dottore locale » che serve donne ignoranti e analfabete a cui propina dei rimedi di magia e a cui spilla dei soldi.

Ho passeggiato per la città. Camion carichi di noci di cocco scaricavano continuamente mercanzie sulla grande piazza degli autobus, negozi e negozietti di scarpe di plastica e di vestiti da poco, accanto a negozi di oro dagli interni di velluto rosso, negozi di tegami e ciotole, e tante farmacie, ospedaletti dai nomi con le lettere che cadono, case di cura in cui non vorresti lasciare a pensione il cane.

Che ci faccio qui? Son davvero venuto a cercare una soluzione? Ho in macchina una pesante scatola con dieci bottiglie di un intruglio che il medico primario fa fare per i suoi « esperimenti ». Lo prenderò? Forse, a vivere qui!

Che penserebbe Angela se arrivasse ora direttamente da Firenze, da San Carlo, da quella bella casa, da quella gente? Qui è davvero come aver accettato un'altra logica.

Seduto sul letto cerco di scrivere delle note confuse, come me.

Provo una certa tristezza nel capire che in fondo non ho più granché da scoprire, che non ci sono più sorprese nel mondo per me, né nel fare il cammino all'indietro per andare a cercare una « saggezza perduta ». Non c'è un passato d'oro in cui trovare una medicina, non c'è una scorciatoia alla saggezza così come nel mio caso non c'è la grazia con cui potrei convincermi dell'illusione del paradiso.

Che cosa penso davvero? Non lo so. Sono confuso perché la mia testa rifiuta tutto questo, il mio spirito critico sente i luoghi comuni, la mancanza di ricerca, di scientificità; sente il legame sospetto fra la « famiglia », la dea, la fabbrica. Sarebbe così bello poter credere!

15 aprile 1999, Kottakkal. Dormo, ma leggero, cosciente che in basso nella spianata la musica continua ossessiva, ininterrotta tutta la notte. Alle cinque guardo dalla finestra e giù vedo un grande agitarsi di gente, di figure che si muovono sulla scena. Ovviamente la musica ha un pubblico che non è andato a letto e io voglio vederlo. Temo solo che l'ospedale sia chiuso, che io non possa uscire. Niente affatto. La vita è come quella di giorno e la scena sulla spianata è bellissima.

Sulla scena c'è una banda di suonatori tutti con dei *dhoti* bianchi, a torso nudo, molti con delle catene d'oro al collo, poi due personaggi del Kathakali, una sorta di uomo con una barba bianca, la faccia verde e rosa, un enorme culo fatto sopra una struttura interna a una grande gonna rossa e dorata, una grande corona e una maschera in cui si vedono però bene muovere gli occhi. Le mani hanno come dei ditali per allungare le dita e le mosse sono quelle significative della danza classica delle mani in Thailandia o Cambogia... o forse in India, da dove tutto viene.

L'altra figura, meravigliosa, tremolante, appena più piccola, ha la testa di un asino o forse di una mucca, si mette in ginocchio ai piedi della prima, si fa benedire mentre uno degli uomini agli strumenti canta i versi di quel che avviene. Il pubblico pende dalle loro labbra. Nelle prime file, su delle balle messe per terra, i bambini, poi le seggiole con le donne – tante donne – e più indietro i notabili.

Resto anch'io esterrefatto dalla bellezza della rappresentazione, dalla musica che qui ha senso nella storia e sottolinea quel che avviene fra i due ma che sfortunatamente non capisco.

Un mondo di favola di cui noi e i nostri bambini non godiamo più. Che peccato!

Quando la pièce finisce il pubblico applaude.

Alla prima luce dell'alba il cielo si rischiara, un elefante arriva trasportando un'enorme bracciata di rami di albero, la sua colazione. Gli uomini portano via le seggiole, io entro nel tempietto della dea Viswambhara e lì in un angolo quattro uomini, uno con un tamburo che gli pende sulla pancia, uno con solo una bacchetta che batte su uno spesso piatto d'ottone, cantano una cantilena meravigliosa. Presto trasportato dal suono, il vecchio va come in trance, le teste scuotono e dondolano nel ritmo, i corpi si sollevano con una gioia nella faccia alla ripresa dei ritornelli.

Mi siedo perso in questo suono e penso come sarebbe bello morire a questo ritmo, con questi che continuano a suonare e cantare, segnando una continuità a cui tutti sembriamo tenere.

Allora che penso? Davvero non lo so. Son qui con le mie nove bottiglie di piscio di vacca, degli intrugli scientificamente inutili, in una bella e complicata e a suo modo anche orribile società che ha prodotto miseria e ingiustizia, ma anche un ordine e una bellezza di cui non posso ignorare la grande umanità.

Mi sento come ieri sul ballatoio di quell'edificio fatiscente fra «il dottore» al lume di candela e il giovane musulmano con la sua moderna scuola di computer. Io sono sempre nel mezzo, sempre un pendolare fra questi due mondi: uno vecchio che non vorrei perdere e uno nuovo di cui mi pare assurdo fare a meno, illogico rinunciare.

Questa cittadina vista dal quinto piano pare un'isola in un oceano verde di alberi di cocco e di palme. Dalle finestre mi entra la mia bella suadente musica «funebre» e immagino il vecchio a occhi chiusi che con la destra batte sul suo tamburo e la testa che segue con dei canti sentiti, commossi.

Bella la vita!

17 aprile 1999, Gurukulam. Da quando sono tornato con questa scatola piena di « medicine » non faccio che pensare, analizzarmi, discutere con me stesso. Sto impazzendo?

Ho immagini di ordine, di positività, di Firenze, del mondo dell'ospedale, e rivedo – debbo dire con angoscia ma anche una certa romantica attrazione – quella cittadina di Kottakkal con le fogne all'aperto, gli elefanti, l'intera notte di Khatakali... e le « medicine ».

Lezione di sanscrito: capisco che con la sua capacità di combinare infinite parole è una lingua che si presta benissimo al pensiero astratto, al contrario di quella cinese.

21 aprile 1999, Gurukulam. Comincio a essere indisciplinato: salto la meditazione (mi disturba il loro parlare) e vado a dipingere le montagne dalla collina del tempio di Subramanya. Oggi sono felice di andare a Coimbatore per chiacchierare con Angela. Prima con l'e-mail, poi eventualmente al telefono.

25 aprile 1999, Gurukulam. Dipingo la montagna all'alba, ma la convivenza ha già buttato giù le barriere con cui mi proteggevo e forse la colpa è del mio carattere che non riesco a cambiare.

Dopo una settimana di reclusione, di ritiro, di silenzio, la curiosità ha prevalso, ho cominciato a parlare con le persone, a chieder loro da dove vengono, dove vanno, e questo dà ora loro il diritto di chiedere a me, di venirmi a trovare. Dipingo e una delle vicine, che mette come per provocarmi le sue mutande ad asciugare sul mio cammino, viene a guardare e a chiedere perché nell'acquerello non si vede il sole.

Vado a colazione e una delle donne grasse della prima fila mi viene a presentare una giovane di Calcutta, di passaggio per il fine settimana, perché ha sentito che mi interesso di ayurveda e abbiamo qualcosa in comune. La ragazza insegna yoga, fa terapia « contro i mali della vita contemporanea » e ha cominciato a interessarsi di ayurveda perché ad agosto sposa un indiano che vive in North Carolina e vuole aprire un centro di yoga e ayurveda là. Così va il mondo.

Mi irritano il suo venirmi a trovare, la sua presenza, il suo modo di parlare pieno di parole «magiche». La sua ignoranza. Non resisto quando mi racconta di essere stata per alcuni giorni alla farmacia Arya Vaidya di Coimbatore, dove c'è un giovane «dottore» di quarantadue anni esperto di arti marziali, di yoga e che vive ormai solo di «*pranic energies*». Sbotto. La follia.

Davvero ho un compito, di raccontare queste storie, mettere in guardia. La medicina tradizionale almeno non fa male, ma questi fattucchieri con le loro formule al metallo possono creare danni irreversibili. Sento sempre di più il senso di questo viaggio.

27 aprile 1999, Gurukulam. Angela deve essere arrivata nella notte a Delhi. Mi fa un grande piacere, e un po' mi preoccupa perché con lei ritorna il mondo e mi chiedo se sono abbastanza saggio, abbastanza forte, abbastanza vedantico per non fare soffrire gli altri e tenere in pace me stesso.

30 aprile 1999, Gurukulam. Meravigliosa luna sulla mia montagna. Godo del silenzio.

Lezione di epilogo. Ho l'impressione di aver capito il fondo del Vedanta, anche se ogni volta che mi addentro nel suo sistema di «logicità» mi sembra di perdermi in un labirinto di sofismi.

La sola idea che mi piace è che tutto quel che vedo nel mondo è Ishvara.

1° maggio 1999, Arsha Vidya Gurukulam. Vedo la data all'alba e a colazione mi viene solo da cantare *L'Internazionale*.

Sarò mai un credente?

3 maggio 1999, Gurukulam. Faccio le valigie contento. Ieri sera ho visto l'ultimo tramonto da qui, seduto dietro il serbatoio dell'acqua sulla nostra collina... A guardare, in basso, le forme, i suoni e le piante non sapevo di essere in India e ho pensato che vorrei, se potessi, morire di primavera o d'estate dalle mie parti.

Stamani ho visto l'ultima alba da qui, felice a fare le valigie.

7 maggio 1999, Mysore. Ci si alza all'alba. Scrivo delle note nella nicchia alta della finestra nella « biblioteca » del palazzo estivo del maharaja coi vetri colorati di blu e rosso. L'aria entra dalle grandi finestre moresche, fuori la vita riprende con il gracchiare dei *three-wheelers*, lo strombettare degli autobus e i vari banchetti che si aprono sotto le fronde degli enormi alberi della pioggia e di quelli fiammeggianti che ravvivano ogni anche più misero paesaggio con le loro belle zaffate di rosso.

Il viaggio verso Bangalore è spaventoso. La strada che l'autista – carissimo Nasim, musulmano – diceva ottima è sconnessa, piena di buche, sembra di passare su dei terreni terremotati, e a fare i 150 chilometri impieghiamo ore e ore. Ho mal di gola, quasi non riesco a parlare. La strada pur nel sole del giorno sembra avvolta in una continua nebbia per gli scarichi neri dei camion, degli autobus... Tutti respirano, tutti continuano, sono il solo ad avere questa isterica reazione di coprirmi la bocca e il naso con l'asciugamano. Ma non serve, sento il puzzo entrarmi nei polmoni, il veleno nelle ossa.

All'ingresso a Bangalore, « *the garden city* » degli inglesi, su un muro vedo un'enorme pubblicità dei fogli ondulati di asbesto con cui coprire i tetti, ormai vietatissimi nel mondo occidentale. Inutile preoccuparsene: niente qui è controllato, tutto è in vendita, dall'alcol che rende ciechi, alle medicine fatte di contrabbando.

Odiamo gli alberghi moderni, ma ci rifugiamo in uno per bere una limonata e riprendere fiato. Ancora due passi su Brigate Street fino al Mahatma Gandhi. Quasi non si cammina: una fiumana di giovani « occidentalizzati » striscia lungo le transenne sconnesse, davanti ai « pub », ai Pizza Hut, al Kentucky Fried Chicken, ai negozi Levi's, ai banchetti di camicie occidentali, di giochi per computer ecc. La polizia ha fermato una BMW da cui scendono dei teenager, una ragazza col corpetto che le mette in mostra l'ombelico, i jeans, i ragazzi tutti con jeans e scarpe, camicie a quadretti. Sono il solo a essere vestito da indiano.

Come è possibile venire qui a trovare soluzioni per la vita dell'uomo, qui dove la vita sembra aver così poco senso ormai? Eppure non bisogna dimenticare la grandezza del passato, le grandi idee che questa civiltà in qualche momento ha prodotto e che vanno salvate da una civiltà come la nostra perché lei stessa possa avanzare.

27 maggio 1999, New York. Yahalom mi dice che tutto va bene. Tornare fra quattro mesi: un'eternità.

Uscendo, nell'entusiasmo Folco dice: « Vedi, non è la scienza la nemica dell'uomo, ma il business ».

11 giugno 1999, Gurukulam. Ritorno all'*ashram* al tramonto e Rama-ji mi fa il più bel regalo: la stanza che mi viene assegnata è quella che avevo. Sono felicissimo. Tutti sorpresi, divertiti a rivedermi. Vado a salutare lo *swami-ji* che mi accoglie come un figliol prodigo a due mani.

13 giugno 1999, Gurukulam. Il tempo è drammatico e bello. Tutta la notte dormo con il vento che soffia fresco dalla finestra e scrosci d'acqua che mi fanno sognare strane cose che non ricordo. Ho continuamente una grande voglia di dormire, mi sento rilassare, rientrare in questo pacifico, quasi apatico ritmo della vita dell'*ashram.*

Mi chiedo se non ci sia in questo qualcosa che davvero si confà al mio stadio, alla mia « età »: il silenzio, la lontananza dalle cose. Mi rendo conto che nella vita nel mondo spreco tanto tempo e tanta energia a fare cose che non mi interessano.

16 giugno 1999, Gurukulam. Magnifico ritiro in cima alla collina del tempio a dipingere la sequenza di montagne nella nebbia e nelle nuvole di un tramonto senza sole. Silenzio rotto solo dal respirare del vento. Grande pace. Possibile che la debba raggiungere solo qui?

Medito al buio, appoggiato al pavone con sotto il cobra che rendono omaggio al dio chiuso nella sua teca di pietra, e mi viene in mente San Carlo, la pace che dovrei trovare anche lì e che qui da così lontano mi è parsa possibile.

17 giugno 1999, Gurukulam. E la vita passa, fuori e dentro l'*ashram*, in una sequela di attese, di rituali la cui unica grande importanza è il fatto che paiono dare un senso al passare inutile della vita. Dentro e fuori l'*ashram*, senza alcuna differenza. Fuori si va a un lavoro, si fanno gesti, si dicono cose rituali, si gioca con cose a cui si dà importanza; qui si ripete 100.000 volte un mantra in onore del dio-dea che simboleggia la conoscenza.

Chi crede che entrando in un *ashram* si nasconde dalla vita, sfugge ai suoi rumori, si sbaglia: sì, non ti raggiungono le tasse, la bolletta del telefono, l'invito a una noiosa cena piena di gente simpatica e interessante. Ma silenziosamente si richiede la tua presenza alla *puja*, si lotta per un posto più vicino possibile ai piedi dello *swami*, per essere visto la sera al *satsang*: dove niente è obbligatorio, ma tutto è sentitamente partecipato.

Non c'è fuga, non c'è scorciatoia, e nessuno è santo, alcuni ne hanno almeno l'apparenza.

24 giugno 1999, Gurukulam. Magnifica passeggiata alla sera, senza *satsang*, con Rajan sulla collina di Subramanya a guardare le stelle. Un giorno di strisciante infelicità... e so perché. Non solo per il raffreddore che non se n'è andato, ma soprattutto perché ho pensato di scrivere una «lettera dall'India» per il *Corriere*, cioè mi sono posto un obbiettivo e il non raggiungerlo, l'aver paura d'affrontarlo mi frustra e mi intristisce.

Non ho già scritto abbastanza? Voglio davvero scrivere perché mi interessa far partecipare i lettori a un'importante esperienza, o è per rimettere in primo piano il mio ego dimenticato da qualche tempo?

27 giugno 1999, Gurukulam. Ho dormito appena tre ore per scrivere la lettera dall'India e per curarmi da una terribile allergia che mi blocca una narice e appesantisce la testa. Non soffro a scrivere, ma mi pesa l'idea di un nuovo dovere, come non ne avessi mai avuti. Eppure, quando all'ultimo momento col taxi che già aspetta parto per Coimbatore assieme allo *swami*, Rajan e al *brahmacharya* Subramanian, sono contento come ai vecchi tempi. Mi diverte l'idea di raccontare con poche parole l'esperienza di qui e le idee dello *swami* sulle conversioni.

28 giugno 1999, Gurukulam. Cerimonia d'addio e consegna dei certificati. Molti sono commossi, alcune donne piangono: « Un'occasione unica nella vita », dice il mio vicino.

Swami è seduto su una poltrona, uno alla volta si passa dinanzi a lui, *swami* consegna una manciata di petali di fiori che versiamo sui suoi piedi, la gente si prostra, gli tocca l'alluce, prende il certificato e la banana che lui, inghirlandato come una delle statue nel tempio, dà. La gente vede davvero in lui Bhagawan. E la devozione è commovente.

Nell'e-mail trovo finalmente dei bei messaggi di Angela e un messaggio generosissimo di de Bortoli, entusiasta della mia lettera dall'India.

30 giugno 1999, Tanjore.
Mia splendida moglie,

è l'alba di un altro giorno in un altro strano posto del mondo, uno di quelli a cui sembro per un qualche destino portato.

Tanjore: un magnifico tempio mozzafiato dinanzi al quale mi son reso conto che in qualche modo la tragedia degli indiani è come quella degli egiziani di oggi a confronto con le piramidi dei loro antenati egizi. Ha ragione Anna Dallapiccola a dire che l'India vera, quella non distrutta, non conquistata, non colonizzata, non impaurita dai musulmani è qua. Davvero grandiosa. Una volta dobbiamo venirci assieme.

La presenza dello *swami* ieri mattina ha fatto aprire tutte le porte, compresa quella del sancta sanctorum – un'impressionante camera-torre altissima in vetta alla quale sta un macigno di centinaia di tonnellate messo lassù con una strada in pendenza di sei chilometri su cui dovevano muoversi gli elefanti che tiravano: mille anni fa! Il tutto costruito secondo regole geomantiche intese a creare un ritmo spaziale come quello che un compositore fa con la musica. Davvero una meraviglia ed è anche più meraviglia che il posto non sia un museo per turisti (noi stessi non lo eravamo!), ma un luogo di commovente devozione con la gente che con trepidazione sta dinanzi all'oscurità di quel ventre di pietra, a cui è arrivata dopo un lungo cammino nei corridoi di magnifiche colonne. Finalmente, timida, sporge la testa, allunga lo sguardo per intravedere la «presenza di Ishvara» in una delle tantissime forme.

Il *pujari* accende una piccola fiamma di canfora (l'unico combustibile che brucia fino in fondo) e con quella, messa su un piatto, illumina lentamente prima la faccia poi il corpo del dio e così, fra i fumi, le preghiere e le recitazioni dei mantra avviene magico il *darshan*, la visione di Dio, il contatto col divino: io vedo lui e lui vede me e la fiamma di quel fuoco, la luce, stabilisce tutta la relazione. Perché Iddio è difficile da capire e si ha per questo bisogno di un guru (colui che caccia la tenebra, il buio dell'ignoranza) e non a caso quel sacerdote con la fiamma, anche lui si chiama guru.

Era bellissimo strisciare fra quelle rivoltanti figure di preti, sulle soglie nere e unte di burro delle porte sacre, e poi lentamente riuscire dal ventre della divinità nel sole accecante ed essere... benedetti, con un forte colpo sulla testa, dalla proboscide umida e puzzolente di un elefante (Ganesh) che con straordinaria abilità pigliava le monete che gli mettevano nella proboscide e che lui dava allora al suo *mahout* in cambio delle caramelle che invece si cacciava in bocca.

Da lì siamo andati nel villaggio natale dello *swami*, una cartolina di altri tempi: una piccola strada che si diparte dal bacino dell'acqua, una serie di piccole case basse tutte con un meraviglioso, modestissimo portico in cui possono riposarsi e dormire pellegrini e sadhu di passaggio. Una grande stanza, a metà aperta perché ci piova dentro, a metà coperta di tegole per creare uno spazio protetto di soggiorno, camera da letto e cucina.

In tutto il villaggio l'unica costruzione rialzata di alcuni scalini era il tempio, e ora – purtroppo – anche la casa-villetta a due piani, costruita per lo *swami* coi soldi di qualche devoto: orribile!

Ma lui non lo è. Davvero un bel personaggio che, dinanzi ai 1800 studenti, tutti puliti e imbrillantinati, seduti sulla polvere per ore ad aspettare il nostro arrivo, ha chiesto se qualcuno di noi voleva dire due parole.

Mi sono sentito in dovere di farmi avanti... per il più breve e più applaudito discorso della mia vita: a quella marea di occhi nerissimi incollati sulla mia santa barba ho detto che venivo da un posto lontano che un tempo era stato un grande impero, dove oggi tutti hanno tutto, macchine velocissime, case altissime, tv con decine di canali, ma dove i giovani come loro non hanno altrettanta serenità e dove i vecchi come me vengono in India per cercarci qualcosa: la pace dell'anima. Che allora non ci invidiassero tanto e che fossero orgogliosi di essere indiani e che salvassero il passato e la tradizione dell'India non solo per se stessi, ma anche per i miei nipoti.

Ti puoi immaginare gli applausi, la commozione. Lo *swami* che ha tradotto tutto in tamil ha concluso dicendo che solo se un musicista dice a uno che canta bene, ha valore... e allora quello che ha detto l'amico italiano Anam ha valore, perché lui... e avanti la mia biografia fra altri scrosci di applausi.

Pensa che alla fine della giornata, quando siamo risaliti sul nostro carrozzone-autobus con i pentoloni del riso... c'è stata la coda dei bambini a chiedermi l'autografo!!!

A proposito, sai che ho un « diploma » di *vedantin* intestato a *tiziano terzani nee Anam* (mi han spiegato che « nee » è un vecchio modo inglese di dire alias), che te ne pare??? Persino de Bortoli mi scrive Anam!!!

Questa era la giornata di ieri conclusasi con io e il mio monaco Sancho Panza nell'albergo di lusso (per lui davvero lo è). Cena nel ristorante « di lusso »... dove abbiamo mangiato la solita merda di sempre.

Oggi stiamo a Tanjore per mezza giornata, poi ci mettiamo in viaggio per il tempio dove dall'impronta del mio pollice mi dovrebbero dire delle mie vite passate... e di quelle future.

A presto, mia magnifica Ems. A presto.

anam

4 luglio 1999, Kanyakumari, Tamil Nadu.

Mia meravigliosa Angelina,

qui si parrà la mia nobilitate di... scrittore perché davvero non so come riuscirò mai a descriverti il posto e la situazione in cui sono. Ti prego, aiutami con la tua fantasia. Qui davvero avremmo dovuto venirci assieme! Di tutto questo viaggio quest'ultima è certo l'avventura più insolita, strana e forse per un certo verso la più magica.

Ti scrivo seduto su un lettino da ospedale da campo: la materassa è fina e coperta di plastica come quella delle brande della Casa dei morenti a Calcutta, così che sangue e feci son facili da lavare. Alle mie spalle ho una finestra con grate che dà su un cortile, davanti una porta che dà su un piccolo spazio che serve per lavarsi e lavare. Sui muri alti che circondano questo cortiletto interno gracchiano da una mezz'ora due bei corvi, prima curiosi di questo nuovo ospite al numero quattro dell'ospedale, ora molto più interessati ai resti del riso che ho messo sulla soglia di pietra. In un angolo c'è un bagno alla turca. Un *gawao* urla dall'alto di una grande palma dalle fronde ondeggianti nel vento che sembra annunciare un temporale, ma certo non osa buttarsi in volo fin qui.

Le « camere » sono sei, in fila, unite da un porticato di bambù. Entrando mi son venuti in mente i poveri ospedali che la Croce Rossa allestiva in Cambogia per farci andare a morire o ad amputarsi i tanti disgraziati che saltavano sulle mine. Ma quell'immagine m'è presto uscita di mente, perché, nonostante il paesaggio sia ugualmente bello e drammatico, con magnifici specchi di risaie, le palme e a ridosso file e file di colline rocciose che formano strani, suggestivi profili contro il cielo nuvoloso (una si dice sia il corpo pietrificato di un demone-donna che Rama – quello del *Ramayana* – uccise perché disturbava i *rishi* nella loro meditazione... e ovviamente a vederla da lontano se ne riconoscono la faccia, i seni, le gambe, i piedi), qui l'atmosfera è di grande pace. Le pareti della mia stanza sono celesti e azzurre, le porte gialle, il pavimento di pietre nere.

Sulla terra battuta davanti alla sua porta, la moglie del paziente vicino a me, un vecchio che a malapena sta in piedi, ha tracciato un bel *rangoli* con la polvere bianca di riso perché la mangino le formiche. Il fabbricato è isolato in mezzo alle risaie, a un centinaio di metri dalla clinica che è il vero centro di questo villaggetto lontano da ogni strada nazionale o provinciale.

Davanti alla clinica ci sono un paio dei soliti banchetti indiani che fanno il tè per crocchi di pazienti che aspettano di vedere il medico. L'autobus, che passa ogni poco, scarica in continuazione altra gente che si mette in fila e porta via quella già carica di polveri e boccettine.

Non fosse per un paio di paloni della luce, che comunque non c'è, per l'autobus e per il generatore che fa muovere i ventilatori nella stanza minuscola dove il mio dr. Mahadevan riceve, sotto un poster del Signore Ganesh e la foto del nonno – grande studioso delle scritture vediche e fondatore di questa clinica – la scena potrebbe essere quella ritratta da un esploratore secoli fa. Come i calderoni in cui bollono, con un odore che di per sé è già terapeutico, le varie erbe tutte delle colline e dei picchi attorno. Il fuoco è fatto a legna, come vuole la tradizione, per cui tutto avviene nel fumo che ha reso le pareti della cucina nere e lucide.

In lontananza c'è sempre la figura di qualcuno che caca su una diga, ma mai ho visto un'India così genuina, semplice e a suo modo intoccata.

Il medico poi è davvero particolare. Ha l'età di Folco, chiaro di pelle, con capelli folti e in parte riccioluti. Una sicurezza non arrogante, insolita fra gli indiani. I pazienti entrano uno dopo l'altro nel suo stabbiolo, lui li esamina, fa le solite ferme domande, legge le loro cartelle e nel giro di pochi minuti ha un sorriso e una soluzione: dice loro tutto quel che sentono e non hanno detto, quelli si meravigliano e partono felici. Interessante, particolarissimo, specie dopo che ho passato delle ore ieri a farmi spiegare la teoria che tiene tutto questo assieme e dà a lui, ogni volta, la certezza di aver capito.

Mi manca moltissimo Ernesto. Come vorrei averlo qui a farmi da controllore! Ho persino immaginato di tornare con lui per un paio di settimane... ma quello mi morirebbe solo a mangiare la schiscetta che un'ora fa mi è stata consegnata (io ormai sono indianizzato dalla vita nell'*ashram*!). Eppure questo giovane Mahadevan va ascoltato, qualcuno deve imparar da lui quel che lui è così certo d'aver imparato! Come vorrei essere un giovane di trent'anni con l'amore della medicina! O un pensionato come Ernesto, per mettermi alla ricerca di quella perla che in questo fienile mi pare sia nascosta.

11 luglio 1999, Roma. Mi incontro con Angela all'Hotel d'Inghilterra. Non fosse per lei scapperei per sempre da questo mondo. Facciamo una bella passeggiata per il centro assolato cercando di « ritrovarci ». Questi ritorni sono sempre una grandissima gioia e un esercizio di ri-bilanciamento, per risintonizzarsi.

Nel pomeriggio un giovane viene a prenderci per portarci a Palestrina, dove quelli del Premio della Letteratura di viaggio han deciso di nominare me. Sono « lontanissimo » da tutto questo. Mi commuovono solo alcuni giovani che mi stanno attaccati e che mi fanno mille domande come se la mia vita fosse l'unico segno di speranza che si vedono davanti.

Credo di dover fare un discorso e mi preparo in fretta delle note su un pezzo di carta: perché si viaggia?

Per me è un modo di scappare dal conosciuto in cerca di qualcosa che non conosco... un modo per scappare da casa per cercare casa. « *La strada è casa* », dice Chatwin, che pure, nonostante il suo « nomadismo », a sentire la malalingua della sua editor restava volentieri e a lungo nelle belle case degli altri.

Di solito i viaggiatori scrivono di sé, come Naipaul, del mondo che si sono lasciati dietro o di quello che hanno davanti. Io viaggio perché mi rendo conto di non avere granché dentro di me e mi sarebbe impossibile *voyager autour de ma chambre...*

Viaggiare è un'arte. Il problema è che oggi viaggiano tutti e con ciò si rovina il mondo, si inviliscono i veri viaggiatori. Ancora all'inizio del secolo si viaggiava senza passaporto, ma con un biglietto da visita, una lettera di presentazione.

Anche l'utilità del viaggiare è scaduta. Sven Hedin era corteggiato da Hitler per quel che sapeva; Richthofen era influentissimo per il suo aver viaggiato in Cina. In India ci andavano in cerca di spiritualità. Oggi coi satelliti non c'è più bisogno di viaggiatori.

Eppure i viaggiatori continuano a esistere perché, profondo nella psiche, si cela l'archetipo di tutta la mitologia: Gesù che sempre viaggia; il figliol prodigo, l'eroe delle leggende, è il figlio degli dei che si perde e che torna dopo un lungo peregrinare.

Il sogno di ogni viaggiatore è di arrivare là dove nessuno è stato.

Le valigie con cui si parte sono diverse da quelle con cui si torna.

Le grandi gioie del viaggiatore: quelle del partire e quelle del tornare.

I veri grandi viaggiatori seguono regole loro, spesso non scritte. Evitano gli altri, ma lasciano a volte tracce come per ingelosire chi passerà dopo, come i cani che marcano gli alberi per delimitare il loro territorio per dire: « Qui ci sono già stato ».

Adoro essere in mezzo alla folla, essere in incognito.

* * *

10 novembre 1999, Roma. Parto da Roma via Parigi per Delhi. Mi riprometto oggi, in un qualsiasi giorno di partenza, di mantenere l'impegno a scrivere ogni giorno un diario delle mie impressioni. L'unico modo per ritrovare la mia pace.

19 novembre 1999, Bangkok. Bella passeggiata con Poldi nella città cinese, dopo essere stati all'agenzia di viaggio.

Il canale, i banchetti, i piccoli ristoranti e le vecchie mura delle case di un tempo sono coperti di altre orribili costruzioni fra le quali spicca un vecchissimo albero che un uomo accudisce come una divinità che svetta fra i tetti.

20 novembre 1999, Bangkok-Manila. Dall'aeroporto di BKK chiamo Angela per « far pari » avendo al mattino scritto un'email fra il depresso e il confuso. I commenti di Poldi sui figli che il messaggio conteneva l'hanno irritata, lei lo attacca, la sento alzare la voce con me e io riattacco. Odio il telefono come mezzo di comunicare. Mi riprometto giorni di silenzio.

L'arrivo a Manila ha perso il suo colore. I taxi sono tenuti lontani e non possono più prendere passeggeri per evitare le infinite rapine e i trucchi ai loro danni. Macchine con l'aria condizionata fanno la spola con la città a prezzi esorbitanti. L'autista è la mia fonte.

In pochi minuti, chiedendo che cosa è successo a chi, scopro che la rivoluzione della Cory non è servita a nulla, i vecchi padroni sono di nuovo al potere, Honasan «gringo» è senatore, Imelda membro dell'altra Camera, il figlio governatore della provincia natale. Tutto si è ricomposto, riconciliato, tranne i poveri che si affollano agli incroci dietro i vetri della macchina e quelli che si apprestano a dormire nelle aiuole degli spartitraffico.

23 novembre 1999, Manila. Vado a trovare Frankie Sionil nel suo rifugio al secondo piano della libreria. Il posto ha fatto il suo tempo, la sua rivoluzione, i libri si vendono meglio nei nuovi supermercati e la libreria chiuderà.

Finisce un'epoca, la gente che lo frequentava non esiste più. Le vecchie collezioni sono in vendita al 40 per cento di sconto.

Scrivo ad Angela.

Angelinchen, solo un brevissimo messaggio perché sono le otto e mezzo e debbo mangiare un boccone, vedere la Elvie, fare le note di un magnifico pomeriggio e prepararmi a partire alle cinque domattina con Frankie.

Ma questo stato d'animo te lo debbo: sono felicissimo, sollevato, salvato dalla follia; il tutto grazie a un meraviglioso gesuita di 77 anni, mezzo paralitico, amico di Ladány, che da 30 anni insegna psicologia all'università gesuita Ateneo. Che gioia l'intelligenza unita alla saggezza, alla curiosità. Se Folco sapesse di lui verrebbe qui almeno a passarci qualche giorno per divenirne uno studente (finché anche lui durerà: la sua testa funziona, ma il suo corpo non più). Un'ottima analisi di tutti i fenomeni di cui mi occupo, nessuna aggressività, ma anche nessuna illusione. I guaritori sono dei maghi che fanno trucchi, ma i trucchi aiutano spesso la gente: è stata sempre la mia posizione, ma sentirla da un uomo di Chiesa era bello. Il problema è se uno deve dimostrare che sono dei fasulli o lasciarli vivere e fare i loro trucchi in cui la gente crede.

Sarei stato con lui per delle ore. Abbiamo parlato di tutto, di cancro, e del prossimo millennio. Lui crede che la mente possa influire sulla materia, come io credo, e pensa che il prossimo millennio sarà centrato sullo studio non più della realtà fisica, che è stata al centro delle scienze, ma di quella che lui chiama la realtà soggettiva, in altre parole la coscienza.

Eravamo pronti a fare un esperimento in cui avrei dovuto essere ipnotizzato quando abbiamo visto che stavano per chiudere l'università.

Il metodo di tuo padre, Ems, veniva anche dagli indiani.

Insomma, volevo comunicarti che sono uscito dal buio del mattino e ora ti posso riaffrontare: un altro esempio che la solitudine nuoce... anche quella provocata dalla tua assenza.

Ti amo, mia lontana, ma vicinissima Angelinchen.

Se tu mi pensassi con lo stesso amore sarei serenissimo come devi esserlo tu.

tiziano

25 novembre 1999, Pangasinan (Filippine). Cinque ore per tornare a Manila. La strada è bella, senza ingorghi, la campagna pare bella e più ordinata che le città (sono davvero da distruggere come avevano pensato Mao, Pol Pot e tanti altri?). Passiamo davanti alla vecchia chiesa di Quiapo, dove Frankie anni fa mi comprò il primo *anting-anting* per proteggermi contro il malocchio. Banchetti di erbe, di reliquie, di ricordi, di amuleti, la solita folla coloratissima, povera e sorridente.

Il tramonto sulla baia è struggente come se la natura volesse ripagare le persone di qui della loro miseria con il più ricco, sfolgorante, esuberante spettacolo: una fantastica, ogni volta unica, esplosione di neri e azzurri e rosa, le sagome delle navi, gli alberi degli yacht attraccati nel ghetto dei ricchi, lo Yacht Club, le sagome nere delle palme e quelle dei ragazzi, degli amanti, dei mendicanti, dei venditori seduti coi piedi appoggiati sul muretto che corre lungo il Roxas Boulevard contro l'orizzonte.

Ai semafori, quando le macchine si fermano, sbucano frotte di venditori di *sticks*, « una sigaretta alla volta », elicotteri di plastica, collanine di conchiglie, e uno che fa lo slalom fra le macchine con un minuscolo, attrezzatissimo carretto con un calderone su cui cuociono, facendo fumo, delle noccioline.

Prendo un tè con Frankie e Tessie. Si mangia un dolce, *en-*

saymada: « È diventato per me il simbolo delle Filippine », dice Frankie. « Guarda, di fuori è bello, dolce e zuccherino », poi prende una forchetta che affonda nella pasta frolla, « e dentro è pieno d'aria. »

1º dicembre 1999, Lamai Beach, Ko Samui (Thailandia). Quarto giorno di digiuno. Bisognerebbe che il libro-viaggio nella malattia fisica fosse una parabola della malattia spirituale, della confusione del nostro tempo senza più grandi valori, senza più grande senso della vita, se non quello di consumare di tutto per poi venire a « ripulirsi » delle scorie in posti come questi.

Tutto ha un comune denominatore: i guaritori filippini con il loro trucco dell'operazione per arrivare ai risultati psicologici della guarigione e, qui, il trucco del detox per dare alla gente il senso di essere « pulita » dalle tossine prodotte.

7 dicembre 1999, Bangkok. Mi alzo presto, la casa di Poldi è bella, ma in qualche modo non la sento congeniale. Decidiamo di andare a dare un'occhiata a Ban Phe.

Ban Phe è un sogno, la vegetazione più alta e rigogliosa, il silenzio ancora più rappacificante, la spiaggia deserta e pulita, il mare piatto e sereno. Tutto è immutato, c'è solo l'odore di qualche cuculo che è stato nel mio nido. Una meraviglia.

Sono tentatissimo di pensarmi qui a scrivere, solo che temo questo andare indietro nel passato, col rischio – da evitare – di riscrivere, in altra chiave, un altro *Indovino*. Mi sento a casa, ricordo la gioia del produrre e quella notte di luna quando buttai nel mare la copia in più della prima stampa perché qualcuno la leggesse. La mattina sulla spiaggia tornavano a riva delle belle pagine con le righe qua e là illeggibili, come se qualcuno ci avesse pianto sopra.

Qualcuno mi ha ora anche offerto una casa a Dharamsala per scrivere. Io gioco con l'idea di chiudermi a Firenze nella « stanza cinese », in incognito, per stare vicino ad Angela.

Vedremo, nelle prossime settimane si deciderà.

8 dicembre 1999, Bangkok-Hong Kong. Il nuovo aeroporto di Hong Kong è orribile, anonimo, efficientissimo. Il treno verso la città sterile, « singaporiano », ma la città è commovente, mi viene quasi da piangere a ritrovarla.

Mi sento così a casa, così in sintonia coi cinesi. Telefono a Harvey Stockwin e ceno con lui e la moglie in un ristorante vegetariano a Causeway Bay. Discorsi giornalistici di un vecchio entusiasta della professione. Tutte cose che non mi interessano più, ma trovo carino il rivisitarle.

Sto in una piccola stanza nel Robert Black College. Architettura da Cina nazionalista degli anni Quaranta, atmosfera da *L'amore è una cosa meravigliosa.* Un'altra Hong Kong.

9 dicembre 1999, Hong Kong. Mi alzo presto e vado a fare ginnastica coi vecchi cinesi, mi divertono quelli che camminano all'indietro. Una lunga camminata per gli antichi sentieri della montagna fin sotto il mio vecchio Peak. Medito avvolto in uno scialle sulla punta della montagna, col sole che sorge sulla destra. La baia è magica. Le barche, le navi, i traghetti.

Incontro Bernardo al Mandarin. Camminiamo, mangiamo, vecchi amici che non hanno bisogno di dirsi più niente, ma con facilità stanno assieme.

10 dicembre 1999, Hong Kong. Vagolo per la città a comprare cose di cui credo di aver bisogno, pensando che qui non tornerò facilmente e mi deprimo. Forse non sono più fatto per le città.

13 dicembre 1999, Hong Kong.
Mia carissima Saskia,

grazie infinite del tuo messaggio. Ne avevo bisogno per sapervi tutti tornati a casa, ma anche per ricordarmi che ho ancora, almeno in famiglia, delle stelle su cui orientare il mio sempre più confuso e labirintico cammino.

Ieri mattina – una di quelle domeniche grigie, ma non fredde della Hong Kong invernale – mi son messo in cammino dall'università, dove sto, a piedi giù per la collina fino al lungomare e poi al traghetto per Macao. Volevo passare due giorni a Macao e respirarne l'aria prima che questo primo lembo di sogni occidentali in Asia sia, fra una settimana, anche l'ultimo ad ammainare una bandiera cristiana sulle sponde d'Oriente.

Viaggiavo con in tasca un libretto su Macao, una lettera d'amore che Philippe Pons con una generosa amicizia, che io ho difficoltà a imitare, mi ha pubblicamente dedicato con la scritta «*À Tiziano, cette ville en partage*».

Mi immaginavo di leggerlo sulla veranda della Pousada, sulle panchine della Praia Grande. Mal me ne incolse! L'idrovolante, freddo come le celle frigorifere in un obitorio pieno di cadaveri non reclamati, mi ha scaricato in una città di cui riconoscevo solo il nome, in cui non avevo nessuno da vedere, nessuno sulla cui spalla piangere. Il solo con cui sono riuscito a discutere era padre Minella, quello che hai conosciuto anche tu, morto il 31 gennaio 1999 e sulla cui tomba, nel cimitero dietro la facciata della cattedrale, ho passato un'ora.

Sono scappato a Hong Kong col primo idrovolante su cui son riuscito a salire, alle 3.45, e mi son messo a letto coprendomi bene per non farmi assaltare dai fantasmi e con una domanda in testa a cui non riesco a trovare risposta: che cosa è una città? Le case? La luce? I cammini che ci si sono fatti come le linee del destino sul palmo di una mano? O la memoria che si ha delle emozioni che ci si sono avute? Forse le fantasie che il solo nome suscita ancor prima di esserci stati? Macao.

Macao per me è parte della mia vita, per me Macao è la felicità di quell'essere lontano, il ricordo di voi piccoli sul trisciò lungo la Praia Grande, le notti insonni passate ai vecchi tavoli da gioco, o quelle serene a dormire nei letti dalle reti sfondate nella Pousada, e poi al Bela Vista, odorosi di storia e di muffa. Tutto a Macao è stato rifatto, ricementato. Da nessuna parte ho sentito una zaffata di quell'odore di morte che era la sua vita. Per un giorno avrei voluto essere cieco, sordo e senza olfatto, tanto ogni sensazione mi feriva.

Credo che ho raggiunto il fondo del mio viaggiare in questa Asia. Penso all'India come a una grande consolazione e ancor più a San Carlo che la solita fortuna dell'istinto mi ha fatto decidere di riaprire come porto sicuro per tutte le memorie.

Ah... Saskia. Che cosa è una città? E Firenze? Firenze che cosa rappresenta nell'immaginario di uno che ne è fuggito ragazzo, pur tenendola in petto come faro di orientamento, termine di paragone anche per gustare tutto « l'altro »? E tu dove hai la tua stella? In quale memoria trovi il tuo orientamento? Dove la tua sicurezza? A quale immagine di città ricorri quando vuoi sapere chi sei? Quando vuoi trovare la forza di sentirti diversa dal montare della marea altrui?

Il vantaggio di noi europei è almeno quello di avere ancora delle città in cui riconoscersi, in cui non tutti i punti di riferimento sono cambiati, in cui si può ancora voltare un angolo e sapere che ci si para dinanzi una chiesa o una colonna, un albero o il portone sempre dello stesso colore di una vecchia casa.

A Macao non c'era neppure più il mare a rassicurarmi col suo monotono respiro delle onde contro il muro di pietre sotto i grandi alberi. Anche il mare è stato portato via!

Ah, Firenze, Firenze!

Mi chiedo se abbia ragione Theroux di cui mi scrivi. Certo che ci sono ancora delle spiagge dove andare, degli alberghi boutique in cui i ricchi potranno permettersi di stare lontani dagli *aussies*, ma non è questo il punto.

Il punto è che è finito il senso dell'avventura, il « gusto dell'altro » che ancor avant'ieri era dovunque. Nelle nostre chiacchierate da digiunatori dissennati abbiamo con Poldi deciso di rifare il mondo eliminando i passaporti, ritirando tutti quelli che esistono e lasciando che il viaggiare sia di nuovo una questione di vita o di morte... o di una raccomandazione.

Ti abbraccio, mia Saskia, e grazie ancora d'aver battuto un colpo. So che ci sei da qualche parte nel mondo e quel sapere mi consola.

t.

16 dicembre 1999, Hong Kong. Pranzo al Mandarin con Bernardo, carinissimo. Mi parla della politica cinese, del suo incontro col vescovo di Shanghai e sto per dirgli che mi sento male. Poi finalmente parliamo di noi, dei figli, del morire ed è semplice, bello.

Nel pomeriggio lavoro al pezzo su Macao.

Notte del 22 dicembre 1999, Delhi-Almora. Con Poldi e Angela. Una strana combinazione che sembra funzionare. Già entrare nella stazione della vecchia Delhi è un viaggio. Le ombre, i facchini nei loro grembiuli rossi, i mendicanti cacciati dai corridoi, le famiglie distese sotto le pensiline al riparo di grandi coperte. Perdiamo gli occhi dietro a una vecchia coppia di contadini sikh: lui bellissimo in una tunica azzurra, il turbante giallo, una grande coperta sulle spalle e una grande sciabola al fianco. Lei avvolta in uno scialle grigio. Unitissimi.

23 dicembre 1999, Almora (India), Deodars guesthouse. All'arrivo alla stazione di Kathgodam, al buio, un uomo ci aspetta alla porta della carrozza con il mio nome scritto su un minuscolo, prezioso pezzetto di carta.

All'arrivo al Deodars, le montagne mi paiono più piccole. La fantasia è sempre meravigliosa nel riarrangiare le cose.

25 dicembre 1999, Natale al Deodars. Regalo ad Angela un acquerello della valle con le nebbie e le file di montagne che escono dal pallore della notte.

Ceniamo nella vecchia stanza con tutta la famiglia di Richard, François Gautier e sua moglie Namrita, Anam e Anandi. Siamo vecchi e senza tanta ispirazione. Sono in pace con Angela e questa è una grande consolazione.

28 dicembre 1999, Deodars. Mi alzo che le montagne sono ancora azzurre, vedo le prime fiammate di rosa e dipingo il mio primo vero Roerich da regalare alla Saskia. Le montagne non sono mai state così belle, una presenza così eterea, divina. Decidiamo di andare a Binsar a trovare Vivek Datta. «Binsar» significa Shiva che suona la *binsa*, uno strumento a corde.

Si lascia la macchina al vecchio tempio coi gatti e le mucche, nella piccola piana da cui parte la mulattiera. Il sancta sanctorum ha due piccoli *naga* di rame che si ergono dal centro della *yoni*. Il tempio è come in una sorta di piccolo, umido ventre della montagna.

Silenzio. Lungo la strada solo i nostri passi e, improvviso, il gran sbatacchiare di rami, foglie secche che cadono, trambusto: un'orda di scimmie si muove al nostro passaggio. La foresta è bella perché ha un sottobosco leggero che lascia vedere abbastanza lontano. Poldi nota strani ributti rossissimi di certe piante.

Il cammino è piacevole, ci perdiamo sul colle sbagliato, e così vediamo dall'alto la casa di Vivek circondata da dei grandi alberi (uno un rododendro), una visione fuori dal tempo, di una pace, di una serenità a cui non siamo più abituati.

Arriviamo alla casa dopo l'una. Il cane che conosco, e che mi preoccupa, non abbaia. Silenzio. Vivek è nel portico rivolto a sud, con i piedi nel sole e la testa all'ombra della tettoia, che legge un libro sulle donne musulmane. È felice di vederci, ma noi ancora di più. Poldi dice che quella è la casa più bella che ha visto al mondo.

« Amo questa casa, ma sono corrisposto: anche questa casa ama me », dice Vivek, lento, presente, preciso. Tutto sembra perfetto, il quadro di Earl Brewster alla parete di fronte alla finestra dove le stesse montagne si ergono. Il quadro emette una sorta di luce blu. Bellissimo. I vecchi mobili puliti con amore.

« *What do you do here most of the time?* » Le stupide cose che si chiedono. « Come passi le tue giornate? » e lui ha una risposta la cui sostanza gli invidio: « Sono semplicemente me stesso ».

Racconta storie di animali attorno alla casa. Avevano piantato nei primi anni quassù circa 1500 meli che producevano cinque, sei camion di frutta, ma poi venivano le scimmie ed era difficile proteggere i raccolti. I più interessati alle mele erano gli orsi. Venivano a famiglie. Si ricorda una notte di luna in cui lui stava in cima alla collina terrazzata e sotto ha visto arrivare un grande maschio con la « moglie » e due orsetti. Hanno scelto l'albero che aveva le mele più mature, si sono messi a ballare attorno all'albero, come a fare una festa, e poi il maschio è salito sull'albero, lo ha scosso e le mele sono cadute giù per la gioia di tutti. Anche quella di Vivek che stava a guardarli mentre si spartivano il raccolto.

Sono interessato alla sua interpretazione della storia indiana.

« L'India? L'Occidente ha cercato di convertirci prima con la croce e con la spada, poi con le sue istituzioni: non ha funzionato. Funziona ora che hanno aggredito l'animale in noi che adesso consuma, mangia per vivere, vive per mangiare e tutto cambia. La sola speranza è la salvezza individuale, prendere coscienza.» Si riferisce al «lato oscuro dell'Occidente» di cui ho scritto nell'*Indovino*. Mi fa un gran piacere vedere come ha capito una cosa che mi stava a cuore.

Il mio progetto «segreto» di passare la fine dell'anno da lui sembra la cosa ovvia, l'idea sembra venire naturale. Lui ne è felicissimo. Riscendiamo a valle col sole che affonda dietro le montagne.

Sento Angela felice, abbiamo passato alcuni minuti di grande intensità assieme davanti alle montagne. Mi sento artefice di queste occasioni a cui altri a cui tengo partecipano. Da solo non riuscirei a goderne altrettanto. È come se la mia vera gioia fosse solo nella gioia riflessa degli altri.

30 dicembre 1999, Jageshwar e l'ashram di Mirtola. Un'altra magnifica giornata attraverso le montagne. Si entra nel ventre di quella valle in fondo alla quale i fedeli andarono a costruire il loro tempio a Shiva. È facile immaginarsi questa foresta oscura e il piccolo sentiero, ora diventato stradina asfaltata, lungo il quale passavano i carri tirati dai buoi dei pellegrini. Il tempio è sempre forte e presente. Degli umidi raggi di sole entrano dal bosco alle sue spalle. Un albero millenario domina la piccola distesa di tempietti e le grandi semplici strutture dei *mandir*. La scena è quella più commovente dell'India. Uomini magri e infreddoliti riuniti attorno a un focherello fatto per terra, le orecchie coperte da una piccola sporca sciarpa, altri al sole contro una parete scalcinata di una vecchia casa dalle porte e finestre di legno intarsiate e dipinte. Sembrano ignorarci; poi, lentamente, alcuni si avvicinano per offrirci servizi di *puja* e di guida. Sulla porta del tempio un grasso, giovane bramino dall'aria rubizza e tonta ci fa cenno di entrare. Preferiamo continuare fino alla fine del villaggio per avere una vista dall'alto.

La sera a Deodars, prima di cena, dopo che Lalit ha «costruito il fuoco» pongo una domanda a François. «Come è possibile che fra la gente che intraprende la via spirituale trovo tanta poca pace e trovo costantemente degli orribili conflitti? Da voi ad Auroville è una lotta per bande, nell'*ashram* di Osho sono arrivati all'assassinio, persino nel mio *ashram* c'erano storie di gelosie e conflitti.»

« È la natura umana che viene fuori ancora più forte », dice François.

Per dieci minuti mi metto a fare la parte del fiorentino: forse c'è qualcosa di sacrilego in questo andare a scavare nella natura umana, in questo voler andare a trovare i nodi della propria anima e portarli alla luce, scioglierli; forse non è affatto saggio mettersi in testa di eliminare i desideri, l'ira, cercare di essere sempre benevolenti. Forse la cosa più giusta è essere naturali, avere desideri, sfogare la propria ira.

François dice: « La vita è una fatica di Sisifo ».

Non la sento affatto così, ma capisco quanto possa intristire il vederla come lui, questo continuo sforzo, senza successo, di diventare una persona migliore.

Mi sveglio prestissimo. Prendo il tè con Poldi nella sua stanza. Mi ringrazia per tutte le occasioni che gli metto a disposizione e si consola col fatto che ne sa ben approfittare. Dice di aver capito perché io viaggio con i libri dei posti in cui siamo e non, come lui, coi libri di filosofia. Dice che cambierà.

31 dicembre 1999, Binsar. Partiamo al mattino verso Binsar, « Shiva che fa musica », con la vecchia Marie Thérèse, moglie di Vivek ed ex segretaria di Daniélou, che qui venne in vacanza da Pondicherry nel 1957, affittò la casa ora di Arun Singh, vide Vivek che stava in quella diroccata (che ora è la loro) e lo invitò per il caffè « e quel caffè fu fatale ». Gode della strada che la porta verso casa. (Di Daniélou leggere *Shiva and Dionysus*, *The Omnipresent Gods of Transcendence and Ecstasy*, *Histoire de l'Inde*.)

Ceniamo al lume di candela e di lampade a petrolio nella vecchia stanza. Alle dieci siamo in un bel letto sotto la pesante *thulma* (coperta tibetana comprata al mercato di Almora). Il cielo è straordinario, con la più incredibile distesa di stelle che luccicano, quasi fanno luce nell'aria cristallina. La notte è serenissima, si sentono di tanto in tanto dei gridi di uccelli, dei fruscii di fronde. Quando si alza la luna come una barca d'argento sul blu intenso e fondo della notte, le stelle sembrano spengersi. Le sagome degli alberi contro il cielo fanno un bellissimo ricamo. Nel caminetto in camera scoppietta un fuoco odoroso fatto con il legno resinoso del pino.

Il silenzio sembra davvero avere tante variazioni, come dice Vivek.

La casa ha una sua vita, una sua magia. Nehru ci passò sei mesi da prigioniero nel 1942 e ci scrisse parte della sua autobiografia. Da qui sono passati vari personaggi, da Alice Boner a Daniélou. Non posso perdere l'occasione di venirci a scrivere.

2000-2003

Con l'inizio del nuovo millennio, Vivek Datta gli offre una capanna in pietra con una stufa, un letto e un tavolino, ai piedi della sua bella casa di Binsar. È il posto che Terzani sogna da quando lo ha visto un anno prima. A 2300 metri di altitudine, senza elettricità né acqua corrente, non raggiungibile se non a piedi, nel cuore di una foresta antichissima, ha dinanzi l'altissima catena dell'Himalaya – tibetano, indiano, nepalese – con al centro la vetta del Nanda Devi. Una visione che popolerà i suoi diari e acquerelli.

Prima di trasferirsi, viaggia per dieci giorni in Pakistan in compagnia di Angela e dell'amico Léopold, detto Poldi, diventato nel tempo un accompagnatore fraterno. A Islamabad e Peshawar, fino al confine con l'Afghanistan, sul Passo Khyber, Terzani vive un'esperienza nel cuore dell'islam che lo lascia turbato e perplesso. Colpito come sempre dall'umanità della gente, partecipa alla festa di Id, visita musei e acquista tappeti, sua grande passione.

Al rientro organizza la propria vita a Binsar: a Delhi compra pannelli solari, lampade a petrolio, provviste; ad Almora, vestiti pesanti, tappeti, coperte calde e una bombola a gas che portatori locali trasportano in cima alla montagna. Approfittando dell'assenza della moglie di Vivek, Marie-Thérèse, Terzani impara a conoscere il suo interlocutore che si rivela un intellettuale acuto e un abile provocatore con cui misurarsi quotidianamente. È uno stimolo straordinario per chi, come lui, sta cercando risposte nella scrittura di un libro che teme di non finire. Fin dai primi mesi del 2000, la stesura di Un altro giro di giostra *è infatti sofferta e complicata.*

Alla fine dell'anno si trasferisce in una struttura più grande e più comoda, con le finestre aperte sulle valli, un fienile che i Datta hanno convertito per lui e che un sacerdote indù benedice con una puja.

Nel 2001, dopo una visita di Folco nel mese di febbraio, rientra in Europa in occasione della mostra berlinese dei quadri del padre di Angela, per poi ritornare nel mese di maggio a Binsar. Qui i diari si interrompono, per riprendere solo in ottobre.

Gli attentati dell'11 settembre, i virulenti articoli di Oriana Fallaci sul Corriere della Sera *e lo scoppio della guerra in Afghanistan lo feri-*

scono. Sente la responsabilità di « tornare nel mondo » ed esserne testimone. Libero da scadenze e pressioni, come un giovane freelance *all'inizio della carriera, raggiunge il Pakistan e l'Afghanistan. Racconta gli orrori della guerra in una serie di lettere che spedisce al direttore del* Corriere, *Ferruccio de Bortoli, con cui ha stabilito un inedito accordo: lui è libero di scrivere ciò che vuole, il quotidiano è libero di pubblicare ciò che preferisce. Angela lo tiene aggiornato sulle reazioni della stampa italiana e lo avvisa dell'uscita di un pamphlet della Fallaci,* La rabbia e l'orgoglio. *Questo lo convince a preparare a sua volta un libro per far sentire la propria voce. Nascono così le* Lettere contro la guerra, *pubblicate nel febbraio 2002.*

A marzo rientra in Italia per un « pellegrinaggio di pace », mentre il libro scala le classifiche. A maggio torna a Binsar. In autunno a New York si sottopone a un nuovo controllo e riceve l'inaspettata notizia che le metastasi sono diffuse: i medici gli danno da tre a sei mesi di vita. Rinuncia a qualsiasi cura e ritorna a Binsar. Non rivela a nessuno la propria condizione, nemmeno a Vivek, e si concentra su Un altro giro di giostra, *deciso a terminarlo. Per questo motivo i diari s'interrompono nella primavera del 2003.*

Raggiunge Firenze per Natale con un bagaglio di carte e libri per finire gli ultimi due capitoli di Un altro giro di giostra.

Contro ogni previsione medica, nel marzo 2004, sedici mesi dopo il responso definitivo sulla sua malattia, sarà lui stesso ad annunciare l'uscita del suo ultimo libro, poche settimane dopo il matrimonio della figlia Saskia, durante il quale tiene anche il suo ultimo discorso.

1º gennaio 2000, Binsar. Binsar diventa un'unità di misura della pace, della serenità, dell'isolamento. Mi sveglio alle 4.30 – mezzanotte in Italia – con un bellissimo sogno gioioso.

L'alba è quella del primo giorno del mondo. Dalla terrazza dietro la casa che dà sulle montagne, seduti a una sorta di piccola tavola rotonda di re Artù con sedili di pietra, guardiamo le montagne, invisibili nella caligine grigia e buia del mattino, diventare prima delle ombre impercettibili, quasi evanescenti e azzurre, poi dei profili bianchi e poi un'apoteosi di luce rosa contro il cielo di lapislazzuli. Le dipingo per Novalis, a cui penso con piacevolissima intensità. Forse l'acquerello più carino che ho fatto da quando siamo arrivati.

Colazione con tantissime marmellate preparate qui, col burro fatto da Vivek.

Con Angela al mattino ci facciamo una promessa: davvero di vivere più leggermente, di parlarci appena un peso si accumula nel petto, di aiutarci e proteggerci. Ci siamo ridetti che vita felice abbiamo fatto assieme e ci siamo ripromessi di non lamentarci quando per qualche ragione questa gioia, in qualche modo, finirà.

4 gennaio 2000, Delhi-Lahore (Pakistan). Con Angela e Poldi.

Due giorni per organizzarsi a Delhi, ordinare un pannello solare per Binsar, preparare la fuga, poi si parte con Poldi per Peshawar via Lahore. La nebbia ci impedisce di proseguire fino a Islamabad, così, grazie alla mediazione di un signore un po' pomposo e gentile, finiamo nel più bello e orribile albergo della città, il Pearl Continental.

A cena Rizvi, due Ph.D., esperto di Medio Oriente, opinion maker nei *think tank* della Germania. Perdo la pazienza quando dice che la mia idea che l'unica soluzione per il subcontinente è una nuova federazione che rimetta assieme India e Pakistan e ne rifaccia un paese solo è semplicemente inaccettabile per lui. Dice che per lui è impossibile vivere a fianco di un indù, impossibile fidarsi di loro, impossibile avere a che fare con gente « i cui eroi sono i nostri nemici e i cui nemici sono i nostri eroi ».

E Gandhi?

« Il più orribile di tutti. È lui che ha fatto di tutto per impedire la nascita del Pakistan. »

Mi fa paura la sua stupida ottusità e gli dico che la grandezza degli indiani è che nessuno di loro si esprimerebbe così nei confronti dei pakistani.

5 gennaio 2000, Lahore. La nebbia ingrigisce ancora la città. Cerchiamo di andare al museo, ma quello apre solo alle 11. Allora tappeti. Sulla Nicholson Road vecchi carri tirati da cavalli scaricano grandi polverosi tappeti dentro oscure botteghe. In una di queste, begli uomini dalle facce mongole (vengono dal Turkmenistan) vendono tappeti nuovi fatti con tinte vegetali. In una bottega che conosco vediamo dei nuovi kilim per 100 dollari. Belli. Decorativi. Ne scegliamo due da mettere da parte. All'una ci chiamano di corsa per andare all'aeroporto, ma l'aereo non parte che dopo delle ore. Léopold non trova più il suo passaporto. Mi pare di « vederlo » nella sua camera; lo convinco a tornare in albergo a cercarlo. Lo trova nella solita busta in cui tiene i documenti.

Mi rimugina sempre in testa il disprezzo, l'odio, l'ottusità del signore *think tank* di ieri sera contro gli indù. Fa paura.

Arriviamo a Islamabad con il buio e non riesco a far capire ad Angela questa « Svizzera musulmana ».

6 gennaio 2000, Islamabad-Peshawar (Pakistan). All'alba raggiungo Faizal dei tappeti e veniamo così presi dal sistema della ospitalità pashtun. Seduti su una pila di tappeti in una villa circondata e protetta da grandi muri di pietra, vediamo decine e decine di « Samarcanda ». Nessun tappeto è di eccezionale qualità.

Zaman, il fratello maggiore di Faizal, spiega che « anni fa quando si andava in Cina si vedevano due tipi di tappeti, uno bello e uno normale. Prendevamo il primo. Oggi, quando ci torniamo, vediamo solo un tipo di tappeto, quello normale, e lo prendiamo».

Zaman insiste ad accompagnarci a Peshawar con la sua macchina.

Mi impressiona, mi commuovo, come altre volte, ad attraversare il ponte sull'Indo che lì si forma dalla confluenza delle acque verdissime del fiume di Gilgit e quelle marroni, scure, del fiume che viene da Kabul. La natura è selvaggia, brulla, secca; le colline che ci circondano, aspre e pungenti, sono nella nebbia, nella polvere; sulle vette si intravedono dei vecchi resti di forti. Il viaggio è in mezzo a una folla medioevale. Ogni bazar che si passa offre una gamma incredibile di bella, antica umanità: uomini con bellissime barbe, grandi nasi aquilini e facce burbere. Ogni tanto un uovo di donna avvolta in un burka. Polvere, cavalli, muli, pacchi e rifugiati afghani, uomini dell'Asia centrale. Un crogiuolo di razze portate qui da guerre, invasioni, rivoluzioni, ideologie, religioni, follie.

È il mese del Ramadan (Ramzan, dicono qui), per cui tutti mangiano prima della levata del sole e dopo. Non si parla d'altro: « Digiunare, digiunare ». Zaman dice che è il mese più bello perché non debbono andare da nessuna parte, gli uomini stanno con le famiglie e la sera mangiano tutti assieme. Dopo, visita al negozio di Peshawar a vedere il bel tappeto con le melagrane di 200 anni fa, tagliato in due da qualcuno che ne aveva bisogno in due diverse stanze. Gli uomini si accucciano per terra su dei vecchi pezzi di tappeto a mangiare con le mani da piatti comuni. Senso di grande comunità, di solidarietà fra uomini.

Scendiamo al Green's Hotel e poi usciamo a fare due passi nel bazar che abbiamo alle spalle. Le uniche donne che incontriamo sono mendicanti (vedove?), delle bambine. Quel che vide Marco Polo non deve essere stato molto diverso: il *naan* fatto in forni posati per terra, grandi calderoni in cui cuoce la carne con pomodoro e peperoni, secondo lo stile locale; grandi distese di frutta secca con al centro un uomo con la sua bilancia; strane zuppe in cui cuociono uova sode; barroccini di mele, arance e melagrane. Un mendicante, a cui offro un *naan*, dopo avermi ringraziato in inglese mi segue per chiedermi di offrirgli anche del companatico di ceci che mi indica in un gran calderone sopra un fuoco.

Accetto e vedo che il *naan* è anche un ottimo piatto, ecologicissimo perché finisce per giunta per essere mangiato.

7 gennaio 2000, Peshawar. Poldi è stanco e malaticcio. Colazione nel puzzolente ristorante del Green's Hotel assieme a una ventina di cinesi che mangiano rumorosamente. Sono operai e ingegneri che fanno una qualche diga a 50 chilometri da qui, venuti in vacanza. Ammutoliscono quando per scherzo mi metto a parlare in cinese a Poldi che arriva al mio tavolo. Che strani giri di storia. Ricordi di CIA, di intrighi, di sporco, di diarree mal curate.

Partiamo per una giornata al bazar. Fermata al museo, il più umano, più straordinario di questa Asia. È l'ultimo giorno di Ramadan e il museo chiuderà alle 12, paghiamo ognuno 5 rupie per entrare. Sulla panca centrale, incappucciati, tre vecchi musulmani fanno da guardia ai tesori dell'arte del Gandhara, qualcosa che ripugna alla loro anima nella sua rappresentazione del divino. Due uomini stanno rumorosamente costruendo in mezzo alle statue una scaffalatura in legno. Le teche sono polverosissime; in una, assieme ad alcuni pregiati stucchi, sono protetti, sotto chiave, dei tubi al neon, delle pale di ventilatore, delle scatole di chiodi qui forse più preziosi di tutte le magnifiche statue. Si avvicina un giovane che ci vende per 600 rupie (qui una fortuna) l'unico libro disponibile sulla « storia di Buddha » vista nel museo. Ho l'impressione che se gli chiedessimo una delle statue per una cifra da concordare ce la potrebbe consegnare all'albergo. Tutto è impolverato e rotto, dal tetto son caduti dei pezzi di stucco che nessuno si è preso la briga di spazzare via.

Angela fa notare come il Buddha in meditazione qui non sia mai assente, perso in un mondo irreale tutto suo, ma sia un uomo che riflette, che si chiede, che forse ha dei dubbi. C'è una meravigliosa umanizzazione del divino in queste facce intense di begli uomini di stampo greco. E le statue sono lì a portata di mano, da toccare, carezzare, abbracciare.

Per tutti e tre il museo è una grande commozione.

Il taxi ci porta alla strada dei racconta-storie. Per caso ci fermiamo esattamente davanti al negozio di Gulu che cercavamo. L'intero edificio è vuoto, guardato solo da un ragazzo, ma nel giro di una decina di minuti per una qualche meravigliosa forma di comunicazione arriva il « re del lapislazzuli » e poi Gulu stesso. Spiego che vogliamo vedere dei tappeti di Samarcanda. Dice di tornare alle due.

A piedi alla Torre dell'orologio. Shamsuddin sta leggendo il giornale seduto su un liso e polverosissimo tappeto sulla bocca del negozio. Dice che i bei tappeti non ci sono più, che il potere, una volta solo nelle sue mani, è passato in quelle di venti... nipoti, che la vita bella se ne va e quella brutta arriva, che non c'è niente da fare, solo ridere. Ci sediamo nel suo magazzino, ma lui stesso è imbarazzato dal nulla che ha da offrirci. Dice che alcuni bei tappeti per proteggerli dalle tarme li tiene a casa. Li vedremo andando da lui alle sei.

Ci affida al figlio maggiore, Riaz (che a sua volta ha due figli), chiedendogli di accompagnarci al bazar delle pietre preziose. Angela compra lapislazzuli da un gentilissimo mercante che ci mostra alcune strane composizioni di pietre trovate in natura e che vengono vendute ai collezionisti di tutto il mondo a una fiera annuale a Tucson, Texas, in gennaio: quarzi da cui escono dei rubini, parallelepipedi di acqua marina e una bellissima forma trasparente di cristallo verde e rosa.

Il bazar di Chitral è meraviglioso, con gilet, berretti e coperte di vari marroni venduti da una bellissima collezione di antichi uomini dinanzi ai quali sembra che la nostra razza sia quella della decadenza. Facce ferme e precise, carnagioni senza macchie, begli occhi a volte chiarissimi, belle barbe nere e grigie e bianche, veri uomini.

Una straordinaria cortesia.

Alle due non riusciamo a essere all'appuntamento con Gulu. Arriviamo con tre quarti d'ora di ritardo e un ragazzino appostato al piano superiore avverte che ci siamo dopo averci avvistati nel mezzo della folla che nella strada si è fatta densissima. Una grande frenesia di acquisti come fosse la vigilia di Natale. Uomini, uomini, uomini... coi diversi turbanti, le coperte sulle spalle, tutti come fossero terribilmente infreddoliti in un pomeriggio che non ha niente di invernale.

Saliamo le scale ripide, polverose e buie e nelle tre stanze stamani vuote ci sono pile di tappeti fino al soffitto e una trentina di uomini, tutti uzbeki e turkmeni con delle facce mongole e dei bei turbanti sui piccoli berrettini bianchi. I tappeti non sono di quelli che cerchiamo, ma per non offendere nessuno ci mettiamo a uno a uno a vederli e scartarli, con pochissime eccezioni, per salvare la faccia di ognuno. Nessuno si secca, tutti sono gentilissimi e alla fine tutti fra grandi strette di mano e sorrisi ripartono coi loro famigli e aiutanti con pacchi di tappeti sulle spalle. Semplicemente meravigliosi, cortesissimi, continuano a snocciolare le loro « collane da preghiera » musulmane (identiche ai rosari e ai *mala*), uguali nelle tre grandi religioni.

Che strano bel vecchio mondo, con le sue vecchie regole, le sue gerarchie, la sua precisa moralità. Ieri sera Angela faceva un bel paragone fra l'imbianchino Delfo e il nobile Vanni che oggigiorno a Firenze vivono in case simili, hanno sogni simili, pensieri e preoccupazioni simili e simili tristezze perché il mondo attorno a loro non è più quello che era. La democrazia ha appiattito tutto, togliendo a ognuno qualcosa e tutti dal loro vecchio posto.

Qui le differenze sono rimaste e la gente sembra più soddisfatta.

8 gennaio 2000, Peshawar-Passo Khyber. Ci alziamo col buio credendo che Id coincida con grandi feste e preghiere che non vogliamo perderci. Camminiamo per strada alle sei, ancora nel buio della notte illuminata dai falò degli spazzini che si scaldano davanti a cumuli di spazzatura e sacchetti di plastica. L'aria appestata soffoca assieme alle nuvole di polvere che altri spazzini con grandi scope spingono da una parte all'altra dei marciapiedi.

Davanti a una piccola moschea vicino all'albergo vediamo gli uomini lavarsi alle fontanelle sulla strada, asciugarsi con i loro scialli, togliersi le scarpe ed entrare. Girelliamo per il bazar osservando, come in ogni altra città, lattai e panettieri (qui fanno il *naan*) che aprono per primi i loro negozi. Prendiamo un taxi per andare alla grande moschea rimasta intatta nelle distruzioni dei sikh e dai cui minareti il generale Avitabile, un mercenario italiano diventato governatore di Peshawar, faceva buttare giù i condannati (ex soldato di Napoleone, veterano di Waterloo, è finito misteriosamente qui: la storia mi attrae molto).

La luna non è stata avvistata, così il governo ha deciso che Id sarà dopodomani, mentre la leadership musulmana ha deciso per oggi.

Partiamo. Scoppia una ruota del taxi, finiamo per partire con un altro taxi del Green's Hotel. E sulla strada che s'inerpica in un paesaggio polveroso e *kaki* (da qui viene il nome delle uniformi inglesi adottate dopo che le loro giubbe rosse si facevano troppo facilmente prendere di mira dai cecchini) file e file di vette gialle e ocra. Nella valle polvere, polvere e polvere, alberi secchi e striminziti di eucalipto. Le abitazioni sono case-fortezze, ognuna con un grande portone-cancello. Da alcuni appena socchiusi si vedono interni di giardini e di chiostri con verzura. Il più bello è quello degli Afridi, la grande famiglia di trafficanti e contrabbandieri accusati di smerciare eroina.

Mi viene sempre in mente la storia della ragazza tedesca di cui cercai di occuparmi, quella che in Germania si era innamorata di un ragazzo di qui, l'aveva sposato e seguito, aveva scritto poi lettere disperate alla famiglia, che non era potuta venire. Alla fine non se ne seppe più nulla e scomparve, forse sepolta in questa distesa di polvere dopo essere stata uccisa dai parenti del marito in una di queste fortezze.

Il paesaggio non mi commuove. Il passo è impressionante ma a me pare di essere una pellicola che ha preso luce: non mi si imprime nulla. Sono irritato dal giovanissimo uomo armato, con foruncoli sulla faccia, una gonna nera, un berretto sporco sulle ventitré e un vecchio kalašnikov, che vorrebbe impedirci di vedere il piccolo cimitero inglese con una mezza dozzina di tombe di soldati morti di colera nel 1919. Le tombe pesticciate dai bambini, il posto usato come cloaca da tutti e pieno di merde a cui bisogna fare attenzione. Il vecchio autista è anche preoccupato che si scenda, che si compri al mercato.

Mi secca vedere tutto da lontano, da turista, non potere andare fino al posto di frontiera afghano giù nella valle. Sono impressionanti le vette con le sagome lontane e semidiroccate dei vecchi forti, quello più recente fatto dagli inglesi quando già stavano per lasciare l'India. L'autista insiste su dove bisogna mettersi per farsi le foto ricordo.

Torniamo a Peshawar. Finiamo a letto a leggere di appassionate visite altrui a questo posto che non mi ha suscitato tanta passione. Mi chiedo per quanto tempo ancora potranno resistere al potere gli «sbiancati» della élite pakistana accanto a questi barbuti che snocciolano rosari, che si sentono uno con i talebani...

Cena in famiglia a casa di Shamsuddin. Storie della figlia che studia biologia a Islamabad, della più giovane già fidanzata a uno di cui ha solo la foto e che vedrà solo fra un paio di anni, il giorno del matrimonio. Shamsuddin adora stare al bazar («la televisione naturale») e non a casa coi problemi dei figli.

Un mondo perfetto, regolato dal Corano e dalle urla del muezzin all'alba.

9 gennaio 2000, Peshawar. Poldi arriva entusiasta, dice di essersi alzato alle cinque con le urla dal minareto e di aver capito tutto il mondo di Shamsuddin, il senso di sicurezza in famiglia, la base piccola ma ferma su cui tutti si muovono, sotto il velo divino dell'islam. Dice che Shamsuddin gode di molto più rispetto, autorità e sicurezza di un grande manager della IBM, che guadagna mille volte più di lui ma che può essere messo alla porta ogni momento.

Passiamo la colazione a confrontare queste due vie di vedere il mondo e di concepire la vita. Poldi, che ha letto con entusiasmo Vivekananda per giorni, dice che le teorie di questo *swami* indiano non hanno nessun senso davanti alla pratica concezione della vita di Shamsuddin e del suo islam. Io rimetto tutto in prospettiva dicendo che quello guarda dalla distanza di milioni di galassie. Da quella distanza, le scelte, le sicurezze di Shamsuddin e del suo mondo sono effimere, passeggere e insignificanti nella loro «umanità».

Nel giornale di stamani un articolo su Id. Il Profeta si era preoccupato di far sì che la gioia di questo giorno non creasse amarezza presso i poveri. Allora il Corano stabilisce che i ricchi debbono dare direttamente ai poveri una precisa quantità di grano; che in questo giorno le donne si possono mettere dei braccialetti (purché non siano d'oro, quello solo per il matrimonio), dei profumi e anelli alle dita. Gli uomini possono portare un vestito nuovo come fece il Profeta, ma non uno troppo lussuoso come quello offertogli da un seguace e che lui rifiutò.

Alle undici e mezzo, nella casa-fortezza di Shamsuddin per pagare e ritirare i tappeti. Le donne hanno *henna* sui palmi delle mani (lo stesso fanno le donne indù), tutti son vestiti a festa, ognuno inaugura qualcosa di nuovo; le ragazze che ieri sera tardi sono state al bazar a comprare i loro braccialetti di vetro, fanno sfoggio degli acquisti, alcuni fatti fare apposta per abbinarli ai loro vestiti. Per strada incontriamo padri che tengono per mano figli piccoli con cui vanno a salutare i parenti, con un orgoglio reciproco, oramai a noi sconosciuto, nei loro rapporti.

Regale Shamsuddin sul grande divano nel patio, con le gambe incrociate, i piedi sotto il sedere, i gesti da grande capo: non conta i soldi, li mette solo nella tasca dopo che son stati contati dal genero. Dà ordini precisi persino su come legare i pacchi.

Mangiamo del pesce in una nuova stanza, di nuovo per terra da dei piatti messi su un incerato dorato.

Fra gli invitati un mullah grasso con una barba nera, un berretto sempre in testa e degli occhiali neri. Non parla inglese, è riservato, quasi ostile, non stringe la mano ad Angela e quando si dimentica di quella di Poldi Shamsuddin gliela ricorda. L'uomo è incaricato di insegnare il Corano e le preghiere a tutta la famiglia. È pagato dal governo, ma riceve soldi dalle varie famiglie nelle quali è tutore. Le preghiere sono in arabo e lui stesso pare non lo conosca. La bambina più piccola (tre anni) recita la preghiera che ha appena imparato e che ripeterà varie volte al giorno per il resto della sua vita. Non sa cosa vuol dire.

Mi viene l'idea che sarebbe interessante passare qualche settimana nella casa di Shamsuddin e descrivere la vita di una famiglia musulmana così.

Pomeriggio con i turkmeni di Gulu. Uomini del bazar come ai tempi di Marco Polo arrivano coi loro pacchi di cose che stendono per terra e mostrano una a una. Compriamo otto tappeti di Samarcanda e altri di tipo più piccolo: finalmente mi do il premio della letteratura di viaggio.

Cena al Pearl Hotel dove la borghesia pashtun si riunisce. Tavolate di uomini coi berretti in testa, altre di famiglie con le mogli grasse, i mariti dai capelli tinti di nero e le figlie, senza veli, coloratissime e cariche di ciondoli e braccialetti. Una tavolata di giovani in vestiti occidentali che vanno avanti e indietro dal tavolone del buffet con piatti carichi di riso, pane, insalate, frutta e dolci, gli uni sugli altri. Avanti e indietro.

10 gennaio 2000, Peshawar. Angela è debole per via di un raffreddore, stanca di essere sempre in tre e dover parlare francese. Ci svegliamo alle quattro. Chiacchieriamo.

Alle cinque e mezzo attaccano i vari muezzin dalle tante moschee. Ululati inquietanti nella notte. Il nostro complicato rapporto con l'islam non finisce mai di sorprendermi. Perché non mi inquieta il suono di un corno tibetano, che anzi mi ispira un sentimento di pace e di tranquillità, mentre questi canti all'alba mi mettono sulla difensiva. Li sento aggressivi? Ho la passata paura nel DNA?

Lasciamo Peshawar all'alba col vecchio servile autista, figlio di un ufficiale indiano e di una donna birmana. Ci fermiamo a Taxila. Visita al museo. Sorpresa nel trovarlo pieno di musulmani, molti giovani, che han trovato qui un modo di passare Id. Si aggirano nelle tre grandi stanze dei reperti, persi nell'incomprensione e solo impressionati – nella piccola stanza dei « tesori » dove vengono parsimoniosamente ammessi da una guardia che fa da cerbero alla porta – da una bambola musulmana, polverosa e discinta, che sta senza alcun senso in una teca illuminata dalle solite lampade al neon, lasciva e sorridente, vestita di un sari azzurro e coperta di braccialetti e gioielli di finto oro.

Il museo è meraviglioso nella sua naturale, a volte quasi eccessiva semplicità. Alcune statue sono impressionanti: un buddha di pietra grigia in piedi con i *chapal*, i sandali indiani, alcuni amuleti al collo, i capelli a crocchia, uno sguardo forte e fermo come in tutti i primi buddha, senza quell'aria assente, leggermente sdolcinata e un po' ebete di poi. Mi colpisce un piccolo frammento messo a destra della morte del Buddha: la sua cremazione, in cui si vedono solo due strati di fiamme separate da un piano come di legno: sotto, fiamme piccole, sopra, grandi lingue di fuoco. Sento che lì dentro il suo corpo brucia.

Vediamo in una teca la straordinaria valle di Taxila, nelle cui viscere si nasconde forse il segreto delle origini di tutta la civiltà umana. Il museo dà su un giardino, piantato ancora dagli inglesi, ma non abbiamo il tempo di andare agli scavi. Mi piacerebbe tornare, passare del tempo, capire. Mi irrita in tutte le pubblicazioni la pretesa che tutto questo sia parte della storia e delle origini culturali del « Pakistan ».

Nel museo abbiamo appuntamento con il fratello maggiore di Faizal. Gli dico che sarebbe un buon business riprodurre artigianalmente alcune delle statue e dei bassorilievi nelle teche. Lo vedo come offeso. Dice che nella sua religione tutto questo – e fa il gesto per includere tutte le statue del museo – è *haral*, cioè proibito, e che è proibitissimo farne un business. Discorso chiuso. Ma penso che, in nome di questo vedere come sacrilega la rappresentazione del divino, i suoi antenati han distrutto metà dell'Asia centrale e i suoi discendenti potrebbero ancora distruggere. Anche quel museo!

Zaman è libero e intelligente, ma profondamente musulmano, con tutto ciò che questo comporta. Mangiando per terra, seduti su dei magnifici tappeti nella stanza-cassaforte della sua casa-fortezza, parla della sua ammirazione per i talebani che da bravi afghani sono abituati da secoli a non aver bisogno di nulla. Dice che resisteranno così e che per questo non cederanno al mondo che sta loro attorno. Il Pakistan, sotto l'influenza del Jamaat-e-Islami, diventerà sempre più islamico, ma non potrà mai diventare come l'Afghanistan dei talebani.

Zaman ci accompagna a Islamabad. Un fratello paga le medicine che compro per Angela passando dalla cassa prima di me, Zaman paga oltre 6000 rupie per la macchina che ci porta a Lahore, a 380 km di distanza. Ci mettiamo quattro ore lungo un'autostrada da XXI secolo che scorre in mezzo al Medioevo.

A Lahore, dinanzi al Pearl Continental Hotel ci riceve una banda di cornamuse suonate da pakistani vestiti da scozzesi e assunti per il grande matrimonio di un qualche ricco « sbiancato » uomo di potere.

11 gennaio 2000, Lahore. Pioviggina su una città avvolta nella nebbia. Prendiamo una macchina dell'albergo, solita bolla di modernità. Visita alla Casa delle Meraviglie di Kipling, il bellissimo museo di Lahore. Entriamo e viene a mancare la luce. Gruppi di pakistani con bambini e donne escono. Si aspetta tutti assieme. Dopo una decina di minuti la luce torna. Davanti al buddha digiunante intere famiglie si fermano a pregare. Passano delle donne velate di nero e anche loro si bloccano a mormorare preghiere.

« È commovente », dice una giovane.

Il bazar è ancora chiuso per Id, ma godiamo ad andare a giro con la macchina sulle stradine pesticciose di fango ed escrementi. Bellissime le porte della vecchia città. Una grande impressione di povertà e grandezza, di sporco e serenità.

15 gennaio 2000, Delhi. Poldi è partito. Passiamo giorni splendidi con Angela. Ci ripetiamo come è bella la vita e come quando un giorno non lo sarà più dovremo ricordarci di come erano i giorni come questi.

Compriamo cose per tornare a Firenze con un'immagine dell'Asia. Le trovo dei bei vestiti, facciamo riparare dai nostri sartini, che si susseguono, quelli comprati nei Gandhi Shop. Ceniamo al piccolo tavolo nero della biblioteca e parliamo per la prima volta del libro che vorrei scrivere. Sono eccitato e impaurito. Angela ricorda Spagnol che disse: « Il libro c'è già ».

Spero.

Accompagno Angela all'aeroporto. La sicurezza è severa a causa dei dirottamenti, ma come un vecchio giornalista bandito mi son portato dietro un biglietto scaduto ed entro con lei per aiutarla con il bagaglio extra delle tante cose comprate strada facendo. Essere bianchi qui aiuta ancora. Esco mostrando la mia tessera stampa scaduta.

20 gennaio 2000, Deodars, Almora. Forse è perché, da viaggiatore, si è sempre altrove, che alla fine ci sono tanti posti – probabilmente troppi – in cui uno si sente stranamente « a casa ».

Sono arrivato qui al tramonto con Billa alla guida e Mahesh

al suo fianco e l'Himalaya mi ha accolto con la più straordinaria cerimonia della natura. Le montagne limpide fino in Nepal, il cielo azzurrissimo e la luna prima come una carta velina bianca, poi fosforescente, grandiosa, come un insolitissimo gioiello. I pini e i cedri si son fatti neri, il cielo arancione, poi violetto, la valle si è taciuta e il silenzio era rotto solo dal lontano latrare dei cani. Che benvenuto!

Mi manca Angela. Entrare nella stanza d'angolo col grande letto e le belle lampade accese sui comodini è stato come tornare da un funerale e rivedere tutto ciò che è solito e conosciuto, ma con la grande mancanza di una presenza fisica che è sempre stata parte del tutto. Eppure ho re-imparato – a Macao, se mai ne avessi avuto ancora bisogno – che la nostalgia... « è come un usignolo: canta meglio se tenuta in gabbia ».

Faccio a piedi il sentiero che porta da Anam e Anandi e mi sento invaso, assalito, riempito di vuoti, di speranza, di bei pensieri, di amore, di un bel senso di avere ormai con Angela una comunità che non cede a nessun vento. Una grande gioia. Staremo lontani: per diventare migliori. Sento che qui ho una possibilità di ritrovare la voce, di rifar gorgogliare nel petto il mio usignolo.

La giornata è cominciata a Delhi al buio. Sulla via di Ghaziabad, un sole enorme si leva all'orizzonte, visibile sopra la coperta di fumi e gas, come una palla rossa con strisce di nuvole che si infuocano. Sagome di alberi rinsecchiti come gli uomini, polverosi come gli uomini, poveri e belli come gli uomini, le cui ombre vedo aggirarsi nella piana in cerca di un momento di intimità per i bisogni del corpo.

E l'India è quella di sempre: povera, sporca, disperante e allo stesso tempo commovente. Vedo una donna raspare con le mani nude in una pila di spazzatura. Un uomo lungo la strada, sporco e lacero, è un « signore » in paragone perché ha in spalla un semplice ferro uncinato con cui raspare « professionalmente ».

La gioia di lasciarsi dietro la routine, il fardello del quotidiano.

21 gennaio 2000, Deodars, Almora. Giornata al meraviglioso bazar con Richard a comprare la bombola del gas per fare il tè, dei mutandoni, una bella *thulma*. Il bazar è un mondo affascinante, ucciso dai supermercati: i poveri sherpa nepalesi, a volte ancora bambini, scalzi e spogli, i commercianti che aspettano al sole come lucertole, poi l'ora del pranzo in cui il mangiare è più importante di una vendita. Le mucche che passeggiano fra la gente. Una grande pace, le vecchie case di legno intarsiato, alcune cadenti. Fortunatamente non c'è grande sviluppo e non verranno buttate giù per fare un qualche edificio di vetro e alluminio.

Da Tara incontro Geeta, brasiliana sui 50 anni, sorridente ma persa, bene in carne ma malandata nell'animo. Anche lei un'«orfana» di Osho. La sua storia come mille altre. Prendo il tè con lei e un'altra brasiliana «orfana» di Osho che vive qui da sola, tutte sui 50-60 anni, tutte con un bel sorriso ma perse.

22 gennaio 2000, Binsar. Una silenziosa luna illumina le mie spalle, le fronde degli alberi, la foresta, la cresta di una collina e, dietro, quella di altre ombre di colline e montagne nel più limpido dei cieli. Guardo il fuoco e la luce tremula di due lampade a petrolio. Seduto per terra su una coperta di lana bianca scrivo queste righe. Sono felice. Mi pare davvero di aver fatto il primo passo di un grande viaggio, di avere la chance di una nuova, bella avventura. Il silenzio attorno è immenso e la possibilità di ascoltare la propria voce la più grande che ho mai avuto.

La mia casa è un modesto edificio di pietre davanti alla casa dei Datta. Salgo su per una scala di legno e ho una bella, grande stanza con un camino. Mi è stato affidato il giovane Nandu che si occuperà di me, che mi porterà la legna e l'acqua... e pulirà.

Mahesh e Richard installano il pannello solare e quando lo proviamo la luce rossa va e viene, la corrente arriva e se ne va. Mi sento al perso, poi a forza di colpi tutto sembra risolversi. Ma come è fallito una volta potrà fallire altre mille.

Passo il pomeriggio a organizzarmi, a rifare la stanza, a sistemare sul tavolo un piccolo altarino con un buddha per meditare. Alle sette, cena spartana coi Datta, poi le belle cioccolate della Ferrero dalla enorme scatola che fa così piacere a Vivek.

Marie Thérèse racconta di essere andata a trovare Alain Daniélou che stava morendo a Zagarolo e che lei non aveva più visto da trent'anni. È rimasta tre o quattro giorni, hanno riso, parlato di tante cose, ma mai della sua malattia, della sua morte e alla fine, partendo, lei che non aveva mai toccato i piedi a nessuno ha trovato naturale inginocchiarsi ai suoi piedi. Lui le ha messo allora una mano sulla testa.

Vivek dice che andrà a letto, ma verso l'una si alzerà, si farà una tazza di tè e seduto nella sua poltrona si metterà a guardare il lume di una candela. « Che simbolo! » dice. « Così dritta... senza tremolii. » Mi accompagnano sulla porta con le loro lampade. Ognuno spegne la sua non appena fuori di casa, davanti all'incredibile luna... che Angela mi ha mandato fin quassù.

24 gennaio 2000, Binsar. Mi sveglio, scrivo delle note che poi al mattino non riesco a leggere e i sogni sfumano come non fossero mai avvenuti.

Alle sette il sole incomincia a toccare le montagne con una carezza di rosa.

Mi rendo conto di come la vita qui, col suo non avere tutti gli ovvi comfort cui siamo abituati, ci rende più coscienti di ogni movimento, più all'erta dinanzi a ogni cosa che succede. Delle batterie ci si chiede quanto durino, si fa attenzione a un pezzetto di carta, a un fiammifero che può essere riusato, alle candele che vanno economizzate. Vedo le mucche dirigersi verso il mio prato e corro a vedere se non possono buttare giù il mio pannello solare.

Ricevo la visita di Vivek che mi tenta con il suo riso. Cedo e nel sole del mezzogiorno godo del mangiare, della pace e della compagnia dei corvi che, come per ripagarmi d'avermi rubato ieri il formaggio, oggi vengono a mangiare dalla mia mano.

Dipingo il tramonto e le mani mi si congelano. Rientro, faccio il fuoco e lento sento salire per le scale Vivek. Vuole parlare, riprendere i miei commenti sul libro della Madhu. La mia obiezione è la solita: la vita è una magnifica occasione, anche occasione di piaceri, di gioia, e se deve essere percepita come un continuo sacrificio per ottenere qualcosa d'altro, allora non ha senso la ricerca. Torna a dire che Krishna Prem era alla fine un essere completamente in pace con se stesso e armonizzato (mi piace questa definizione di una persona nell'età matura). Gli domando della sua idea di malattia. « La malattia come il dolore deve essere armonizzata con l'essere. » Mi chiedo come facesse anche Ramana Maharshi che aveva così male da farlo piangere. Va ripensata, dice lui, l'idea della morte.

« È la malattia a causare la morte, o è la morte a causare la malattia? »

25 gennaio 2000, Binsar. Le notti sono sempre piene di sogni, uno dopo l'altro. A ognuno è come volessi svegliarmi per registrarlo, ho la sensazione che non lo dimenticherò, mi riaddormento e sogno di nuovo.

In uno ero in una cittadina come Maresca. Vedo dei carabinieri. Mi chiedo perché siano così tanti, mi avvio verso il centro, ce ne sono sempre di più, finché arrivo sulla piazza e vedo un gruppo di uomini che han preso uno e che lo picchiano a morte mentre tanti altri carabinieri con dei berretti normali stanno attorno facendo finta di non vedere. Intervengo, cerco di salvare il malcapitato, accuso i carabinieri di non fare il loro dovere, finché non capisco che son tutti carabinieri e son loro a picchiare l'uomo. Chiedo chi è il generale incaricato. Mi dicono che è dei NAS, ma non c'è; viene a parlarmi un uomo coi baffetti, un meridionale, uno di nessuna autorità, ma importante; dico che sono un giornalista di *Repubblica* e che questa storia finirà sui giornali. Quello chiama un giovane capitano, dico che sono un giornalista del *Corriere*, cerco di impormi. Mi giustifico dicendo di lavorare per due giornali diversi, che posso scrivere per tutti e due.

Mi sveglio e sento che il problema è il mio ego, la mia identità, chi sono io. Forse l'uomo che stanno picchiando? Uno da cui i carabinieri vogliono sapere qualcosa e che alla fine anch'io quasi mi convinco che va picchiato se si vuole raggiungere qualche risultato? Proprio ieri sera avevo parlato con Vivek della apparente assurdità di fare una vita di sacrifici per raggiungere qualcosa che non è certo.

Il sole è tramontato dopo una giornata grigia e coperta. Un momento di panico quando il computer improvvisamente si blocca e la batteria piena d'un colpo si scarica completamente.

Mi pare che sia un altro segno negativo (che qui non debba stare? Con il gas che non funziona e la lampada solare che si spegne dopo pochi minuti?).

Chiedo a Vivek che cosa sia quel Sé dietro l'ego che bisogna distruggere.

« Non c'è un modo indiano di vedere le cose e uno occidentale... C'è soltanto un uomo empirico e uno interiore, e quest'ultimo è universale. Plotino dice esattamente quel che dicono il Vedanta e Buddha. »

È meravigliosa questa certezza di Vivek di essere in qualche modo eterno, di avere in sé qualcosa che trascende la sua esistenza materiale e di poterci con relativa facilità ricorrere, magari la notte, in silenzio, osservando la fiamma immobile di una candela che brucia nella sua stanza da pranzo con la finestra sulla più divina vista del mondo: il Nanda Devi illuminato dalla luna. Dice che così come nel sonno si può essere presenti, e come dal sonno profondo ci si sveglia, allo stesso modo bisogna vedere la morte. Se l'Io sognatore è diverso dall'Io sognato, e quello esiste anche quando l'altro Io dorme, allo stesso modo ci deve essere un Io che sopravvive quando l'altro Io muore.

26 gennaio 2000, Binsar. Vorrei essere pittore più che artigiano delle parole, stamani. Nella nebbia si stagliano, con i loro grandi abbracci muschiosi, i rododendri giganti.

Nandu, il giovane paria che si occupa di me, viene scalzo e tremolante a portare una bracciata di legna; le sue orme bagnate mi fanno andare alla mia scatola di calzini per dargliene un paio. E i calzoni fini fini di cotone che ha addosso? Solo in testa ha un berretto giallo e verde e una sciarpa che gli copre gli orecchi. Per il resto è come uno degli animali della foresta.

Tutto il giorno è grigio. A volte cade una pioggia fitta e pesante, a volte una neve densa a grandi fiocchi. Verso il tramonto il cielo si rischiara là dove deve scendere il sole e la sequenza di colline diventa un mare pieno di onde, le montagne per un attimo si inrosano, ma solo per un attimo. Poi scompaiono anche loro nella nebbia grigia che diventa sempre più scura.

I vecchi vanno a fare due passi e io li invito per il tè.

Aurelia, la loro ospite, dopo chiede di parlarmi e stiamo

un'ora davanti al fuoco. Ha 22 anni, sente tanti imperativi morali e teme di non avere abbastanza forza da metterli in pratica. Vuole aiutare la gente, occuparsi di sottosviluppo, ma in verità quel che le interessa è l'uomo, la cultura, l'arte. L'ascolto, reagisco, dico quel che mi vien da dire.

Odio essere guru, che mi si attribuisca una « saggezza » che sento di non avere.

27 gennaio 2000, Binsar. Colazione. Marie Thérèse dice che il libro di Angela sulla Cina è magnifico, da lì passiamo a parlare della Rivoluzione culturale.

« Credi che la Cina tornerà alla sua cultura? » chiede Vivek.

Dico di no perché il comunismo ha seccato le radici, faccio l'esempio di Pol Pot, dico che la distruzione di tutte le pagode era intesa a cancellare la memoria del passato, del buddhismo...

« Ma Buddha secondo te è una pagoda? » dice Vivek.

Per cena faccio la frittata di patate. M.T. racconta che la moglie di Harish, il servo, sta per partorire il secondo figlio. Oggi è andata a trovarla per chiederle se aveva bisogno di nulla. « No », ha detto quella, non vuole attorno altre donne, neppure la madre. Ha fatto bollire un rasoio con cui taglierà da sola il cordone ombelicale.

« Non hai paura? » le ha chiesto.

« Paura di che? Le vacche qui sotto hanno paura? » Ha 23 anni. Sta nella casa di pietra sotto il campo. L'ho vista nei giorni scorsi con la bambina di due anni a prendere il sole, si preoccupa solo di avere abbastanza latte da alimentare tutti e due i figli. Nessuna ansia, nessuna angoscia. Penso a Folco che è andato a fare un corso di parto naturale, alla paura di sua moglie, all'epidurale e alla nostra società che garantendo tutto, assicurando tutto, istituzionalizzando tutto ha messo così tanta distanza fra noi e la natura, ha tolto così tanto del rapporto naturale con le cose.

Vivek mi dà da leggere *Il segreto del fiore d'oro*. Leggo l'eulogia di Jung per il sinologo tedesco Richard Wilhelm (traduttore dell'*I Ching*) e mi rendo conto di come già lui si preoccupava della cieca adozione occidentale dei modi di salvezza orientali.

28 gennaio 2000, Binsar. Cerco di alzarmi la notte per «stare con la candela», ma fa troppo freddo. Riesco ad alzarmi alle sei. L'aurora è bellissima, con un arancione caldo che esce dall'azzurro scuro delle montagne del Nepal in fondo alla piccola valle che vedo dalla mia finestra. Il Nanda Devi è perfetto in mezzo a una fila di picchi che sembra non finire.

Decido di andare a fare un acquerello, ma i colori si congelano e il pennello non scorre, diventato come di ghiaccio. Il caminetto butta fumo da sotto il tetto per cui occorre ripararlo, il rubinetto del piccolo contenitore dell'acqua potabile piscia e va accomodato, decido così di investire la mattina anche per fare il bagno e ordino un secchio di acqua calda.

Dopo, mentre gli uomini salgono sul tetto a tappare con le mani impastate di terra i buchi della canna fumaria, sto nel sole con Vivek a parlare di sufi.

In origine erano degli eretici e se non sono tali non sono invero dei sufi. Ci sono varie tradizioni sufi: nel Medio Oriente sono i musulmani che vennero influenzati dal mondo greco – se erano sotto l'influenza di Platone e Plotino erano mistici, se erano sotto l'influenza di Aristotele dei teologi. Nell'Asia centrale mischiarono l'islam con il buddhismo, in Kashmir con l'induismo di tipo shivaita.

Vivek continua a essere preso dal mio orologio. «L'eternità imbrigliata nel tempo... E quale tempo? Neppure quello dell'esperienza, ma il tempo dell'orologio con le lancette che escono dal cuore del Buddha.»

Poi, parlando dei musulmani: «Cosa è meglio, avere molti dei e una sola umanità, o un dio e molte umanità? La Mecca prima del Profeta era un bel posto di culti pagani, c'erano templi con molti dei. Il Profeta li distrusse tutti e divise l'umanità in credenti e infedeli. I musulmani sono una minaccia e il Profeta stesso era una minaccia. Il Corano, le loro Sacre scritture, era pieno di indicazioni terribili su come trattare gli infedeli...»

La grande differenza è fra le religioni rivelate e quelle no: nelle prime c'è un profeta a cui Dio ha detto come stanno le cose e lui lo ripete agli altri (e Maometto dice di essere l'ultimo profeta); nelle seconde non c'è intermediario, il fondo è «conosci te stesso» e con ciò scopri che Dio sei tu.

29 gennaio 2000, Binsar. M.T. parte oggi e non ci sarà per un mese. Spero che cominci la mia scrittura.

Nel mezzo del pomeriggio una sorpresa, un regalo. Arrivano Richard ed Elisabeth con dei libri e un lunghissimo fax di Angela. Una grande gioia, ma anche una nuova sottile paura che questo essere su due strade così diverse ci separi.

Se fossi costretto a una scelta, deciderei per lei e vivrei a Firenze sfidandomi a trovare là quel che cerco qui. Mi manca moltissimo, anche se sento con un certo dispiacere come lei sia ancora tanto presa dalle cose del mondo. Vorrei esserle più vicino e più utile. Se fossi qui solo per cercare di scrivere un libretto che magari non viene, non varrebbe la pena. Spero di rafforzare quelle resistenze con cui mi piacerebbe poi aiutare tutti.

Cena con Vivek, da soli a parlare di tempo e di morte. Vado a letto presto sperando di sognare un bell'inizio di libro.

30 gennaio 2000, Binsar. Colazione con Vivek, sempre preso dal suo problema col tempo. Dice di aver pensato la notte all'albero che in tutte le culture è il simbolo della vita: le radici nella terra, i rami per aria. La vita che nasce dall'oscurità, da ciò che è sotto. Ma quella indiana è la sola cultura in cui lo stesso albero è anche rappresentato con le radici per aria e le fronde in basso, in fondo come il nostro sistema nervoso che ha le sue radici nella testa e da lì scende giù.

31 gennaio 2000, Binsar. Colazione con Vivek, il tema è sempre la coscienza, quella universale, che sta al di sotto di tutte le coscienze... anche quelle delle formiche (che si credeva da sole si sentissero perdute, invece si è scoperto che anche quando sono isolate prendono delle decisioni!).

Sulla libertà racconta la storia del più saggio dei califfi a cui si rivolge un uomo che vuole sapere se c'è libertà nella vita.

« Certo », dice il califfo, « tu hai due gambe. Ma puoi stare su una? »

« Sì », risponde l'uomo.

« Prova, allora. Decidi su quale stare. » L'uomo pensa un po', poi tira su la sinistra, appoggiandosi sulla destra.

« Bene », dice il califfo, « e ora tira su anche quella. »

« Come... è impossibile! » dice l'uomo.

« Vedi? Questa è la libertà: sei libero, ma solo di prendere la prima decisione. »

Nel *Mahabharata* viene chiesto a un vecchio se la vita è libertà o predeterminazione e quello risponde: « Sono come le due ruote di un cocchio ».

Cammino verso il *mandir* dove mi aspetta la macchina, seguito da Govind che porta la mia lampada solare da riparare. Il tempo è splendido, caldo come fosse primavera. Persino gli alberi si sbagliano e un rododendro è coperto di fiori rossi.

Vado al bazar a fare rifornimenti e poi sono felicissimo di tornare su, nel silenzio. Persino il bazar di Almora mi pare ormai troppo!

2 febbraio 2000, Binsar. Con in testa il berretto di lana e sopra il cappuccio della felpa gialla comprata a H.K. anni fa e mai usata (finalmente ha senso), vado a letto ogni sera coprendomi con la magnifica *thulma* nera avvolta in un copripiumino (che dicono fa riscaldare di più). Per addormentarmi leggo l'orribile, pretenzioso Daniélou.

Nella notte sogno un nuovo inizio di libro, mi sveglio per scriverlo subito sul foglio di carta che tengo accanto al mio giaciglio, ma penso che domattina sarà come le cose scritte in preda alla droga: non così eccezionali come paiono sul momento.

Mi sveglio alle quattro, penso di alzarmi, poi ripiombo nel giaciglio caldo. Mi alzo alle sette, una bella luce entra nella stanza e un gran silenzio avvolge tutta la natura. Mi affaccio. Tutto è bianchissimo, i grandi cedri sono enormi, con i rami carichi di neve, una parte dei tronchi bianca, i balzi sagomati di bianco e, lontano, un primo sole. La valle è nel bianco delle nuvole che tagliano in due anche le vette dell'Himalaya: la testa alta e rosa nel sole, i piedi tagliati da banchi di nuvole biancoazzurre.

Colazione nel salotto perché la stufa nella stanza da pranzo è guasta. Il bianco fuori emana una gran luce e il bel quadro di Brewster risplende alla parete di fango.

Storie di pantere. Anche quelle sono mangiatrici di uomini

e, se ne hanno assaggiato uno o due, diventano molto scaltre e sono anche capaci di entrare nelle case per strappar via un bambino. L'anno scorso una dovette essere abbattuta perché si era mangiata un ragazzo di dieci anni da una casa di contadino qui nella valle.

Parliamo di Folco. Dico che il più grosso lavoro l'ha fatto su di sé, che con questo è diventato una bella persona.

Dice Vivek che è l'unico lavoro che valga la pena fare, il resto si organizza da sé.

« Temo », dico io, « che questo però non lo abbia preparato al mondo fuori che è così duro e terribile. »

« Ma il mondo dentro è ancor più duro e poi... ciò che è il mondo fuori non è che il riflesso del mondo dentro. »

Gli racconto l'incontro di Folco con un lama, e minuti dopo mi chiede se quel lama è ancora in vita. Quella storia lo ha colpito.

3 febbraio 2000, Binsar. Un'alba meravigliosa. Le montagne sono bianchissime e vicine come non mai, la neve dà loro una leggerezza che prima non avevo visto. È la loro continua e mutante bellezza, la loro stabilità che dà questa impressione divina. Che cosa può essere il divino se non bellezza, stabilità, questo senso di grandezza, questa allusione a tutto ciò che l'uomo non può essere?

Vivek ha letto René Daumal, *Il Monte Analogo.* Dice che l'uomo è interessante, che è convinto dell'esistenza di un altro mondo. Si ferma, pensa a una lumaca, a come anche quella non può che vedere il mondo in due e non tre dimensioni, per cui il suo è un altro mondo.

Una giornata dedicata al « fare » più che all'« essere » che, come dice Vivek, è molto più importante. Qui ci sono mille ragioni per non fare, perché si scopre il bel piacere dell'essere.

« I fatti? » dice Vivek. « I fatti non hanno nessuna interpretazione. Sono i sentimenti umani che gliela danno.

« La scienza? Quella progredisce a suo modo alimentandosi di quel che le pare ed escludendo quel che non le torna. Così esclude per prime le emozioni, i sentimenti dell'uomo; ignora la coscienza, anzi le si oppone, si limita ai fatti. »

Faccio la cena, frittata di cipolle, piselli all'aglio, cavolo lesso. Dopo cena le ultime cioccolate.

Secondo Vivek l'unica cosa che veramente abbiamo e di cui possiamo disporre è la nostra capacità di amare e quella è una grande forza che possiamo dare incondizionatamente.

4 febbraio 2000, Binsar. I giorni passano meravigliosamente in una sequenza ininterrotta di conversazioni, pensieri, passeggiate, silenzi e tempo dato al tempo.

Stanotte ero sveglio alle quattro e ho voluto provare quello che Vivek chiama « il segreto della candela ». Mi sono alzato, ho messo la candela dinanzi al camino spento e senza troppe tecniche, senza troppo pensare, avvolto in una coperta mi son messo in silenzio a occhi chiusi « per ascoltare la melodia interiore ». La mente tranquilla, con un galleggiare di pensieri che si rincorrono, senza cacciarli, osservandoli come un gioco... Il libro, la prima pagina... ho sentito chiara la voce di una donna (non una specifica, non Angela, non qualcuno che conosco), semplicemente una voce di donna chiara e netta:

« Continua così, io ti aiuterò ».

È meraviglioso come gioca la mia mente, gli scherzi che è capace di farmi. O quella è la voce di cui parla Vivek? Una voce che a volte, come dice lui, non parla neppure ma ti fa sentire la risposta ai problemi che hai.

Mi riaddormento e come per bilanciare la « spiritualità » della voce faccio un sogno di sesso: sono nella mia stanza, mi viene a trovare una giovanissima ragazza, piccola, bianca e nuda, mi presenta il suo bel culo e mi dice che ha visto nel mio palmo che la linea del sesso non è netta, non è forte e che lei può mutarmela. Come? chiedo, la linea nella mano è quella che è. No, insiste lei, la linea può essere cambiata, mettilo qui e mi indica la sua meraviglia di natura. Mi attrae, ma non troppo. Dico che a me la mia linea va bene com'è, sento che non sarebbe giusto e tutto finisce lì, con me soddisfatto di aver rinunciato.

5 febbraio 2000, Binsar. La colazione dura più di due ore, dopo che Vivek inizia: « Stanotte ho riflettuto sulla malattia. Se tu potessi trasferire la tua su un'altra persona lo faresti? »

Ci penso per un attimo, penso a quelli che si comprano un rene sapendo che l'han tolto a qualcuno che magari non lo sapeva neppure e mi viene da dire: « No... ma questo è il risultato della mia educazione cristiana ».

« No, non ha niente a che fare col cristianesimo, ma con il tuo senso interno della vita. E se tu lo potessi trasferire su un animale, diciamo un cavallo? »

« Subito », dico io.

« Povero cavallo, perché deve soffrire per te? Io non riuscirei. E poi è davvero auspicabile questo togliersi la malattia, la propria malattia? »

Io dico che oggi in Occidente poca gente avrebbe scrupoli se potesse trasferire il proprio male su un altro... diciamo un animale, un albero (nessuno scrupolo!).

Vivek: « Non solleviamo il velo dal mistero perché recederà ancor più e diventerà ancor più inavvicinabile e remoto. Il bello del mistero è che rimane tale: un mistero ».

Mi rendo conto che in tutte le culture c'è questo mito del mistero che deve rimanere tale e che la mente umana ha forse bisogno di qualcosa dietro la quale non può andare.

« Vivek, quando stai con la candela attingi davvero a una sorgente dentro di te che pensi abbiano tutti, è così? »

« Sì, perché gli uomini possono avere diversi pensieri, diverse opinioni, diverse emozioni, ma tutti hanno gli stessi sentimenti. »

« E qual è il linguaggio di questi sentimenti? »

« Questo è il punto: il linguaggio è lo stesso dell'arte, lo stesso dell'amore, lo stesso della compassione. Non è certo un linguaggio fatto di parole. È qualcosa che le trascende, è un modo di comunicare che tutti possono capire. Qual è il linguaggio con cui la musica parla al tuo cuore? »

« Quando entri dentro di te, quel viaggio è ciò che chiami vita spirituale, vero? »

« Sì. »

« Ma dov'è lo spirito, Vivek? »

« Dimmi tu dove non è! » E ride, ride con quel suo magnifico riso pieno di enfisema.

Poi racconta: « Rumi una volta disse: 'C'è un Corano iscritto nel cuore di ognuno di noi e la lingua nella quale è scritto non è certo l'arabo'.

« Da Galileo e Newton in poi la scienza è diventata il solo modo per capire il mondo, ma non basta affatto. Il mondo non è la sola cosa misurabile, non tutto può essere ridotto a matematica.

« Prendi la musica: la musica è matematica, ma la matematica non basta a spiegare la musica. Cos'è il tempo nella musica? Una nota arriva non separata dall'altra e procede nel silenzio a creare una melodia. Ma che tempo è quello? C'è un attimo che passa continuamente per diventare passato, e c'è un attimo che contiene il passato e quindi il futuro.

« Da quando la scienza ha messo da parte tutti gli altri modi di capire il mondo, sento che abbiamo perduto qualcosa, e che per molti versi l'antico sistema cosmogonico di guardare al mondo era migliore. Prendi la vita, la coscienza, l'essere umano: sono calcoli matematici? Possono essere descritti, spiegati dalla scienza? »

Nevica, nevica tutto il giorno. Ho una gran voglia di dipingere (dopo il buddha all'alba, il buddha con la neve, poi il buddha col sole per un trittico!). Siccome debbo scrivere vorrei essere pittore, fossi pittore vorrei scrivere. Mi si attacca sempre più il distacco di Vivek, il prendere l'essere come molto più importante del fare.

Non scrivo una riga, non apro neppure il file cap 01. Alle cinque viene a prendere il tè, poi mi invita a leggere *Il Monte Analogo* nel suo salotto, poi la cena. Sono le otto e mezzo e fuori infuria la tempesta, risparmio energia e vado a letto sotto un pacco di coperte messe sopra la *thulma* tibetana. Nel camino mi fa compagnia un gran fuoco. La mente è quieta, lo spirito in pari, piatto come l'ho da tempo voluto.

Vivek dice che in fondo tutte le posizioni intellettuali sono fra i due estremi, quello del materialista che sa di non avere oggi la spiegazione del mondo, di non sapere che cosa lo tiene assieme, ma è sicuro che con la sua scienza un giorno la troverà; e quella dello yogi che è assolutamente sicuro che è la coscienza a tenere tutto assieme e che un giorno questo sarà ovvio a tutti.

Il guaio è che ora è intervenuta una nuova, velenosissima posizione: quella del consumismo con la sua etica «vivi per mangiare e mangia per vivere».

Così tutto viene scombinato.

6 febbraio 2000, Binsar, ore quattro e mezzo del mattino. Da secoli tutti i maestri hanno suggerito di meditare all'alba e al tramonto, l'ora in cui tutti i *rishi* meditano e le energie sono infinite nell'aria. Ieri sera ho chiesto a Vivek perché.

«L'alba e il tramonto sono i momenti in cui i due mondi si uniscono, il giorno e la notte, la luce e la tenebra, il soggettivo e l'oggettivo. La notte è il momento del soggetto, quello in cui tutti gli oggetti scompaiono nell'ombra, mentre nel giorno sono gli oggetti a prevalere, a uscire nella luce, e il soggetto recede. Per questo il momento in cui i due si uniscono è come una porta per passare da un mondo a un altro, per cercare di vedere.»

Mi rendo sempre più conto che Vivek mi parla al cuore molto di più dello *swami* che era troppo intellettuale e non traduceva mai le grandi idee in sentimenti.

Solita meravigliosa colazione che dura fino alle dieci, con sprazzi di azzurro nella grande finestra e un baluginare di montagne e valli nei brevi momenti in cui il vento spazza via le nuvole.

Parliamo di omosessualità e di sesso. Vivek dice che i greci avevano capito meglio di tutti che la sessualità era divina: Eros. Il pensiero moderno ha ridotto la sessualità enormemente e l'ha limitata al corporeo, cioè al semplice piacere.

Il miglior modo per capire la realtà è attraverso i sentimenti e non l'intelletto, perché quello è limitato. A volte il suono del flauto di un pastore che arriva dalla foresta è molto più commovente di una sonata classica.

Da due giorni non tocco la *Giostra.* Ora che ho preso le distanze mi ci ributterò con piacere, visto che nel frattempo grazie a Vivek il libro mi appare più chiaro e con un senso – simbolico, allegorico – con cui mi sento molto più a mio agio: dalla ricerca di una soluzione, al problema della salute fisica, alla... «candela».

7 febbraio 2000, Binsar. A colazione dico che il libro potrebbe finire con lui, ma non chiamandolo per nome e non certo a

Binsar, per evitare la processione di gente che verrebbe a conoscerlo. Gli piace l'idea, ma si raccomanda di non nominare « Binsar ».

Raccolgo l'acqua che cade dal tetto in un bidone per lavarmi. Uno dei due corvi approfitta del mio momento di distrazione per mangiarmi tutto il miele che ho appena messo in una ciotola di yogurt e lasciato sul tavolo.

Mi rimetto un bottone caduto dal colletto di una camicia e in cui mi spiffera il vento.

Finisco di leggere René Daumal, *Il Monte Analogo*. Una bella gioia. Aveva capito il problema e l'ha ben descritto con i vari simboli. Ecologista *ante litteram*.

Lavoro al Capitolo Uno.

8 febbraio 2000, Binsar. Mi alzo con il sole e scrivo. Meraviglioso. Poi i doveri della casa: pulire la teiera, accendere il fuoco, lavarsi. Attenzione a ogni gesto, consapevolezza di ogni materiale, risparmiare sui fiammiferi, sulla legna, sui *cikla*, i legnetti per accendere.

Lavoro, ma sono un po' depresso. Forse è la grande intellettualità di Vivek a cui non riesco a star dietro.

9 febbraio 2000, Binsar. A un giorno segue un altro, a una notte un'alba, ogni volta diversa, ogni volta rincuorante. La notte a volte mi assale con la sua tenebra che mi pare quella della mia ignoranza. Tutto quello che faccio mi sembra inutile, irrilevante rispetto alla grande ricerca nella quale è impegnato Vivek.

Mi sento un verme, la mia capacità intellettuale ridotta a zero dinanzi ai suoi salti della mente, il mio modo di pensare così inquinato dalla logica, dalla ragione, dalla scienza, da rendermi – ma spero non sia così – incapace di entrare in quel meraviglioso mondo in cui lui naviga con gioia.

I corvi vengono a mangiare dalle nostre mani, si chiamano dalla cima degli alberi. Gli dobbiamo far pena, sempre per terra, mai con la loro vista delle montagne e delle valli.

Parlando di noi, gli dico quanti « me » ci sono: quello per bene, quello serio, quello assassino, quello stupratore... Qual è quello vero? E non sono tutte proiezioni del mio Io fisico?

« Tutti questi muoiono con l'uomo fisico. Ma da qualche parte in mezzo a loro c'è la traccia del Sé superiore. Vallo a cercare! »

Mi racconta che un suo amico professore di filosofia, imbevuto di esistenzialismo, di Sartre e dell'idea sartriana che in fondo l'unica scelta possibile è quella di morire, andò a trovare Ramana Maharshi e gli chiese cosa ne pensasse.

« Così come stanno le cose, tu sei morto », rispose Ramana. « Perché invece non cerchi di vivere? »

Mi piace. Ho un bellissimo rapporto con lui. Lo sento vicinissimo. Mentre mi si allontana sempre di più dalla vista lo *swami*, troppo intellettuale e non pacificamente sereno, non « lontano », non oltre.

Lo chiamo *guru-ji*, si schermisce. E io cito: « Quando lo studente è pronto il maestro compare ».

Pranzo con il magnifico riso che fa Vivek.

Il riso di Vivek: sul fondo della pentola a pressione un po' di burro. Rosolare un po' il riso, aggiungere una cipolla divisa in due, un po' di zenzero, delle foglie di finocchio fini fini, del cerfoglio (un'erba come il prezzemolo, ma più profumata), del *tej patta* (una foglia come di alloro) tritato, *jira* (dei granelli marroni), polvere di curcuma che fa bene al fegato, chiodi di garofano, un po' di cannella e pepe rosso in polvere.

Dopo giorni di neve c'è oggi un sole meraviglioso dal quale ci si sente baciati sulla terrazza esposta a sud.

10 febbraio 2000, Binsar. Sono qui quasi da tre settimane. Mi sembra ieri. Mi sono abituato al ritmo semplice e senza pressioni di questo posto. Stamani mi sono alzato alle cinque. L'attrazione della candela è già quasi identica a quella del calore della mia cuccia. Anche stamani mi sono messo davanti alla fiamma che è come la mente di uno yogi.

Pensieri di Angela sempre. È la sola cosa che mi manca e non so esattamente che cosa mi manca di lei; non il mondo che le viene dietro, non i fragori della vita in cui lei è coinvolta, ma quell'essenza di lei della quale mi sono innamorato tanti anni fa e di cui sono profondamente innamorato ancora. Mi viene spesso in mente la sua figura di quando siamo tornati da Settignano ed era il mio compleanno: una purezza, una semplicità, un'intensità che ancora oggi mi commuovono. E siamo così lontani che potremmo anche non rivederci più in questi corpi.

Ad Angela. Stamani ancora al buio, facendo poi la mia piccola ginnastica ho avuto l'impressione di avere un dolore che è certo dovuto al mio stare sempre seduto per terra, ma che potrebbe essere anche – e qui la riflessione – l'annuncio di un infarto. Siamo bloccati dalla neve e anche non lo fossimo, essere portati all'ospedale di Almora, dove un medico ordina 15 iniezioni al figlio di un anno di Nandu e poi gliele fa comprare nella piccola farmacia che possiede perché le riserve gratis dell'ospedale di Stato sono finite, non servirebbe a molto.

Così potrei vedere questi cari miei Harish, Nandu, Puran e Lal Bahadur che prendono la loro bella legna e coi *cikla*, che fanno un così vivido fuoco, danno alle fiamme il mio corpo imbiancato e a te arriverà una piccola urna che la legge vorrebbe tu mettessi in un cimitero.

Ti prego, non farlo, buttami nel fiume a Orsigna, buttami nella terra al Contadino, ma non voglio che leghiate il mio ricordo a un cimitero. Quello è un posto per veri morti e io non lo sarò, almeno finché vivrete voi e finché vivranno i figli dei nostri figli a cui qualcuno una volta racconterà una storia di questo avo che era diventato t.t. e che si spogliò di quello per cercare il Sé e in una capanna dell'Himalaya finì i suoi giorni corporei sulla terra, per restarci, da buona presenza, a vagare curioso di chi lo seguirà.

Godo di un boccio di rododendro che avevo colto per strada dieci giorni fa, che è stato quel che era, piccolo e bianco finora, e che stamani nel suo vasetto d'acqua si è aperto, e le sue foglie rosso fuoco aprono la bocca accanto al mio piccolo buddha davanti alla finestra. Sono sereno.

Nuvole nere si addensano sopra Binsar.

Alle otto mi ritiro nella mia tana. Leggo la versione stampata del primo capitolo della *Giostra* e sono frustrato. Non mi piace, non suona giusto. Vado a letto depresso. Fuori sento il vento battere contro la mia finestra, ma non voglio vedere se nevica.

11 febbraio 2000, Binsar. Mi alzo alle cinque. La cuccia è calda, ma sono attratto dalla candela e da quello che promette. Fuori è silenzio glaciale. Nevica forte e vedo zaffate di neve passare orizzontali davanti ai vetri della mia finestra.

La mente è annebbiata come l'incerto paesaggio fuori. Mi attacco all'idea di quel sottofondo che è il sottofondo di tutti i sottofondi di cui parla Vivek. Sento che dietro c'è qualcosa, ci credo ma non lo vedo, non sento che dei pensieri sformati, sfilacciati, che lascio passare senza darci troppa importanza.

A colazione Vivek scioglie i miei nodi: bisogna aspettare. Non bisogna neppure sperare. Dice che a Binsar il libro non lo scriverò mai, è troppo grande la visione, troppo nuovi i pensieri per concentrarsi su quello. Qui debbo imparare ad attaccarmi a quel sottofondo così che lo possa portare dovunque. Il libro lo scriverò a Delhi, dice lui, o nell'altra Himalaya, dico io. Mi convince. Lavoro bene a cercare di rendere accettabili (a me) le prime dieci pagine.

Il giorno è bianchissimo. Gli alberi carichi di neve si muovono nel vento senza che una manciata di neve cada dai loro rami. Sembra che tutto sia stato congelato in un attimo. Sperimento il modo di andare sulla neve della gente di qui. Scalzo, esco a ripulire il pannello solare che forse si carica anche con la luce bianchissima del giorno, poi torno in casa a massaggiarmi i piedi. Quelle che più soffrono sono le punte delle dita delle mani.

Resto seduto nel mio angolo di pace fino alle sei. Lavoro fino a mezzanotte. Mi pare di aver finalmente limato le prime dieci pagine.

12 febbraio 2000, Binsar. Mi sveglio alle sei. Medito dinanzi alla finestra che riflette il mondo bianco e immobile fuori. Nevica ancora. Siamo assolutamente bloccati.

Ancora una volta mi prende un intimo panico all'idea che i dolori che sento non derivino, come penso, dallo star seduto per ore in terra senza mai camminare, ma siano i segni di un infarto. Mi immagino messo per terra nella grande stanza di Vivek, con la vista delle montagne, ad aspettare che qualcuno mi porti ad Almora e nel frattempo a morire.

Potessi scegliere, preferirei essere nella mia *gompa* di Orsigna, ma in tutta la vita mi sono affidato al caso che mi ha portato fortuna e se questo « caso » ha da essere ora, che sia! Son certo che chi mi ha amato non amerà per questo di meno il ricordo di me.

Meditando mi impongo di parlare con Angela. Concentro il mio pensiero su di lei. La vedo in un letto, forse quello di San Carlo, stesa sul suo fianco sinistro, ed entro in un suo sogno. Mi faccio vedere qui bloccato dalla neve, che sorrido e le dico di non preoccuparsi, che non posso scendere ad Almora a chiamarla, che non stia in pensiero. Mi farò vivo appena posso. Stia serena. Lo sono anch'io, tanto, senza paure o panico di infarto.

Alle nove per un attimo il sole è bellissimo, ancora più agognato appena scompare dietro una grande nuvola bianca e buia che ci avvolge.

Cerco inutilmente di riparare la stampante.

Le ore passano. Ora che son sereno non sarebbe più bello esserlo con qualcuno di cui mi sento così parte? Mi riprometto di parlare con Angela, chiederle che cosa vorrebbe da me. Io vorrei andare a scrivere il libro con lei attorno. Dovunque lei voglia.

Siamo alla fine delle provviste. Stasera solo pochi fagioli e una cipolla. Anche le cipolle sono alla fine.

13 febbraio 2000, Binsar. Una grande eccitazione fra i servi di Binsar. Nel pomeriggio è stato trovato nel bosco sotto di noi, nella neve, il cadavere della donna *sannyasin* che abitava nel *mandir* – quella che aveva quei bei gatti coi quali ci siamo fatti la foto con Poldi. Aveva una gamba portata via, mangiata da un animale.

Vivek è preoccupato: « Se è stata una pantera, quella diventa una mangiauomini. Speriamo sia stato uno sciacallo o qualche cane selvatico ad azzannarla dopo che era morta ».

15 febbraio 2000, Binsar. Esco di casa urlando dalla gioia. Sono le sei e mezzo e la più incredibile alba sta avvenendo. Il sole sorge sotto uno strato di nuvole nere che diventano rosse di fuoco, le montagne escono dall'oscurità cosmica con toni di giallo, viola, azzurro come il mare. Mi metto sopra il pigiama giallo il berretto di lana, tre coperte, ed esco a camminare quasi scalzo sulla neve gelata. È semplicemente meraviglioso. Penso alla Saskia che ho portato ad Angkor per poterle mettere nel cuore la misura della grandezza umana, vorrei che fosse qui per sentire la grandezza del... Creatore!

L'Himalaya sembra venirmi incontro con i contrafforti che si illuminano di giallo, le vette restano nell'ombra, poi una strisciata di sole come una colata d'oro sulle onde delle montagne più basse.

Che spettacolo, questo del mondo che ogni giorno ricomincia e spazza via le paure della notte!

17 febbraio 2000, Almora. Finalmente riusciamo a scendere in città. Il sentiero è ancora in molti punti pieno di neve gelata e pericolosa. Ci divertiamo a vedere le orme degli animali passati prima di noi. Vivek riconosce il cinghiale, il cervo abbaiatore, una vacca e anche una martora, « un vero assassino, uccide per il piacere di uccidere, soprattutto le galline ».

Per questo nessuno quassù ha le uova.

Riesco a parlare con Angela. Bellissimo. Mi sento come benedetto da un vecchio amore che si rinnova. La sento serena e tranquilla. Facciamo programmi di incontri, viaggi e aiuti.

Cammino per il bazar, ancora uno dei più suadenti e miseri.

19 febbraio 2000, Binsar. Con Vivek torniamo su a Binsar. Soffro del suo voler guidare pericolosamente la jeep sulla strada gelata. Sento male allo stomaco, sento fitte che temo siano del mio cancro. Son solo della paura, forse.

20 febbraio 2000, Almora. Il pannello solare fa le bizze, forse non funziona più e sono... disperato. Non tanto. Vivek mi dice che ora che il computer è senza elettricità dovrei prendere il tempo che mi resta per meditare e contemplare e poi andare a scrivere altrove, una volta trovato « quel che suona vero » e aver rifiutato tutto il resto.

La sua visione è sempre molto mistica e sempre fondata sui sentimenti più che su ogni altra cosa, specie l'intelletto che lui vede come un ostacolo alla comprensione.

Quando gli chiedo dei problemi del mondo e che cosa uno yogi può fare per risolverli, ha un atteggiamento molto distaccato. Dice che non c'è nulla da fare, che ogni cosa deve fare il suo corso e finché l'umanità non prende coscienza del suo essere è inutile correre qui e là a tappare dei buchi.

Il miglior lavoro è quello su di sé: se ognuno facesse quello, il problema sarebbe risolto.

Riscendo ad Almora, felice di avere una scusa per chiamare Angela. Parliamo al telefono la notte. Un piacere. Ora persino il telefono ci unisce. Ho una gran voglia di rivederla.

Che cosa è l'amore? Che cosa unisce la coppia dei corvi che da trent'anni stanno nell'albero davanti alla casa di Vivek? Ogni anno fanno una nidiata di piccoli, che appena possono volare sicuri vengono cacciati da qui, che è casa loro. E i due stanno assieme, sempre.

23 febbraio 2000, Binsar. Mi alzo alle cinque, vado fuori a fare foto della mia casa con la luna. Godo della levata del sole, le montagne sono un ritaglio di carta argentata nel cielo.

Vivek parla delle forze della psiche che governano il mondo: l'ingordigia. Pensa a cosa la crea.

È convinto che non esiste differenza fra la psiche orientale e quella occidentale e che l'ingordigia è in tutti, è nello spirito del tempo e non può essere cambiata facilmente. Il cambiamento di una persona è già tanto, ma la lotta fra queste forze è sempre in atto, anche ora è in corso.

La cultura indiana è la sola ad aver visto la distruzione come un aspetto della divinità.

È così che Krishna si presenta ad Arjuna: come una macchina di morte, un fuoco in cui milioni e milioni di zanzare si rovesciano, spinte da una forza più grande di tutto. È lo stesso Krishna che dice: « Vengo come il tempo che distrugge ».

Ed è lì che Arjuna chiede a Krishna di tornare alla sua forma che gli è più familiare, conosciuta: quella dell'amico.

25 febbraio 2000, Binsar. Domani Vivek va ad Almora e tornerà con la moglie, e questo è il nostro ultimo pranzo al sole a nostro modo e così succede che è come se tutti e due sentissimo che dobbiamo tirare le somme di questo lungo, meraviglioso mese passato assieme.

« Perché sei venuto qui? Perché mi sono sentito a mio agio con te fin dal primo momento? Forse sei venuto per scoprire il senso del tuo cancro, forse qui comincia il tuo secondo giro di giostra. La vita interiore è un'altra vita. »

Mi ringrazia per averlo aiutato a mettere le basi del suo articolo, io lo ringrazio di avermi fatto ritrovare la « via di mezzo ».

Dico che nella mia ricerca di solitudine ero arrivato al punto di escludere Angela, di farla sentire la causa dei miei contrasti col quotidiano, di farla diventare il simbolo del chiacchiericcio della vita « normale ». Me ne pento terribilmente, sento che debbo « confessarmi » e credo di aver qui ritrovato il senso dell'essere in solitudine con qualcuno che è ben altro per me che un « ostacolo ».

E Vivek cita una bella poesia di Tagore. « L'aspirante asceta » si sveglia a mezzanotte, pronto a partire, guarda la moglie e i figli:

« Chi siete voi da ostacolare la mia vita interiore? »

« Loro sono me », sente la voce di dio dire. Ma non ascolta e parte lo stesso.

E dio dice: « Il mio cercatore mi ha lasciato in cerca di me ».

Bravissimo. Esattamente il mio caso.

Accompagno Vivek al cancello, mi abbraccia e dice ancora: « Devi ricordare due parole chiave, perché sta tutto in quelle: unità e armonia. Questo è ciò a cui tutti aspiriamo ».

Sto da solo sulla terrazza di pietra con i corvi, godo del silenzio e del suo suono, dei suoi mille bisbigli. Quello delle sfere celesti? In questi tre giorni di solitudine mi riprometto di tutto, tranne di dormire!

Si alza un vento freddo e i miei due corvi sono altissimi e mi chiamano vedendomi sull'orlo dell'abisso che si apre proprio dietro casa, proprio verso il sole.

Rispondo loro e li invidio, si fanno portare dal vento, si lasciano trascinare giù nello strapiombo, poi riemergono alti, chiamandomi. Ho una gran voglia di seguirli, di buttarmi, ed è come se dietro sentissi una mano che spinge al punto che sento di dovermi voltare.

Il tempo... cosa è il tempo, mi chiedo, ci chiediamo da giorni. Immagino la rincorsa, il volo, e quel tempo in cui mi sentirei come i miei corvi nell'aria, leggero a volare. In alto vedo un falco, lento, che guarda tutto... Sì, quell'attimo di tempo in cui volassi anch'io potrebbe parermi infinito e con quello finirebbe tutto sulle rocce, in fondo all'oscurità della foresta. Strani pensieri al tramonto. Mi siedo cercando di meditare ma niente di quello che potrei trovare dentro di me è così stupefacente come quello che ho dinanzi agli occhi, che trovo assurdo avere chiusi.

Mi lascio come inebriare dai colori, dal silenzio, dal vento, dal richiamo dei miei corvi che, riconoscendomi vigliacco, se ne vanno lasciandomi per terra.

Non so porre che domande. Tutta la vita ho posto domande, a volte anche banali e sciocche. Ma ho mai dato una risposta?

Che cosa è la mia vita? Stasera, in questo posto fuori dal mondo, col mondo ai miei piedi e il petto pieno di nostalgie, la testa piena di pensieri, in fondo io tutto pieno di vuoto?

Sono sereno. Potrei davvero volare coi miei corvi!

27 febbraio 2000, Binsar. Un magnifico sole asciuga i miei capelli lavati con due secchi d'acqua. I corvi curiosi arrivano prestissimo a vedere che cosa c'è di nuovo oggi sulla terra. Sono solo, ma vengono lo stesso a beccare dalla mia mano i resti del pane.

Finisco di leggere al sole il bellissimo libro della Helena Norberg-Hodge sul Ladakh, un necrologio di una bella società uccisa dallo sviluppo, dal « progresso », con un capitolo finale di speranza su come noi possiamo « imparare dal Ladakh ».

Penso a tutti i giovani con buona preparazione che si sentono persi e senza senso nel mondo. Si mettano in marcia, a ogni angolo c'è un problema da risolvere, qualcosa da imparare. Vadano in Ladakh.

28 febbraio 2000, Binsar. Una bella notte con sogni che hanno a che fare con computer che si guastano (libri che non vengono scritti) e che senza angoscia vengono riparati (speriamo venga scritto).

Leggo da due giorni con grande gioia Paul Brunton che mi rendo conto avevo solo sfogliettato qua e là (niente di più vero che « quando l'allievo è pronto il maestro si fa vivo »). È semplicemente bravissimo e meraviglioso, pieno di sincerità e di intuizioni sull'India.

Una traccia da tenere di conto per scrivere, anche per un nuovo progetto di libro: rifare il suo viaggio in cerca di *India segreta* oggi, e di quel che è rimasto della sua.

Con Folco? A quattro mani?

Il passare del tempo non mi angoscia, non ho mai l'impressione di sprecare qualcosa, lentamente elimino il peso del dovere.

Avendo sentito che tanta gente a Delhi mi conosce e finisce per sapere che son qui, Vivek mi ripete di non dire nulla, di mantenere il « segreto », perché solo a chi vuole, a chi si avvicina per conto suo si può dare una mano, dire una cosa, aiutarlo nella « ricerca ».

In altre parole, è preoccupato che io scriva di queste tante cose di cui abbiamo parlato. Vorrebbe che io, con le mie « abilità di scrittore », vi alluda, faccia capire che esiste un mondo dietro, ma non lo metta in piazza.

In qualche modo sento che ha ragione per le ragioni che io stesso sostengo: la difficoltà della ricerca rende quel che si trova di un qualche valore.

29 febbraio 2000, Binsar. Mi alzo alle cinque e invece di mettermi davanti alla candela nella mia stanza, mi metto davanti alle montagne ancora nell'ombra, sotto un cielo pieno di stelle e una luna piccola ma brillantissima dietro i due cedri.

Sto fra due resti di neve, l'erba è umida, ma il freddo non è più quello che congela i pensieri e i miei volano magnificamente, cerco di capire da dove vengono e mi perdo.

Mi sento uno con la natura, con gli uccelli che si svegliano, con le formiche nella terra. Che la vita sia davvero una e indivisibile? E che la mia a cui sembro tener tanto sia parte di quella?

Penso moltissimo ad Angela, ai suoi bei messaggi « dal mondo ».

Alle otto colazione. Sto per tornare nella mia stanza, quando lui mi richiama.

«Prendiamo un po' del nostro sole, ricarichiamo le batterie», dice. «La tua abilità di scrittore starà soprattutto nel far trasparire le cose, nel non dirle apertamente, nel farle capire. Se le dici chiaramente sarai preso per matto, nessuno ti ascolterà. Devi ricordarti la maschera. Devi tenere la tua maschera, magari averne anche più di una. Ormai non puoi più essere dominato dalla maschera e sarai tu a dominarla, sarai tu a togliertela appena l'hai usata, a togliertela per metterti davanti alla candela, ma la maschera è utile, indispensabile per continuare a vivere nel mondo e così aiutare anche altra gente. Con la maschera a volte puoi dire una cosa, due, e vedere se qualcuno capisce.

«Ricordati che sei tu a usare la maschera e non la maschera a usare te.»

1º marzo 2000, Binsar. Passo la giornata a leggere, non scrivo una riga. Debbo decidermi: o mi metto a scrivere e scompaio per dieci giorni, o parto. Il vecchio tempo qui è finito.

Lo sa anche Vivek che viene a trovarmi la sera con una scusa per dirmi che il vero guru è quello dentro, che se si è depressi è bello perché c'è qualcosa da scoprire, che i sentimenti sono più profondi e vengono da un posto diverso dai pensieri, che non bisogna scoraggiarsi, che a volte il guru dentro scompare, si ritira come dicesse: «Ora fai da te».

E poi, improvvisamente, quando davvero c'è bisogno di lui, ricompare.

«Hai provato a pensare al guru come a una donna? È interessante, perché le donne hanno altre qualità, un'altra saggezza.» (E con questo forse risponde indirettamente alla mia apparente irritazione con sua moglie?)

5 marzo 2000, Binsar. Finisco il primo degli acquerelli del panorama diventato un «quadrittico», ma non mi piace. Scrivo e non riesco, vado a fare una passeggiata sperando di incontrare Vivek, ma anche lui non è andato a fare la sua solita camminata e non lo vedo. Ma... avendo sentito il mio messaggio compare nella mia stanza a prendere il tè. Che piacere!

A colazione gli avevo parlato dei giovani di oggi, del sistema di produzione e consumo che li intrappola e lui ha riflettuto su questo ed è voluto venire a dirmi che non c'è da disperarsi.

«Quei giovani di cui parlavi hanno ancora la loro libertà, fanno ancora le loro scelte... E dopotutto, pur invisibile ai più, la grande battaglia fra le forze che vogliono ridurre l'uomo a una macchina e quelli che sono assolutamente decisi a resistere è ancora in corso. La battaglia è in corso. Dunque non c'è ragione di disperare. L'uomo è fondamentalmente buono e forte e ce la farà.»

Parliamo del dolore. Secondo Vivek «l'atteggiamento dell'uomo moderno è di evitare a tutti i costi il dolore e la sofferenza, ed è per questo che non si rende più conto del loro lato positivo. Il dolore rafforza l'uomo e se non soffre gli manca quella forza. Non voglio dire che tutti debbano soffrire, ma se la sofferenza viene, potrebbe avere un significato e ha senso armonizzarsi con essa».

«Come il mio cancro. Forse mi è venuto per insegnarmi qualcosa... per portarmi qui.»

Sorride. Lui è assolutamente sicuro che è così.

6 marzo 2000, Binsar. Si incomincia a parlare di partire. Ormai non mi restano che tre giorni. Dove va il pannello, le ultime foto. In qualche modo mi fa paura partire, ma sento che debbo.

Pomeriggio: quattro ore di camminata nella foresta con Vivek. Bello.

Penso molto al libro, ma ormai a scriverlo in Italia.

8 marzo 2000, Binsar. Da quando sono arrivato, ogni giorno ho messo a seccare le foglie del mio tè per fare un cuscino alla cinese. Oggi, pensando a partire, ho messo tutto il bel sacco di tè per un'ultima volta al sole, sulla tavola di pietra del mio prato. Quando sono andato alle tre, per rimettere il tutto nel sacchetto di plastica, non c'era... più nulla e i corvi mi parlavano dal rododendro in fiore. Se lo sono preso tutto per fare il loro nido!

Così, invece che la mia testa bianca, su quel bel cuscino di tè dormiranno le teste nere dei nuovi corvi che nasceranno fra qualche mese.

Mi alzo nella notte per meditare: rifletto su chi sono e per la prima volta sento forte che non sono il mio corpo. Vedo questo, vecchio e malridotto, e sento un altro Io che non è così. Vedo il corpo da fuori.

9 marzo 2000, Binsar. Ieri sera mi ha colpito il cielo. Uscendo da cena alle otto, nel buio più completo della luna nuova, m'è parso che non lo avevo mai visto così pieno di stelle e che non m'ero mai veramente meravigliato della sua bellezza. Il cielo stellato è davvero una cosa inusitata e noi abbiamo perso gli occhi per guardarlo.

Stamattina, un piccolo uccellino grigio con delle penne rosse e nere e una bella crestina di penne nere viene sul mio piede e si mette a tirare via fili di lana, parte, torna e sta sul mio piede senza paura, senza esitazione e si riempie il becco della bella lana dei miei grossi calzini per il suo nido.

Vivek mi tiene la mano, siamo estasiati.

« Siamo diventati così indifferenti alla natura, così indifferenti alla vita! » dice, e gli viene in mente la storia del maestro zen che al tramonto sta per cominciare il suo sermone con tutti i discepoli allineati davanti a sé quando un uccellino si posa sul davanzale della finestra aperta. Si guarda attorno, si mette a cantare per un mezzo minuto e riparte.

« Per oggi il sermone è finito », dice il maestro zen.

10 marzo 2000, Binsar addio! I pacchi, le borse, il sacco son fatti. Scrivo queste righe dalla mia stanza che non è più sacra, sono già vestito da pianura. Ma parto felice, portandomi dietro quella serenità che spero di avere qui acquisito una volta per tutte.

Mi sono alzato alle cinque, sono stato per un'ora con la candela davanti alla finestra, poi le montagne mi hanno chiamato per la festa che mi stavano preparando: un'alba soffice, leggera, senza drammi.

Ho dipinto il mio ultimo acquerello (« Il tuo migliore », ha detto Vivek), con una pianta che è come il cuore spezzato, ma con una testa che si alza verso la vetta del Nanda Devi.

Tutto è in armonia, io tantissimo con Vivek che cerca le parole per dirmi quanto è stato importante per lui questo nostro ridere assieme: « Abbiamo imparato tanto e riso tanto ».

M.T. e Vivek mi accompagnano al cancello. Io stesso mi commuovo e non trovo di meglio che partire, senza voltarmi e a voce altissima declamare: « *Tiger, tiger, burning bright in the forests of the night...* »

Li sento ridere e dire ancora una volta: « Ritorna presto! »

15 marzo 2000, Delhi. Dieci ore di macchina e sono a Delhi. Mi piace la casa. Le montagne paiono lontanissime. Mi chiedo se sono rimaste dentro di me.

25 marzo 2000, Delhi. Arriva Vivek. Meraviglioso. Sono le sei del mattino. Fuori albeggia e lui si siede su uno dei due divani indiani e si mette a ricordarmi « il grande lavoro di anni che noi abbiamo fatto in due mesi ».

Mio prezioso Amore,

questo ti farà piacere: i disastri di oggi sembrano finiti. Alle tre sia io che Vivek siamo andati a dormire e alle sei ci siamo svegliati. È uscito dalla tua stanza tutto felice e colpito.

Aveva visto sui tuoi scaffali un catalogo di tuo padre di cui gli avevo parlato ed era rimasto impressionato. « I lavori dopo i sessant'anni diventano simbolici e potenti... Alla fine alcuni dei quadri hanno quel tocco di grandezza che è dei capolavori. » I suoi preferiti erano *Le rose*, poi alcuni *Castagni* e un *Giardino*.

« Capisco che non poteva sopportare Picasso, non c'è simbolismo in Picasso, spesso solo grande abilità e nessuna visione. Tuo suocero, Staude, era guidato dal fuoco, lo si sente... Va capito che tutto questo è simbolico: il sole è la ragione; la luna sono i sentimenti; il fuoco è la vita; le stelle sono il destino... E se non ci sono né ragione, né sentimenti, né forza vitale, né destino a guidare l'uomo, lui può ancora contare sul proprio Sé. »

Abbiamo girellato per il Khan Market, i soli veri « indiani » fra tanta gente occidentalizzata – con che occhi ci guardavano, due vecchi vestiti di bianco, con belle barbe, parevamo scappati da una stampa del secolo scorso –; abbiamo mangiato al ristorante cinese dell'Ambassador, dopo aver fatto spegnere la musica.

Tutti chiedevano di te, carinissimi.

20 aprile 2000, New York. Ieri sera cena con Yahalom che per «antipasto» ci annuncia che è andato a vedere i risultati della biopsia ancor prima che siano firmati e non ci sono segni di cancro. Lui è felicissimo e si sorprende della mia quasi indifferente reazione.

Non voglio esultare sapendo che un giorno mi dovrà dire il contrario.

* * *

29 luglio 2000, Orsigna. Da settimane, da mesi guardo a ogni data come quella possibile del mio cominciare a lavorare, del riprendere il vecchio filo del trucco della candela, dello scrivere quotidianamente, del resistere ai mille tentacoli del mondo che mi strangolano con la quotidianità della piovra.

Nessuna è stata buona, non il primo aprile, non il nove, non il primo maggio, non la presa della Bastiglia. Forse oggi è la data giusta, col passaggio da qui, come un soffio di freschezza e di conoscenza riconosciuta, di Andrea Bocconi, di nuovo frutto del magnifico «caso».

Vede il mio Hanuman e dice una sua frase del *Ramayana*, quando Hanuman incontrando Rama che gli chiede: «Chi sei?» risponde: «Quando non so chi sono, sono il tuo servitore; quando so chi sono, sono te».

Racconta che la sua vita è cambiata dopo che è stato in India nel 1972. Dove? Ad Almora! È lui l'italiano che dette i primi soldi a Tara per fare la sua guesthouse!

Mi vengono i bordoni e una felice voglia di piangere, colpito dalle coincidenze.

31 luglio 2000, Orsigna. Abbiamo pulito, lustrato, arredato, piantato. La casa è pronta per accogliere Folco, Ana, Novalis e Saskia che all'ultimo momento è riuscita a cambiare il suo volo per poter arrivare con loro.

* * *

21 settembre 2000, Orsigna-Firenze-Orsigna. Solo per incontrare Guido Ceronetti al ristorante vegetariano di via delle Ruote (presente, magnifica, Mara Amorevoli).

Ceronetti vuole col suo club dei refrattari, teatro dei sensibili, affiliati della Parete di Carta, creare una comunità-sodalizio con cui affrontare l'estraniazione dal mondo moderno e materialista, e prepararsi a morire in pace, senza ossessione di medicinali, trattamenti estremi e accanimenti terapeutici. Lui è piacevole, stimolante, sognatore (vuol fare un circo itinerante con un piccolo tendone).

Spiego che questo tipo di comunità son destinate a fallire e che comunque debbono nascere e crescere attorno a un maestro-guru-ispiratore che lancia l'idea, si mette da qualche parte e attira attorno a sé persone che costruiscono, vicino a lui, ognuno la propria capanna.

Rifuggo da tutte queste liberazioni di gruppo. Mi piacciono, sono curioso di conoscerle per capire un altro aspetto dell'inquietudine, ma niente di più. Mi viene da scappare come davanti a quelli della Olivetti, che mettendomi una mano sulla spalla dicevano: « Noi della Ditta ».

Torno a Orsigna con Angela, tre meravigliosi tranquillissimi giorni in cui mangiamo, parliamo, andiamo in cima alla montagna, dormiamo e ci sentiamo di nuovo un'unità.

27 settembre 2000. Lascio Orsigna per New York. Il volo è ormai come tutti, senza personaggi e senza storia.

Mi colpiscono sempre le frotte di ebrei ortodossi che prendono il volo da Bruxelles (forse Anversa) per New York, tutti vestiti di nero e di bianco, i buccolotti che scendono sotto il cappello dietro le orecchie, facce pallide e antiche, le donne giovani e già madri di tre o quattro figli piccolissimi, gli uomini sempre apparentemente sereni. Sono antichissimi. Mi piacciono i giovani già così protetti, già così indottrinati, cioè difesi dalla grande libertà del mondo. Non bevono, mangiano le loro specialissime cose che le hostess portano assieme al mio piatto vegetariano.

28 settembre 2000, New York al mattino. Accendo la mia tv, passo da un canale all'altro: un condannato a morte in Texas, un candidato presidenziale, poi un altro, la notizia che i teenager non dormono abbastanza. Un astronauta cinese reclamizza un sito web che aiuta anche chi non sa usare un computer a creare un sito di e-commerce (« Potrai da lì vendere di tutto, dalla tua autobiografia ai tuoi balocchi in legno... »). Tutto è pubblicità, soldi, prodotti, lavoro... sorrisi. E tutto sembra funzionare.

Sono venuto in America a curare il mio corpo, ma è chiaro che dovevo andare in India a curare la mia anima.

Forse, se avessi tempo, dovrei davvero scrivere dell'America, di questa fortissima, certo stimolante contraddizione. Apro le tende di *chintz* della camera e un bel sole sorge su distese di macchine parcheggiate; vedo le fusoliere scintillanti degli aerei che mi passano a pochi metri dalla testa coi carrelli già pronti a toccare la pista.

29 settembre 2000, Gurukulam a Saylorsburg (Pennsylvania). Ravi, il *pujari*, figlio del sacerdote del villaggio dello *swami-ji*, viene a prendermi alla stazione degli autobus di Easton.

Nella cittadina bisognerebbe fermarsi per scrivere un romanzo dell'orrore: vecchi pensionati e semiubriachi seduti sulle panchine attorno ai monumenti, strade semivuote, negozi di « antichità » e di cose da collezionare, negozi sporchi di robivecchi falliti. Passano giovani neri che mi chiedono di salutarli, giovani tatuati e con i capelli ossigenati biondissimi, donne grasse... Di questa America bisognerebbe scrivere.

Appena arrivato vado a salutare lo *swami-ji*, sempre lui, che troneggia su una poltrona, gli adepti ai piedi. Mi fa parlare mentre distrattamente delle famiglie depositano banane e fiori e frutti ai suoi piedi. Sono contento di esserci, è un rifugio, visto che dovevo rompere la mia routine, ma non è la soluzione.

Ne trarrò il necessario: un po' di ordine, una nuova routine, un po' di pace, un po' di *Gita*.

9 ottobre 2000, Gurukulam a Saylorsburg. Finisco di leggere *Il mio guru* di Isherwood. Mi dà noia tutta la sua omosessualità e mi rendo conto, proprio dopo altri giorni nell'*ashram*, che non riuscirò mai ad amare un guru, uno *swami*, e che la soluzione Vivek – il miglior guru è quello dentro di te – è la sola che mi si addice. Cerco stimoli, idee, non oggetti di amore e non sono fatto per la devozione.

La Bethanne viene a prenderci in macchina per riportarci alla stazione degli autobus. Passiamo da Delaware Water Gap, lei ne parla come di un posto adorabile: quattro case di legno imbiancato, una bruciata, il Deer Head Inn. Gioco con l'idea di venirci a stare per alcuni giorni, « viaggiando » per guardare l'America dal bancone di questo alberghetto-bar di un « non luogo ».

Torniamo al Mayflower Hotel di New York. Ho promesso di telefonare a Yahalom e di andare a prendere un drink con lui. Mi pesa, ma mi pesa ancor più non avere risposta quando chiamo e dover lasciare un messaggio nella segreteria.

Ha forse visto nel computer che ho di nuovo il cancro e non vuole dirmelo durante un drink e aspetta di vedermi domani all'ospedale? Aspetto che richiami, mi preoccupo. Cresce una sottile angoscia e vado a letto pensando al peggio.

10 ottobre 2000, Mayflower Hotel, New York. Alle 9 chiamo Yahalom sul cellulare. Risponde la figlia. Lui ha lasciato il telefonino a lei ed è andato all'ospedale. Mi pare che tutto sia confermato. Mi aspettano là per darmi la « cattiva notizia ». Vado a prendere il tè da Poldi nella camera accanto. Quando torno vedo da una lucina rossa che qualcuno ha chiamato. Faccio il 5000 e sento la voce di Yahalom. Un attimo di panico, poi: « Buone notizie, tutto è perfetto: l'esame istologico, la TAC. Hai solo un calcolo nella cistifellea ma non c'è da preoccuparsi. Forse queste macchine vedono ormai troppo ».

Alle 11 vedo la Portlock. Conferma tutto, è gentilissima, ma anche lei mi pare angosciata dal ritmo di vita. L'ospedale è migliorato, nuove sale, nuove moquette, nuovi mobili, ma anche più ritmo, più controlli.

Le dico: « In questo paese siete diventati i migliori nella cura del cancro, forse perché questo paese è anche il migliore nel causare il cancro ».

Sembra essere d'accordo e l'idea di un viaggio in questo grande « avvelenatore dell'umanità » mi attrae. Ma ora alla *Giostra*. Mi vogliono rivedere fra otto-nove mesi e debbo usare questo tempo che davvero mi viene regalato.

18 ottobre 2000. Giorni a Orsigna, sereni e pacifici con Angela. Le montagne diventano stupende di rossi, arancioni e violetti.

Discutiamo di tornare a vivere più a lungo in India.

Godo dell'idea di avere nove mesi: ora non voglio pensare ad altro. Questa è davvero una gravidanza a cui non posso sfuggire o la vita stessa mi sfuggirà.

20 ottobre 2000, Firenze-Delhi. Angela mi accompagna all'aeroporto all'alba. Abbiamo la sensazione di aver rimesso le basi di una grande intesa e l'idea di «ripartire».

23 ottobre 2000, Delhi. Mentre preparo il mio sacco per partire all'alba con la macchina di Marie Thérèse, il telefono squilla. Automaticamente, come se qui il mio tabù non funzionasse, rispondo.

«Terzani? Sono un membro del consiglio direttivo del Premio Max David...»

«No grazie, non lo voglio... non lo voglio!» Mi metto come a urlare e a ridere. Mi ci vogliono cinque minuti di conversazione per disfare l'impressione che certo gli ho dato di essere o impazzito o pieno di me. Alla fine credo abbia capito... farfuglia qualcosa su Bernardo Valli e su un altro che lo avrebbe messo in guardia prevedendo una mia simile reazione.

Quando metto giù sono felicissimo, sollevato di essermi sganciato da tutto questo. Dovrò solo riuscire a non aver niente a che fare con l'*Indovino* che uscirà in America e su cui ora la casa editrice sembra contare.

25 ottobre 2000, Binsar. La strada per Binsar è sempre la stessa, Vivek mi viene incontro commosso, cantando: «*Tiger, tiger...*» Si raccomanda di non «rinunciare al trucco della candela», un'altra sua magica maniera di togliere peso a quell'usata parola «meditazione» cui lui aggiunge così tutta una bella leggerezza.

«Come sta il tuo amico?» chiede mentre camminiamo.

«Quale, Poldi?»

«No, l'amico interno...» e capisco che parla del mio cancro. Trova magnifico il simbolo taoista di yin e yang, luce e oscurità, con al centro della luce un punto di oscurità e un punto di di luce al centro dell'oscurità.

Ci sediamo sulla veranda, la vista sulla meravigliosa pianta selvatica con i bellissimi fiori azzurri e, sotto, il ciliegio dai rami fitti di fiori rosa che si sciolgono come un pianto nell'aria.

26 ottobre 2000, Binsar. Possibile che i corvi mi abbiano riconosciuto? Sono seduto sul prato a guardare le montagne che si inrosano di sole e il bel corvo grande, dalle piume lucide e nere dai riflessi viola, mi chiama dall'alto di un cedro, poi si butta sul ramo più basso dell'albero sotto il quale siedo. Gli rispondo, piega la testa, si spulcia un'ala, mi riguarda e mi chiama, scende accanto a me, gorgoglia e se ne va, per tornare quando mi siedo sulla veranda del mattino.

Che gioia, che vecchia gioia la natura!!!

27 ottobre 2000, Almora. Alle nove del mattino da Delhi, col treno, arriva Folco, magnifico, sereno. Un piacere vederlo, ma sento subito che non posso contare su di lui, non posso appoggiarmi a lui.

Ho il raffreddore, sono stanco. Non capisco perché debbo stare lontano da un posto meraviglioso che è mio per venire a cercare qui la mia pace, perché debbo stare lontano da mia moglie per venire qui in una maniera che mi affatica sempre di più, dove per sopravvivere debbo bruciare tante energie.

Assieme andiamo a Jageshwar coi piedi sporchi di mille passi altrui su pietre umidicce e scivolose. Mi rendo conto che non sono neppure più curioso. Quest'India non sembra più fare al mio caso ed è forse venuto il momento di andarsene, tornare in Europa, passare lunghi mesi al Contadino a viaggiare DENTRO.

Piacevole per me essere con Folco e dargli la sensazione che sono distaccato, che è libero di essere quello che vuole, che non ho più desideri o piani su di lui (e credo di esserci riuscito).

Solo a un momento mi lascio andare alla considerazione che sarà meglio che non si faccia tirare un colpo in testa dal sadhu pazzo con cui vuol passare una settimana perché io non voglio occuparmi di suo figlio. Sorride. Io dentro di me di meno.

28 ottobre 2000, Almora. Subito dopo colazione, con Folco alla ricerca del suo sadhu.

La strada si inerpica per vette senza più le foreste di un tempo, poi una frana ci fa trovare davanti a un baratro. Il sadhu è dall'altra parte. Si tratta di camminare su un piccolo sentiero lungo l'abisso. Evito di guardare in giù, incerto sui miei passi. Mi rendo conto di essere vecchio, di avere esaurito le mie riserve di forze e avventurosità, ma non quelle di padre che si preoccupa, che in silenzio fa ancora piani come quello di andare fino dal sadhu per vedere il posto in cui Folco vuol passare qualche notte, rassicurarmi, fare una foto del posto e della gente.

Parliamo di noi, dei nostri rapporti, dell'idea che mi era venuta di capire dove avevo fatto errori (« Errori di che? » chiede lui che odia come odiavo io questo tipo di grattare nell'anima). Mi piace stare con lui, ma sento che sono deluso, che lo giudico. Mi aspetto che abbia una pila (ma a lui non piace), che abbia una coperta per passare la notte all'addiaccio, ma lui non ci pensa, che usi la cinepresa che si porta dietro per cercare di fare il mestiere che dice di voler fare (ma non la tira mai fuori), che in fondo abbia un pensiero per me che tutto sommato son vecchio e potrei avere timori su quel baratro, ma lui non ha una frase né all'andata (« sei sicuro che vuoi venire, forse ti stanchi? »), né al ritorno, quando me ne vado da solo dietro la guida e lui non dice: « Oh, stai attento ». Niente, e io salendo sento uno strano dolore in mezzo al petto ai primi passi in salita e l'affanno in gola come l'altro giorno.

29 ottobre 2000, Almora. È nuvoloso e mi preoccupo al pensiero che piova, della strada scivolosa su cui Folco dovrebbe tornare domani. Ho fatto venire Billa da Delhi per ripartire e lasciare Folco libero della mia protezione, libero di fare i suoi programmi, libero di andare alla ricerca di altri sadhu.

5 novembre 2000, Dharamsala. Son venuto come al solito con una scusa: di pagare la scuola dei tre bambini mongoli adottati assieme alla Jane.

Compro libri sulla medicina tibetana. La ragazza che entra nel negozio racconta di essere stata in Italia a un congresso sulle minoranze in Sudtirolo. L'Occidente è grasso e può permettersi di « adottare » i tibetani, di contribuire alla loro causa, senza che questo faccia nulla ai cinesi che hanno capito che questi tibetani non andranno da nessuna parte e quindi continuano a fare la loro politica di repressione.

Poveri tibetani: ormai appartengono a una cultura dell'emigrazione. C'è un Tibet ormai che è solo qui e non altrove, men che meno in Tibet! E questo qui è un Tibet che attira gli attori di Hollywood, le principesse annoiate d'Europa, qualche miliardario ecc.

6 novembre 2000, Dharamsala. La mia stanza, la *Kings's Room*, quella del re, è quella in cui abitò Vivekananda durante la sua visita quassù. Vorrei uscire, ma il cancello è chiuso a chiave. Sono prigioniero... anche del mio ruolo di « primo, attesissimo ospite pagante ».

Medito nella stanza alta sul portico, malamente distratto dal rumore delle macchine che sfrecciano sulla strada. Scrivo delle note al computer, esco per andare a vedere se per caso la Jane non sia a casa. La sua casa è umida, misera, ma lei elegante, alta, magrissima, dignitosamente povera. Facciamo due passi per il « suo » villaggio e andiamo a trovare i « nostri bambini » adottati – che risultano essere tutti fra i venti e trent'anni: uno già medico, uno che ha studiato due anni all'Istituto di medicina tradizionale a Lhasa, uno che dopo essere stato bravissimo a scuola è stato bocciato tre volte all'esame di ammissione all'università ed è vissuto per un anno da eremita.

7 novembre 2000, Dharamsala.
Mia cara Angelina,

mi mancherai? A passeggio nella « nostra » Dharamsala, sempre più sporca, più disperata, sempre più piena di giovani occidentali confusi. Credo che sto raggiungendo il limite. Il mio vaso indiano è pieno e solo Binsar, dove penso di scappare, resta nel mio immaginario un simbolo di pace.

Il mondo è semplicemente matto: ho preso il treno che conosci, sono arrivato a Pathankot e ho preso un taxi speciale per andare a vedere « il sogno di casa » che il nostro amico libraio

Bahri si è fatto nella Kangra Valley e dove lui mi vedeva a scrivere. Non ti immagini che merda di bungalow in cemento, con tetto di alluminio, accanto a un deposito di spazzatura.

Fortunatamente solo una breve diversione dalla mia meta, il « posto di sogno » vendutomi dalla Jane dove secondo lei avrei potuto facilmente lavorare in pace: un vecchio bungalow cadente e strambo dove ha vissuto una vecchia *maharani*, ora rimesso a posto dal nipote ventisettenne, un po' gay, un po' carino, col puzzo di cucina indiana che arriva nella bella camera piena di gigantografie degli antenati. Sono « prigioniero » lì... del cane che abbaia appena mi muovo, del giovane *raja* che compare sulla porta, dei servi vestiti come da operetta che si precipitano a darmi qualche merda... Il mondo impazzisce nella confusione.

La Jane è dai suoi « maestri » sulle montagne, ma anche lei, che sognava di farsi la casa quassù, è ora nelle mani di avvocati perché il partner con cui la costruiva l'ha truffata e comunque su quel pezzo di terra nessuno può più costruire, le colline sono piene di orribili baracche di cemento.

Allora eccomi a correre da te a dirti come l'India sta facendo il suo buco nella mia anima, come non sopporto più la povertà, i lebbrosi, la confusione ideologica, la miseria intellettuale, combinata qui per giunta con un'orribile modernità.

Ho trovato una bella cosa in Freud che fa l'elogio della modernità e dice come è bello avere il telefono e il telegrafo con cui comunicare con un figlio lontano. E poi aggiunge, per dire quel che davvero pensa: « Eppure, se il figlio fosse restato nel villaggio non avrei avuto bisogno del telefono e la gioia di comunicare con lui sarebbe stata più grande ».

Insomma, la modernità!!!

A presto, mio amore, scappo, immaginami nelle strade pisciose di Dharamsala e fra due giorni a casa, a Delhi, a controllare quel che succede « in famiglia », prima di prendere la strada per Binsar, il solo buco che mi resta.

tiz

9 novembre 2000, Dharamsala-Delhi. Viaggio di cinque ore fino a Chandigarh attraverso una bella strada di campagna. Vado alla stazione con un portatore in uniforme e col giovane *raja* che mi accompagna.

Da lì, viaggio veloce di tre ore, ma l'arrivo a Delhi rivoltante con le distese di spazzatura umana lungo la ferrovia, bambini e maiali e capre e corvi nel fetore di cloache e pile di plastica putrefacente... Il tutto visto con attorno grassi punjabi e donne in belletto che mangiano e chiacchierano come se fuori fosse solo un film su uno schermo e non la loro stessa vita, la loro stessa città, la loro stessa gente.

Di nuovo crisi con l'induismo e la sua mancanza di compassione.

15 novembre 2000, Delhi-Almora. Su una Tata Sumo carica di bagagli faccio il trasloco nell'Himalaya. Una gioia, la strada senza drammi e senza le apprensioni per la guida di Billa, questa volta ammalato.

16 novembre 2000, Almora. Giornata al bazar a comprare le ultime provviste. Non mi sento bene, ho l'impressione che mi manchi il fiato, che abbia un dolore al petto, che mi venga un infarto. Penso a Schliemann, morto sconosciuto per una strada di Napoli.

18 novembre 2000, Deodars, Almora. Nel pomeriggio parte il primo trasloco per Binsar. Mando dodici scatole, sacchi, pannelli solari e lampade al *mandir*.

19 novembre 2000, Binsar. Alle nove arriva la jeep per portarmi su a Binsar. Ci saranno tre o quattro disperati mal vestiti che vengono solo per l'occasione di portare qualche bagaglio: i miei pacchi, i miei libri, le mie speranze di scrivere e, in fondo, il senso che questo scappare non vale più la pena.

Faccio così tanta, sempre più fatica a organizzare la libertà che meglio sarebbe godere di quella che ho messo assieme in una vita fra Firenze e Orsigna e lasciare la testa viaggiare e il cuore sentire la melodia della vita... pur con quei violini in prima fila che paiono così determinati a stonare il mio canto o a cantarne – glielo auguro – uno tutto loro.

Binsar! Binsar!

Salgo verso Binsar a piedi, coi soliti pensieri di morte alla Schliemann. Cammino immaginandomi « il seguito » e sapendo che, come tutto, non funzionerà così. Mi vedo morire qui sulla strada. Bene, almeno verrei cremato e questa sarebbe una chance per i miei figli, specie per Folco, di sfidare le autorità, la polizia italiana, perché potrebbero tornare con me in una cassetta, senza dichiararmi, e mettermi davvero nella terra al Contadino, vicino al ginkgo, con sopra una pietra per gli uccellini...

Magnifico arrivare a Binsar, coi due vecchi che mi aspettano a gloria. Passo la giornata a organizzarmi, pulire, mettere i cenci a giro, piantare chiodi, ridare una mia « santità » alla stanza, dominata dal nuovo *tanka* col Buddha della medicina. Penso al mare, a Ban Phe e a quanto è più facile vivere senza doversi difendere dal freddo, avendo acqua che sgorga da decine di rubinetti e infilando il computer giusto in una delle tante prese.

24 novembre 2000, Binsar. Mi alzo che albeggia e con gioia torno a sedermi davanti alle montagne. Il primo raggio di rosa anima il Trishul, poi, molto dopo, il Nanda Devi. Non mi pare di essere quello dell'anno scorso, mi manca una dose di gioia, di entusiasmo. Sono solo tentato dall'ora « magica », quella in cui, seduto sulla veranda nel primo sole, Vivek arrotola e accende la sua ennesima sigaretta e io con una sola domanda apro il vaso di Pandora della sua saggezza. Stamani era il libro sulla magia, *Net of Magic.*

Dormo meglio, cerco di riprendere il ritmo del trucco della candela, ma non ritrovo per ora la magia dell'anno scorso. « Mai tornare nel passato », era stata la mia regola e l'ho infranta. Vedremo.

27 novembre 2000, Binsar. Un vento terribile, una brutta notte, mi consola solo che vado ad Almora e avrò notizie di Angela.

Scendo con Vivek. I soli messaggi sono di gente di cui non voglio sentire. Parlo allora con Angela. Un grande piacere sentirla, ma è anche lontana, lontanissima... per cui è come se volessi tagliare corto per non sentirmi poi troppo solo e magari arrivare a una di quelle assurde delusioni che il telefono crea.

Torniamo a Binsar nel freddo, l'aria è gelata e piena di pioggia. Forse verrà una grande tempesta di neve.

Tre giovani portatori tremanti, in stracci, con i piedi di marmo infilati in delle ciabatte di gommaccia, salgono quasi al buio a portare le provviste. Diligenti, lenti, chiacchierano... senza rabbia, senza risentimento. Ricevono settanta rupie al giorno. I più sono nepalesi, quel che li riscalda mi pare sia il pezzo di balla che tengono sulle spalle, come fosse un giubbetto alla rovescia, per portare, uno a uno, i sassi per il muro di cinta e ora le mie provviste.

Mi vergogno di avere un altro piumino, due guanciali, una giacca nuova, chili di mele, di mandarini... ecc.

30 novembre 2000, Binsar. Non riesco a scrivere, mi sento fuori dal seminato. Siedo davanti alle montagne e non ne sento la divinità. Dipingo e butto gli acquerelli nel fuoco. Govind domani andrà ad Almora e scrivo due righe ad Angela, non riesco a mentire, ma non voglio neppure darle pensieri sul mio stato.

Decido di impegnarmi da domani in un ritmo diverso. Cercherò il coraggio di affrontare la scrittura, le note di New York. Vado a fare la mia prima passeggiata fino alla fine del muro davanti alle montagne. Un'enorme nuvola grigia e nera, coi bordi bianchissimi e lucenti, mi toglie il sole, vedo i raggi tagliare l'orizzonte, le valli, le montagne.

Mi siedo e mi rincuoro. Forse ho preso la curva. Leggo fino a tardi, con gioia.

1º dicembre 2000, Binsar. Strano come uno, pur « saggio », debba avere bisogno di scadenze, di date per ripartire, per ricominciare da capo.

Primo dicembre e tutto mi pare più facile: mi alzo alle quattro, medito, torno a letto, mi alzo alle sette... e vado corricchiando fino al muro rotto – il sottofondo in cui vedo sempre, dall'anno scorso, l'immagine di Angela con il suo scialle arancione.

Faccio colazione da solo e mi metto a leggere il blocchetto non trascritto del tempo di New York e in particolare dell'operazione.

3 dicembre 2000, Binsar. È domenica e come ai tempi di Monticelli è giorno di bagno.

« Nandu, *garam pani*, acqua calda!!! »

E dopo una mezz'ora arriva un secchio di preziosa acqua calda da mischiare con quella gelida per lavarsi la testa e poi, col risciacquo, il resto del corpo.

La nuova casa che mi stanno costruendo procede e immagino già la pace in cui lavorerò.

Vedo Vivek tornare dalla sua passeggiata, gli faccio segnali con la lampada tascabile e lui viene per il tè.

Lavoro bene fino a tardi. Riprendo il filo del libro e mi ci sento a casa. Mi riprende la voglia di scriverlo.

4 dicembre 2000, Binsar. Mi alzo alle cinque. La gocciola lenta dell'acqua nel filtro di rame mi distrae nella meditazione. Cammino fino al muro rotto, poi vado per la prima volta fino alla grande roccia. Una volta arrivato mi prende una strana inquietudine, una sorta di paura, quasi di panico.

Sento forze negative tutto attorno, ho quasi paura di me stesso, che la mia mente mi spinga verso il baratro, ho la visione di me che cado, che ci vengo con Angela che qui si terrorizza. Il posto è bellissimo, la vista delle montagne stupefacente, il muschio sulla pietra è perfetto per sedercisi, chiudo gli occhi per un attimo per cercare di calmarmi, ma non riesco a stare. Debbo scappare, lentamente, facendo grande attenzione a dove metto i piedi, prendendo il controllo del mio respiro per non scivolare e sentirmi trascinare giù.

Lo racconto a Vivek che mi dice: « Vent'anni fa lì ci fu un terribile delitto; un uomo gettò sua moglie giù da quello scoglio e poi le vibrazioni di tutte le uccisioni fatte dagli inglesi da quella roccia devono essere ancora lì. Si sedevano su quella roccia e uccidevano gli animali giù nella foresta ».

Sono diventato psichico?

È venuto il giovane Govind a portarmi un mazzo di fiori con delle rose rosse, attento a non camminare sul mio tappeto: una gioia per me, ma credo anche per lui. Dove può ancora accadere qualcosa così?

Poi, a mezzogiorno sento voci dietro casa. Sono donne di un

villaggio lontano ore venute a portare delle radici e a ringraziare perché l'altro giorno abbiamo (ho) dato una manciata di mele a delle bambine che passavano per tagliare l'erba nella foresta.

Bei vestiti colorati e sporchi, magnifici sorrisi, un'incredibile, antica comunione di mamme, nonne, figlie e nipoti che vanno nella foresta, che si raccontano storie, che vanno « a teatro » a Binsar dove una vecchia signora bianca serve loro del tè (perché sono di casta alta e non berrebbero quello che serve Nandu) e dei biscotti. I mariti sono a lavorare in misere fabbriche del Punjab. Loro tengono dei poveri campi che danno appena da mangiare per tre mesi, dei bufali e qualche vacca per il latte. Non hanno elettricità, non vedono la tv, la loro macchina dei desideri non è messa in moto e sorridono, si divertono, si racconteranno a veglia le storie di questo strano « sahib bianco » in cima al monte, del cane Chenoo che va loro dietro per cui lo debbono riportare, delle belle mele, misere invero, che abbiamo loro regalato e che partendo azzannavano senza lavarle. Felici e ciarliere.

10 dicembre 2000, Binsar. Luna piena, mi trasferisco nel « Rifugio di Anam ». Una meraviglia, sento che ha un buon *feng shui*, che riuscirò a scrivere, ad avere pace. « *Shanti*, *shanti* », ripeteva il bramino che è venuto a fare la *puja* per l'ingresso nella nuova casa.

Imbacuccato, seduto su una sedia di plastica finché tutto non è pronto, il *pujari* è un bramino di Kasar Devi coi denti a coniglio, un po' ricurvo, come volesse prendere meno posto e così ripararsi dal freddo.

Quattro cuscini in terra in circolo, un *thali* con dentro del riso, della polvere rossa, della polvere gialla, dei petali di rose, degli zuccherini, delle bacchette d'incenso, accese e infilate nelle commettiture delle pietre, una minuscola ciotola da cui spunta uno stoppaccino acceso la cui fiamma è alimentata dal burro fuso, due bicchieri con acqua « che viene dal Gange »: il *pujari* spiega che offriamo alla divinità i cinque elementi.

Siccome non abbiamo la « divinità », lui ne fa una da una noce di cocco. La avvolge con un cencio rosso, le mette in testa un filo dorato a frange, la depone con cura per terra davanti a sé, e quella diventa la divinità alla quale offriamo, a turno, a seconda delle litanie che lui legge e recita meccanicamente, riprendendo fiato quasi soffocasse. Sento il mio nome, « Anam », entrare nelle sue preghiere.

La cerimonia, raccorciata per l'occasione, dura circa mezz'ora. Alla fine veniamo tutti benedetti e lui, sempre con l'acqua del Gange, va a giro per la casa ad aspergere tutto, compreso il mio computer sul tavolino. La casa è benedetta, ripulita di tutte le sue possibili impurità e gli occupanti sono perdonati di ogni cattiva azione che abbiano commesso.

Il *pujari* ci fa il *tika* sulla fronte, mentre fuori gli operai aspettano il turno per mangiare i dieci chili di carne e gli otto di ottimo riso che oggi gli spettano. Il *pujari* non tocca un boccone (è stato cucinato da caste basse) e gli operai sono costretti a prendere il *thali* della cerimonia e a farsi il *tika* l'un con l'altro, a mani giunte.

La festa, attorno a due calderoni bollenti, incomincia sull'erba e al sole.

12 dicembre 2000, Binsar. Di nuovo non dormo: la luna è brillante e la zucca di M.T. con tutta la sua *masala* pesa sul mio stomaco. Ma non soffro d'insonnia, leggo, guardo la foresta e resto in ascolto della pantera che si aggira ruggendo fra gli alberi. Al mattino Govind viene a dire d'averla vista: una madre con due piccoli a cui insegna a cacciare. L'ha illuminata con la sua lampada a mano. Quando ruggisce è per richiamare i piccoli. È ancora a giro attorno alla collina.

15 dicembre 2000, Binsar. Mi alzo felice di cominciare il viaggio per incontrare Angela. L'alba è meravigliosa, preparo la casa per accoglierla.

Scendo al *mandir* con Nandu e suo fratello. Urliamo per cacciare la pantera che potrebbe essere sul sentiero. Ne vediamo una merda, poi i ragazzi si fermano a guardare giù nella foresta. Mi indicano il piede di un albero, guardo, vediamo scattare qualcosa: è un cervo abbaiatore. Sulla strada di Papparsalli due volpi con delle piccole code.

18 dicembre 2000, Delhi. All'aeroporto a prendere Angela. Vedo una donna che le assomiglia, ha la stessa sciarpa arancione, penso sia lei, poi quella cammina verso l'uscita ma mi accorgo che è troppo giovane, forse una ragazza di quarant'anni. Peccato, mi dico, « farei anche il cambio ». La donna si avvicina, è sempre più chiaramente giovane e bella, « farei davvero il cambio ». È Angela.

20 dicembre 2000, Deodars. Lasciamo Delhi all'alba, diretti ad Almora. Il tramonto è straordinario. Le montagne stupefacenti e il riverbero nell'aria dorata come un grande regalo. Andiamo a letto alle otto.

24 dicembre 2000, Binsar. La natura è straordinaria.

Ieri mattina, insonni, abbiamo osservato insieme per un'ora l'incoraggiante tornare del giorno, e poi alla sera, dinanzi all'altra finestra, la sua fine. Stiamo bene assieme: io, che a volte davvero sento che « non siamo due », più di lei. Lei teme forse che io qui mi perda, che non voglia più tornare (lo sento dalle domande su quanti mesi d'affitto ho pagato). Io penso solo al libro, il libro è questa casa e solo qui lo potrò finire. Poi... poi si vedrà.

Vivek al mattino: « Tu sei felice. Chiediti da dove viene questa felicità. Non dal corpo, non dall'appagamento dei desideri, non dall'aver finito qualcosa, raggiunto una meta... Da che cosa viene? » Poi mi lascia con una sorta di koan dell'*Isha Upanishad*: « Non-sapiente passi nella morte; sapiente, nell'immortalità ».

Angela mi racconta che Vivek le ha detto di me che sono « onesto » intellettualmente, moralmente, istintivamente onesto. Mi diverte. Le rifaccio il letto, la borsa dell'acqua calda e cerco di farla dormire.

Bella cena di Natale con i Datta. Decine di candele accese nell'acqua dei grandi piatti di ottone appena comprati a Moradabad. Le lampade a petrolio sui davanzali delle finestre fanno della casa stessa un albero di Natale. Il mangiare è semplice, si parla del più e del meno, e il meno diventa il tanto.

Vivek ride di quelli, come gli Anam di California, che vanno a giro per il mondo in cerca di tesori e che prendono qua e là, dove possono, delle idee, ma che non si mettono mai con perseveranza «a cercare l'acqua», scavando e scavando nello stesso posto con determinazione, finché non la trovano: l'acqua, non tesori, l'acqua. M.T. canta una bella canzone francese del Settecento che sembra fatta per Binsar, un inno all'immensità del cielo e alla sua calma. Alle nove e mezzo li riaccompagniamo a casa loro sotto un cielo nero trapunto di stelle, M.T. e Vivek, vestiti a festa, un po' brilli, garruli e felici.

Il «Rifugio di Anam» appare da lontano come una visione da favola.

Angela è «arrivata», dorme tutta la notte serena.

25 dicembre 2000, Binsar. Grandissima calma e lentezza. Angela si sente a suo agio, felice. Comincia a prendere il ritmo di queste montagne e improvvisamente suggerisce quel che io ho tenuto come un'ipotesi tutta per me: che si chiuda la casa di Delhi per avere questa come base in India, per noi e gli amici.

30 dicembre 2000, Binsar. La mente di Angela è, seppur pacatamente, molto sui figli, su Anzio, i quadri, la mostra, Firenze.

La mia, quando non è vuota, è sulla morte, sul tempo che passa, su quel che non ho fatto e non faccio.

3 gennaio 2001, Binsar-Almora. Mi sveglio di nuovo per la prima volta col peso del mondo sulle spalle.

Dopo pranzo propongo ad Angela di andare fino al rifugio della forestale sulla montagna. Il bosco è bellissimo, l'aria pulita, anche fra di noi. Tutto torna a posto con gioia. Al tramonto ritorniamo a casa con il bosco che sembra a volte infiammarsi con una luce dorata che filtra fra le fronde, fra le mille mani pendule del muschio che cade dai rami dei rododendri e dei lecci. Ho le tasche piene di semi di eucalipto per profumare la stanza che al buio diventa un bel nido di calore e di pace per tutti e due. Dormiamo «appitonati» come ai bei tempi per quasi dieci ore.

5 gennaio 2001, Binsar. Bellissima giornata, incominciata con la paura della pantera: Angela è andata per la sua passeggiata del mattino mentre io accendo il forno per il suo bagno, quando Govind arriva con la notizia che la pantera che ho sentito la sera è nella foresta fuori dal cancello e che stamani ha seguito lui e suo padre sul sentiero. Mi precipito, salto il muro per ridurre la distanza, cerco di fischiare, ma sono senza fiato. Finalmente vedo Angela che beatamente sale dal sentiero che corre dietro la casa dei servi lungo il vecchio muro. Ridiamo, col sole che si alza sulle vette.

8 gennaio 2001, Binsar. La sera è splendida, con Vivek che riaccompagna Angela sotto la luna piena e poi si ferma a bere un *sundowner* di rum Old Monk e acqua calda; parla del « di là », del silenzio contro il quale ballano i pensieri, e Angela dice di essere « davvero arrivata a Binsar ». Una magnifica solidarietà, comunità. Credo che abbiamo fatto tutte le necessarie riserve per vivere ora ognuno per conto suo per un po' e finire quello a cui ci siamo dedicati senza perderci, soprattutto senza perderci l'un l'altro.

9 gennaio 2001, Kaladunghi. Alle nove al *mandir* ci aspetta Shoban Singh per portarci a Nainital e a Kaladunghi a incontrare il mondo del nostro ultimo « amico », lo scrittore Jim Corbett. Dormiamo in una bella tenda del campeggio Camp Jungle Lore, in mezzo a una piantata di grandi alberi di mango.

10 gennaio 2001, Kaladunghi. Risveglio alle cinque. È buio, freddo, umido e la nebbia è bassissima. Nella foresta, su un elefante, a cercare una tigre che non si vede. A mezzogiorno siamo a Moradabad a incontrare Billa. La sera a casa a Delhi.

Conto di stare un paio di giorni e ripartire prima che arrivi Folco, così che lui e Angela possano stare assieme da soli.

22 gennaio 2001, Benares. In fondo al pozzo.

Ho forse raggiunto la fine del mio viaggio indiano, come mi è successo con quello in Indocina, quello nel comunismo cinese, e con tutte le altre illusioni del mio tempo.

Per evitare di sentire dei giovani studenti americani che suonano musica sufi nel Ganga View Hotel, mangio alla pizzeria con un autista d'autobus inglese, qui ogni anno per quattro mesi a studiare il sitar, e un professore di filosofia americano in pensione alla sua prima visita in India.

Con l'autista andiamo per un attimo nelle stradine puzzolenti e fetide, con stanzoni capaci di accogliere decine di pellegrini che dormono per terra, con vacche nei cortili e dovunque odore di morte. Entriamo nel *cybercafé* con una finestra sul retro.

Io scappo subito dalla porta davanti e torno ad Assi Ghat per le stradine buie dove mi colpisce un minuscolo cane, nato da poco e già pieno di tigna, tremante e ferito. «Niente da fare, non ce la farà mai», mi viene da dire. Con quel pensiero mi sono addormentato per essere svegliato in continuazione da voci di giovani turisti che si incontrano e si raccontano le loro avventure. Porte sbattute, altri suoni di cui non mi preoccupo.

Al mattino, sulla terrazza, una donna imbacuccata in un sacco a pelo si alza per venirmi a chiedere se sono «Tiziano». Dico no. Qual è il tuo nome? Dico «Anam» e scappo. È quella da cui ho imparato a fare il *chai*, l'amica della coppia che portò le ceneri di Sam nel Gange.

Mi alzo all'alba, vado sul fiume e tutto quel che un tempo qui mi commuoveva, ora mi irrita, mi ripugna, mi fa rivoltare: un orribile *pandit* che con un vitello legato a un palo succhia soldi a bande di donne contadine che vanno a fare il bagno nel fiume, ma non prima di avere ascoltato le litanie insensate (certo non è sanscrito!) del malandrino, mentre loro tengono la coda del vitello; un cane che cerca di dargli un morso e sembra anche lui in trance; vecchi che tornano dal fiume con l'aria felice ed eccitata, con un secchiello di ottone colmo dell'acqua grigiastra del Gange; una vecchia con una gamba gonfia dall'elefantiasi che si riveste sorridente. Litanie, profumi, puzzi, macerie, cumuli di immondizie, zaffate di feci umane, cloache. Un occidentale fa lo yoga su una piattaforma sul fiume. Morte, superstizione, desolazione. Mendicanti lebbrosi si allineano ai piedi del Ganga View Hotel, una lebbrosa esce dal suo carretto, dei bambini seduti su una stuoia sporca imparano il solo mestiere che avranno nella vita: mendicare.

Ripenso al romanzo da scrivere: il padre che cerca una figlia... Ora davvero dovrei ricercare il figlio perso dietro le illusioni di felicità.

Mi sento senza forza, senza ispirazione, neppure più la capacità di scrivere, di descrivere, solo un grande vuoto. Benares non è più « mia ». Ho solo voglia di scappare, di andare a Binsar, nel pulito, nel silenzio, nella vera divinità delle montagne. Ordino un biglietto aereo per il pomeriggio.

La barca mi aspetta ai piedi della casa. Babu rema con fatica controcorrente, stando il più possibile vicino alla riva. Passiamo davanti ai *burning ghats* dove un gruppo di uomini stanno appoggiando un cadavere sulla riva, coi piedi rivolti all'acqua. Li vedo prendere manciate d'acqua e versargliele sulla faccia e sul corpo, poi prendere le ghirlande di fiori arancioni di cui è coperto il cadavere e buttarle nell'acqua.

Mettono il corpo sulla pira, pronta con grandi legni, e due uomini nudi con solo un cencio bianco ai fianchi accendono della paglia sotto la testa e i piedi. Uno caccia una capra che cerca di mangiare da un altro cadavere, appena arrivato, le ghirlande che gli stanno ancora sopra.

Impossibile trovare una macchina. Vado all'aeroporto con un *three-weeler* e sulla strada mi appesto di fumi e puzzi e mi rattristo per tanto inutile squallore. La meraviglia è che questi indiani hanno, nonostante tutto, mantenuto una loro distante saggezza.

Cerco di scrivere ad Angela.

Mia Angelina,

ho letto con grandissima gioia il tuo messaggio sulla Saskia. Sei stata bravissima... al contrario di me. Ma andiamo per ordine.

Il Kumbh Mela non era il posto ideale per questo incontro padre-figlio, perché in qualche modo il Mela, con la sua assurdità, i suoi sadhu e le masse di occidentali persi, fumati, suonati e pazzi, generosamente riciclati dall'India in « santoni », tendeva a dominare tutta la vita. Son contento che c'era qualcuno del *Corriere*, perché scrivere bene del Mela mi sarebbe stato pressoché impossibile, così travolgenti e contraddittorie sono le impressioni.

Fondamentalmente era commovente vedere la vecchia, antichissima devozione sopravvivere fra le masse degli indiani, e disperante come la « spiritualità » sia diventata l'ultima attrazione del consumismo e come l'Occidente sia il nuovo mercato dei marpionissimi sadhu che lì, grazie alla giornalistica mondanità messa a disposizione da *Channel 4*, e con ciò da frotte di fotografi e scribacchini europei, hanno avuto una stupenda passerella per i loro ego supertronfi.

Io ero irritatissimo da tutto questo. Folco lo era ancora di più perché scopriva che il « miracolo » della pietra che galleggia era dovuto al fatto che la pietra era finta, che nessuno dei sadhu era venuto a piedi, che nessuno di loro vive più nelle caverne... Ma in lui restava la speranza, l'idea che qualcuno era davvero santo e che qualcuno aveva davvero dei « poteri ».

Per me il Mela era uno spettacolo, per lui era un continuo confronto con la sua vita, le sue speranze, la sua illusione di trovare una via che non è quella di tutti.

24 gennaio 2001, Delhi-Binsar. Parto alle sei in punto. Alle 10.15 sono davanti alla stazione di Kampur, cinque minuti dopo arriva Shoban Singh e con la sua Maruti di sergente in pensione del Kumaon Regiment siamo alle tre da Tara, alle quattro al *mandir*. Un quarto alle cinque torno nel mio straordinario anfiteatro. Mi viene quasi da piangere davanti alla pace, al silenzio, alla bellezza di questa « casa » vuota a cui torno. Le scarpe di Angela in fondo alle scale mi danno un'illusione. Vado a letto alle 8.30 dopo aver fumato un chillum che mi dico l'ultimo.

25 gennaio 2001, Binsar. Ho dormito dieci ore di fila con un po' di mal di testa a causa dell'altitudine. Vado a vedere le montagne nel posto in cui Angela andava sempre. Decido di andare alla roccia dove l'altra volta ero dovuto come scappare.

Voglio riconciliarmi con le forze negative. Se debbo stare qui da solo e lavorare, debbo avere l'aiuto di tutto e del contrario di tutto, allora anche delle forze negative.

La roccia è bellissima: il sole ha cambiato traiettoria ed è già illuminata alle otto. Mi siedo a meditare, non ho paura e mi vedo come in un'astronave che viaggia nello spazio. Nessuna angoscia. Forse ho fatto la pace con tutti gli spiriti di qua.

26 gennaio 2001, Binsar. Vivek viene a trovarmi con un regalo: « Una lampada per il tuo cammino ». Una bella, vecchia, semplice lampada a petrolio con una minuscola luce « che non tremula ».

E il mantra? Quello « quando avrai finito il libro ».

La lampada è bella, elegante, un vero oggetto di devozione. Un'ispirazione, ma io non sono in pace con me stesso e non riesco a sedermici davanti.

28 gennaio 2001, Binsar. Alle tre mi sveglio e mi siedo nella notte davanti alla bella lampada di Vivek... a passare il tempo, a osservare i pensieri che ballano davanti a uno sfondo di oscurità.

Una bella poesia di Tagore: il sole, enorme e meraviglioso, sta tramontando, guarda il mondo e si chiede: « Che cosa succederà ora che io non ci sono più? »

Da giù, una piccola lampada gli risponde: « Maestro, tutto quel che posso fare io lo farò ».

30 gennaio 2001, Binsar.
Mia cara, cara Angelinchen,

il Divino Artista mi ha accolto a Binsar con uno spettacolo commovente. C'era aria d'inverno, delle nuvole nere cariche di pioggia pesavano sulla foresta e le montagne erano scomparse, avvolte in grandi nebbie fredde, quando improvvisamente là dove il sole tramonta il cielo si è aperto, le nuvole alte si sono da sotto accese di fuoco e una stupenda, strana striscia color lapislazzuli si è creata a fare da sfondo al ritaglio preciso dell'ultima fila di vette. Mi son rimesso la giacca e ho fatto la tua strada fino a dove il muro è rotto e la vastità del mondo ti appare a portata del cuore. Era bellissimo e tu eri con me.

Mi sono seduto su uno dei balzi e mi sono come dimenticato. Per un attimo, in quell'incredibile silenzio nel quale solo il vento respirava lontano, m'è parso che non c'era differenza fra la mia vita e la mia morte, fra l'esserci e il non esserci. Poi ho visto i fili gialli dell'erba tremolare e sono come tornato lì per terra, pesante col corpo che ancora ho.

Sono rientrato a casa in quella ultima luce che davvero stringe il cuore all'idea del buio che la soffocherà.

Al lume della lampada solare ho messo in ordine la « stanza di Folco », quella giù in basso accanto al bagno. Su file di mattoni ho messo il grande compensato che era la « rete » del letto diventato il tuo armadio; sopra ci ho messo la materassa sulla quale dormivi tu e sopra ancora, come lenzuolo, una grande *thulma* bianca che ho comprato oggi al Gandhi Shop (fino al 31, sconto del 30%!). Sul pavimento di cemento ho messo un nuovo tappeto arancione invece di quello grigio di sisal che era in camera, delle lampade a petrolio, un vaso coi fiori di rododendro, una poltrona e un cuscino davanti al davanzale per sedersi a guardare la foresta e a meditare sullo stato del mondo e sul proprio. Credo che gli piacerà stare solo, isolato, e poter dormire finché vuole. Per il giorno gli darò il ballatoio a sinistra quando si salgono le scale.

Spero molto con questa sua visita di fare pari con il fallimento di Allahabad; cercherò di farlo parlare, di non dire troppo e soprattutto di fargli riprendere la misura di sé e del meraviglioso mondo che ci sta attorno. Qui il posto è ideale.

Leggo un po' e poi dormo. Mi riprometto di scriverti anche delle brevi note ogni sera, così che tu possa avere, anche se con un po' di ritardo, un'idea delle nostre giornate e di quel che ne facciamo. Potrebbe servirti per capire meglio che cosa ti resta da fare.

Buonanotte, mia amatissima moglie,

t.

1º febbraio 2001, Binsar, 4 di mattina. Folco dorme nella stanza superiore (all'ultimo momento mi è parso che potesse essere per lui un sollievo dormire al primo piano con la vista delle montagne), per terra, bene imbacuccato fra due *thulma*, il berretto di lana, i tuoi calzini-scarpa ai piedi e i mutandoni che avevo comprato a te. E io, svegliatomi nella stanza giù, carinissima, come mi capita sempre la notte per andare a pisciare, questa volta non mi sono certo potuto riaddormentare con l'affollarsi dei pensieri che si sono precipitati nella mia mente e la necessità delle promesse « chiacchiere del guanciale » con te. Allora eccomi qua.

La prima è stata una splendida giornata. Folco è arrivato alle 11.30 con Naya Govind che gli portava il sacco, la cinepresa e il cavalletto. Non aveva molto dormito in treno a causa dei suoi « mostri » e la macchina gli aveva fatto male, ma era dritto, asciutto e tirato. Per tutti e due era un bel, necessario ri-incontro. Abbiamo mangiato al sole coi corvi, con Vivek che è poi venuto a prendere un Ferrero Rocher, mandato in missione dalla M.T.

Dopo pranzo Folco ha dormito sull'erba per un'ora sulla « pista di atterraggio degli dei » in compagnia del canino del *mandir* che lo aveva seguito. Poi abbiamo preso il tè con Vivek sulla veranda a ponente, fatto la « passeggiata della mamma » al tramonto (lui imbacuccato con la mia giacca del sarto ubriaco e una sciarpa al collo), chiacchierato e chiacchierato seduti contro la finestra che conosci, cenato al lume di tutte le candele e le lampade a petrolio nella stanza in basso e poi ancora su a chiacchierare fino a tardi: più facilmente, più distesamente che ad Allahabad, ma sempre con quel venire a galla di profonde, fondamentali differenze di approccio alla vita che fanno a me sempre sentire la necessità di « camminare sulle uova » e a lui fan dire: « Di questo debbo parlare con la mamma, lei capirà meglio ».

Ho rifatto il punto in cui credo fermamente – anche se sono disposto a ricredermi poi – che i figli hanno oggigiorno una troppo facile via di scaricare la responsabilità per i loro problemi dando la colpa ai padri per quel che sono, e che « ognuno ha il padre che ha e bisogna imparare ad arrangiarsi con lui in un modo o nell'altro ».

Alle undici siamo andati a letto serenissimi, dopo un grande, calorosissimo abbraccio con lui che mi ringraziava dell'accoglienza, di avergli dato la mia stanza e io che lo ringraziavo di essere venuto a trovarmi.

Sono le sei e un quarto. Dietro le cime del Nepal comincia quel bel bagliore arancione che rimette speranza e caccia gli incubi *of the darkest hours of the night.*

2 febbraio 2001, Binsar. Folco si è alzato per filmare le montagne all'alba. Poi è tornato a dormire. Sono le dieci e lo vedo fare la ginnastica sul piazzale, poi mangiare il suo muesli seduto sul ciglio del precipizio sull'anfiteatro con accanto il canino del *mandir* che lo ha adottato. Mi pare sollevatissimo. Anch'io. Vado a ringraziarlo per la sincera chiacchierata di ieri sera. Avendo io sostenuto che lui deve prendere per com'è il padre che si ritrova, ho capito che debbo anch'io prendere per com'è il figlio che mi ritrovo, ma allo stesso modo tutti e due – e voglio dire soprattutto lui – dobbiamo prendere com'è e arrangiarci con il mondo che ci ritroviamo davanti. Mi pare sereno, meno angosciato.

Verso il tramonto siamo andati alla Roccia del cacciatore a guardare da lassù il tramonto e a filmare. Io ero inquieto a causa delle orribili forze che sento in quel posto (o del mio soffrire di vertigini e di fantasie), ma lui era entusiasta e trovava le sequenze che ha girato lassù ideali, proprio quelle che gli mancavano per una scena di sogno all'inizio del film.

3 febbraio 2001, Binsar. Folco torna entusiasta, felice dopo aver filmato due ore di « vaso di Pandora » con Vivek. Mi racconta che era magnifico, intelligente, attento, colto e caloroso. La scena finale del film sarà con lui che alla domanda di Folco: « Ho cercato dovunque nell'Himalaya un sadhu che in una caverna nella foresta fosse capace di qualcosa di particolare, non l'ho trovato, ma esiste? » risponde:

« Certo che esiste. Per trovarlo devi attraversare foreste, scalare montagne, entrare in una caverna, ma questo tutto dentro di te: il vero sadhu è lì e ti aspetta, vacci ».

4 febbraio 2001, Binsar.
Ad Angela. Che giornata, quest'ultima! Proprio come una tragedia con la sua catarsi finale, di nuovo « casuale », come vuole Folco, di nuovo divina grazie alla casuale presenza dei « geni » del posto: Vivek e Marie Thérèse.

Ti stavo scrivendo le righe sopra, alle otto del mattino, quando lui è entrato nella stanza in grande forma, sereno. « Dovrei stare un'altra settimana. Questo posto è splendido, mi fa bene parlare con te e poi qui si prende distanza da tutto, si vedono meglio le cose. Mi sono calmato. Tutto mi è più chiaro. Dammi mezz'ora, poi facciamo colazione.»

La mezz'ora è stata una mezza mattinata. Lui stava disteso sul bordo della «pista di atterraggio degli dei» e scriveva, scriveva. «La tua sceneggiatura?» gli ha chiesto M.T. quando è tornato su. «No, no.» Alle undici sono venuti i due Datta, e così ci siamo ritrovati in quattro seduti nel sole, coi corvi che gracchiavano perché credevano fossimo lì per pranzare. Vivek ha fatto un meraviglioso sommario della discussione, ha incitato Folco a essere quello che vuole essere.

Poco dopo siamo partiti per Almora. Folco avrebbe dovuto procedere subito, ma ha cambiato macchina pur di stare un'ora ancora da solo con me sulla terrazza del Deodars a prendere il tè. Era calmo, si rimproverava di essersi infuocato al mattino a difendere il punto di vista di Madre Teresa e si riprometteva di farlo in futuro con più pacatezza.

Gli ho letto parti del tuo messaggio. Salendo sulla Vespa di Richard che lo portava al taxi mi ha detto che ha passato giorni bellissimi, che il nostro incontro è stato importantissimo per lui.

«Folco, sei un figlio meraviglioso, ma sei mio figlio, ricordatelo.» La Vespa andava giù per la discesa di sabbia. «No, sei anche di Ems, sei nostro figlio.»

«Sì, ma ora lasciatemi andare avanti da solo», ha detto con un grande, commovente e commosso sorriso.

7 febbraio 2001, Binsar.
Mia lontanissima Angelina,

stamani una piccola, strana nuvola assolutamente rotonda stava sul Nanda Devi prima dell'alba, e quando i primi raggi di luce son venuti da dietro le cime del Nepal, si è illuminata di un rosso infuocato facendo sobbalzare Vivek.

«Che ci fa il sole lì a quest'ora?» si è chiesto, anche lui, per un attimo convinto che il mondo fosse impazzito.

Fortunatamente la mia mente era altrove, ma ugualmente sconcertata.

Binsar è come te la ricordi, calda, piena di sole, silenziosa, con le sagome degli uomini che tagliano la legna sulla collina e la foresta sempre viva di grida di uccelli e leggeri passi di un qualche animale. Ho inchiodato fuori dalla porta il cartello di rame su cui è scritto in sanscrito «ANAM SHERANAM», «Il rifugio di Anam». Ma tutto questo mi sembra di un altro tempo, come il libro che dovrei scrivere e, se non fosse che so che ora a Firenze ti sarei solo di peso, aspetterei la partenza di Folco dall'India e comparirei dinanzi alla tua porta per farne una volta per tutte la nostra porta.

Nel momento in cui Folco era qui e io dovevo fare la parte del padre-bersaglio, padre-terapeuta, padre-amico, mi sembrava di far bene fronte alla situazione, la testa formulava descrizioni tipo «fallimento» o «follia», ma quelle parole non avevano il peso che hanno di solito e che ora torna a farsi sentire.

Ho deciso di passare la giornata di oggi a riflettere su quel che mi è successo, a parlarne con Vivek, a rileggere i nostri messaggi, quello davvero partecipe e intelligente della Saskia, e a lasciare che la polvere di quella immensa bufera si posi a terra.

Con un silenzio che assorda, una luna credo piena che è sorta nella finestra della nostra camera, sono ora seduto al mio tavolinetto a «chiacchierare» con te rendendomi conto che ogni minuto che passo così è uno spreco di vita, un buttare dalla finestra un dono di cui forse non sono abbastanza grato al cielo.

Buona notte, mia lontanisssssssssssssssssssssima moglie.

t.

8 febbraio 2001, Binsar. «Day One»(!): ce ne sono stati già tanti. Voglio ricominciare a scrivere, rimettere la testa tutta sul mio progetto.

Luna piena. Sonno agitato. Chiudo le tende-velo delle grandi finestre. Mi alzo alle 5. Una bella mezz'ora dinanzi alla lampada magica di Vivek che fa un bel cerchio nero sul *gamcha* arancione sul tavolino nel ballatoio.

«Sotto una lampada c'è sempre l'oscurità», dicono gli indiani per dire che anche una grande anima può avere dei lati oscuri.

Mi riprendo in mano. Penso a Folco con affetto e distanza, mi viene l'idea di dedicargli un acquerello. Penso alla Saskia, finalmente sulla sua via, sarebbe bello che anche lei venisse a

una lunga passeggiata fino alla casa estiva dell'amministratore inglese sulla collina di fronte, costruita come dovesse davvero durare dei secoli. Bella e regale, con una minuscola, suggestivissima cappella sotto la più grande quercia che abbia mai visto, le case dei servi disposte al sole, il giardino con piccole scale rinascimentali e forse quelli che erano dei giochi d'acqua. Tutto una rovina, come fosse del tempo degli assiri. Il posto deserto.

Ritorno a casa, prendo il tè con Vivek e M.T.

Vado a letto nel mezzo del pomeriggio e mi alzo al tramonto per ritrovare pace leggendo René Guénon – chi mi ha spinto a prendere questo fra i tanti libri proprio oggi? –, che rimette speranza dopo le conversazioni unilaterali di Vivek, le belle teorie e la poca pratica.

12 febbraio 2001, Almora. Sono sceso ad Almora portandomi dietro tutto quello di cui avrei avuto bisogno per andare fino a Firenze, tale mi pare disperante la mia solitudine quassù. Fortunatamente Angela ha scritto dei magnifici, saggissimi messaggi. Ci parliamo per 45 minuti e decidiamo di mantenere gli impegni presi con noi stessi e l'un con l'altro prima di rincontrarci per « vivere di nuovo assieme ».

Da domani scrivo o non scriverò mai più.

Il Divino Artista mi accoglie al ritorno con un bellissimo tramonto. M.T. non sta bene. Ha la pressione alta, e la trovo nella stanza a misurarsela con un suo strumento. Mi rendo conto che anch'io potrei averla alta. Da giorni mi alzo con uno strano mal di testa. Me la misuro: 151, mai avuta così alta. Mangerò più aglio.

13 febbraio 2001, Binsar. Un meraviglioso giorno per riprendere a vivere.

Ho aggiunto colore alla casa: celeste sulla tavola da pranzo, rosso sul tavolinetto davanti al divano, bianco su quello accanto alla porta, dove ora trionfa un magnifico mazzo di mimose che ho raccolto tornando.

Ieri sera non ho acceso la stufa, ho dormito nella bella stanza con la testa a oriente, usando il cuscino appena fatto con le foglie secche del tè degli ultimi tre mesi. Alle sei ero a prendere distanza dai problemi che mi angosciano davanti alla bella « lampada per il mio cammino », poi al tempietto di Shiva a finire l'acquerello per Folco. Ho fatto il bagno, mi son messo il gilet bianco invece di quello di Peshawar e sono andato ad annunciare a Vivek il mio nuovo ritmo e il mio riprendere a vivere.

Tutto attorno è primavera. L'aria non ha più niente di pungente, il sole è tiepido e la foresta parla con tante nuove voci di uccelli. In casa sento per la prima volta volare delle mosche e il ronzio dei mosconi come d'estate a Orsigna.

« Moscone, novità o persone », diceva mia madre, ma non sembra applicarsi a Binsar. Un giorno senza novità, senza persone, solo con la solita nostalgia di Angela mentre con grande piacere riscopro la gioia di lavorare, di stare seduto davanti alle parole.

15 febbraio 2001, Binsar. Ho ritrovato la gioia di lavorare. Mi alzo con la voglia di mettermi davanti alle pagine, alle infinite note da montare. È come se la storia fosse in quelle parole e io dovessi solo cercarla, come la statua nella pietra. Scrivo con due lampade a petrolio accese ai fianchi del mio computer.

Sono e mi sento solo. Ma ho una meta.

16 febbraio 2001, Binsar. C'è il sole, la neve è ancora bella alta e decido – cerco sempre delle scuse – di far battere tutti i tappeti e le *thulma* sulla distesa di neve e metterli ad asciugare sulla staccionata. Poi debbo fare il bagno, lavarmi la testa.

Nella valle c'è un mare di nebbia da cui spuntano come isole delle colline, così come nel mare di Hong Kong le isole verso Macao viste da casa nostra a Pokfulam Road. Vado a fare un acquerello. Cerco di scrivere di miracoli e sento la voce di Vivek, venuto per prendere dei fiammiferi.

« Tiziano, i miracoli cosa sono? »

Wow! Cerco di dire la mia, lui aspetta e poi dice: « Pensiamo che i miracoli siano quegli eventi che sfidano le leggi della natura a noi note, come la fisica, la chimica ecc. Invece no, i miracoli accadono ogni giorno, ma non li vediamo come tali. Pensa alla tua vita e alle sue tante importanti svolte. Avevano qualcosa di miracoloso, no? Quelli sono miracoli. Tutte le forze dell'universo convergono per un istante su un avvenimento: ecco il miracolo, ma noi lo riteniamo ovvio. Perché ignoriamo la psiche.

« La psiche è importantissima, la psiche è dovunque, la psiche fa avvenire le cose. Poi arriva il signor Freud a parlare dell'inconscio e riconosciamo che c'è qualcosa... ma guardiamo soltanto alla superficie. Cos'è psiche? Psiche è una cosa vivente, psiche è vita, un aspetto della vita, della vita nell'universo ».

22 febbraio 2001, Binsar. Dramma dei servi che han tagliato gli alberi « sacri », picchiati dalle guardie forestali e ora sei di loro multati di 1000 rupie ciascuno.

Vado ad Almora con Vivek e M.T. che vanno a Delhi. Perdo la chance di tornare a Binsar con l'ultimo sole e guadagno la chance di stare ad Almora, nell'orribile Shikhar Hotel, ma col piacere di parlare per quasi un'ora la sera con Angela. Che meravigliosa compagna, paziente, generosa... distante.

25 febbraio 2001, Binsar. Non posso credere che è domenica. Domenica, il giorno in cui da ragazzo mi vestivo bene e andavo in centro. Domenica, quando anche da grande di solito non lavoravo. Domenica, quando uscivo coi figli a Singapore. Domenica, domenica. Non posso credere che è domenica. O davvero mi sono fatto una prigione in cui mi son chiuso per il divertimento di buttar via la chiave?

Credo che davvero sono un uomo con un solo principio: quello di non avere principi. Anche quello di vivere in solitudine è superato. Non ho più voglia di cercare nulla, tanto meno me stesso. Sogno di essere invitato a cena da un ambasciatore, di tirare fuori il mio repertorio sui khmer rossi, sogno di fare la conversazione, di fare l'amore, sogno di sognare un mondo pieno di gente che ride, che canta, che balla, che fuma, che beve; sogno rumori, musica di una radio che nessuno spegne, di una televisione che si è incantata.

Da 24 ore piove, nevica, grandina, tira vento e le mie finestre sono dei muri di grigio in cui ogni tanto si apre una breccia per farmi vedere le valli piene di nebbia e altre pareti di grigio.

Gli uomini sono tutti scomparsi, forse a scaldarsi in silenzio sopra la stalla del toro pazzo.

Ieri ho mandato via Govind per star solo e ora la solitudine, il silenzio, il non aver scambiato parole che con me stesso... a volte persino ad alta voce, mi fa impressione. La casa dei Datta è invisibile e vuota e io passeggio per la mia, scribacchio, mi butto su un acquerello, mangio per farmi compagnia e sogno un altro mondo. Da giorni la lampada, una volta « magica », mi fa come ribrezzo.

Ho voglia di carne, di una bistecca nel piatto, di una donna a letto.

Potrei soffermarmi a riflettere su che cosa conduce un uomo a essere dove sono, un uomo di successo a fuggire dal successo, un uomo con una moglie amata a fuggire dall'amore... o forse è davvero tutta un'illusione: il successo, la moglie, l'amore, per cui la fuga è la migliore soluzione per evitare la delusione!

Non penso che a una parola, il « nulla », e mi sento tale, penso tale, ma non sogno tale. Allora, non tutto è questo benedetto-maledetto « nulla ». C'è davvero, dentro il mio vuoto, quello che gli zen chiamano « il volto originale », l'Io da cui sono partito per diventare questo vuoto?

Fa buio e accendo le lampade a petrolio per « scaldarmi ».

A Firenze che tempo farà?

28 febbraio 2001, Binsar. Alle dieci arriva finalmente Govind con una lettera di Angela. Mi faccio un tè, aspetto a godermi la sua compagnia, sperando che questo mi ispiri a scrivere.

Leggo. Ho una moglie magnifica, mi viene in mente un'altra parola: « consorte ». Che bello, « la persona con cui si divide la sorte »!

Che gioia. Scrivo. Divido un lungo capitolo in due. Mi pare di avere davanti una massa di parole in cui so che c'è un ordine. Il problema è trovarlo, ma c'è. E questo è consolante... come per Michelangelo (che paragoni!!!), che sapeva che la forma era dentro il marmo informe davanti a lui, si trattava di andarla a trovare. Al lavoro. Nel pomeriggio arriva Jaggat con un bel messaggio di Saskia.

Che messe, oggi! Debbo ripagare cercando la forma nella massa delle parole...

E un altro mese è finito!

2 marzo 2001, Binsar.

Ad Angela. I Datta mi aspettano per il tè. Lei entusiasta che tu le avessi telefonato dall'Italia a Delhi. Io meno entusiasta di loro, « vittime » della figlia Mukti che ha imposto loro il licenziamento in tronco di tutti quei poveretti già bastonati dalla guardia forestale, già multati di mille rupie che per loro sono una fortuna e ora anche senza lavoro!

Orribile... e un'altra dimostrazione che la saggezza non serve nella vita quotidiana e che questi meravigliosi indiani, come Vivek, in fondo in fondo sono dei pallelesse perché vedono la vita come parte di quell'universo e di quell'umanità già finita e risorta sette volte. Allora perché darsi da fare, ora che sta per finire un'altra volta?

Sono tarati da quell'arroganza braminica che si tengono nelle ossa, qualunque cosa la loro testa pensi: tutti i bastonati sono fuori casta, per cui poco più apprezzabili e poco più degni di compassione delle vacche che son destinati a guardare. Ah, come aveva ragione il Buddha a introdurre quell'unico grande concetto della « compassione » per fare la sola rivoluzione possibile contro l'induismo.

Vedo un meraviglioso sole tramontare con toni insoliti di rosa corallo dietro le case dei licenziati e mi rendo conto che anche qui non sfuggo al quotidiano e la vita, la piccola vita di qui, mi tira dentro ai suoi vortici(ni).

E sto qui per star lontano dal fatto che chiude Giacosa!!! Che dicono i giovani fiorentini? Chi si ribella? Che fanno i vecchi fiorentini? Scrivono libri nell'Himalaya.

O Angelina! Che confusione il mondo. Mi faccio un riso coi fagioli e vado a letto!

3 marzo 2001, Binsar.

Ad Angela. Non andrò per protesta all'ora del « vaso di Pandora » e mi metto a scrivere. Non farò altro perché in questo momento non mi piace fare altro. Nemmeno protestare per la chiusura del Giacosa, ché tanto l'umanità è già finita sette volte... per cui anche Firenze... Insomma, al lavoro! E ogni riga non scritta qui, a te, sarà una riga del libretto.

6 marzo 2001. Stamani trovo un corvo in casa che cerca il formaggio sugli scaffali della libreria. Uno dei piccoli uccellini con la cresta si riempie la bocca sul tappeto davanti a casa. Parlo sempre più da solo. Preoccupante? Il mal di testa attorno all'occhio sinistro non passa.

Continuo a scribacchiare. Se il libro fosse di 180 pagine ne avrei già scritto un terzo... male.

Da ieri mi viene in mente Terry Anderson, il giornalista della AP preso in ostaggio dai musulmani in Libano. Lo tennero per anni. Ancora a Tokyo si facevano conferenze stampa per lui e si raccoglievano firme. Era terribile pensarlo in qualche appartamento dilapidato di Beirut, incatenato a un termosifone, sempre senza sapere se mai sarebbe stato liberato. E il peggio aveva da venire: quando finalmente tornò a casa, la moglie si era già riaccompagnata con qualcun altro e il mondo, dopo un po' di curiosità, se lo dimenticò. Che gli sarà successo?

Tra un po' srotolo il mio futon e mi caccio sotto la bella coperta tibetana, la sola cosa bella nella mia vita di questi tempi – odio questo posto, odio le montagne, i rododendri, gli uccellini, i corvi... e soprattutto il libro. Di bello non ha che il titolo. Pubblicherò quello.

Ma chi ha detto che debbo pubblicare? Perché non scompaio con una filippina alle Mauritius? Da lì potrei mandare delle belle cartoline con solo i saluti. Niente frasettine da comporre!

7 marzo 2001. Alle cinque e mezzo «sento» le prime luci. Mi alzo senza mal di testa. Mi pare di avere più energie, meno mal di stomaco, la testa più fresca.

Ma l'inatteso arriva. Mentre sono nel bagno uno dei due corvi entra in casa, si spaventa quando mi vede, sbatte contro la finestra, non trova la porta, sbatte contro l'altra finestra, butta giù il candeliere di ferro, sbatte contro le lampade a petrolio e finalmente si accascia a terra. Immobile. Mi chiedo se lo posso prendere, se mi beccherà la mano destra così da impedirmi di scrivere per giorni, ma è calmo. Lo prendo a due mani. Non mi becca, anzi volta la testa verso di me e con due occhi tristissimi, supplicanti, è come se mi chiedesse aiuto. Apre la sua immensa bocca... piena di sangue. Lo porto fuori. Il suo compagno dall'alto del cedro urla, urla e io apro le mani e il corvo vola via via via via mentre l'altro continua a urlare... contro di me?

I due corvi volano nel cielo gracchiando al tramonto. Un vento violento li trasporta in alto e li fa precipitare. Godono. E io a vederli.

8 marzo 2001. Un anno fa stavo per partire. Ora sono qui per stare. Non ho notizie di Angela da una settimana. Una strana vita mi sono scelto e comincio ad avere seri dubbi se è questa che voglio come gran finale della mia.

E ora: culo per terra!

9 marzo 2001. Holi. Un gran silenzio. Tutti i servi sono al villaggio a festeggiare. Il sole è slavato, l'atmosfera è pesante, almeno dentro di me. Ho dormito bene, ma coi soliti sogni.

Dopo mezz'ora torno a letto e sogno di nuovo: sono in una casa tipo Binsar e sono in cucina. Tutto è in disordine, nessuno tiene a posto e ci sono dappertutto avanzi di vecchi pranzi e cene che io mangio « per fare colazione ». Comincio con un vecchio pezzo di pane con resti di marmellata di mirtilli. Fuori dalla finestra vedo una delle scene di qui: M.T. che dall'alto di uno dei balzi urla a qualche povero nepalese di fare questo e quello e io mi accorgo che proprio davanti a casa mia c'è una muta di cani. Tutti i cani sono cuccioli, tanti, tanti e corrono e si divertono ma io temo che M.T. li veda e faccia la sua scena isterica. Poi sento qualcuno che suona il pianoforte (che in verità non c'è) nella mia sala da pranzo di Binsar. Apro lentamente la porta e vedo Angela, in vestaglia, presissima a suonare, trasportata; suona e mi piace moltissimo. So che se mi vede smetterà, ma non voglio andarmene. Angela mi sente, smette subito di suonare e io le dico: « Ti prego, continua, è questa l'unica prova che nella mia vita ho combinato qualcosa. Tutto il resto è un fallimento ».

Lavoro tutto il giorno. Alle quattro un grande temporale abbuia tutto l'orizzonte. Lascio il computer per un acquerello della valle con le nebbie. La pioggia dura solo dieci minuti, ma l'aria è fredda quando vado sul « sentiero di Angela ». Mi fermo dai Datta per fare due chiacchiere e per vedere se per caso non è arrivato un messaggio di Ems. No. Torno a mangiare in piedi e a lavorare al lume di due lampade a petrolio.

10 marzo 2001. Le tende chiuse mi hanno aiutato. Ho dormito bene e la mia anima (se ne ho una) – l'inconscio, come dicono quelli che si fanno pagare per farti conoscere il tuo – ha avuto modo di parlare tranquillamente. I miei sogni diventano sempre più interessanti nel riflettere tutto quello che coscientemente non mi dico.

Uno mi sembra particolare perché ha a che fare con la lotta con il mio ego che fa di tutto per rizzare la testa alla vecchia maniera, mentre io voglio tenerlo a bada ed eventualmente, almeno per com'era, distruggerlo.

La scena è in Queen's Road a Hong Kong. Cammino, come sono ora, i capelli bianchi lunghissimi, su un lato della strada, e con la coda dell'occhio vedo un famosissimo giornalista della BBC, quel Sebastian che dirige la trasmissione *Talking Point.* Faccio finta di non vederlo perché non ci conosciamo, ma io sarei felicissimo di essere invitato a quella trasmissione. Sempre con la coda dell'occhio, vedo che lui ferma una delle frequentatrici del Foreign Correspondents' Club e le chiede chi sono. Io penso che con quella sono sempre stato gentile per cui lei gli dirà bene di me e lui mi inviterà alla sua trasmissione. Cammino e arrivo all'FCC. La donna siede a un tavolo con un'amica e mi aspetto che venga da me a dirmi: « Sai, mi ha fermato Sebastian per chiedermi chi eri ecc. » Invece no. Non dice niente e io per avere una scusa di parlarle le chiedo se sa dove c'è una buona casa da tè, quelle che conoscevo io sono tutte sparite. L'amica si alza e cerca di darmi indicazioni per trovarne una. In verità io ho già preso un tavolo in un'altra casa da tè e ho anche già ordinato due di quei loro involtini e li ho già mangiati, ma mi sono alzato senza pagare per venire al Club a fare quella parte stupida. E ora ho il complesso di colpa per aver lasciato il conto, di essere ancora così fatuo, così sciocco, così banale e legato alle stupide cose del mondo.

Mangio con i miei corvi, in silenzio. C'è un bel sole stamani. È più di una settimana che non mi faccio vivo con Angela e che lei non si fa viva con me. Un interessante esercizio, ma vorrei sapere che stanno tutti bene e che la marea non ha ancora spazzato via tutto quel poco che ho messo assieme in una vita. Domani scenderò a valle.

Al tramonto vado alla Roccia del cacciatore, il posto malefico che continua ad attirarmi. Sempre più malefico, ma almeno tornando ho voglia di stare in pace con me stesso senza scappare da « spiriti ».

12 marzo 2001, Binsar. Sono appena tornato a Binsar da un'orribile visita ad Almora. Sapevo ieri che avrei litigato al telefono con Angela e così è stato. Io ero al peggio di me.

Ho fumato e sto bevendo. Fuori c'è una grande pace e quasi ne ho altrettanta in me.

E ora la verità. Non c'è dubbio che ho provocato io questa crisi dopo che mi sono sentito ferito dai messaggi frettolosi di Angela, dalla sua distrazione, dal suo non essere affatto in sintonia con quel che io le avevo scritto (le ho accennato, parlato di tante cose nei precedenti messaggi, ma lei non mi parla che del maledetto catalogo che la affatica, la angoscia).

Le ho scritto all'alba dallo Shikhar Hotel per prendermi tutta la colpa e dirle quel che in parte penso: che il vero problema sono io, la mia relazione con me stesso, il fatto che mi sento un fallimento, improvvisamente, su tutta la linea, specie la famiglia. Le ho detto che non mi scriva per dovere, che non si aspetti miei messaggi, che lei faccia la sua strada e io farò la mia. Ci incontreremo perché siamo stati tanto assieme, anche in altre vite, per cui siamo legati.

Le ho anche scritto che sono geloso di tutto quel che lei fa al di fuori di me, che sono geloso del padre, che lei spende gran parte della sua vita dietro a cataloghi e mostre. Tutto vero.

13 marzo 2001, Binsar. È finito il gas e debbo occuparmi di quello, così il tempo passa e solo alle dieci mi siedo. Rileggo ancora una volta l'ultimo messaggio di Angela. È cara, ma noto anche quel suo insistere sul mio disinteresse per la sua vita, il fatto che io considero un « fastidio » quello che lei fa e l'allusione al fatto che se torniamo assieme lei parteciperà alla mia vita e io alla sua! Forse anche il nostro rapporto è diventato oggetto di un negoziato. Non andrò mai a quelle negoziazioni.

Vivek parte. Guardo una tempesta che monta e non esplode, e penso alla mia.

Ho un'immensa nostalgia di Angela. Ho voglia di sentirla, di non farle del male. So che ora soffre, facendo il trasloco. Già penso a mandarle un messaggio venerdì.

14 marzo 2001, Binsar. Tornando dalla passeggiata (il sentiero è rosso dei petali dei rododendri buttati giù ieri dal vento e dalla tempesta; alcuni ancora sugli alberi sono illuminati dai primi raggi controluce), ho voglia di caffè.

Mi fermo dai Datta che stanno facendo colazione e vengo invitato. A tavola Vivek apre il vaso di Pandora.

« Non puoi opporti alla corrente, quindi non opporti al fiume di pensieri che vengono verso di te durante la meditazione. Sii semplicemente cosciente del sottofondo, che è quieto, da cui ti vengono le ispirazioni, le idee per il tuo libro o altro.

« Tempo e consapevolezza sono la stessa cosa. Il tempo ha due caratteristiche: non si ripete mai. Eraclito e i greci avevano ragione, 'non fai mai il bagno nello stesso fiume'. Il momento stesso in cui metti il piede nell'acqua, quell'acqua è passata e il piede è in un'altra acqua. Eppure noi rimaniamo 'attaccati', sperando di ripetere il passato. »

Sono le 11.30, fuori è buio pesto. Nuvole basse coprono la luna. Sono stanco e confuso da un'altra giornata inutile passata a cercare di rimontare in diverso ordine i primi capitoli.

Vado a letto e dopo mezz'ora mi sveglio: ho di nuovo sognato un morto. Christopher, il padrino di battesimo di Angela, che viene a trovarmi a Binsar. Io sento la sua voce, mi affaccio alle mie scale, lui in basso mi vede e cade per terra, morto. Mi avvicino e scopro che respira ancora, parliamo di ciò che è rotto.

Stranissimo.

16 marzo 2001, Binsar. Mi alzo alle sette e già il sole entra dalla finestra. Il cielo è chiarissimo, senza un filo di vento. Vorrei lavorare ma vengo invitato a prendere un caffè. Il vaso di Pandora.

Chiedo a Vivek: « Se per noi la morte è la fine della coscienza, che cosa è per gli animali? »

« Semplicemente la fine del corpo. Quel po' di coscienza che hanno torna a fondersi con la coscienza universale. Anche gli animali hanno una coscienza, ma non sono coscienti di averla: in questo sta la grande differenza con noi. Noi siamo centrati sulla nostra personalità che passa da una vita all'altra fino a sollevarsi e fondersi con la più vasta coscienza universale. »

Govind mi porta un depressissimo messaggio di Angela. Decido di partire.

17 marzo 2001, Delhi. Faccio colazione coi Datta alle sette. Lascio loro e la casa senza voltarmi, saluto le montagne con un solo gesto. Potrei tornare fra una settimana, fra un mese, fra un anno o mai più.

Almora mi accoglie con un altro messaggio triste di Angela. Arrivo a Delhi alle sei. All'aeroporto alle undici e a Firenze alle nove del mattino.

18 marzo 2001, Firenze. Angela è sorpresa. Completamente in un altro mondo. Il trasloco. La casa è un deposito bagagli.

20 marzo 2001, Orsigna. Andiamo a Orsigna e ritroviamo la pace e l'ordine. Resto a lavorare.

Con Angela c'è intesa di star separati. Fra due giorni arriva la Saskia ad aiutare Ems. Io ne sto fuori.

9 aprile 2001, Firenze. Mi alzo con la luna piena che tramonta dietro la foresta del Teso e decido di andare a Firenze. Arrivo alla porta di Angela alle otto, un pacco di brioche sugli scalini, lei dentro che ride al telefono con Folco. Passiamo una splendida giornata assieme, con un meraviglioso tramonto visto dal giardino e una cena nella biblioteca. Faccio la parte di un grande « amico » di famiglia che per il suo compleanno dà ad Angela consigli su come evitare che il marito prenda la via della solitudine.

E poi ridiamo e ridiamo.

10 aprile 2001, Firenze. Una bella mattina a lavorare nella biblioteca, il «Potala», pranzo con i due palafrenieri, poi a Orsigna, in pace, in pari. Sereno io, ma anche Angela. Folco ha scritto un bel fax su Novi dritto per mezz'ora davanti a un pianoforte, forse riaccende le speranze di continuità nel cuore di Angela.

28 aprile 2001, Firenze. Angela parte per Berlino. Ceno con Saskia al ristorante vegan a San Casciano. Lei più ferma e sicura.

2 maggio 2001, Orsigna. Giorni inutili, senza ispirazione, senza Angela, partita da sola come se io avessi qui un gran da fare. Cerco di stare con me, ma non mi trovo. Non sono depresso, non mi pare più di esserlo, ma non sono a mio agio. Mi manca sempre qualcosa.

5 maggio 2001, Berlino. La mostra alla Zitadelle un grande successo.

La Saskia mi dà il suo nuovo biglietto da visita di «*Directeur commercial, Ligne Homme*» da Christian Dior. Mi pare abbia ripreso la sua vita in mano, essere uscita dalla trappola. Dovrà solo far certo che questa del successo, della carriera, non diventi la nuova.

13 maggio 2001, Firenze. Berlusconi viene eletto primo ministro. Passo la notte con Angela e Saskia, che riparte all'alba per Parigi, a guardare la televisione. Mi sento ferito, umiliato. Come è possibile che abbiamo creato una maggioranza di gente così?

15 maggio 2001, Orsigna. Entro nei negozi gridando: «Oni oni oni, sono un balilla di Berlusconi!» e tutti si aprono alla loro disperazione. Una donna dal giornalaio di Maresca racconta che il padre, un ex comunista che ha fatto la Resistenza, ha votato anche lui per Berlusconi: «Lo sai che da piccolo non aveva neppure la palla per giocare?» le ha detto.

Il fotoromanzo che ha mandato a 12 milioni di famiglie ha funzionato. È una vergogna.

Sento dentro di me la tentazione di restare, di abbandonare la mia nuova strada e rimettermi a maneggiare nel mondo. L'idea mi piace e mi fa paura.

17 maggio 2001, Capri. Rimandato e rimandato, siamo andati « in viaggio di nozze ».

In treno mi irrito con tutti i telefonini che gracchiano come in una grillaia e faccio la mia scena fingendo di essere chiamato da « Arcore » e da « Silvio » che mi vuol offrire un ministero che non voglio. Capisco che mi faccio crescere la coda dei capelli sulla testa per cercare di avere un'antenna con cui trasmettere il pensiero ed evitare così il telefonino.

Pensione Villa Krupp. Anche qui la modernità è arrivata, sostituendo con la calce bianca e le piastrelle da sala da bagno tutto quel che c'era di decadente e di « storico ». Tutti sembrano ossessionati dal voler eliminare le tracce del passato e dell'invecchiamento.

In fondo è forse stata una pessima idea quella dei musei in cui si incapsula qualcosa: lo si salva, ma lo si toglie dal suo contesto e si impedisce alla gente di respirare la storia nel posto in cui quella è avvenuta.

Museo: visitiamo quello dedicato ad alcuni quadri di Diefenbach, pittore matto tedesco che veniva dall'esperienza del Monte Verità. Belle storie di gente degli anni di povertà e di ingegno in cui tanti spiriti liberi in cerca di qualcosa si ritrovavano qui. Weber che arrivò remando e dopo una settimana finì a Sorrento dove venne arrestato perché credevano fosse evaso da qualche prigione.

18 maggio 2001, Capri. Ho davvero dei « poteri ». Mi viene da chiamare Bernardo al suo cellulare. Non lo chiamo da tantissimo. È in una pensione... a due passi da noi! Ci incontriamo sulla vetta dello scoglio a Villa Jovis, al « salto di Tiberio ». Anche qui sembra che lo *spiritus loci* sia andato.

19 maggio 2001, Capri. Passeggiata alla villa di Malaparte. Per la prima volta « sento » qualcosa. A piedi, per evitare la piazzetta e la sua gente, scendiamo fino a Marina Piccola e finalmente in un piccolo ristorante sulla strada vicino al mare mangiamo in pace una pizza, chiacchierando piacevolmente e ridendo.

20 maggio 2001, Capri-Firenze-Orsigna. Partiamo all'alba, facciamo colazione al bar dei poveri sopra la funicolare; all'una siamo a Firenze, alle tre e mezzo a Orsigna per votare alle elezioni della Cooperativa.

23 maggio 2001, Firenze-Delhi. L'arrivo a Delhi è triste. Ormai anche qui sono nel continente sbagliato.

Forse feci male ad andare di corsa in Europa a trovare Angela; forse ora ho fatto male ad andarmene. L'odore quando si apre il portellone è lo stesso di sempre, ma non mi commuove. Billa è malato di una brutta epatite e mi aspetta un nuovo autista. La casa è bella, ma terribilmente vuota.

27 maggio 2001, Delhi-Binsar. Daniram guida la Toyota. Si lascia Sujan Singh Park alle 5.15 e alle due siamo ad Almora. L'uomo delle verdure è aperto, così posso fare la spesa e proseguire. Alle tre e mezzo sono al *mandir*.

In nessun posto come qui sento la pace che mi entra dentro. È come se tutto tornasse al suo posto: la mia vita, la morte.

Mi colpisce, appena dopo Koparkhan, l'azzurro di due enormi alberi di jacaranda inframmezzati dall'esplosione rossa di un albero « fiammeggiante ». La vegetazione mi tocca con i suoi colori. Qui tutto sembra più rigoglioso, più vivo, più vero.

28 maggio 2001, Binsar. Ho dormito nove ore, pesantemente, col mondo vicino alle grandi finestre.

All'ora del vaso di Pandora, racconto di Capri. Un piacere l'attenzione colta di Vivek. Appena accenno ad Axel Munthe ride di gioia al ricordo d'aver letto anni e anni fa *La storia di San Michele.* Se lo ricorda.

Perché invece a me capita di vedere nella mia biblioteca dei libri che prendo per leggere e solo aprendoli mi accorgo di averli già sottolineati e chiosati, magari solo pochi mesi prima?

Vivek sta bene, ha avuto il palloncino e tutto è andato bene, verrà dimesso domani e andrà a stare da noi, a Sujan Singh Park. Io torno a Delhi martedì sera e conto di stare alcuni giorni accampato lì, con Vivek... Debbo starci per rifarmi il dente prima di partire.

Debbo andare in Pakistan ad annusare l'aria e scrivere da lì le cose che mi si accumulano sul petto. Stamani, dopo una splendida dormita di nove ore, ho sentito la BBC e c'era una discussione su come verrà portata la democrazia in Afghanistan dopo la guerra: se si potrà o meno applicare il principio « una testa, un voto ». Oh, mio dio, ancora una volta debbo uscire sempre più allo scoperto. L'ignoranza della storia e dell'uomo è spaventosa dovunque.

Ti abbraccio, mia cara grande amica. Parto per Binsar con Shoban Singh e ci risentiamo martedì sera.

Stai bene e presto viaggeremo assieme nel retro di una Ambassador. Ti amo sempre di più anche per egoismo.

Grazie di tenermi informato su quel che si dice in Italia e sui giornali.

tiz

16 ottobre 2001, tornato a Delhi.

Ad Angela. Sano e salvo, ho già visto il dentista del Khan Market amico della Marie Thérèse, carinissimo. Dice che ho un'infezione e mi ha dato antibiotici per cinque giorni. Domani mattina torno a vederlo. Anche la sinusite è migliorata.

Ho letto i tuoi bei messaggi e i tuoi incoraggiamenti. La polemica di Pirani e gli altri: mandami copie per fax se puoi, solo per caricarmi.

Come sai si scrive per rabbia o per amore. Se combinassi le due scriverei bene.

Ti chiamo più tardi.

tiz

17 ottobre 2001, Delhi.

A Saskia. Sono appena sceso a valle da Binsar con un terribile mal di denti e una gran voglia di rimettermi in cammino per vedere con i miei occhi la follia del « nostro » mondo, che con polverosissima e assolata mattinata in un'immensa distesa di uomini tutti musulmani: circa un milione (ero il solo straniero, con Poldi), una sorta di Kumbh Mela dell'islam: mio dio, come non mi piacciono! Ma interessante.

Partiamo domani pomeriggio per Quetta, sempre *chaperonati* dai nostri due studenti di medicina, uno che vuol diventare psicanalista.

Qui tutto bene, il mio pezzo fotocopiato circola con due giorni di ritardo fra i giornalisti italiani. Arrivano le richieste di interviste alla tv, ma io... sono già altrove, come mio solito. La mia spia nel fronte interno è Valerio che da settimane sta in un albergo a Islamabad. Carinissimo anche il bravo Beniamino Natale che ieri avevo invitato a pranzo da solo a Peshawar, ma essendo lui arrivato con altri due italiani che, con indifferenza, volevano conoscermi, sono « scappato » prima del riso.

Ti abbraccio, non ti frustrare con il mio telefonino, ma chiamami, quasi non mi pare un telefono quando chiami tu.

Ti abbraccio, mio amore,

tiz

3 novembre 2001, Lahore.

Angelina, che fortuna. Sentivo stamani che ci saresti stata e sentivo che il piccolo e-mail center poco lontano dal museo, verso il quale stavo andando, sarebbe stato aperto. Ed eccomi a leggere la tua bella, lunga lettera. Grazie infinite per l'incoraggiamento, per le notizie.

Poldi è carinissimo e pesante: alle sei di stamani, davanti a un documentario della BBC che racconta i bombardamenti a tappeto di Odessa, mi parla di Spinoza e della sua voglia di suicidarsi, specie dopo che ieri sera l'ho portato nella « società » di Lahore, dove io, a una cena di compleanno per la moglie spagnola di Ahmed Rashid, grande giornalista di qui, ho imparato tante cose, e lui si è depresso perché « non capisce più quel che succede ». Lui vuole vedere le idee, a me già fanno abbastanza paura i fatti. Insomma, ci si intende, è bello perché io mi sento meno solo, è un fratello, caro e impegnato.

Vado ora alla cattedrale per parlare con una suora italiana, poi al museo e poi partiamo per Quetta.

Il circo come hai capito è io, Poldi e due giovani studenti pashtun di Peshawar che sono diventati carinissimi, uno in specie intelligente e figlio di una merciaia che credo oggi voli per la prima volta.

Tim McGirk ci ha già trovato da stare.

Non chiamarmi stamani perché sarò in volo e non credo che il telefonino funzioni, ma a Quetta sono sempre raggiungibile.

Io conto di non scrivere per qualche giorno. Vorrei scrivere una lettera da Quetta, ma ho già tanta altra roba per un'altra lettera, si vedrà.

Non voglio pontificare troppo.

Ti abbraccio, mio amore,

tiz

3 novembre 2001, dall'aeroporto di Lahore.
Mia Ems,

ho appena finito di parlarti e questo è un « ritocchino » dall'internet dell'aeroporto. Parlarsi è bello ora ANCHE al telefono. Forse il cellulare, se usato con parsimonia e Amore, ha ristabilito la nostra comunicabilità telefonica.

A Quetta ci aspetta Tim McGirk che forse è riuscito a trovarci delle camere nel Serena Hotel. Stamani prima di partire ho visto una bella suora italiana di settant'anni nella cattedrale di Lahore. Disperata per quel che succede, è riuscita solo a organizzare una veglia di preghiera che va avanti giorno e notte con la partecipazione di tante bambine pakistane cristiane. Dopo il massacro dell'altro giorno sono tutti terrorizzati. « Quando ho sentito alla tv che sono già cadute 300 bombe sull'Afghanistan era come se me le sentissi tutte cadere sul cuore », e si è messa a piangere. « Gli italiani non hanno fatto bene le cose, ma gli americani ancor meno. »

Carinissima come quelle di Kengtung, era di Brescia!

Ti abbraccio, Ems, stanno chiamando il mio volo.

A presto,

tiz

4 novembre 2001, Quetta.
Mia carissima Ems,

siamo arrivati col « circo Terzani » ieri pomeriggio e, disgustati dalla fortezza-caserma dell'unico albergo per giornalisti dove Tim ci aveva prenotato, siamo scappati come ladri al bazar, in un Hotel Islamabad dove stiamo per 400 rupie a notte invece delle 10.000 dell'hotel della stampa. Se si vuole capire su che cosa è la guerra, è anche questo.

Stiamo bene. La città è una guarnigione nel deserto circondata da montagne brulle, violette, in una foschia di sabbia dorata. Bella e pulita, penso di restarci qualche giorno. La brutta notizia è che l'amico pashtun intellettuale che citavo nella lettera da Peshawar è in terapia intensiva a Islamabad dopo un terribile infarto subito sull'aereo mentre tornava dopo aver accompagnato un gruppo della tv a vedere i talebani a Kandahar. Un brutto colpo, ma così è la vita.

Ho dormito bene dalle nove alle tre, poi chiacchierate con Poldi, e tè e tè fino a due colazioni nell'albergo-caserma con un italiano dell'ONU che per non fare gaffe aveva chiesto a Roma chi ero e qui... apriti cielo!!! Anche la fama è a doppio taglio!!!

Qui nel deserto la mia sinusite sta meglio, ma anche qui l'inquinamento impera.

Ti abbraccio, mio amore, goditi la domenica e pensami in un clima come il tuo solo con le montagne brulle e violette all'orizzonte.

t.

5 novembre 2001, Quetta.

Angelinaaaaa, finalmente ti leggo.

Grazie di raccontarmi della Melinda che andrò a leggere, cosa che avevo evitato, ma ho l'impressione che siano tutti ormai parte di una cospirazione contro di... «noi». Tutti. Anche il povero Shaw che non voglio assolutamente vedere. Questa guerra non è un videogioco per quelli lontani, né parte di un *adventure tourism* per quelli che vengono qui. In questo Poldi, pur pesante a volte coi suoi occhi spinoziani, è ottimo perché guarda con l'attenzione che ci vuole e segue, pur con altri interessi, ogni mio passo.

Stiamo passando una giornata di burocrazia per avere il visto per andare nel posto di frontiera con l'Afghanistan, come facemmo dal Passo Khyber, che anche da qui, come da Peshawar, è lontano tre ore di macchina. Forse, dopo tante chiacchiere e citazioni e sorrisi, riusciamo ad andarci domani. Altrimenti aspettiamo.

Questo è un posto interessante, anche se stravolge stare, come ho fatto ieri, in un ospedale a parlare con bambini fatti a pezzi dalle nostre bombe mentre giocavano al pallone!!! Una vergogna, questa guerra, e alla tv sento che ora anche l'Italia vuole mandare soldati ed elicotteri qui. Una vergogna. Solo per avere Berlusconi seduto a tavola a Downing Street ieri sera. Una vergogna.

L'Europa dei banchieri dell'Euro è finita, e tutti questi piccoli Gomulka e Honecker del nuovo stalinismo di Bush corrono dal padrone e dal suo rappresentante londinese. È una vergogna.

Sento il mio essere qui come una missione, ma, come capisci bene tu, difficilissima, perché si tratta di dire senza dire, far capire senza assordare... e senza farsi mettere sul rogo.

Grazie di esserci, mio amore,

tiz

5 novembre 2001, Quetta, sera.

Mia Angelina,

ti scrivo da un *cybercafè*, che qui sono dei posti porno dove bande di giovani dietro delle tende si masturbano guardando delle enormi fiche bianche nei siti dell'internet. Povero mondo... musulmano!

Sulla guerra: sono disperato del fatto che Berlusconi « per essere invitato a cena da Blair » abbia impegnato il paese con i suoi uomini. È una vergogna.

Ancora più mi pare giusto scrivere, ma non è facile.

Ieri Jon Swain mi ha chiamato perché alla BBC aveva visto un dibattito di giornalisti dove uno citava la lettera della Oriana e diceva che purtroppo era morta la settimana scorsa. È vero? Non mi pare, perché me lo avresti detto o lo avrei visto nei giornali. Mi pareva di aver messo un mio chiodo nella sua bara e mi dispiaceva.

Ho visto il pezzo della Melinda su *Newsweek* (grazie di avermelo segnalato), senza passione e forse non proprio vero, ma per tutti questa guerra sembra un gioco.

Ti abbraccio, buona notte a te, mia Ems.

tiz

5 novembre 2001, Quetta.

Mia carissima Saskia,

grazie infinite per le tue parole. Mi erano mancate, ma capisco il computer in panne. Forse è venuto il momento di fare un investimento per restare tutti connessi. Pensa che io ho il mio telefonino acceso notte e giorno!!! Così cambiano il mondo e gli uomini... in peggio.

Ho una grande angoscia che mi serra la gola e davvero mi si congela la lingua a vedere che ora anche gli italiani vanno alla guerra. Che vergogna... e le piazze vuote: tutti a guardare il *Grande Fratello* invece di manifestare. Che mondo abbiamo prodotto, io e quelli della mia generazione!

Ti abbraccio e ti ringrazio di esserci.

A presto... se riesco a scrivere lo farò anche per te.

tiz

6 novembre 2001, Quetta.

Angelina,

solo due righe per farti sapere che sono tornato sano e salvo da una giornata intensissima con convoglio di giornalisti alla frontiera, la fuga dalla rete burocratica, gli incontri straordinari del caso, persino uno col capo dei talebani della zona al di là della frontiera. E poi «i commandos vi cercano».

La colata dei giornalisti ci crede catturati, finalmente gli altri partono, noi cerchiamo di nasconderci per passare la notte ma ci trovano. Calci nel culo ai due studenti di Peshawar, io che intervengo con vecchia diplomazia, finalmente ci rimettono in macchina e al tramonto, con un sole che scendeva meraviglioso su un oceano di montagne, siamo tornati, sotto scorta armata, fino a Quetta.

Eccoci, pieni di piccole storie e grandi impressioni. Volevo solo dirti che ci sono e che ora starò un po' buono.

Ti abbraccio, mia grande Angelina,

tiz

7 novembre 2001, Quetta, mattina.
Ad Angela. Qui come puoi immaginare si vive in un'unica dimensione, quella della guerra, e io da oggi pomeriggio in quella dello scrivere. Ne avrò per un paio di giorni e come al solito mi angoscia il «bel» pezzo scritto la volta prima. Ma questo è il mio problema.

A mio parere questa guerra durerà mesi, con alti e bassi, e io non voglio farmici coinvolgere, specie nel quotidiano. Voglio continuare a scrivere, se posso, sempre sul *Corriere*, ma quando avrò visto il terreno potrò scrivere «lettera da... Odessa, Bangkok, Hong Kong o Timbuctu». Allora, pur rimandando i programmi definitivi a quando ci vedremo, se sarà possibile, considera pure tutte le alternative. A me in teoria piaceva anche l'idea di fare Natale a Binsar, neve, pulito, pace e così la Saskia vedrebbe il mio rifugio, dove comunque prima o poi dovrò andare a decidere che farne, a trovare un nuovo Govind, a cacciare i topi che staranno già mangiando i libri e comunque a vedere Vivek.

7 novembre 2001, Quetta.
Mi dispiace, Ems, questa pioggia di messaggi.

Oggi come oggi ho voglia di tornare un po' con te... senza troppo intellettualismo di Poldi al mattino alle cinque bevendo il tè, senza l'orrore di dover ancora scrivere di cose che mi paiono così ovvie, senza dover sentire di essere messo al rogo in piazza Signoria.

Quel che mi fa spavento è il cuore duro della gente, come si può scrivere con ironia su quel che succede. Li leggi i giornali? Hai visto il pezzo carino patetico mammista e insulso, perché non vuol farsi dare del non patriottico, di Biagi?

Ti abbraccio.

tiz

10 novembre 2001, Quetta.
Ad Angela. Sono le undici, non ce la facevo più a star seduto sul letto di una camera puzzolente a scrivere... perché il fatto è che non ho finito, che non mi piace, che Poldi è di grande aiuto ma è anche una perturbazione intellettuale di primo ordine, ma la

conclusione è magnifica *quand même* e va bene che oggi tutti e due andiamo a Islamabad, lui parte nella notte per Parigi e io mi chiudo di nuovo e cerco di finire.

Non riesco ora, con la testa così altrove, a risponderti su tutto ma cominciamo con Bernabò. Importante per me è sapere quanto tempo prima della pubblicazione debbo dare un testo definitivo. La mia idea era di pubblicare tutto quel che ho scritto su questa guerra a cominciare dal primo pezzo.

Qui il mio posto è come lo conosci. Sono deluso della mia incapacità di scrivere, dovuta anche alle « aspettative » di scrivere come la volta scorsa. Allora sono stato seduto e seduto, ma senza risultati.

Il mio naso soffre in questa Quetta inquinata e ho deciso di accompagnare Poldi a Islamabad dove starò nella vecchia pensione Jasmine dove almeno l'aria è pulita e senza dire a nessuno che sono lì (il telefonino è anche in questo ottimo). Resterò con la testa a Quetta per scrivere questa « lettera da Quetta », usando la distanza assurda da quel posto per dire delle cose che da lì sarebbero troppo pesanti.

Cercherò. Ora ho una traccia e un tema. Giudicherai tu.

Con Poldi è stata davvero una bella esperienza, anche perché ha alleviato la mia solitudine, ma purtroppo io sono diventato fragilissimo e sento ogni pensiero che non esce dalla mia testa come una tempesta, il ritmo del mio cuore cambia e anche la mia indignazione stenta a prendere forma.

Insomma, tutto per il meglio se ora ci separiamo e io torno sul MIO.

Dopo non so. Il naso mi spingerebbe a Bangkok.

Ho proprio voglia di famiglia, di te, di semplicità.

Ti riscrivo o ti chiamo una volta arrivato a Islamabad. Ti sono davvero gratissimo di tutto questo tuo esserci in ogni senso... ma sono ormai più di quarant'anni che ci SIAMO. Spero che in qualche modo tu mi senta allo stesso modo.

I programmi di Natale mi paiono ottimi, ma chissà come il mondo si presenterà allora.

Ho in tasca gli ultimi duecento dollari. Non mi era mai successo prima, ma anche questo mi diverte. Abbastanza per comprare altri biscotti per Abdul Wasey, 10 anni, colpito da un missile Cruise mentre giocava a cricket.

Oh, Angelina, che mondo!

tiz

12 novembre 2001, Islamabad.

Ems, sono alzato dalle cinque, lavoro, ora bene ora male. Mi ha chiamato Poldi alle sue quattro a causa del jet lag, proprio quando stavo pensando che mi mancava come facitore di tè all'alba (a Quetta era un rito parlare col sole che si alzava dietro la straordinaria montagna davanti alle finestre della locanda).

Ora scrivo, e scrivo perché ho il dovere.

Sono come sai, con il *sarong* rosso, la coperta sulle spalle, seduto sul letto col computerino a limare, scribacchiare e non tanto soffrire. Non avere una scadenza mi ha tolto l'angoscia.

E per il resto lo scrivere è ormai la mia vita.

Non farti alcun cruccio dei soldi. Ti amo, ci amiamo e questo è consolante.

Ti bacio, Ems.

Chiamami quando vuoi.

tiz

13 novembre 2001, Islamabad.

Ad Angela. Sono le quattro del mattino. Ti leggo, grazie.

Sono confuso sul da fare, ma finisco il pezzo, anche se servisse solo per il libro.

14 novembre 2001, Islamabad.

Ems, salva il pezzo di ieri nel dischetto, accendi il computer nell'ufficio e stampa il dischetto là, quella stampante funziona, e RILEGGILO. Forse sei stata troppo generosa e presa dal marito. Temo davvero che questa volta ho dato di fuori. Credo nelle cose che ho scritto, ma forse, come la verità della guerra, quelle sono indicibili o almeno inscrivibili per il *Corriere*.

Per ora nessuna reazione da de Bortoli a cui avevo scritto: «Come al solito vedi tu: come, quando, se». Con questo gli ho dato una via di fuga e forse lui ci si affretta, ma credimi nessun cruccio. Fosse così, uso quel pezzo per il libretto che penso proprio di fare a Binsar.

Sono sulla lista d'attesa con raccomandazione per un volo PIA dopodomani mattina. Poldi ha già azionato la sua gente a Bangkok dove starei un giorno per poi andare a Ko Samui a curarmi il naso. Domani mi vengono a trovare i miei due studenti da Peshawar e a portarmi il gilet del bazar di Chitral che mi han fatto cucire... e anche le mutande di Poldi lasciate nella lavanderia del North-West Frontier Heritage Hotel.

Buona giornata, mio amore, buona giornata,

tiz

15 novembre 2001, Islamabad.
Ad Angela.

>From: De Bortoli Ferruccio
>To: Nemo Nessuni
>Subject: R: Lettera da Quetta
>Date: Wed, 14 Nov 2001 19:00:50 +0100
>caro Tiziano,
>grazie di cuore. Lo pubblichiamo in due puntate a partire da domani. Ciao,
>un abbraccio
>fdb

Carissimo,

ti ringrazio. Annoverami fra i tuoi ammiratori in un momento come questo in cui un razzo colpisce, naturalmente «per caso», la sede di Al Jazeera a Kabul.

Mando fra qualche ora un paio di correzioni.

Fammi sapere dove tagli in due per vedere se posso fare un cappello alla seconda parte senza interrompere il racconto.

Un abbraccio.

t.t.

Ems, grazie. Hai visto che ti ho inoltrato il messaggio di de Bortoli.

Le tue preghiere funzionano. Sono sollevato... per te. Io,

debbo dire, mi ero già rassegnato. Così davvero possiamo tutti e due partire alleggeriti. Spero che mi leggerai in viaggio per farti compagnia.

Io sono confermato sul volo di domani mattina e arrivo a Bangkok nel primo pomeriggio.

Ora vado a comprare il biglietto pakistano.

A presto.

tiz

1º dicembre 2001, Islamabad. Sono arrivato alla sera. In aereo sono col generale in pensione, ex capo dei servizi, ora uomo del Presidente. Mi parla dei due « scienziati nucleari » pakistani. Una balla. Sono gli americani che usano questo per far pressione sui pakistani, per tenerli sulla corda ricordando loro che non sono in grado di gestire il loro arsenale nucleare.

Grande risentimento antiamericano nel suo parlarmi. Gli americani si ritireranno e lasceranno alle Nazioni Unite il compito di portare via la spazzatura, ripulire il campo come ha fatto la ICRC nel forte di Mazar-i Sharif.

Incontro Bernardo al Marriott, in gran forma, bello e sempre « giornalista », ora con l'ossessione del mullah Omar di cui vuole scrivere. Lo affascina che si sia messo a Kandahar a morire. Sta bene, mi fa piacere vederlo ma sento quanto distanti siamo, come diversa è la nostra frequenza ormai. Eppure la storia mi lega, e un grande affetto.

Ho un po' paura di dover ancora scrivere e di non poter restare « solitario e distante ».

Con la macchina del *New York Times* a Peshawar a incontrare Jon e Marina Forti del *manifesto.* Cena al Khan Club. Jon sempre più disperato di come va la guerra e come la stampa si adegua. Dice che il *New York Times* è diventato la *Pravda* di questa guerra.

2 dicembre 2001, Peshawar. Con Jon e Marina a parlare con uno della *jihad* che è uno dei tre sopravvissuti di un gruppo di 43 andati a combattere in Afghanistan.

Si dice pronto a tornare se la sua organizzazione glielo chiede. Il giovane, ventiquattro anni, dice che la *shari'a* serve a difendere la società dalla volgarità, dai vizi come la droga o il bere. Dice che c'erano varie spie fra i talebani. Lui ora è un *ghazi*, veterano della *jihad*. Si dice pronto a eseguire qualsiasi ordine della sua organizzazione. Se gli dicono di andare a mettere una bomba a New York, lo farà. Dice che molti talebani si sono tagliati la barba e sono tornati ai loro villaggi, pronti però a riprendere le armi quando sarà necessario. Risponderanno all'appello dei talebani.

« Nei testi coranici è scritto che l'islam conquisterà il mondo, per questo l'Occidente cerca ora di distruggere l'islam. »

3 dicembre 2001, Islamabad. Con Saeed e il suo amico Jamal, afghano, che vorrebbe venire a Kabul con me. Non mi pare che sia utile. È stato qui da quando aveva sette anni. Incontro per cinque minuti Nancy Duprée, mi dà una lettera per Kabul per uno che « vende patate per strada » – l'ex direttore del museo.

Rientro a Islamabad.

Lo spuntino della sera dopo il digiuno durante il Ramadan si chiama *iftar* o *aftari*. La fine del Ramadan è Id, c'è un secondo Id due mesi dopo il primo, quando si uccidono gli agnelli. Ogni animale è diviso in tre parti: una per sé, una per gli ospiti, una per i poveri.

4 dicembre 2001, Islamabad. Jon mi mostra la storia scritta dal corrispondente da Jalalabad e quel che è poi stato pubblicato. Pura censura. Orribile.

Vado al *briefing* pomeridiano della Coalizione e ne scappo disgustato: una vergogna, gli impiegati ridono e preparano dichiarazioni per imbecherare la gente.

Sulla parete una foto di un afghano con un sacco di farina con su scritto « USA ». Una vergogna, mai mi sono sentito tanto odio contro l'America. In Vietnam avevo compassione per i marines, per i combattenti.

5 dicembre 2001, Kabul. Parto per Kabul con una lettera in tasca, un libro nella borsa e una grande rabbia nel cuore.

Volo Nazioni Unite: piccolo Beechcraft 200 con nove posti, comandante un giovane svedese, copilota un danese: « Se solo avessimo una di queste montagne in Danimarca! » Stupefacente paesaggio, la barriera dell'Hindu Kush come un oceano in tempesta congelato, con le creste delle onde immobili, bianchissime nel cielo. Nessuna vetta che si impone, una distesa di cime.

« La vita è appena un'ora »: Akbar, poeta e assassino.

I fiumi come vene sulla pelle vecchia della terra. Si vola a 31.000 piedi, il più alto possibile per evitare i missili, si vola a nord e poi a sud per evitare la zona di guerra sopra Tora Bora, dove cercano Bin Laden. Incredibile luce, un continuo bagliore, come quello di un'apparizione. Le grandi ombre sulle colline violette.

Aeroporto di Bagram: tre marines vengono a perquisirci e a far annusare i nostri bagagli a un cane. Vedo una tensione fra le spie e i funzionari degli Esteri del nuovo governo e gli americani che sono i padroni. La storia dell'Asia centrale continua, il Grande giuoco anche. Accanto ai marines, un elicottero russo con dei militari in uniforme.

Mine lungo la strada, decine di carcasse di carri armati, macchine, camion. Nella pianura, in mezzo ai sassi, resti di missili e bombe inesplose. Un paio di deviazioni per evitare due campi minati. La macchina deve stare sull'asfalto. Dovunque nuove mine.

Il bazar visto dall'alto della camera dello Spinzar Hotel è un formicolio di miseria. L'autista e il funzionario ONU locale parlano mentre la macchina corre su una distesa di morte e le colline vivono con le ombre che cambiano e si allungano col calare del sole.

6 dicembre 2001, Kabul. Mi sveglio all'alba. Dalla finestra vedo un paesaggio come fosse Pechino d'inverno, con gli alberi secchi e impolverati, i muri sporchi, i giardini incolti. Pranzo con Bernardo al Khalid Restaurant, un vecchio cinema con gabbie di usignoli e vecchi grassi che guardano video semiporno.

Ne approfitto perché vedo accanto l'ospedale di Emergency di Gino Strada. Dice cose giuste, ma il suo ego mi sembra prevalga sempre su di lui e su tutto. Marco, il medico di Brescia, racconta di come aumentano i casi di gente che salta sulle mine perché molti ora cercano di tornare a casa e nel frattempo le mine sono aumentate. Ieri sera poco dopo averlo operato gli è morto un ragazzo di nove anni che forse stava rubacchiando qualcosa quando lo hanno colpito in pancia con un colpo di kalašnikov. Nell'ospedale, con una guardia dell'Alleanza del Nord, ci sono una decina di feriti talebani, anche loro senza gambe. Tutto così inutile.

Gianluca si lamenta di come anche in Italia tutto è visto ideologicamente e come nessuno si rende conto che dietro ogni discorso ci sono morti e feriti. L'ospedale chiuse dopo un'irruzione della polizia religiosa che aveva trovato che la divisione fra uomini e donne alla mensa era fatta solo da una tenda. Tre afghani furono arrestati e degli stranieri frustati. Chiusero l'ospedale. Da aprile hanno questo nuovo ospedale che era un asilo sovietico.

Arrivano continuamente feriti, specie da mine, adesso.

Ho cominciato la giornata girando per un'ora alla ricerca di Beniamino, poi di Valli. Un ragazzino lustrascarpe mi ha dato le indicazioni. Li conosce tutti. Passando lentamente dalle varie strade si vedono tante case colpite, annerite, sventrate, esplose, e l'autista spiega: quella al tempo di Massoud, quella di Hekmatyar, questa degli americani. Alcuni colpi precisissimi: « C'erano arabi », dice l'autista.

Cerco l'archeologo amico della Nancy Duprée. Lo vado a trovare a casa e andiamo all'Istituto, lui stesso è un reperto archeologico.

L'Istituto è una soffitta polverosa, con un portone di legno rabberciato. Mancano gli interruttori, le balaustre delle scale sono fatte con vecchi tubi dell'acqua. Un pannello che annuncia un seminario internazionale sulla civiltà di Kushan. Nella stanza il nulla è ordinatissimo e coperto di polvere, un vetro rotto sopra la scrivania, la mia sedia pencola, la sua anche.

Al mercato un bambino usa come peso un mezzo mattone, un altro raccoglie cartacce da mettere in un sacco di plastica sulla schiena e gioca camminando con una ruota attaccata a un lungo palo.

Si telefona senza pagare. Tassisti e interpreti che cercano di fare soldi. C'è chi paga cento dollari per una macchina e cento per un interprete.

Cena a casa di Gino Strada e la gente di Emergency, fra cui il giovane Fabrizio, documentarista. Il cuoco, consigliere politico e autista, che è stato sette anni in galera coi comunisti, ha perso un figlio e un fratello nella *jihad* contro i sovietici. Lui ha combattuto contro i talebani: « Non c'è famiglia che non abbia avuto delle perdite in questa guerra ».

Gino: « L'Afghanistan è la Waterloo dell'umanitario, tutte le organizzazioni umanitarie hanno accettato di essere messe sotto l'ombrello, e quindi sotto il coordinamento e il controllo, delle Nazioni Unite le quali, 'stranamente', hanno deciso di evacuare Kabul il giorno dopo l'attacco alle Torri Gemelle, riducendo così a zero la presenza internazionale in un paese martoriato dalla guerra, proprio quando quella presenza andava aumentata. Hanno fatto un gran battage sulla 'catastrofe umanitaria' per poter ricevere soldi che vanno soprattutto nell'amministrazione dei fondi, e non alla gente che ne ha bisogno. Ogni giorno si parlava di rifugiati che non venivano, che non c'erano.

« Pensare alla guerra nell'era della grande tecnologia è come mettere la clava nel microchip. Quel che si rompe nella guerra non sono solo le ossa della gente, ma i rapporti umani. Siamo insensibili alla sofferenza del presente. E se si perde di vista la sofferenza di uno, se si parla di sofferenza in generale, non si capisce più la sofferenza ».

Emergency rifiuta « i denari della guerra ». Questo è un tema ricorrente nei critici: anche l'italiano della logistica diceva che era assurdo che gli americani lanciassero le razioni, che siano i militari a fare l'umanitario. C'è qualcosa che non torna.

Ormai anche l'umanitario riflette i criteri su cui si fonda la nostra civiltà: il danaro, l'efficienza.

Gino racconta che due aerei, uno dell'ONU e uno della Croce Rossa, sono partiti vuoti per andare a prendere il loro staff a Kabul e non hanno voluto portarci lui e i suoi perché questo avrebbe messo in evidenza la contraddizione di chi evacuava, lasciando l'Afghanistan al suo destino.

8 dicembre 2001, Kabul. Giornata con il prof. Feroozy, archeologo da poco, ma caro. Visita alla sua casa, col cacatoio, la moglie svelata e gli aquiloni. « I talebani impedivano ai bambini di far volare gli aquiloni perché perdevano tempo e non studiavano il Corano.»

Nella caserma vicino all'Istituto di archeologia, in un grande spiazzo coperto ora di macerie, un ragazzino ci porta a vedere una casa in cui sono stati uccisi 120 arabi. Li hanno poi portati via con dei bulldozer. Hanno dato 100.000 afghani alla gente perché li seppellissero.

Feroozy recita nomi di scuole, ospedali, collegi che sono stati distrutti, mentre viaggiamo lungo la strada un tempo fiancheggiata da alberi. Tutto è distrutto.

9 dicembre 2001, Kabul. Alla sera faccio visita a Bernardo che domani parte. Io sono prenotato per il 19.

Bernardo è carinissimo, chiede a me che cosa voglio scrivere e in due parole riesco a fare il punto e lui non si lascia perdere l'occasione: «Tu hai colpito nel segno con quel tuo primo pezzo, hai fatto benissimo, anche tu sei vanitoso e ambizioso, ma sei riuscito benissimo a gestire tutto questo e la tua uscita dal mondo del lavoro».

Dice ancora delle belle cose per me, cita Lévi-Strauss sulla modernità che ha rovinato tutta la diversità, ma mi ricorda che in fondo anche Lévi-Strauss pensa in termini di millenni e che anche se io influenzo un po' di persone, alla fine non cambia nulla.

Gli dico che lo capisco benissimo, ma che è stata la Saskia a spingermi. E poi la cosa mi è vicina, per questo sono «sceso»: «Osama bin Laden mi ha stanato dalla mia caverna».

Ci capiamo, mi commuove che finalmente possiamo riparlarci, lo abbraccio e lui si lascia andare e dice che non gli resta che continuare a lavorare così, perché «non è bello pensare di non avere un futuro».

Parlo con Angela, carinissima e generosa. Dice che mi aspetterà.

10 dicembre 2001, Kabul. Con Abbas al cimitero sciita di Sakhi-jan. Le montagne sorgono nella nebbia in lontananza. Migliaia di tombe. Sulle colline di polvere gli occhi vuoti delle case distrutte. La terra color ocra. Nel tempio, la mano di Alì e il piede. Due cupole azzurre contro il cielo limpido azzurrissimo. Tanti passerotti e tanta miseria. Dovunque buchi di pallottole.

Con Abbas alla galleria d'arte moderna a vedere i « crimini » dei talebani. Han tolto tutti i quadri con figure umane e quelli dipinti da stranieri. Al posto di quelli c'è un cartellino con scritto « STRANIERO ». Il ministro stesso era venuto a rompere i quadri. Arriva uno col turbante a portare la chiave per aprire il deposito. È come fosse lui il ministro che ha chiuso quella stanza. I sigilli sono di solo quattro mesi fa. Donne nude davanti a specchi che riflettono i loro monti di Venere. Si capisce che fosse una sconcezza in un paese in cui tutte le donne sono velate.

L'autista, contento, racconta che hanno fatto mangiare ai talebani i nastri delle cassette. Se uno veniva colto a sentire musica finiva una settimana in prigione. Se acchiappavano una donna sola in un taxi, finivano in prigione il tassista e lei, per un mese. Gli uomini dovevano tutti avere un cappello.

Facce meravigliose della gente al mercato degli uccelli. Fanno combattere di tutto, dagli uccelli più piccoli ai cammelli. Questo tipo di lotta è ricominciata dopo i talebani. Prima c'era un mese di prigione per chi vi partecipava.

11 dicembre 2001, Kabul. Visita ad Alberto Cairo, qui da dodici anni con sei centri in tutto l'Afghanistan: « Questo paese non esiste senza la guerra. Gli USA hanno portato la guerra in questo paese senza un impegno per la pace, per pura vendetta hanno fatto la guerra. Avrebbero potuto fare vari tentativi che non fossero l'uso della violenza. La guerra è più gustosa della pace ».

15 dicembre 2001, Kabul. Un giorno dopo l'altro, tante cose viste, sentite, ma non trovo le parole per raccontare questa storia. Ho solo una grande rabbia, tristezza dentro. Parlo alcune volte con Angela, che sento vicinissima. Mi manca moltissimo.

19 dicembre 2001. Kabul-Islamabad con un volo su un aereo affittato dal Sudafrica.

Due notti a scrivere nella guesthouse accanto al Jasmine.

21 dicembre 2001, Islamabad-Delhi. Finalmente Angela e casa. Limo il pezzo che meno male è stato già scritto.

* * *

31 gennaio 2002, Binsar. Uno strano bel mese. Prima a lavorare dalla mattina alla sera nella *gompa* di Delhi per finire le *Lettere contro la guerra*, ancora con Angela a proteggermi, aiutarmi e ispirarmi.

Poi a Binsar col computer che improvvisamente, quando contavo con calma di rispondere a tante lettere, prende un orribile virus dal messaggio di un « ammiratore », diventa nero, dice: « Pensavi di essere dio » e mi muore sotto gli occhi distruggendo tutti i file e mettendo in testa a quelli che rimangono, malati e corrotti, una frasetta che riappare sempre: « Sei una merda ».

Non mi dispero, mi viene da ridere. Avrei potuto aprire quel messaggio che era lì da settimane a Kabul o, ancor peggio, a Delhi, mentre contro il tempo cercavo di scrivere le ultime righe di questo libretto a cui tengo tantissimo.

I giorni passati andando avanti e indietro da Almora sono stati stancanti. Ho dormito vestito nell'orribile e sporco Shikhar Hotel, e poi sono risalito sulla montagna per scoprire che ancora il computer non funziona a modo, e che tutta la sua, la mia memoria, è morta: le lettere scritte agli amici, alla famiglia, le note per *Un altro giro di giostra* e i miei diari di anni. Qualcosa recupererò, forse nei dischetti che penso di aver messo da parte al Contadino (quelli trovati qui sono illeggibili), ma in fondo non mi dispero.

Passo belle ore « di Pandora » con Vivek che mi aiuta a ricordare che se non si cambia dentro non si può far nulla fuori e mi frustra con la sua visione così poco distaccata e poco « saggia » dell'islam e persino della pace.

« A meno che non ci sia pace dentro di te, non hai alcun diritto di parlare di pace. »

Nel fondo ha ragione, in superficie no. Perché serve solo a giustificare l'inattività. Secondo lui – e io sono d'accordo – quel che succede è la solita lotta delle forze della luce contro le forze delle tenebre, che Bush e Osama e tutti non sono che irrilevanti strumenti, che tutto quel che accade è inevitabile e che cercare di farci qualcosa è solo « sentimentale ».

Gli dico che amo essere « sentimentale »; so che lui ha ragione, eppure io resto quel che sono: un uomo del mio tempo, un uomo nella ruota del samsara.

Le conversazioni nel sole, coi corvi che gracchiano sul grande rododendro, sono come sempre piene di humour e di belle storie.

Una, per spiegare che il Male deve stare nel mondo del Male, ma non deve essere necessariamente eliminato: un terribile serpente, Kalya, entra nello Yamuna, il grande fiume sacro nella piana di Delhi. La gente è disperata, non può più andare a fare il bagno e a prendere l'acqua. Il giovane dio Krishna viene a sapere del problema, entra nell'acqua e si mette a ballare come un matto sulla testa del serpente senza smettere, finché quest'ultimo lo implora di lasciarlo stare. Krishna gli chiede allora di andare nell'oceano: « L'oceano è abbastanza grande per accogliere il Male ».

I punti di vista. Il sole visto dalla terra sembra sorgere e tramontare, ma il sole visto da sé non sorge né tramonta ed è sempre fiammante e infuocato. Così il corpo: dal punto di vista dell'Io sembra nascere e morire, ma dal punto di vista della coscienza?

E poi, che cos'è il Male? Il *Mahabharata* è pieno di persone per bene che si schierano dalla parte del Male per loro ragioni. Bhishma ad esempio lo fa per lealtà: è buono ma non vuole tradire il suo padrone, e uccide.

Mia adorata Angelina,

sono di nuovo, per la prima volta dopo « la malattia » del computer, seduto per terra sulla mia pelle di pecora, dinanzi alle mie montagne a scrivere le prime righe a te da questo nuovo Toshiba, rinato come reincarnazione del vecchio.

Ma, come succede pare agli uomini, anche lui è tornato al mondo senza memoria, senza ricordi, ma in qualche modo mio, riconoscibile, come certo è successo con te: sapevo bene di esserti già stato vicino, anzi vicinissimo, in chi sa quale altra vita, in quale altro mondo. Animale? Vegetale? Minerale? E se tu fossi stata un cristallo infilato in una pietra e fossimo vissuti uniti così per millenni... prima di tornare tutti e due, fortunatamente nel giro di un anno, a Firenze, in questa veste umana?

Insomma, sono felicissimo e non posso non condividere con te questo primo momento della vita del mio computer rinato senza memoria, senza tutto quel che ho scritto negli ultimi tre anni, senza le lettere a te, ai figli, le note per *Un altro giro di giostra* e chi sa quale altra cosa che mi mancherà in quegli sciocchi momenti in cui pare che qualcosa possa davvero mancare: quando si ha già così tanto, specie io... te.

Allora, perché queste righe rimangano a futura memoria dei figli dei figli di Novalis, o di quelli di nostra figlia, ti scrivo delle mie ultime ore quassù, così che resti traccia della splendida vita che si faceva in questo anno 2002.

Almora era fredda, umida e triste e come ti dicevo ne scappo sempre volentieri. Ho dormito ieri sera nel bel lettone angloindiano di Richard dopo aver mangiato la solita cena vegetariana di Elisabeth accompagnata dalla conversazione sul... computer. Ho dormito ancor meglio del solito perché Richard aveva aperto una bottiglia di Old Monk che ci siamo bevucchiati con acqua calda.

Il risveglio è stato incerto a causa delle sorti del povero computer lasciato in mano a uno di questi nuovi prodotti della civiltà di Bill Gates.

Io ho avuto la fortuna che il mio era indiano, per cui ingenuo e con ancora addosso un bel senso del divino... Ha lavorato per cinque giorni almeno 14 ore al giorno e alla fine ci è riuscito. Una notte abbiamo fatto le due sul letto puzzolente dello Shikhar, dove eravamo dovuti migrare dopo che nel suo negozio la luce andava via in continuazione, azzerando tutti i lavori che stavamo facendo.

E anche lì è andata bene: ho dormito vestito, rinvoltando il guanciale nel mio scialle per evitare il puzzo di quelli che ci erano passati prima. E poi tutta la giornata lì, ripiegati su questo morticino appoggiato su delle seggiole di plastica con pezzi di fili e aggeggi come fosse davvero il paziente di un ospedale attaccato alle flebo.

Abbiamo bevuto quegli orribili *chai*, un paio di biscotti, ancora *chai* e avanti avanti, scaricare da internet, telefonate a Delhi, e la sera dei sandwich mandati caldi caldi dalla Elisabeth con dei funghetti arrivati chi sa da dove in tutto il bazar di Almora.

Stamani, accompagnato da Richard con la sua Vespa, dopo la colazione coi corvi sulla terrazza « e quel brivido nell'aria », siamo tornati nel negozietto. E lì, sul piazzale dello Shikhar Hotel, il tipo felice ha annunciato che il computer era di nuovo vivo. Ho fatto un controllo e dato l'annuncio a tutti: ero felicissimo.

Prima di lasciare Almora sono tornato, come dovevo, dal mio dentista. Dice che sto meglio, che forse c'è ancora « una piccola infezione » e che per quella ci vorranno ancora due giorni di antibiotici. Insomma, evviva l'India.

La jeep è salita senza problemi fino al Sanctuary Gate, poi la neve era alta, ma erano state mandate squadre di vecchi con pale, e attorno agli orecchi quelle sciarpe che ti piacciono tanto, a spalare per far arrivare fino in cima la tanta gente che viene a vedere la neve. E così, con qualche piccolo slittamento, siamo arrivati fino a poco prima del *mandir*.

Lì ci siamo fermati, ma le grandi strombazzate della jeep avevano già fatto arrivare da casa i due nepalesi e nel giro di pochi minuti la solita stupenda spedizione degli uomini carichi di pacchi e fagotti, scatole piene di patate, cavolfiori, mele, mandarini, agli, cipolle e banane si è messa in marcia su per la foresta, con me dietro che portavo il mio bel bastone, ben vestito con il gilet pakistano sopra la giacca fatta dal sarto ubriaco, il berretto viola di Marie Thérèse (mi sta grande e casca) e la sciarpa del bazar.

In meno di un'ora ero a casa: dal cancello avevo già urlato a Govind e quando sono entrato il fuoco era acceso.

Di questa casa devi essere gelosa, Angelina: a volte mi dà quel senso di pace che mi dai tu! Era bellissima oggi nella neve, bianchissima e intoccata, con la grande cupola-cattedrale del leccio che sta davanti.

Ho messo Govind col battipanni della M.T. a lavare nella neve la *thulma*, mi sono cambiato, scalzo nella neve gli ho dato una mano a strusciare quella bella pelle nera sulla neve perché si pulisse per accoglierti e quando i piedi cominciavano a far male sono salito, mi son messo, come fanno loro, i *pahari* – la gente delle montagne –, dei bei calzini di lana e mi son seduto nella poltrona che conosci a guardare il cielo azzurrissimo pieno di nuvole grigie e nere fra le quali faceva a nascondino un bellissimo sole.

Ho mangiato due patate lesse col burro, mi sono vestito da casa ed eccomi di nuovo seduto a pensarti, a scriverti e a invitarti formalmente a passare qualche settimana in pace, qui, sotto la bella coperta che ora è appesa sulla staccionata di legno, con dietro la sagoma del Nanda Devi.

Alle cinque sono atteso per il tè dai Datta che – essendo io la loro radio e televisione – vogliono sentire delle avventure di Almora e del computer (mi han visto sparire per due giorni senza notizie), ma prima dovevo parlare con te.

Stasera, lavoro a configurare il computer per i miei bisogni, cerco nei dischetti se trovo qualcosa di memorabile da ricordare e poi mi rimetto alle belle letture di questi tempi, soprattutto il *Dhammapada*, la raccolta dei detti di Buddha in versi messa assieme, forse, dai suoi primi allievi.

Vuoi un verso? « Non sono i capelli bianchi che fanno un saggio. » Eccomi qua.

L'altra lettura di questi tempi è lo stupendo, grande, Coomaraswamy. Pensa, un mezzo inglese-mezzo srilankese che studiò mineralogia! E a cui tutti i grandi indologi come Zimmer debbono tantissimo! Era direttore dell'Istituto di mineralogia di Colombo. Quando venne in visita in India vide le statue di Elephanta (quelle usate dai portoghesi, « portatori della grande civiltà cristiana », per fare il tiro a segno coi loro moderni fucili), quelle di Ellora, e la sua vita cambiò.

Ti ho pensata molto leggendo Coomaraswamy perché io non ho visto quelle statue e se tu volessi e avessi tempo sarebbe bello fare assieme qualche viaggio in quell'India. Potresti provare a scrivere un tuo *Giorni indiani*, a tuo modo, diverso da prima, ma un'occasione per avere un filo.

E io continuerei il mio « viaggio » di cui – come dice un grande sufi – « sono il viaggio, la meta e il viaggiatore, nient'altro che me stesso verso me stesso ».

Ah, sai di Coomaraswamy? Quando morì sapeva il greco, il latino, il persiano, l'arabo e si era messo a studiare il cinese.

Il suo *La danza di Shiva* spiega perché tanti di noi trovano qui quel che cercano dovunque e non c'è più: non l'induismo come tale, ma i semi di quella « filosofia perenne », come la chiama lui, e che era di tutta l'umanità, prima che si perdesse completamente, dico io.

Come ha ragione Vivek a vedere la Repubblica di Platone come la « repubblica interna », quella del « Sé », dove non ci può essere democrazia perché altrimenti ogni istinto vale l'altro e qualsiasi ciuco per strada può mettersi a urlare « libertà, libertà! »

Che gente quella! Ma ora? Con l'educazione che diamo ai nostri giovani – tante cose e nessuna saggezza – è come dare uno specchio ai ciechi! Meglio insegnare gandhismo nelle montagne, e, se ci pensi bene, questi miei vicini infreddoliti e puzzolenti, sporchi e tremanti, sono molto più umani di quelli che ti vedi attorno tu di questi tempi.

Ho portato da Almora anche un pacco di *shabji*, di verdure e frutta per Ambu il vaccaro, venuto a stare di casa sopra il toro matto con la moglie e tre bambini, il più piccolo dell'età di Novalis. Tu li vedessi! Sempre di corsa a giocare sui balzi, la moglie sorridente e la sera tutti a letto assieme con le vacche, appena il sole scende.

Stasera a festeggiare con un dolce di Natale avuto con lo sconto da Balbir al bazar.

Ah, dimenticavo, sempre per lasciare una traccia di questa irrepetibile India ai miei pronipoti: sono andato al bazar con la lista scritta da Govind e lì il fornitore personale di Sua Maestà Marie Thérèse è Balbir.

Nel mezzo del vecchio bazar che conosci (oh, tu vedessi quante belle cose nuove di lana ha il ragazzo in cima alla salita! Anche dei bei gilet della tua misura, di vari colori e varie fodere), mentre « namascavo » Balbir e lui « rinamascava » me a mani giunte, vedo che non parla. Gli parlo e non parla... e tira fuori un biglietto in inglese in cui è scritto « SEI SETTIMANE DI SILENZIO ».

Pensa, Ems, il bottegaio Balbir ha fatto col suo dio un qualche voto di non parlare per sei settimane! Io l'ho chiamato subito « Muni Baba », sadhu muto, ed era felicissimo, rideva e ordinava a gran gesti ai suoi due scagnozzi, che ora capiscono i suoi grugniti, quel che dovevano tirar giù dagli scaffali e fuori dalle buche nel pavimento per la mia spesa.

Anche questa è l'India che amo: un bottegaio che fa voto di silenzio! E poi Coomaraswamy e Buddha.

Allora sappimi in questa augusta compagnia, felice e con nel cuore la tua grande, meravigliosa presenza.

Ti bacio, mio amore.

t.

p.s. Vivek dice che Balbir fa il sadhu muto per scontare qualche grossa bugia che ha detto ed evitare così le conseguenze che gliene verrebbero!

1º febbraio 2002, Binsar. Una giornata splendida, dopo una notte in cui ho finalmente ritrovato il filo della lampada magica, della pace, della distanza (spero).

Giusto in tempo. Domani partiamo con Vivek verso Almora, poi per Delhi. Lui ha scelto di andarci ora, come se volesse fino all'ultimo momento mettermi in guardia sull'inutilità del mio « pellegrinaggio ». (« Niente può essere fatto ora contro le forze che si sono scatenate, di cui Osama e Bush non sono che gli strumenti, le vittime. » E contro le tentazioni dell'ego: « Vedo i giornali che parlano di Tiziano, i potenti che ti danno premi e onori ».)

Stiamo al sole al mattino e di nuovo la sera, dinanzi a uno spettacolo che il Divino Artista sembra aver messo in scena apposta per sottolineare la solennità della scelta di fondo da fare.

Una storia (dai *Racconti popolari* dell'India) sul senso di colpa, per rispondere al mio « sentimentale » pacifismo (anche Guru Govind diceva: « Quando tutti i metodi sono falliti, prendi la spada »). Un brigante, che aveva ucciso e derubato tanta gente, una volta incontra nella foresta un *sannyasin* che gli dice: « Peccato, col tuo modo di vivere hai perso il vero senso, la bellezza della vita ». Il brigante è curioso, il *sannyasin* lo porta con sé, gli fa vedere la bellezza e quello diventa sadhu. Ma il complesso di colpa per ciò che ha fatto lo perseguita. Si dice:

« È roba passata, è solo roba del mondo che passa, dell'impermanente », ma la colpa lo rode.

Una volta, in una foresta vede dei briganti in agguato ad aspettare il passaggio di un corteo nuziale per derubarlo. « Ah, questo è quel che facevo anch'io, cose del mondo, irrilevanti. Non c'è niente da fare. » Il corteo arriva, i briganti attaccano e il vecchio *sannyasin* sta a guardare senza far nulla. Finché uno dei briganti va alla lettiga, tira fuori la sposa e la vuole violentare. L'ex brigante allora entra in scena, prende una spada e ammazza tutti... e in quel momento tutti i suoi complessi di colpa gli passano.

* * *

20 maggio 2002, Binsar. Mesi di assenza da queste pagine. Tante cose accadute, fra cui il successo di *Lettere contro la guerra*, il mio pellegrinaggio attraverso l'Italia, il compleanno di Angela con Poldi e Saskia a Parigi – per caso, perché l'aereo aveva ritardo – e ora il tentativo di ritrovare la pace.

Siamo partiti dall'Italia il giorno in cui il *Corriere* annunciava il ritorno, dopo alti e bassi, ma sempre fra i primi cinque, delle *Lettere* al primo posto della classifica: un ottimo modo per staccarsi dall'angoscia del correre, dal falso senso del dovere che camuffava il gonfiarsi dell'Io.

Abbiamo passato dei giorni caldi a Delhi, poi due settimane di tranquillità, di lunghe dormite e solidarietà in questa casa, poi bei giorni a Dharamsala con Rinpoche, il pittore del mio « Buddha della medicina » e la « matta » Jane.

Angela è a Parigi e io qui sono persino incapace di trovare le parole per scrivere queste righe. Rinuncio.

A domani, con un po' di impegni, di principi, di silenzio.

21 maggio 2002, Binsar. Angela deve essere arrivata a Firenze. Mi alzo depressissimo.

Vecchi pensieri che hanno a che fare con l'inutilità di essere qui da solo, dove tutto mi pare cambiato. La casa è diventata di per sé una routine da gestire. Vivek sempre più viscerale col suo anti-islamismo.

Mi siedo per un po' al sole accanto a lui e mi accorgo che voglio evitare che mi attacchi il raffreddore che ha preso, sento il puzzo insopportabile dei suoi piedi. Anche le belle cose che dice mi paiono inutili:

« Non possiamo fare niente contro le forze che stanno trascinando il mondo ».

« Al massimo possiamo stare fuori dalla corrente », dico io.

« Anche quello è quasi impossibile », mi risponde. « Il principio che regge il mondo moderno è l'edonismo e contro quello non c'è nulla da fare. »

Parlando del mondo musulmano dice che una società che non rispetta la donna non può avere un gran futuro. Il problema della società occidentale è che il movimento femminista pretende il rispetto e quello, come l'amore, non lo si può pretendere: c'è o non c'è.

Stiamo in silenzio al sole.

« A che punto è la tua campagna per salvare l'Europa, Tiziano-ji? » comincia Vivek provocatorio.

Ogni momento sento che il nostro rapporto è incrinato dal mio andare in Afghanistan, dal mio scrivere le *Lettere*, dal mio parlare con possibile tolleranza dei musulmani.

Poi fortunatamente torna al meglio di sé, quando mi chiede della visita a Dharamsala e io dico della tristezza, del senso di perdita che ho sentito a giro con la presa di coscienza che il Tibet – che gli esuli cercano di tenere in vita – non esiste più. È diventato un prodotto di consumo per turisti occidentali in cerca neppure più di spiritualità.

Dice che anche Marco Pallis si sbagliava. È inutile cercare di salvare le tradizioni – come ad esempio stanno facendo i tibetani in esilio. Le tradizioni passano, non possono essere artificialmente conservate e l'unica cosa che vale la pena di conservare è il nocciolo di tutto, quel che non cambia perché non può cambiare.

« Ciò che viene col tempo va col tempo », e le tradizioni sono così. È inutile provarci, non serve.

Mi metto a rileggere il primo capitolo della *Giostra* e – Inshallah – a ripartire. Rileggo e mi deprimo.

22 maggio 2002, Binsar. Mi sveglio presto. Il sole si sta alzando dietro le montagne del Nepal. C'è una gran pace, anche dentro di me. Mi rimetto per la prima volta sul cuscino e faccio colazione al sole.

Il tavolino di pietra dei corvi è diventato un ristorante per tanta gente che in ordine di grandezza ha la sua priorità. Appena i corvi vanno, arrivano gli uccelli con la punta delle ali bianche, poi le formiche. Anch'io sono al centro di un grande giro e appena apro la porta del bagno, per uscire a darmi cento colpi di pettine con la testa rivolta a terra, i due corvi arrivano gridando sulla palizzata e dietro di loro le due ghiandaie.

Alla BBC rumori di guerra fra India e Pakistan. Il mio vicino di casa, Arun Singh, ritiratosi qui da ministro della Difesa di Rajiv Gandhi, viene chiamato al telefono di Vivek perché vada a Delhi a consigliare il ministro degli Esteri. Passiamo due ore al sole con Vivek e lui.

Vivek sostiene che la guerra è inevitabile, che non c'è creazione senza distruzione, che non bisogna essere schizzinosi dinanzi alla violenza altrui, dinanzi alla mentalità banditesca dei terroristi e che non ci sono compromessi con l'islam: l'islam deve finire, meglio se dal di dentro.

Arun vede l'orrore della guerra, considera la possibilità di intere città distrutte, vaste regioni del paese colpite dall'impatto nucleare e rese inutilizzabili per decenni. Si accorge che i pakistani giocano a fare gli « irrazionali » e che forse finiranno per crederci; pensa che la mentalità della *jihad* ha pervaso la casta militare e che ci sono eventi, come l'attacco alle residenze dei familiari dei soldati in Kashmir e domani l'assassinio di qualche personalità indiana, magari lo stesso primo ministro, che non potranno restare senza risposta. La guerra non risolve il problema, ma in certe circostanze è inevitabile.

Io sostengo la necessità che la guerra sia da evitare e che l'India, l'ultima grande cultura del mondo, debba trovare un modo nuovo, fuori dagli schemi del passato, per fare un gesto eclatante che prenda tutti alla sprovvista e crei nuove condizioni (dichiarando la libertà del Kashmir, ad esempio).

Arun è convinto che gli USA sono bloccati. Bush sa che se fa qualcosa contro il Pakistan, gli USA rischiano di avere Osama bin Laden con armi nucleari e chimiche alle porte. Da qui i nuovi avvertimenti di Rumsfeld a proposito di attacchi terroristici a New York.

25 maggio 2002, Binsar. Giorni confusi e vuoti.

Arun Singh è ripartito per Delhi, chiamato da decine di telefonate del ministro degli Esteri che vuole i suoi consigli sul fare o non fare la guerra al Pakistan.

Gli scrivo due righe ricordandogli che quelli come noi che han preso distanza dal mondo hanno il compito di proporre modi nuovi di vedere i problemi. Gli ricordo la frase di Gandhi sul non dover ripetere la «vecchia storia».

Vivek è duro e aggressivo con me. «Allora, come va la tua crociata per salvare l'Europa? Dov'è la seconda fase della tua crociata?» Secondo lui mi sto solo riempiendo il sacco di sassi inutili. «Attieniti a una cosa sola, scava in un punto solo. Hai avuto un bagliore? Sei convinto che esiste un sentiero? Se lo sei, stacci.»

Ma sono davvero convinto?

Il tempo varia da un'ora all'altra. I grandi incendi nella foresta che affumicavano l'aria sono finiti ieri in un turbine di pioggia e grandine. Ho passato il pomeriggio a leggere una biografia di Gurdjieff.

27 maggio 2002, Binsar. Ho il fiato corto, forse colpa della grande nebbia che avvolge la casa e nella quale vado a camminare all'alba dopo un sonno di nove ore.

Viene Vivek con il suo «vaso di Pandora», ora tutto diretto contro di me.

«Hai due vie dinanzi, come queste due lame», dice usando le forbici con cui taglia il tabacco della sigaretta che ci fumiamo. «Tutte e due sono difficili: una è quella di rinunciare a tutto quel che fai, il successo, i ritagli di giornale che hai conservato – *puff! puff!* – niente, non valgono niente, non l'hai capito? E servire Lui, mettersi a sua disposizione. Oppure continuare a servire il tuo Io credendo che anche la parte migliore di quello sia il tuo Sé superiore.

«Il cancro ti aveva aiutato a prendere distanza, ma con l'11 settembre sei tornato ad agitarti, e hai presentato la tua agitazione al mondo e hai avuto per questo i tuoi applausi. E con ciò? Tutti ci siamo agitati in un modo o nell'altro con l'11 settembre, ma allora? Basta che qualcuno venga fucilato e tu ti agiti e corri. Osama bin Laden? Ci sono stati decine di migliaia di Osama bin Laden prima di questo e ce ne saranno decine di migliaia dopo, ma tu che puoi farci?»

«Il trucco della candela è una droga», dico io.

«Certo, ne ero sicuro. Ricomincia, lascia i pensieri correre e tieni la mente ferma sulla luce come la mente dello yogi che non si lascia agitare da nessun vento. Ricomincia da lì. Servi Lui e non te. Tu puoi credere di aver acceso qualche lampada andando in giro a parlare delle cose che credi di aver capito, ma sei sicuro che la tua lampada sia accesa? E se la tua non è accesa come puoi pensare di accendere quella degli altri?» E schianta in una grande risata.

A proposito dell'essere «predestinato», parla del suo amico filosofo Daya che continua a scrivere perché questo è il suo «destino». Poi cita, riferendosi a Daya, uno dei distici scritti da un suo amico: «Ha passato tutta la vita a vivere, e non gli resta nulla. Ha passato tutta la vita a scrivere, e la pagina è bianca». E ride.

3 giugno 2002, Binsar.

Mia adorata Angelina,

sono stanco, ma anche così felice che prima di andare nella mia *thulma* debbo sedermi due minuti a dirti che è stato bello trovare tutti i tuoi messaggi, parlarti e ora sapere che col vecchio fax che troverai al tuo ritorno siamo di nuovo «in pari».

Ho con me gli stampati di tutti i messaggi che rileggerò andando a letto.

Sui programmi. Io starei, se riesco, volentieri qui fino alla fine di luglio. Questo potrebbe voler dire: agosto a Orsigna, 11 settembre a Parigi o Amburgo, verso il 20 in America e poi... ad Haiti, se nel frattempo non siamo morti, se l'India non ha sganciato una bomba sul Pakistan, se io non mi son buttato dal burrone perché non riesco a scrivere, e se una farfalla non è stata messa sotto da un camion in Amazzonia – il che scatenerebbe il crollo della borsa a Tokyo e un ciclone in Irlanda!

Belle le storie dei miei lettori farmacisti e calzolai di Porta Romana. Bellissimo che ti sia piaciuta la nuova edizione dei tuoi *Giorni*. Ancor più piacere mi fa che tu non ne sia imbarazzata, ma quasi orgogliosa. Io non ho mai scherzato quando – dopo che erano stati pubblicati e non quando mi facevo venire le resipole per una virgola o una parola storta – dicevo che alla lunga quelli valgono molto più dei miei perché raccontano una realtà molto più duratura nell'interesse di chi legge oggi o fra cento anni. Sono davvero contento che Stefano Res abbia fatto un così bel lavoro.

Mi raccomando l'edizione francese delle *Lettere* (ci tengo moltissimo), non fare la moglie modesta (anzi, tu ti puoi permettere quel che per me sarebbe più imbarazzante). Parla con quella che fa il libro, dille che hai visto che i giornali francesi hanno avuto il coraggio di scrivere quel che pensano della « puzzona » e che avrà certo notato che le *Lettere* sono anti-Fallaci e che questa è una carta che debbono giocare.

Insomma, se la farfalla non viene messa sotto il camion... ne vedremo delle belle. E ora, felice di questo sgangherato sproloquio, mentre tu sei a Milano, forse alla Longanesi, ti abbraccio e vado di corsa... a letto!

Il cielo è terso e la foresta immobile. Non c'è un filo di vento. Solo delle falene che credendomi Mahakala, il Tempo, quello con la bocca sempre aperta, anche sopra le architravi di Angkor, si buttano a capofitto contro i vetri delle mie finestre, sperando di bruciarsi nella bella luce della lampada a petrolio, al lume della quale ti ho scritto e ora ti bacio...

Ciao, Ems.

t.

10 giugno 2002, Binsar. Durante la notte, lotta accanita delle piattole contro di me. Mi sveglio, mi cospargo di Dettol, mi riaddormento.

11 giugno 2002, Binsar. Dormo nella mia stanza per evitare le pulci. Sono pieno di cocciole.

Vado a letto alle 8 e mezzo, ma mezz'ora dopo sento un grande urlo nel buio. Gli uomini battono con i mestoli sulle pentole, accendono dei falò, urlano, escono con le pile. «*Baagh! Baagh!*», «Pantera! Pantera!» Dopo mezz'ora le tenebre si rimangiano tutto.

Vado dai Datta. Si parla di Bush, di Saddam Hussein, e io perdo le staffe, urlo, mi eccito, dico quel che penso e concludo: «Perfino voi state sulle spalle di gente che, pur col poco che sa, garantisce che i treni funzionino, che l'acqua venga pompata nei tubi ecc.».

Vivek si alza, si mette sulla veranda ad aspettarmi perché non vuole che M.T. continui a seguire la nostra conversazione.

«Ti do un consiglio. Non sei sul 'sentiero' e penso che non lo sarai mai. E perché? Per tre ragioni: una è che vivi ancora molto nella consapevolezza di quelle cose; poi hai paura, giri intorno al problema principale, ma non hai il coraggio di affrontarlo, perché sei un vigliacco, sei un vigliacco e sai che se affrontassi quel problema, se andassi al nocciolo e smettessi di girargli attorno rischieresti che tutte le piccole certezze che ti sono tanto care finiscano in fumo: la tua vita familiare sarebbe distrutta. E terzo... quello lo devi scoprire da te.»

«Sì, il mio grande ego, lo so.» E dentro di me credo che non sono un vigliacco, ma che su quel suo «sentiero» non ci vado perché non mi piace il modo in cui ci vedo lui e quelli come lui.

Sorrido, arriva M.T. e parliamo d'altro. Mi viene dato un libro di Huxley, *La scimmia e l'essenza*, e sono invitato a pranzo.

12 giugno 2002, Binsar. Notte dura, pulci, il vento e tanti pensieri. Domani finalmente scendo ad Almora a parlare con Angela, a decidere le mille cose della vita e la sorte di questo libretto-librino-libraccio che vorrei tanto togliermi dai piedi.

M.T. e Pierre giocano a carte, Vivek e io sulla veranda nella incredibile luce viola-arancione del tramonto. Storie e storie che gli vengono serenamente alla memoria.

Racconta di una volta che a un concerto improvvisamente sentì che il musicista, la musica, il compositore, lui e tutto il pubblico erano diventati «uno». Parla di Henry Moore dicendo che era un genio perché aveva un rapporto con la pietra e la sentiva. Perché noi mettiamo un dito sulla pietra e la sentiamo e ne abbiamo un'esperienza che viene trasmessa dai sensi al cervello e già questa esperienza è parziale. Ma qual è l'esperienza della pietra? Forse Moore sentiva anche quella. Da qui la sua grandezza.

14 giugno 2002, Almora. Scendo ad Almora con Vivek. Nella foresta, camminando, ritorna sui temi degli ultimi giorni.

« Tu non sei sul sentiero e non lo sarai mai, perché sei un vigliacco e ci vuole coraggio. »

Cammina col suo bastone e penso che vorrebbe tirarmelo sulle spalle. Anch'io ho il mio e penso che glielo sbatterei in testa. Mi controllo. Non ho più voglia di parlargli. Mi resta una simpatia umana, una gratitudine per le belle cose che ha detto.

Sono felicissimo di lasciarlo a casa della figlia e di andare a stare nel « lusso » del Deodars.

Parlo meravigliosamente con Angela. Ceno al lume di candela nella terrazza protesa sul vuoto del mondo con Stefano, Mina e il figlio.

15 giugno 2002, Binsar, sotto la pioggia. Godo del silenzio.

16 giugno 2002. Torna Vivek. Mi sono imposto di non parlare più di politica, ma lui attacca, non so come, sulla pena di morte.

« La vita non è un valore di per sé. Uccidere uno stupratore è fargli un piacere. Lo si fa non per vendetta, ma per compassione. Voi siete dei sentimentali. L'Europa ha perso la sua forza, la sua volontà... siete una società debole. »

Sorrido e taccio. Ho solo voglia di scappare. Siamo davvero alla fine di una relazione.

Possibile che tutto torni a zero?

Forse dovrei partire, ma non so dove andare.

Firenze è invasa di gente. Orsigna anche. Non mi resta che rimanere qui e cercare di scrivere. Leggo *La scimmia e l'essenza.* Mi distraggo, evito ancora di scrivere.

Ho paura forse di non essere più là dove credevo di essere arrivato venendo quassù e che ora tutto suoni rotto e falso.

O forse devo proprio per questo tornare a me stesso, alla mia sincerità non libresca, non presa in prestito, ma sentita.

18 giugno 2002, Binsar. Finalmente, forse perché la tensione fra India e Pakistan è scesa, riesco, pur con cautela, a parlare con Vivek.

È convinto che io stia ancora costruendo il mio ego, ironizza sul mio diventare una « figura di culto ».

« Lo sono già », rispondo io, « ma per questo scappo e vengo a Binsar. »

Ma dice due cose interessanti. La prima è che l'Oriente ha capito che se non si cambia l'uomo dentro, il mondo fuori non cambierà mai. Ed è per questo che è inutile cercare di cambiare la società. Infatti in questo l'Occidente è fallito.

« Anche l'Oriente è fallito », dico io, « guardati attorno. Non vuol che essere come l'Occidente, tutto è miseria e la gente muore di fame e non ha acqua da bere. »

La seconda è che la vita non è un valore in sé: « La vita nutre la vita. Spetta a te dare un valore alla tua esistenza. La vita non è sacra, sei tu a renderla tale. Non ha senso questa idea sentimentale che la vita abbia valore in sé ».

Cita un detto persiano: « Dio volle dare le ali all'uomo e dovette rompergli le gambe ». E poi aggiunge: « Vedi che stai ancora gonfiando il tuo Ego e ti senti bene... Sarà meglio che io non lo distrugga perché il puzzo arriverebbe fino in Europa.

« Tuttavia, sotto il puzzo vi è una fragranza che raggiungerà i cieli ».

Credo che abbia la tentazione di farlo, e io sarei curioso di vedere cosa succederebbe.

19 giugno 2002, Binsar. Vivere qui diventa sempre più difficile e per la prima volta penso che alla fine di quest'anno potrei non rinnovare il contratto e non venire mai più.

Arriva Ambu con le storie dell'incendio che sale dalla pianura, Vivek dice qualcosa, dà degli ordini e la M.T. lo contraddice, lo zittisce, lo critica.

Sento che i suoi attacchi non mi toccano. Torno sempre più a essere quel che sono, anche grato delle cose che credo di aver avuto da lui, ma sono così fiorentino, così restio ad «arrendermi» in qualsiasi modo a chiunque. E lui parla del guru, del fatto che solo quando si è pronti lo si incontra. Tutte cose che so, che mi interessano, mi incuriosiscono, che in qualche modo cambiano anche la mia vita, ma non tanto da metterla in mano a qualcun altro.

«Vai avanti, allora... Con i tuoi discorsi influenzerai un po' di persone, per un'ora saranno consolate, soddisfatte, poi andranno a giocare a carte al club. Non rinunceranno neppure a un caffè per la causa, per combattere contro la scimmia... E la scimmia nell'uomo è forte, ben organizzata.»

Torna a dire che la cosa importante è sapere cosa è reale e cosa non lo è. E trovare dentro di sé quel tutto che riflette le parti. Ricorda che in ognuno di noi ci sono tante parti e poi la frase di Uspenskij che di Gurdjieff disse: «Ci sono due lati in lui: il bene e il male. E quando si combattono è pericoloso anche essergli fisicamente vicino».

Torno a casa senza più il mattone della colazione sullo stomaco, ma con quello di queste conversazioni. Ho solo voglia di scrivere il mio libro, ma penso che potrei anche impacchettare tutto e andarmene.

20 giugno 2002, Binsar. All'una, quando ho finito di mangiare degli spaghetti fatti in fretta con rosmarino secco e due foglie di salvia rubate ai vasi di M.T., vedo arrivare lemmi lemmi Mina e il suo «pittore» Eric. Debbo essere gentile, fare altri velocissimi spaghetti e due ore di conversazione.

L'unica cosa interessante che ne tiro fuori è che lunedì e martedì, a causa di un qualche allineamento delle costellazioni, tutti sono stati male o depressi: Eric stava per fare le valigie e lasciare la famiglia, a scuola il figlio ha preso due schiaffi dalla maestra indiana, tutti sul Crinale erano incazzati e depressi. Anch'io, come so.

Eric mi chiede di che giorno sono... ah, a metà della Vergine: nell'astrologia celtica il mio simbolo è il corvo, come quelli che ci volano sopra la testa. Una volta eravamo bianchi e il re ci aveva messi a guardia della sua regina, che era bellissima, mentre lui era andato in guerra. Lei si era fatta sedurre da un principe e, quando il re è tornato, noi corvi, non volendo tradire la bella regina, alla domanda: « Chi è stato? » siamo rimasti zitti. E così siamo stati condannati a essere neri, a essere sempre in mezzo al chiasso, al gracchiare, ma col sogno di isolarci, di andare via dalla folla e tornare a essere bianchi, spirituali. Io??? Forse. Ho solo voglia che se ne vadano. Col passare del tempo, anche perché ho fatto due tiri dalle loro « canne », divento sempre più silenzioso e distante. Capiscono, e alle tre se ne vanno accompagnati da me fino alla fonte.

Torno a casa e mi butto a letto.

22 giugno 2002, Almora. Parlo a lungo con Angela, con Novi che urla « nonno ». Ricevo un messaggio di Folco, carinissimo e lontanissimo. Torno a Binsar deciso a stare ancora per un mese senza muovermi e cercando di portare più avanti possibile questo libretto-libraccio-libruccio.

23 giugno 2002, Binsar. Pomeriggio. Vivek passa a trovarmi. Non c'è tensione, anzi un tentativo di riconciliazione. Gli parlo del mio libro, della necessità di togliermelo di culo.

« Quante pagine hai scritto? Circa 150? È sufficiente, voglio dire, potrebbe non esserci una fine. Ok, finiscilo. Ma stai attento al problema dell'Io. Tu non vuoi diventare un fenomeno di culto. Chissà quale culto, poi... » e così si ride.

Poi parla nuovamente di compassione e giustizia. *Ahimsa* vuol dire non fare del male inutilmente. Non vuole affatto dire « non uccidere ». Questo è il senso della *Gita*, questo è il senso di tutta la storia indiana che è piena di uccisioni a cominciare dai miti: Shiva uccide, Vishnu uccide. Gli dei uccidono.

C'era una volta un terribile demonio che aveva per giunta ricevuto un dono: ogni goccia del suo sangue che fosse caduta sulla terra avrebbe fatto nascere un nuovo demone come lui. E così era diventato potentissimo e nessuno poteva nulla contro di lui perché ucciderlo avrebbe fatto rovesciare tanto sangue.

Allora Shiva va e col tridente (*trishul*) lo infila dal basso e *zum!* lo porta verso il sole che secca il suo sangue e così nessuna goccia cade sulla terra. La scena è rappresentata a Ellora.

24 giugno 2002, Binsar. Il monsone! Il monsone? Sono stato svegliato dalla pioggia. Sono andato a fare una passeggiata appena si è fermata e son tornato con la barba fradicia di umidità. È piovuto per ore, poi nel mezzo del pomeriggio tutto il mondo si è schiarito, sono comparse le montagne e le onde di altre montagne e colline. Bellissimo. Tanti uccelli nuovi sono arrivati.

Scrivo alle otto del mattino al mio tavolino, al lume di due lampade a petrolio.

Con Vivek c'è di nuovo una bella atmosfera e con la scusa di celebrare le montagne che si vedono chiede a M.T. di tirare fuori la bottiglia di Porto. A lei va di traverso, a noi no! Per scherzo, quando l'ho visto comparire sulla porta, mi sono buttato a toccargli i piedi. E rideva.

La luna è piena ed esco nella notte pensando ad Angela che la guarda – la stessa luna – da San Carlo.

28 giugno 2002, Binsar. Alle cinque viene Vivek a trovarmi. Ci ha pensato su tanto: non vale la pena navigare con due barche, non si può fare una cosa con solo mezzo cuore, allora che mi impegni in questa storia a cui tengo, che vada in Europa, che prenda i premi, che faccia discorsi.

« Fai uso di tutte le abilità che hai imparato nella vita, usa tutti i trucchi che conosci per dire le cose che vuoi dire e metti i tuoi valori nei cuori. Ma non credere di star parlando dei valori 'veri'. »

Mi fa piacere. Ho l'impressione che la riconciliazione serva anche a lui.

Alle sette vado a fare una passeggiata al muro rotto e ho uno dei più bei regali del Divino Artista: a una curva del sentiero è come se mi si parasse davanti una colata d'oro che viene dall'infinito. Una grande nuvola assolutamente nera è alta nel cielo, il sole è dietro che scende e manda una luce incredibile, arancione e oro, sulla distesa delle colline. Le più vicine sono d'oro, le vette degli alberi oro. Come un velo d'oro, oro dovunque. Dura pochi secondi, poi la nuvola si sposta e tutto torna azzurro e grigio. Stupendo!

30 giugno 2002, Binsar. Ieri sera nell'ultima luce è venuta a bussare ai miei vetri Radha, la vaccara del *mandir*: l'ultima tentazione di Cristo?

Lei mi porta una bottiglia di plastica con del latte che la mattina è già cagliato. Le do cento rupie, un gran sorriso, una scatola di cioccolata e il consiglio di correre per evitare il buio e la pantera.

Resta un puzzo di vacche e un'inconsapevole... tentazione.

2 luglio 2002, Binsar. L'ora del vaso di Pandora. Uno può vedere il sesso dal punto di vista della « bramosia » (punto di vista del Sé inferiore) o da quello dell'« unità » (punto di vista del Sé superiore). Non sono distinti. I due punti di vista sono tutti e due lì. Sono assieme, mescolati, intrecciati. Il Sé inferiore e il Sé superiore non sono come dei cassetti alti e bassi di un armadio. Sono tutti e due in noi.

4 luglio 2002, Binsar. Breve visita ai Datta per organizzare arrivo e spedizione di cose. Si parla di nuovo delle « notizie » e io debbo di nuovo trattenermi, fare conversazione, essere diplomatico quando l'argomento torna a essere i musulmani in India, il fatto che son solo loro ad avere armi, che in Gujarat ecc.

Penso alla foto di Vivek col corvo sulla testa: il mio guru?

Quale dei due?

Ma l'ha detto lui stesso: il vero maestro è dentro di te! Ormai cerco quello: il viaggio qui è finito.

Debbo solo ancora scriverne e poi diventerà un bel posto tranquillo nell'Himalaya, come uno sulla costa siciliana.

Solo più lontano?

6 luglio 2002, Binsar. Vivek si ammala. Lo sento tossire forte nella sua stanza sotto la foto dello *swami* Sathyananda. Per un attimo ho un senso di colpa. Ho contribuito a farlo sentire solo? Tradito?

Nel pomeriggio la figlia porta il dottor Ashwani e la moglie a vederlo. Lui mi pare un seguace di Osho, lei una un po' matterella, in cerca di se stessa. Lui mi parla di un libro, poi una bella citazione di Osho: « La religione è per chi ha paura dell'inferno; la spiritualità per chi ci è già stato ».

8 luglio 2002, Binsar. Il solito topo mi sveglia alle quattro perché vada alla lampada.

Visito Vivek a letto: ricapitolo vecchie storie per essere certo.

La libertà cos'è? La libertà è quella dell'amore, legati da un legame che non lega (Ramprasad Sen, XVIII secolo, bengalese).

10 luglio 2002, Binsar. Credevo di aver fatto pari e ho accettato di andare a pranzo per mangiare il cuscus dai Datta e mal me ne incolse. C'è in Vivek una rabbia repressa che gli viene fuori da tutti i pori. Forse è gelosia, delusione nel sentirmi sfuggire, nel sentirmi quel che sono: un viaggiatore che camaleonticamente si fa del colore delle cose attorno, e le cose attorno (in questo caso la persona) pensano sia convertito. Non lo sono. Non lo sono mai a nulla.

Se questo volesse dire essere « giornalista », lo accetterei, ma per lui giornalista vuol dire non capire: « È stato per due settimane in Afghanistan dopo la guerra e crede d'esserne un esperto... » dice sbattendo la porta ed entrando in casa per poi tornare e aggiungere: « Cosa vale di più, un falegname competente o un giornalista incompetente? Eppure i giornalisti credono d'essere più importanti ».

Per lui il suo punto di vista è la verità (gli faccio notare che il suo punto di vista è a volte troppo indiano per capire la complessità dei problemi di oggi). Per lui la lotta è fra l'islam e il resto del mondo, e l'unica soluzione è la violenza contro la violenza. Poi si corregge e parla di « giustizia contro la barbarie ».

Mi controllo, ma i pensieri che ora – mezz'ora dopo – mi frullano in testa sono questi (importanti, secondo me da registrare): questo è diventato solo un posto di vacanza, il valore aggiunto che ci avevo trovato all'inizio è scomparso. La ragione per cui non riesco a scrivere la parte su Binsar è che niente resta quel che è, non posso fermare il tempo. Il mio essere qui, ora, a cercare di scrivere, fa continuare la storia e le dà l'ultimo capitolo, il più vero: non ci sono scorciatoie, tanto meno quella di un guru che ti apre la via.

Questo è un aspetto che varrà la pena di sottolineare, anche per mettere in guardia futuri giovani viaggiatori dal restare intrappolati da questa idea che « c'è bisogno di uno che fa luce ». Che la faccia, ma poi tocca a noi giudicare, valutare, fare la nostra esperienza.

Vivek mi ha aiutato moltissimo, ma non perché, come dice lui, « avevo paura di morire e allora mi ero ritirato dal mondo », ma perché mi ha fatto vedere le cose da un altro punto di vista nel quale ho trovato conforto, forza e ispirazione per mettere a punto un mio modo di vedere la mia vita. Non per comprare a scatola chiusa un pacchetto di idee che – a essere cattivo – non vedo funzionare bene neppure col suo rivenditore.

È triste, ma è così, e non sarei onesto se non lo ammettessi.

Nel pomeriggio, quando ho già tutto chiuso e mi appresto alla più bella parte del giorno, senza più servi, o rumori, sento qualcuno che aggeggia alla porta. È Vivek che fa la sua prima passeggiata da convalescente e, mandato da M.T., viene a scusarsi « abbondantemente » (dice lui) per le cose che ha detto e che secondo M.T. avrebbero potuto anche offendermi. Gli dico che non mi sono affatto offeso, anzi trovo divertente che io gli permetta di dirmi cose che non permetterei impunemente a nessun altro. Lo riaccompagno fino alla sua porta.

Cammina a fatica, ansima, ha fatto uno sforzo a venire fin qui e mi preoccupa il vento freddo che comincia a soffiare.

Insomma, ancora una volta « pari », ma io da qui son già « ripartito »: un'altra tappa. So che ho imparato moltissimo. Specie a essere quel che son sempre stato: uno di Monticelli.

11 luglio 2002, Binsar. Stranissimo. È un giorno fiacco, non piove, sono stanco e un po' confuso, non contento del libro, incerto, e arrivano tre pagine dall'altra parte della collina: il dottor Ashwani mi scrive quanto importante per lui è stato incontrarmi, come è rimasto impressionato dal mio modo di aver preso la malattia e mi incoraggia a scriverne. Ovviamente mi invita anche a cena e io gli rispondo dicendo: « No. Grazie ».

Mi rimetto a scrivere.

Per essere carino nel pomeriggio vado a salutare i due vecchi e Vivek di nuovo mi attacca:

« Allora, l'hai finito il libro? »

« Se tu ne avessi scritto uno sapresti che non è così facile come credi. »

« Sì, ma non serve a nulla... » La M.T. va a prendere qualcosa e lui aggiunge: « Sai, credevo davvero che avessi staccato, che avessi preso distanza dal mondo, invece vedo che ci sei sempre dentro ».

Mi freno dal dirgli che non capisco come faccia lui, che predica il non-giudicare, a giudicare me, lui, che dice di doversi staccare dai desideri, a desiderare che io mi stacchi dal mondo. Saranno cazzi miei?

Gentile, me ne vado a fare una passeggiata. Sempre di più sono chi sono.

13 luglio 2002, Binsar. Due bellissimi, rincuoranti messaggi di Angela. Quello è il mio vero centro sulla mia terra.

16 luglio 2002, Binsar. Domenica sono venuti Stefano, il medico, Jonathan, il pittore (bravo) di batik, e una ex bella ragazza indiana ex Osho. Mi nascondo, ma loro si piazzano in giardino ad « aspettarmi » e non mi resta che fingere di aver dormito e fare gli spaghetti che durano fino alle 5.

Racconto questo ai Datta passando da loro prima di andare a correre e loro mi attaccano per i miei rapporti con gli « hippy ».

« Mandali a me che li raddrizzo io », dice Vivek che in fondo è geloso che vengano da me... « Ho due cose da dirti su *Ticiano*... » dice a M.T. con una grande risata e io scappo via a correre e a cercare di togliermi dalla testa (senza successo) il loro peso.

La sera alle sei passo di nuovo perché so che soffrono, e infatti sono carinissimi, prendono una bottiglia di whisky. Non ci sono servi, mi invitano a dividere una zuppa di cui farei volentieri a meno, ma mi pare che con questo e col fare loro delle banane *flambées* faccio pari e posso partire. Parlando penso che, adesso che ho fatto pari, son tornato alla situazione in cui ho ancora da imparare da lui e non da difendermi.

17 luglio 2002, Binsar. Lavoro. Il tempo è bellissimo, nebbie e nuvole.

Il topo ormai abitava nell'armadio dei piatti e delle riserve e abbiamo dovuto cementare tutti i buchi da cui entrava (abbiamo dimenticato di mettere dei piccoli vetri nel cemento, come suggeriva la M.T.). Il topo entra in un sacco di plastica e allora io lo porto lontano nella foresta. Mi guarda e salta via. Non ho potuto dipingergli la coda di verde per vedere se torna. Ma mi ha fatto piacere non ucciderlo come mi fa piacere prendere le mosche disperate in un fazzoletto di carta e farle uscire dall'unica finestra che non ha una rete.

Vado a trovare i due vecchi, ora molto più calmi, e mi sottopongo persino a una partita di ramino... che vinco: la fortuna del principiante.

21 luglio 2002, Binsar. Da un paio di giorni il cielo è coperto e non un raggio di sole cade sui pannelli solari. E presto anche il computer diventa inutilizzabile. Un'ottima scusa per far posto al desiderio di partire. Anticipo di qualche giorno e stasera vado per un drink e cena dai due vecchi: carini e gentili.

Lui dice che è stato duro con me, ma che l'amicizia si è approfondita.

So che non è quello che pensa, ma è corretto, si fa pari. Io sono affezionato a lui, ma in qualche modo – magari persino in un modo mio che non mi piace affatto – l'ho sfruttato, l'ho succhiato e ora ne faccio a meno. Ancora un giornalista sono? No. Sono profondamente restio all'essere in qualsiasi forma soggiogato.

Vivek è come al solito meraviglioso e stasera esce con questa splendida conclusione: due libri hanno segnato il destino della civiltà indiana. L'*Arthaśastra* di Chanakya e il *Kamasutra*. L'uno, il Machiavelli indiano, ha rotto la tradizione del *dharma*, e l'altro ha fatto della donna un oggetto di piacere.

Torno a casa al buio in una bellissima serata ventosa, ma dentro ho una grande magia: quella di partire e tornare a seguire quel filo di seta col quale ho scelto di legarmi, Angela.

22 luglio 2002, Binsar, all'alba. Ho dormito male in una continua tempesta di vento che sbatte le finestre di vetro e con sogni di stare con Poldi e con delle donne che desidero.

Faccio gli ultimi pacchi e scrivo le ultime note dopo aver letto nella notte Gurdjieff, raccontato da Uspenskij, sulle ottave interiori della musica oggettiva. Sono felicissimo dell'ora-qui e del dopo-là.

Parto col cuore leggero, carico di voglia di finire questo *Giro di giostra* e con le parole di Vivek che è sempre la stessa giostra e che bisogna forse salire su un'altra e penso che ne avrò l'occasione a New York con gli « indovini ».

Sorge col sole anche il pensiero di una nuova possibile chemioterapia e l'idea della compagna morte. Dov'è la mia Samarcanda? Meglio non correrci, ma aspettare a piè fermo...

In cammino!

* * *

25 dicembre 2002, Natale a Binsar. Una lunga storia... di silenzio.

Avevo scritto le ultime righe in questa « scatola » del diario a luglio, lasciando questo splendido isolamento per tornare, controvoglia, nel mondo.

E ora, di nuovo qui, « a casa », raccolgo le fila di tutto quel che in silenzio – perché non sono riuscito a trovare una parola – è successo in questi lunghi, quasi inutili mesi pieni di cose, di persone, di avvenimenti, di « storia » che in fondo in me non lascia più traccia: il coinvolgimento col movimento per la pace, la visita a New York cominciata con l'interrogatorio all'Immigrazione, una notizia peggio dell'altra ai miei test, finita con 52 punti in pancia per un'operazione che doveva togliermi lo stomaco, ormai invaso dal nuovo cancro, e che ha invece lasciato tutto così com'era, visto che le metastasi erano ormai anche al fegato.

La decisione di non fare la chemioterapia suggerita, il tornare in Italia, deciso a vivere in pace quel che mi resta, le ultime apparizioni pubbliche, prima alla libreria Edison a presentare il librino *Regaliamoci la Pace*, poi il 10 dicembre alla grande fiaccolata per la pace a Firenze, il primo e ultimo comizio in piazza Santo Spirito e la partenza leggera, con Angela meravigliosa e feritissima dalla mia sorte (è sempre più facile essere protagonisti che spettatori, lo riconosco), per l'India dalla quale penso potrei anche non tornare.

Comincia forse il periodo più bello della nostra vita.

Forse solo perché so che debbo morire a breve termine (un medico ha detto: « Se lei tra un anno è ancora a spasso, per la medicina sarà un caso storico »), la morte mi pare una nuova, interessante avventura.

Un viaggio. Qualcosa di cui mi pare di essere curioso come quel monaco mongolo che voleva solo vedere cosa veniva... dopo.

30 dicembre 2002, Binsar. Stupende giornate al sole e quiete notti sotto due *thulma*. Una gioia continua la presenza di Angela, che dopo giorni di batticuori, dovuti all'altitudine, è ora in armonia con questo mondo. Passiamo ore a godere degli uccelli che affollano il nostro grande leccio e si contendono le bacche di un albero appena fuori dal recinto. Ore distesi sul coltrone al sole, per pranzare e sonnecchiare. Ore alle grandi finestre a godere dei mutevoli, coloratissimi tramonti.

Vivek viene da me per la sua ora del vaso di Pandora e Angela ne approfitta per andare a trovare la *memsahib*, la signora della casa alta.

Vivek pensa che voglio scrivere un libro per quella che ritiene l'unica ragione per cui si possono scrivere i libri, oltre che per migliorare se stessi: « Fare dei soldi ».

Per dopo però ha un progetto: scrivere un dialogo sui « nuovi barbari ». Quattro o cinque personaggi fra cui un uomo colto, uno scienziato, un esteta, un sociologo (uno che studia la società solo dal di fuori, mai dal di dentro) che discutono a Binsar – *Il Dialogo di Binsar*, potremmo permetterci di chiamarlo, perché tanto uscirà che saremo tutti e due morti – sul « nuovo barbaro », l'uomo commerciale. La guerra attuale è fra i barbari vecchi e quelli nuovi. Avendo le religioni perso il loro spirito, i sistemi rimasti sono o repressivi (islam) o praticamente inutili (cristianesimo). Prima o poi lo Spirito inventerà una nuova religione.

Io gli racconto la storia del ranocchio parlante e Vivek propone un'altra soluzione: l'uomo dà un bacio al ranocchio, quello diventa una bellissima donna, ma è lui allora a diventare un ranocchio.

E ridiamo, ridiamo nel meraviglioso sole himalayano di uno stupendo dicembre.

31 dicembre 2002, Binsar. Una grande, silenziosa nevicata ci blocca a casa. Comincia all'alba e non smette per tutta la giornata. Pranziamo per terra davanti alla stufa. Prendiamo il tè coi Datta e andiamo a letto alle nove. Tutto è meravigliosamente bianco, calmo e silenzioso.

1º gennaio 2003, Binsar. Dopo la bellissima nevicata di fine anno, di nuovo un bel sole e l'alba con le creste delle montagne come ritagli di carta nel cielo arancione, viola, dorato.

Si esce con la neve in certi punti fino ai ginocchi. Ballo a piedi nudi sui tappeti tibetani distesi sulla neve e li metto ad asciugare sulla palizzata. Si mangia al sole. Incredibile come il tempo cambi. Tornano i corvi. Angela ha fatto uno sforzo durante la camminata, il suo cuore ha perso il ritmo e non lo ritrova per tutto il giorno. Anche noi in qualche modo.

Comincio la giornata prendendo la medicina cinese Number One, quella miracolosa fatta arrivare da Angela dalla Cina fino a Delhi, e da lì con Mahesh fino ad Almora.

2 gennaio 2003, Binsar. Pace ritrovata. Parliamo ore al sole guardando la foresta. Riesco a dire le cose che mi stanno a cuore, a parlare della mia morte, probabilmente vicina. Chiedo che anche lei me ne parli e parli dei problemi che vede.

3 gennaio 2003, Binsar-Almora. Angela decide di andare a Delhi per lasciarmi lavorare. Dal Deodars scendiamo verso Almora a piedi perché la strada è gelata. Bellissima camminata dopo il Savoy Hotel, col sole che scende dietro le vette e un pulviscolo dorato che aleggia sulle valli.

Il bazar dall'alto è come una visione di un secolo fa con gruppetti di uomini che fanno piccoli falò per scaldarsi nel mezzo del lastricato. Pace, calma, vacche che caracollano fra la gente e si affacciano ai negozi di verdura e all'ingresso dei templi. Ogni negozio è il palcoscenico di un teatro. Godiamo moltissimo di questa lontananza nel tempo.

Al Deodars ceniamo con François Gautier e sua moglie Namrita. François ha scritto un best seller sul suo guru che ora si fa chiamare Sua Santità Sri Sri Ravi Shankar. Mi dice solo di leggere le prime e le ultime pagine. Del resto sembra terribilmente imbarazzato ad ammettere che ha dovuto riscriverlo quattro volte perché il guru e i suoi scagnozzi avevano da ridire su ogni paragrafo e hanno voluto molti cambiamenti e alla fine, accortisi di una frase sulla *puja* che non era di loro gradimento, volevano far ritirare tutte le copie già in commercio.

Mi rattrista e irrita vedere la ragione occidentale – contro la quale sono il primo a spezzare una lancia – arrendersi così facilmente agli imbonitori indiani. Secondo François, il suo guru riporterà la spiritualità in India e nel mondo.

Io mi rendo sempre più conto di come non posso essere che della mia pasta.

Leggo il libro su Sri Sri Ravi Shankar. Buone un paio di sue battute. « Perché hai così tanti seguaci? »

« Non ho mai voltato le spalle a nessuno, come posso avere dei seguaci? »

4 gennaio 2003, Almora. Risveglio al Deodars. Angela parte all'alba in macchina per Delhi.

Riparto con Tara e faccio un bel pezzo di strada a piedi, lento, attento a non cadere sulle lastre di ghiaccio che sono ancora lungo il cammino. Mi fanno compagnia bande di scimmie che saltano preoccupate sulle vette degli alberi. Le montagne sono stupende e nitide.

Sento una grande pace riprendermi nel petto e una grande voglia di mettermi al lavoro e finire questo libretto per poi dedicarmi al... resto della storia.

L'ultimo gesto: un grande cerchio che si chiude come in una pittura zen con una sola pennellata.

5 gennaio 2003, Binsar. Tutto è pronto per cominciare a... finire il libro. Ho dormito a lungo, ma male, col vomito in bocca nel mezzo della notte a ricordarmi che non ho molti giorni da perdere (e... forse anche che non debbo mangiare più tanto torrone prima di andare a letto).

Le carte sono in ordine, le lampade, le batterie, i pannelli solari. Da lontano sento la tosse di Vivek che immagino al sole e sento di aver bisogno delle sue... benedizioni per partire. Salgo così il colle.

Lo trovo sulla terrazza. Immobile. Mi pare addormentato. Prendo una poltrona silenziosamente, mi siedo davanti a lui, anch'io nel sole. I due cani giocano inseguendosi, mordendosi dolcemente e rotolandosi. Uno sale sul tavolino, fa un rumore e Vivek alza la testa, si accorge della mia presenza.

Sorride: «Stavo giusto cercando di risolvere questo problema: qual è la coscienza del corpo? È il corpo. Senza la coscienza del corpo, il corpo non è. La coscienza della mente è la mente. La coscienza della ragione è la razionalità, ma la coscienza dell'irrazionalità non è l'irrazionalità. La coscienza del bene è il bene, ma la coscienza del male... è il male? No. La coscienza della morte è la morte? No».

Arriva Marie Thérèse, il discorso finisce, si parla di colazione, di cose irrilevanti. «Come riconosci un uomo realizzato?» chiede.

E lui: «Lo senti. Tu incontravi Krishna Prem e sentivi che lui era realizzato. Lo stesso vale per Krishnamurti, per Ramana Maharshi...»

Lei dice di aver dovuto scrivere una lettera a una signora il cui marito a 71 anni ha avuto l'operazione di cancro e temono che si sia sparso. «Come si fa a scrivere a una persona in quelle condizioni... è difficile», dice.

Sì, penso... e mi ricordo che debbo partire, debbo finire questo libro.

6 gennaio 2003, Binsar. Penso che se il prezzo per finire questo libretto è quello di stare solo, ci rinuncio o vado a scriverlo a Firenze e lascio da parte tutti i miei bei piani di non scendere più a valle.

Ho sonni leggeri e pieni di strani sogni, uno dopo l'altro, uno di seguito all'altro anche dopo essermi svegliato, alzato e tornato a dormire: la stessa storia continua. Storie di gelosie, di tradimenti fra personaggi che non conosco, in strane situazioni, in paesi distrutti, in appartamenti in disordine. Forse è quello che sento dentro di me dormendo da solo nel gran letto in cui stavamo assieme. Vorrei scriverle, ma mi trattengo per non chiederle di tornare. Non la chiamo al telefono per non cadere nella vecchia trappola.

Durante la passeggiata del tramonto incontro il medico ajurvedico che va a trovare M.T. Salutandomi fa strani, insoliti gesti nell'aria davanti a me, come per spazzarla. È ovviamente interessato a «spazzolarmi» con la sua frasca di pino. Io meno.

8 gennaio 2003, Binsar. Sono invitato a colazione con le brioche di M.T. e la colazione finisce sulla terrazza con l'ora del vaso di Pandora. Stupenda, come ai vecchi tempi.

«C'era una volta un re che avendo sentito parlare dei grandi poteri degli yogi volle vederne uno con i propri occhi. Allora mandò un messaggero nel suo regno in cerca di uno yogi che sapesse far rifluire le acque di un fiume.

«Una vecchia prostituta disse: 'Non c'è yogi che possa dire di esserne capace, solo io lo so fare'.

«Fu portata a corte e il re si mise a ridere: 'Come puoi tu, una donna che ha fatto quella vita, essere capace di una tale cosa?'

«'Perché io ho la forza della verità', rispose lei.

«Il re la lasciò provare e... *pluff*, il fiume cominciò a rifluire. Il re fu molto colpito. Implorò la donna di fermarlo subito perché avrebbe portato la distruzione nel suo regno, poi le chiese da dove le fossero arrivati questi poteri.

«'Quando ho cominciato a fare questa professione', rispose la vecchia prostituta, 'ho fatto il voto che non avrei mai discriminato nessun uomo. A chiunque fosse venuto da me, vecchio o giovane, brutto o bello, sano o malato, io avrei dato il mio amore. Ho semplicemente mantenuto il mio voto'.»

10 gennaio 2003, Binsar. La mancanza di Angela è quasi un dolore fisico. Ho il coraggio di dirglielo e insieme decidiamo che torni qui. Lavoro al libro, ma non mi piace. La notte scorsa ho dormito malissimo, sveglio per ore a pensare se questa è la casa in cui « non scrivere un libro ».

Il sole ridà un po' di foga. Chiamo di nuovo Angela al telefono. Anche Folco rivede i suoi programmi. Ordino una stufa per scaldare la stanza di sotto, così da lasciare questa ad Angela.

29-30 gennaio 2003, Binsar. Con Angela giorni belli e distesi.

Lasciamo Binsar all'alba per andare al bazar. Cena al Deodars, e al mattino seguente il bel viaggio verso Bageshwar, via Kausani e Baijnath, a vedere la bella Parvati tenuta in ostaggio dal solito *pujari*. Una sorprendente statua del Sud, finita qui forse per proteggerla dai musulmani. Sempre dei misteri senza spiegazione. La storia in India non esiste. Solo miti. Bellissimi.

Si torna appena in tempo per evitare una grande nevicata, seguiti dai portatori che hanno tappeti e scialli per rendere ancor più accogliente questo bel rifugio. Angela comincia a sentirsi a casa. Dorme dieci ore di fila, per terra, nella stanza grande davanti alla stufa. Una gioia continua.

31 gennaio 2003, Binsar. Mi alzo per sentire le notizie del mondo lontano, con tristezza, e qualche filo di senso di colpa per essere quassù, lontano e inutile.

* * *

6 marzo 2003, Binsar. Il mese di febbraio passato meravigliosamente a lavorare, in pace, con Angela che legge i primi capitoli della *Giostra* con grande generosità.

Poi alcuni giorni duri di depressione, di paura di non finire in tempo.

Angela va e torna da Almora e tutto torna... in pari.

Io dormo un sonno meraviglioso con uno stupendo sogno di liberazione: sono in un grande ospedale o una scuola con tante vetrate. Un pellicano entra e si perde nei corridoi e non riesce più a uscire. Sbatte contro le finestre e io cerco di aiutarlo, ma lui non sa, non si fida. Poi batte così forte che cade in terra, io lo prendo, lo carezzo, gli parlo, lui capisce. Risponde come serrandomi la mano due volte, in un segno che facevamo coi bambini quando andavamo sott'acqua all'isola di Rawa, io lo porto fuori, lui vola e io volo per un po' con lui sbattendo i miei gomiti. Bellissimo.

Mi sveglio con una grande gioia addosso. Vado a fare una lunga passeggiata e tutto ricomincia, compreso un nuovo capitolo al cui inizio ho pensato nella notte.

8-9 marzo 2003, Jageshwar. Una continua tristezza per come niente può essere conservato. All'ingresso della cittadina, il governo indiano ha appena costruito un piccolo museo tutto bianco, con moquette per la quale occorre togliersi le scarpe, e un orribile posteggio dinanzi con colonne di cemento che deturpano le rive del fiume dove vanno ancora a lavarsi quelli che hanno appena bruciato un parente.

Vediamo passare due cadaveri, prima portati a spalla a passo di marcia e poi che salgono in cielo in grandi fumate dietro gli enormi alberi di cedro.

Metà marzo 2003, Delhi. A Delhi, con Angela, con l'idea di farla andare a Pechino a comprare la mia medicina cinese, ma poi decidiamo di cancellare tutto e di farla partire per l'Italia prima che scoppi la guerra.

Torno felicemente a Binsar il 23 marzo e cerco di scrivere.

Il fegato comincia a darmi delle piccole fitte. Avrò abbastanza tempo?

Neppure questo mi angoscia.

31 marzo 2003, Binsar. Ore 10.30. Mentre scrivo, improvvisamente mi prende un forte dolore sul petto, a sinistra. Cresce, quasi perdo conoscenza, eppure continuo a fare le cose, spengo il computer, mi rammarico di non aver finito il libro, vado alla finestra a salvare una mosca. L'ultima, forse salvare la sua vita aiuta a salvare la mia.

Non ce la faccio, il dolore aumenta. Cerco di controllarmi. Mi tolgo il gilet, ondate di caldo. Mi siedo nella posizione del loto sul tappeto e, così come è venuto, il dolore si scioglie, passa, sento in bocca uno strano sapore, nello stomaco come un aggrovigliarsi di cose, voglia di vomitare, ma rimango a sedere, a pensare che potrei morire, ora, da solo. Ma non muoio e il dolore finisce.

Mi rivesto e vengo a scrivere queste righe.

3 aprile 2003, Binsar. Angela fra Firenze e il Contadino con Folco e Novalis e le ultime «notizie», anche divertenti, della famiglia. Io solo in questa splendida, silenziosa casa. I Datta sono stati per giorni ad Almora.

Stanotte di nuovo quel misterioso, improvviso dolore nel petto. Mi ha svegliato, ho pensato di morire, di nuovo non mi sono fatto prendere dal panico. Ho cambiato stanza, ho acceso la lucina davanti al buddha e mi sono seduto dinanzi a lui. Dopo una decina di minuti era passato. Restava in bocca uno strano sapore amarognolo. Ho l'impressione che durante questi attacchi non perdo la coscienza, ma c'è un certo mutamento dello stato del pensiero. Il cuore? Oppure, come suggerisce Vivek, «vento» nella pancia.

Vorrei che Angela fosse qui, ma non voglio certo farla venire ora.

Faccio una scommessa: che resisterò fino a che viene (il 21 aprile) per dirle come il libro dovrebbe essere nel caso non potessi finirlo. È la sola vera preoccupazione: che tutto il tempo passato sia sprecato perché non riesco a finire questa cosa che mi sono messo in testa di raccontare.

Non ho voglia di andare ad Almora a fare l'elettrocardiogramma, né a Delhi per vedere un dottore. Non voglio esami, non voglio altre pasticche.

Ieri sono arrivate le medicine cinesi e un lungo fax di Angela che è la vera medicina. Il resto è scrivere, e lo faccio con grande grande difficoltà, come se la testa in fondo non funzionasse più.

Aspetto la pioggia anche per avere un po' più di fiato che ora mi manca moltissimo.

9 aprile 2003, Binsar. Compleanno di Angela. Un altro da passare separati.

Cerco di scrivere, ma non riesco. La guerra mi angoscia, non mi fa dormire, concentrare, stare distaccato. Sento la radio notte e giorno e mi chiedo cosa posso fare, andare in Europa? Scrivere una lettera aperta al *Corriere* in cui invito ognuno a fare qualcosa (io a non andare mai più negli USA a curarmi il cancro)? Andare a Delhi a seguire le cose alla tv e aspettare Angela?

Mi vergogno di essere così impotente dinanzi a un tale orrore.

Forse ha davvero ragione Vivek con la sua assurda domanda: « Dimmi, questa civiltà merita di essere salvata? »

Mando Govind ad Almora con un fax per fare ad Angela gli auguri e cerco di finire un capitolo.

DISCORSO PER IL MATRIMONIO DI SASKIA E CHRISTOPHER

Nel tardo pomeriggio del 17 gennaio 2004, nostra figlia Saskia si sposa con Christopher nella basilica della Santissima Annunziata di Firenze. Tiziano, nei soliti abiti indiani bianchi e sandali neri, la conduce all'altare. Durante il pranzo nuziale si alza e prende la parola. Parla a braccio, liberamente, in inglese. Nessuno lo registra. Qualche giorno prima, però, aveva scritto al computer degli appunti per quello che sarebbe stato il suo ultimo discorso in pubblico. Eccone la traduzione.

(Angela Terzani Staude)

Niente succede mai per caso. Se siamo qui deve esserci un senso. Vedere come ognuno di noi ha una sua ragione di esserci e rintracciare che cosa ci ha portato qui è un bellissimo esercizio d'umiltà e d'ammirazione per quell'Intelligenza che tiene assieme il mondo.

Siamo qui per condividere la gioia di oltrepassare la sacra soglia del matrimonio.

La più grande sofferenza dell'uomo è il senso di solitudine e separatezza, e la sua più grande aspirazione è di essere parte dell'Uno, di ricongiungersi con l'Uno. Quindi il matrimonio è la quintessenza di tutto ciò, come l'OM che unisce tutti i suoni.

Per poter riconoscere l'altra metà occorre attraversare il processo di tutte le religioni e di tutte le filosofie: conoscere se stessi, conoscere chi si è.

Un giorno un uomo andò da un maestro sufi per chiedergli cosa è bene e cosa è male. Il maestro rispose: « Bene è ciò che unisce, male è ciò che divide ».

Ci vuole tempo per trovare l'altro pezzo, c'è voluto del tempo a queste due anime. Ma, come dice il poeta urdu, « troverai la tua strada se prima avrai avuto il coraggio di perderti ».

Mi fa piacere che Saskia entri a far parte di una famiglia numerosa, con vecchie tradizioni e valori religiosi. Le religioni sono un buon modo per cominciare, soprattutto se sono lo strumento per migliorare se stessi (il problema comincia quando le religioni vogliono migliorare gli altri).

C'è una cosa con cui quell'Intelligenza ha giocato: il lato tedesco. Io ho riconosciuto la mia altra metà nella figlia di un pittore tedesco e un'architetta tedesca che avevano scelto Firenze come *Heimat* della loro anima. David, il padre di Christopher, l'ha riconosciuta nella figlia di una signora tedesca, che stasera qui ci manca, anche lei venuta dalla Germania.

La Germania e Firenze. Lasciate che vi parli di questa città. Saskia e Firenze, la storia della mia famiglia. Nobili fiorentini costruirono questa chiesa, i miei antenati ne tagliarono le pietre... Senza tabù, senza pregiudizi, questa è stata una grande città, ha dato all'uomo la dignità di «signore». Oggi è diventata una città di bottegai senza anima, senza ideali, senza valori se non quello dell'ingordigia. A distanza di secoli potrebbe perfino essere vista come l'origine della discesa dell'uomo, perché con quella sua idea di dominare la natura l'uomo ha perso il contatto con quell'Intelligenza che potete chiamare Dio.

Per un vecchio signore come me la gioia di partecipare al più antico di tutti i riti, il matrimonio, è grande, anche se dovete capire che come padre provo una gioia dolorosa nel vedersene andare la parte più preziosa di me, il datore di vita.

Il matrimonio è un mito, uno dei più grandi, forse il più antico.

Il matrimonio non è una storia d'amore, perché una storia d'amore è una relazione di piacere e quando diventa spiacevole è finita, chiusa. Il matrimonio non è una questione di convenienza, di ammassare due proprietà, di aggiungere pezzi di terreno o un vigneto all'altro, un regno a un altro: il matrimonio è il tuo impegno con ciò che sei. L'altra persona è la tua altra metà, e tu e l'altra non siete *due*.

Il matrimonio è il riconoscimento di un'identità spirituale. E se conduci una vita come si deve, basata su valori interiori e non semplicemente sui sensi, allora sposerai la persona giusta e insieme a quella persona ricostruirai l'unità, che è divina.

Il matrimonio è un impegno per la vita, «finché morte vi separi», dice il sacramento... E, oserei dire, anche oltre. Io so, per esempio, che quando lascerò il mio corpo diventerò rugiada del mattino su una foglia che sarà quel che Angela è oggi. O un cristallo incastonato in una roccia.

Il matrimonio è un impegno per la vita e come tale diventa la priorità nella vita. E se il matrimonio non è la prima delle tue preoccupazioni, allora non sei sposato, sei soltanto partner di un contratto che un bravo avvocato riuscirà sempre a rescindere.

Il matrimonio è il riconoscimento simbolico dell'unità degli opposti caratteri, femminili e maschili, della vita. Due aspetti della stessa cosa. Yin e yang: ora voi siete ciò, non questo e non quello, bensì l'unione di entrambi. Siete questo rapporto e i sacrifici che dovrete fare, le sofferenze che dovrete superare non le affronterete in nome dell'altra persona o di voi stessi, bensì in nome di quest'unità.

Il matrimonio *non* è una questione di due ego di cui ciascuno fa i fatti suoi; bensì di due anime che hanno riconosciuto la loro identità. Voi vi siete già imbarcati per la più naturale e meravigliosa attività che una coppia possa intraprendere: la procreazione, avere figli.

Sono certo che vi rendete conto dell'immensa responsabilità che questo comporta, specialmente nel mondo d'oggi.

Mai il mondo si è trovato dinanzi a scelte più drammatiche. Noi, gli umani, siamo in mezzo a una fase di grande decivilizzazione. In nome della civiltà il mondo occidentale, guidato da una superpotenza che non ha ancora imparato le grandi lezioni della Storia – che tutte le superpotenze sono transitorie, impermanenti, effimere come ogni altra cosa –, sta distruggendo la pace raggiunta attraverso un incivilimento che era stato lungamente meditato e per il quale si era combattuto. Nel giro di un anno si è visto questo smantellamento, questo disfacimento delle Nazioni Unite con la crisi irachena, dell'Europa, della sua costituzione, del piano di pace per il Medio Oriente, del Trattato di non proliferazione nucleare, nonché la rinuncia a trattati che già erano stati firmati, come quello di Kyoto per la protezione dell'ambiente.

In un mondo così instabile occorre che le sue componenti fondamentali siano salde. L'umanità aveva lavorato con enormi difficoltà, dopo le due più catastrofiche guerre del secolo scorso, per rendere illegale la guerra, per trovare altri modi di risolvere i conflitti internazionali, al punto che molti Stati hanno incluso questo principio nelle loro costituzioni.

Oggi la guerra è tornata a essere un fatto accettato. La guerra non è più un tabù non soltanto per coloro che hanno deciso di romperlo, ma – fatto ancor più inquietante – per i tanti cosiddetti intellettuali, diventati lacchè dei potenti, che provano gusto a lodare la guerra; o per quelli che si servono della guerra e in nome del «realismo» godono della sconfitta di quelli che continuano a credere nella possibilità della pace. Per loro il pacifismo è una degenerazione dell'uomo, di cui dicono che è bellicoso per sua natura, che sempre è stato e sempre sarà violento.

Ma vi prego, vi prego, riflettete su tutto ciò e rendetevi conto che non c'è futuro nella violenza. Vi esorto a educare i vostri figli alla non-violenza, a educarli al rispetto della vita, di tutta la vita, a rispettare i comandamenti della religione nella quale vi siete sposati e che dice «non uccidere», senza fare eccezioni. Forse intendeva dire addirittura: non uccidere nessun altro essere vivente.

L'ingordigia e la violenza dominano sempre di più le nostre vite, siatene coscienti. Le comodità sono diventate il solo valore sul quale ci orientiamo e l'educazione moderna mette in risalto i valori della violenza e dell'attaccamento alle cose più inutili.

Competere vuol dire che chi vuole essere il primo della classe deve desiderare la sconfitta degli altri. Questo non è sano.

Ai vostri figli insegnate altri valori. Avete scelto una religione. Bene, approfonditela e insegnatene il valore vero. Insegnategli a rispettare gli animali, insegnate a essere parte della natura anziché a vedere la natura come qualcosa che l'uomo domina.

Insegnategli a essere se stessi... Insegnategli a condividere. Perché siamo nati nudi e moriamo nudi e tutto quel che accumuliamo nella vita lo abbiamo tolto ad altri. Insegnate il valore dell'amore.

Amore è libertà, fiducia, lealtà. Amore è il laccio che non lega, è come l'elefante legato a un albero da un filo di seta. È il felice rapporto di fiducia in cui non vi è paura.

Paura, paura, paura. La paura è il grande ostacolo che blocca ogni altro sentimento. Non c'è amore dove c'è paura.

Non insegnate ai vostri figli ad adattarsi alla società, ad arrangiarsi con quel che c'è, a fare compromessi con quel che si trovano davanti; dategli dei valori interiori con i quali possano cambiare la società e resistere al diabolico progetto della globalizzazione di tutti i cervelli. Perché la globalizzazione non è un fenomeno soltanto economico ma anche biologico, in quanto ci impone desideri globali e comportamenti globali che finiranno per indurre modifiche globali nel nostro modo di pensare.

Il mondo di oggi ha bisogno di ribelli, ribelli spirituali.

Christopher, ricordati della storia del topolino! Gli elefanti erano in festa per celebrare un matrimonio. Ballavano tutti quando si accorsero che c'era anche un topolino che ballava in mezzo a loro.

« Ehi tu », gli fece un elefante, « perché sei qui a ballare con noi? »

« Perché ero un elefante anch'io prima di sposarmi! » rispose il topolino.

E ora, secondo l'antichissimo rito della condivisione, mangiamo, beviamo e brindiamo, per invocare con le nostre energie congiunte quella forza intelligente dell'universo che ci tiene tutti assieme, affinché mantenga saldo questo matrimonio come simbolo dell'unità del mondo.

Perché questa non è una festa: è una cerimonia di morte e rinascita di cui siamo tutti testimoni.

NOTA DEL CURATORE

Questa selezione parte dalla scoperta di 147 file raccolti nella cartella « Diario » contenuta nel computer portatile di Tiziano Terzani. Ma è bastato mettere mano al grande archivio della casa di Firenze per scoprire come gli stessi file fossero stati salvati in undici floppy disk da 3 pollici e mezzo. Questi testi coprono il periodo dal 1988 al 2003. La mole di materiale supera i cinque milioni e mezzo di battute, vale a dire oltre tremila pagine. A questa si aggiungono i materiali cartacei raccolti negli anni precedenti, frutto di stampe da file e conservati in diversi scatoloni.

Infatti, a partire dalla fine del 1983, durante l'esperienza cinese, Terzani conservò una serie di file su un computer da cui stampò i testi che ordinò in due faldoni con la scritta cinese « *neibu* » (« per uso interno »). Sono i documenti che ricostruiscono passo dopo passo il dramma dell'espulsione dalla Cina. Ogni traccia è stata conservata con cura: la lista dei beni sequestrati dalle autorità di Pechino, la ricevuta della multa di 2000 yuan, gli appunti della moglie Angela che da Hong Kong tentava di aiutarlo, i testi scritti per *Der Spiegel*, le copie delle lettere spedite e ricevute dagli interlocutori nominati nei diari, gli appunti battuti a macchina su fogli e bloc-notes.

Il rapporto di Terzani con i diari non è costante, ma costante è il richiamo alla loro importanza. Li nomina più volte, sottolineando l'impegno di scriverli e ordinarli, la preoccupazione di conservarli. Il 14 settembre 1988, giorno del cinquantesimo compleanno: « Scrivere regolarmente un diario di aggettivi e idee ». Cinque anni dopo, durante il lungo viaggio via mare e via terra: « Compio 55 anni, come al solito senza che senta la grandezza della svolta, ma immaginandomela grande, facendomi grandi propositi: questa volta di tenere FEDELMENTE, CON SISTEMA, UN DIARIO degli anni che mi restano come una cassaforte di cose che altrimenti la corrente della vita si porta. Ce la farò? DEBBO FARCELA. È certo un modo per vivere due volte il tempo che resta ». Non passano che pochi mesi quando nel febbraio 1994, sulla spiaggia di Ban Phe dove si è ritirato per scrivere *Un indovino mi disse*, richiama se stesso a un ordine: « È il giorno in cui sarebbe scaduta la mia proibizione di volare. Celebro con due birre e tre whisky e faccio grandi propositi di astinenza per l'anno che viene: un mese sì e uno no di alcol. Ginnastica e meditazione. E, soprattutto, l'impegno a tenere il diario. Elettronico o no. Il diario». Impegno che si fa urgenza in particolare dopo la scoperta della malattia.

Quattro anni dopo, nel giorno del suo sessantesimo compleanno, avverte come « più di ogni altra volta son pieno di propositi di pace. Le regole mi paiono chiare: stare lontano dal mondo. Scrivere un diario OGNI GIORNO, anche due righe». E un anno più tardi, rientrando in India dall'Italia: « Mi riprometto oggi, in un qualsiasi giorno di partenza, di mantenere l'impegno a scrivere ogni giorno un diario delle mie impressioni. L'unico modo per ritrovare la mia pace».

Del resto, nell'arco di vent'anni, i diari sono stati per Terzani uno spazio di lavoro, di progettazione e di pensiero. Molti reportage, interviste o articoli sono germogliati dalle idee giornalmente raccolte sul computer. Diversi libri, come *Buonanotte, signor Lenin*, *Un indovino mi disse* e *Un altro giro di giostra*, sono nati da queste pagine. Ecco perché in questa selezione alcuni anni risultano assenti o visibilmente spogli: si è scelto di non replicarli in questo contesto. Del biennio 1986-1987, invece, non v'è alcuna traccia, né elettronica né cartacea.

I diari si interrompono nella primavera del 2003, anche se Terzani ha continuato ad aprire e modificare quei file fino alla fine dell'anno.

Tra gli ultimi file salvati è emerso il *Discorso per il matrimonio di Saskia e Christopher* che chiude questo volume. Si tratta di una serie di appunti scritti in inglese. L'ultima modifica ci informa che il testo fu stampato domenica 11 gennaio 2004, alle 10.13 del mattino, una settimana prima della cerimonia.

Tra gli appunti di Terzani è stata ritrovata la frase « un'idea di destino», ed è sembrata appropriata come titolo di quest'opera.

Àlen Loreti

NOTE

Giugno 1981
« Qufu », città nella provincia orientale dello Shandong. Terzani ne parla nel capitolo « 'Se i contadini sono contenti, l'impero è stabile'. Lo Shandong e la fine delle Comuni Popolari » nel volume *La porta proibita.*

5 ottobre 1981
« una cultura vecchia di 4000 anni »: Terzani sviluppa questa riflessione nel capitolo « 'Lo accoltellai quattro volte ed ero felice'. Shanzi: comunismo contro cultura tradizionale » in *La porta proibita.*

23 febbraio 1982
« Xinhua », agenzia di stampa della Repubblica popolare cinese controllata dal governo.

8 agosto 1982
« Angela lavora al suo diario cinese »: la moglie di Terzani è impegnata nella stesura di un diario, resoconto della vita, degli incontri e dei viaggi compiuti con la famiglia in tutto il paese. Sarà pubblicato da Longanesi nel 1987 con il titolo *Giorni cinesi* e in seguito da TEA nel 2002, in una nuova edizione.

« questo maledetto romanzo cinese »: Terzani raccoglie materiali e idee per un libro che resterà solo un'ipotesi.

Dicembre 1982
« telefona Dieter », Dieter Wild, caporedattore degli esteri dello *Spiegel*, esprime preoccupazione per il reportage pubblicato in due puntate (20 e 27 dicembre). Si tratta dell'inchiesta sulla devastazione culturale e urbanistica di Pechino, « '*Jeder Parteisekretär ist ein Kaiser*' », che riprende un modo di dire cinese citato nel reportage: « ogni unità è un regno a sé e ogni segretario del partito è un imperatore ». I due testi sono in seguito uniti nel capitolo « La morte dei mille tagli. La distruzione di Pechino » in *La porta proibita.*

Dicembre 1982
« il grasso 'professore' »: si tratta di un uomo colto frequentato da Terzani e da cui riceve notizie e storie sulla vita di Pechino.

Marzo 1983
« 'Rabbit' Li », funzionario del Ministero degli esteri così soprannominato dai giornalisti stranieri.

Alla fine di giugno del 1983 Terzani decide di mettere al sicuro la propria famiglia: Angela e figli lasciano Pechino e si trasferiscono a Hong Kong, a Pokfulam Road, sulla costa occidentale dell'isola, con la vista sul mar Cinese meridionale.

17 gennaio 1984
Terzani è convocato al Ministero degli esteri per delle difficoltà sulle procedure di rinnovo del visto.

10 febbraio 1984
« Neal Ulevich », fotoreporter americano, vincitore del Premio Pulitzer nel 1977, in quel momento di base a Pechino per l'Associated Press.

« *xiao* Liu »: « *xiao* », cioè « giovane », usato in Cina in senso confidenziale e amichevole. Si tratta dell'assistente e interprete di Terzani nei suoi anni cinesi, dal 1979 al 1984.

« Orville Schell », influente sinologo e giornalista americano del *New Yorker* e del *Time*, autore di *To Get Rich Is Glorious: China in the Eighties* (New York, 1984).

14 febbraio 1984
« Ad Angela »: Terzani comunica con la moglie grazie all'amico dell'ambasciata australiana, Roger Uren. Uren, nei diari chiamato « Deep Throat », organizza i « piccioni », lo scambio e la spedizione di buste e lettere destinate ad Angela e allo « zio », cioè il settimanale *Der Spiegel*.

« *lao* Liu »: « *lao* », cioè « vecchio », è usato come onorifico in Cina. Si tratta del funzionario di polizia.

21 febbraio 1984
« Padre László Ladány » (1914-1990), gesuita di origine ungherese, che dirige *China News Analysis*, la pubblicazione mensile di riferimento per ogni giornalista e diplomatico di Hong Kong.

« Il 'Fratello' », giovane giornalista comunista di Hong Kong, amico fraterno di Terzani.

« Erich Böhme » (1930-2009), condirettore dello *Spiegel*.

22 febbraio 1984
« Lettera al 'Fratello' », si veda la nota al 21 febbraio 1984.

23 febbraio 1984
«*character assassination*», formula per indicare la «macchina del fango», cioè la volontà di screditare una persona o un'istituzione producendo prove false e insinuazioni.

27 febbraio 1984, mattino
«Leggi il tutto con attenzione», si riferisce alle 20 cartelle intitolate «Hostage of Deng» consegnate tramite «piccione» e che Angela fa avere allo *Spiegel*. È il racconto di quanto successo, pronto per essere usato nel caso in cui la situazione lo richieda. Per difendere l'onorabilità del giornalista e del settimanale, l'articolo verrà pubblicato il 12 marzo sullo *Spiegel*. Diventerà l'ultimo capitolo de *La porta proibita*, «'E ora cominciamo con la tua rieducazione'».

27 febbraio 1984, pomeriggio
Dopo tre settimane Terzani è ancora nella stessa situazione, isolato e senza alcun segnale da parte delle istituzioni italiane e tedesche.

«Bernardo Valli», giornalista di *Repubblica*, all'epoca corrispondente a Londra, amico di Terzani dagli anni Settanta quando entrambi lavoravano al quotidiano di Milano *Il Giorno*.

2 marzo 1984
«gli consegno tutti gli appunti di questi quattro anni»: Terzani prima di recarsi al posto di polizia fa in modo che Roger Uren prenda in consegna gli appunti privati e segreti sulla Cina per consegnarli ad Angela a Hong Kong, salvandoli così da un possibile sequestro. Poche ore dopo gli viene comunicato l'obbligo di lasciare il paese.

«David Bonavia», corrispondente del quotidiano inglese *The Times* da Pechino.

«Günther Schödel», ambasciatore tedesco a Pechino.

5 marzo 1984
«*xiao* Wei», cuoco di casa Terzani.

«Klaus Rupprecht», diplomatico tedesco dell'ambasciata della Repubblica federale tedesca.

«Deng Tiannuo», nome cinese scelto da Terzani.

7 ottobre 1984
Terzani, trasferitosi a Hong Kong, riprende il lavoro e viaggia nelle Filippine per documentare la lotta contro il regime del dittatore Ferdinand Marcos, da vent'anni al potere insieme alla moglie Imelda e accusato di aver fatto assassinare l'anno precedente il dissidente politico Benigno Aquino Jr,

detto « Ninoy », mentre rientrava dall'esilio negli Stati Uniti. La responsabilità dell'omicidio viene fatta ricadere sul generale Fabian Ver, capo di Stato maggiore dell'esercito e braccio destro di Marcos. La vedova, Corazón Aquino detta « Cory », porterà avanti la battaglia del marito candidandosi alle elezioni presidenziali del 1986.

« Frankie Sionil José », scrittore filippino in lingua inglese, proprietario della libreria « Solidaridad » a Manila, è stato per Terzani un'importante guida per capire la politica e la società del paese.

12 ottobre 1984
« Tondo », quartiere del porto di Manila noto per la « Smokey Mountain » (montagna fumante), enorme discarica a cielo aperto.

13 ottobre 1984
« Max Vanzi », giornalista della United Press International, autore con Fred Poole di *Revolution in the Philippines: The United States in a Hall of Cracked Mirrors* (New York, 1984).

22 ottobre 1984
« Legnaia », rione di Firenze vicino a quello di Monticelli dove è nato Terzani.

24 ottobre 1984
Dopo la pubblicazione in settembre da parte dello *Spiegel* di *Fremder unter Chinesen, Reportagen aus China* (Straniero fra i cinesi. Reportage dalla Cina), l'antologia che raccoglie i reportage di Terzani durante i quattro anni vissuti in Cina, l'editore Longanesi ne pubblica l'edizione italiana con il titolo *La porta proibita.*

« Aldo Natoli » (1913-2010), saggista e storico, ex deputato del PCI.

« Renata Pisu », sinologa, giornalista e traduttrice italiana.

« Alberto Jacoviello » (1920-1996), giornalista e inviato di *Repubblica.*

31 ottobre 1984
« Johannes Engel », condirettore dello *Spiegel.*

21 maggio 1985
« Jean-Jacques Jaffeux », iamatologo e sinologo molto apprezzato da Terzani.

« *ryokan* », albergo tradizionale giapponese.

22 maggio 1985
« *shamisen* », strumento musicale a tre corde usato nelle rappresentazioni teatrali.

« Shinjuku », quartiere di Tokyo, sede di istituzioni governative e finanziarie.

24 maggio 1985
« tempio di Yasukuni », santuario shintoista.

« Meiji », periodo di regno dell'imperatore Mutsuhito, dal 1868 al 1912, anno della morte.

26 maggio 1985
« Henry Scott-Stokes », corrispondente da Tokyo del *Times* di Londra. Autore di *Vita e morte di Yukio Mishima* (Torino, 2008).

29 maggio 1985
« *geta* », tradizionale sandalo giapponese.

30 maggio 1985
« Azabu », quartiere delle ambasciate e dei consolati a Tokyo.

2 giugno 1985
« Heihachiro Togo » (1848-1934), eroe di guerra della Marina imperiale giapponese, a cui Terzani dedica l'articolo « Ritorna Togo, il samurai del mare » (*Corriere della Sera*, 28 marzo 1989).

3 giugno 1985
« Karel van Wolferen », olandese, corrispondente del *Nieuwe Rotterdamsche Courant*, autore di *The Enigma of Japanese Power* (New York, 1989), libro che ridimensiona il mito dell'ascesa giapponese.

« Roland-Pierre Paringaux », corrispondente francese di *Le Monde diplomatique.*

« Ninja » e « Fusai », mogli e compagne dei due giornalisti appena citati.

« Ian Buruma », iamatologo di origine olandese, autore di *Behind the Mask: On Sexual Demons, Sacred Mothers, Transvestites, Gangsters, Drifters and Other Japanese Cultural Heroes* (New York, 1984).

4 giugno 1985
« Abbas Attar », fotografo iraniano dell'agenzia Magnum, amico di Terzani dal 1973. Durante la guerra in Vietnam, insieme furono autori dello scoop sui vietcong raccontato, sempre nel 1973, in *Pelle di leopardo* nel capitolo « In una zona liberata del Delta, 3 febbraio ».

7 luglio 1985
« Maurice Pinguet » (1929-1991), autore di *La morte volontaria in Giappone* (Milano, 1985).

« Folco è a Cambridge »: saltato un anno scolastico a Tokyo, Folco finisce la scuola a poco meno di 17 anni e Terzani lo accompagna a Cambridge dove viene accettato, ma con la richiesta di aspettare un anno.

8 giugno 1986
« Sin-ming Shaw », amico « storico » di Terzani conosciuto alla Columbia University nel 1968, durante le proteste studentesche. Nato a Shanghai, ma cresciuto a Hong Kong e formatosi negli Stati Uniti, rivide Terzani a Hong Kong nel 1975, quando vi si ristabilì per occuparsi di finanza; da allora non si persero più di vista.

« Jean-Luc Domenach », sinologo e politologo francese.

6 giugno 1988
« Philippe Pons », giornalista francese di *Le Monde* e buon amico di Terzani, già corrispondente da Tokyo quando negli anni Settanta i Terzani abitavano a Hong Kong.

18 giugno 1988
« Han », antica dinastia cinese che assegnò il proprio nome all'etnia egemone.

8 novembre 1988
« Hirohito » (1901-1989), imperatore del Giappone, regnò dal 1926 alla morte. Terzani ne racconta l'agonia ripercorrendo la storia del paese in vari articoli tra cui « La lunga attesa del Giappone » (*la Repubblica*, 1° novembre 1988), « Hirohito, un dio catturato dalla Storia » (*Corriere della Sera*, 8 gennaio 1989) e « Sulla tomba del dio imperatore tornano i fantasmi del passato » (*Corriere della Sera*, 11 gennaio 1989). Testi poi rielaborati e inseriti nel volume *In Asia*.

« Otemachi », quartiere di Tokyo.

« Akihito », attuale imperatore del Giappone, all'epoca erede al trono.

« Kenji no Ma », la « stanza della spada e del sigillo » nel palazzo imperiale.

20 novembre 1988
« Peter R. Kann », corrispondente dall'Asia del *Wall Street Journal*, premio Pulitzer 1972, presidente del Dow Jones.

24 novembre 1988
« Ugo Stille », alias Mikhail Kamenetzky (1919-1995), giornalista e direttore del *Corriere della Sera*, conosciuto a New York alla fine degli anni Sessanta dove Stille era corrispondente per il quotidiano di via Solferino e Terzani studiava alla Columbia University.

25 novembre 1988
« Giorgio Fattori » (1924-2007), giornalista e dirigente del gruppo Rizzoli-Corriere della Sera.

28 novembre 1988
« Gianni Rocca » (1927-2006), giornalista, tra i fondatori di *Repubblica*, autore di *Stalin, quel « meraviglioso georgiano »* (Milano, 1988).

28 febbraio 1989
« Andreas 'Dries' van Agt », diplomatico olandese, ambasciatore per la Comunità Europea in Giappone, già primo ministro dei Paesi Bassi.

14 marzo 1989
« Patrick Lafcadio Hearn » (1850-1904), giornalista e scrittore americano naturalizzato giapponese col nome di Koizumi Yakumo, autore di celebri studi sulla civiltà e sulla letteratura giapponesi tra cui *Storie di spettri giapponesi* (Milano, 1983). Terzani ne parla in « L'uomo che inventò il Giappone » (*Corriere della Sera*, 10 settembre 1989) e nel volume *In Asia* nel capitolo « Giappone: sull'orlo dell'abisso ».

20 marzo 1989
« Sogo », padiglione fieristico di Yokohama.

2 aprile 1989
Nei mesi successivi a questa data Terzani abbandona il diario, coinvolto nelle tragiche proteste cinesi di piazza Tienanmen raccontate in diversi reportage per il *Corriere della Sera* (« Finisce l'illusione di una Cina moderna », 5 giugno 1989; « Il dio due volte fallito », 6 giugno 1989; « Bruciate le vittime della strage. Niente funerali, nessuno è morto », 8 giugno 1989; « Pechino, una città-caserma per Deng », 11 giugno 1989; « E ora la Cina fa solo paura », 23 giugno 1989; « La Grande Bugia cancella i sogni cinesi », 27 giugno 1989). In estate esplora l'isola di Sakhalin di cui scrive alla fine dell'anno (« Sakhalin: i tesori dell'isola maledetta », 10 dicembre 1989; « Sakhalin derelitta sogna il Giappone », 28 dicembre 1989), rielaborando il testo anche nel volume *In Asia* col titolo « Sakhalin: l'isola maledetta ».

1º agosto 1990
« Daigo », città nella prefettura di Ibaraki dove Terzani si ritira per un mese, in solitudine, in compagnia del cane Baolì, prima di trasferirsi a Bangkok. Dedica il suo tempo a un reportage sul Giappone da consegnare allo *Spiegel* e progetta di scrivere un libro sulla sua esperienza nipponica.

5 agosto 1990
« Fou Ts'ong », primo pianista cinese a vincere un concorso internazionale

nel 1955 a Varsavia. Si rifugiò a Londra negli anni Sessanta per sfuggire alle persecuzioni della Rivoluzione culturale. Conosciuto a Singapore nel 1973, spesso rivisto a Pechino dopo la sua riabilitazione da parte del PCC, divenne grande amico di Terzani.

6 agosto 1990
« il pezzo sul Fuji »: si riferisce all'articolo « Zeige mir deine reine Haut » (*Der Spiegel*, 1° ottobre 1990) inserito nel volume *In Asia* col titolo « Il Giappone visto dall'alto ».

8 agosto 1990
« *ukiyo-e* », « immagine del mondo fluttuante », stampa giapponese del periodo Edo.

13 agosto 1990
« *happi* », tradizionale cappotto giapponese di cotone spesso adoperato in occasioni celebrative.

« pachinko », gioco d'azzardo diffusissimo in Giappone.

16 maggio 1991
« Imelda Marcos », moglie del dittatore filippino Ferdinand Marcos.

31 ottobre 1991
Alla fine delle loro vite Tiziano Terzani e Oriana Fallaci erano molto distanti. Tanto immerso nel mondo e nelle cose, e convinto di dover comprendere l'altro, lui, quanto arroccata nel suo appartamento e convinta che la distanza dall'altro fosse ormai incolmabile lei. Abbiamo preferito riportare questi passaggi ritenendo di pubblico interesse il pensiero più intimo di Terzani sulla sua storica rivale. Capiremmo un analogo comportamento dall'altra parte. Si tratta di due grandi figure del giornalismo italiano che hanno sempre voluto dire con chiarezza da che parte stavano. Con rispetto, non censuriamo. (*Nota dell'Editore*).

8 dicembre 1991
« Léopold de Stabenrath », citato anche come « Poldi », imprenditore francese, residente a Bangkok fin dagli anni Settanta, grande amico di Terzani e compagno di viaggi in Asia.

« James Barnett », giornalista americano freelance residente a Bangkok.

9 dicembre 1991
Per tutto il 1991 Terzani documenta il lento processo di pace cambogiano descrivendo l'instabilità del paese in diversi reportage per il *Corriere della Sera*: « Cambogia, dove l'orrore continua », 28 aprile 1991; « Cambogia: nuovi

ricchi sulle macerie», 5 maggio 1991; «Sihanouk 'ostaggio' dei khmer rossi», 13 maggio 1991; «Cambogia, un sogno di pace», 27 giugno 1991; «Cambogia, pace a ostacoli», 4 luglio 1991; «Sihanouk, un trionfo annunciato», 15 novembre 1991; «I khmer rossi in doppiopetto», 18 novembre 1991.

«bath», moneta thailandese.

«Questa è la banca di Pol Pot», la cittadina di Bo Rai, a pochi chilometri dalla frontiera cambogiana, centro di traffici di gemme e pietre preziose, considerata strategica per la sopravvivenza dei guerriglieri comunisti al soldo di Pol Pot, alias Saloth Sar (1925-1998), rivoluzionario e dittatore cambogiano, capo dei khmer rossi, responsabile del genocidio di oltre un terzo della popolazione cambogiana tra il 1975 e il 1979.

«Hun Sen», ex khmer rosso fedele a Pol Pot, poi primo ministro della Cambogia dal 1993.

16 aprile 1992
«Preah Vihear», tempio induista di epoca khmer, si trova sull'attuale confine tra Thailandia e Cambogia.

«Norodom Sihanouk» (1922-2012), a più riprese capo di Stato e re della Cambogia fino alla sua abdicazione nel 2004.

«*naga*», razza di uomini-serpente della mitologia buddhista e induista.

19 aprile 1992
«Supreme National Council», all'epoca la nuova autorità governativa cambogiana.

«Son Sann» (1911-2000), politico cambogiano anticomunista, già primo ministro negli anni Sessanta, fu primo ministro del governo di coalizione della Kampuchea Democratica dal 1982 al 1991.

«Son Sen» (1930-1997), rivoluzionario cambogiano, dirigente dei khmer rossi e responsabile della polizia segreta.

«Khieu Samphan», rivoluzionario comunista, fedele alleato di Pol Pot, capo di Stato della Kampuchea Democratica dal 1976 al 1979 durante il dominio dei khmer rossi. Attualmente accusato e processato per crimini contro l'umanità.

«Norodom Ranariddh», secondogenito di Norodom Sihanouk.

«Dennis McNamara», giurista con esperienza in crisi umanitarie, direttore della sezione Human Rights dell'UNTAC.

20 aprile 1992
«Boutros Boutros-Ghali», diplomatico egiziano, segretario generale delle Nazioni Unite dal 1992 al 1996.

« Henry Kamm », corrispondente del *New York Times*, premio Pulitzer 1977.

23 aprile 1992
« UNTAC », Autorità di Transizione delle Nazioni Unite in Cambogia, missione per l'amministrazione provvisoria della Cambogia sotto l'egida dell'ONU.

9 luglio 1992
« *yurta* », in omaggio all'abitazione mongola diffusa tra i popoli nomadi dell'Asia, Terzani chiama così il piccolo capanno all'Orsigna costruito dopo il viaggio dell'estate 1991 che racconta nel libro *Buonanotte, signor Lenin*, pubblicato da Longanesi nel 1992.

30 luglio 1992
« Jacopo e Chiara », Jakob Staude, fratello di Angela, astrofisico all'Istituto Max Planck di Heidelberg, e sua moglie Chiara Colli, grecista e traduttrice.

25 agosto 1992
« Alberto Baroni », gerontologo, compagno di classe di Terzani al liceo Galileo di Firenze negli anni Cinquanta.

25 settembre 1992
« Maurice Eisenbach », antropologo australiano, citato nel volume *Un indovino mi disse* nel capitolo « Cambogia: il sopracciglio di Buddha ». Parte di queste riflessioni sono l'evoluzione dell'esperienza raccontata negli articoli del *Corriere della Sera*: « Cambogia, una pace senza giustizia », 20 giugno 1992; « Cambogia, fantasmi sulla pace », 2 luglio 1992.

26 settembre 1992
« Hoc », giornalista, interprete e accompagnatore cambogiano di Terzani, anch'egli citato nel capitolo « Cambogia: il sopracciglio di Buddha » di *Un indovino mi disse.*

24 novembre 1992
« Lord Palmerston », Henry John Temple, III visconte Palmerston (1784-1865), primo ministro del Regno Unito dal 1859 al 1865, fu tra gli artefici dell'apertura al commercio con la Cina dopo la conclusione della Prima guerra dell'oppio stabilita dal Trattato di Nanchino, da cui la cessione di Hong Kong al Regno Unito.

28 gennaio 1993
« Si parte alla sera per Chiang Mai », l'esperienza tra Thailandia, Birmania e Laos è raccontata in *Un indovino mi disse* nel capitolo « Birmania, addio! ».

1º febbraio 1993
«Città ricca di traffici e di droga», l'indagine sul traffico di stupefacenti si traduce in diversi articoli tra cui «Negli inferi del Triangolo d'oro» (*Corriere della Sera,* 6 marzo 1993).

«DEA», Drug Enforcement Administration, agenzia federale antidroga statunitense.

3 febbraio 1993
«*you tiao*», frittelle cinesi diffuse nel Sudest asiatico.

«Franciscus Verellen», cugino di Angela, all'epoca studioso dell'École française d'Extrême-Orient (EFEO) di cui oggi è il direttore a Parigi. Terzani lo incontra a Chiang Mai, dove l'EFEO ha una sede.

«Wat Zom Kham», tempio citato in *Un indovino mi disse* nel capitolo «Birmania, addio!».

1º marzo 1993
Per tutta la primavera fino al mese di maggio Terzani è impegnato in quello che nei file chiama il «Grande viaggio Malaysia/Singapore/Indonesia» durante il quale raccoglie materiali e storie destinate a *Un indovino mi disse.*

21 luglio 1993
Terzani rientra in Italia via terra attraversando Indocina, Cina, Mongolia e Russia.

10 agosto 1993
«Ferdynand Ossendowski» (1876-1945), scrittore ed esploratore polacco che viaggiò nelle zone remote dell'Asia e in tutto il Sudest asiatico, autore di *Bestie, uomini e dei* (Genova, 1988), testo a cui si riferisce Terzani e di cui parla nei capitoli «Con il mio amico fantasma» e «I merciai della Transiberiana» in *Un indovino mi disse.*

25 settembre 1993
Il rientro a Bangkok avviene con un viaggio di tre settimane sulla nave portacontainer *Trieste,* che salpa da La Spezia diretta a Singapore. Terzani lo racconta nel capitolo «Meglio che lavorare in banca» di *Un indovino mi disse.*

1º novembre 1993
«James Pringle», giornalista scozzese corrispondente dall'Estremo Oriente, ha scritto per *Reuters, Newsweek* e *Times.*

19 novembre 1993
«Parto per il ritiro buddhista», Terzani partecipa a un ritiro di tre giorni

organizzato dall'International Buddhist Meditation Centre in collaborazione con la Mahachulalongkornrajavidyalaya University di Bangkok.

21 novembre 1993
«*Rice Christians*», termine spregiativo usato per indicare quelle popolazioni o comunità che storicamente si convertivano al cristianesimo pur di ricevere dai missionari un aiuto materiale contro la povertà e la fame.

9 gennaio 1994
«*Giorni giapponesi*», libro della moglie Angela dedicato all'esperienza giapponese e pubblicato da Longanesi nell'autunno 1994.

13 gennaio 1994
«Dan Reid», scrittore americano specializzato in studi asiatici e medicina cinese.

«John Coleman» (1930-2012), ex membro della CIA di base in Thailandia, divenne fin dagli anni Settanta un maestro delle pratiche di meditazione Vipassana e raccontò la sua esperienza nel libro *The Quiet Mind* (New York, 1971). Terzani ne parla nel capitolo «Il meditatore della CIA» di *Un indovino mi disse.*

18 gennaio 1994
«Fosco Maraini» (1912-2004), scrittore, etnologo e orientalista fiorentino, autore fra gli altri di *Segreto Tibet* (Milano, 1951) e *Ore giapponesi* (Milano, 1958).

20 gennaio 1994
«*anicca*», termine sanscrito che indica l'«impermanenza», nel buddhismo uno degli aspetti fondamentali dell'esistenza.

23 gennaio 1994
«Turtle House», l'abitazione dei Terzani a Bangkok, così chiamata per la presenza di un'enorme tartaruga nello stagno del giardino.

24 gennaio 1994
«Mi sono ricordato di *Final Exit*», si riferisce al libro di Derek Humphry dedicato al diritto e alla pratica dell'eutanasia, *Eutanasia: uscita di sicurezza* (Milano, 1993).

25 gennaio 1994
«Kamsing», giardiniere e guardiano della Turtle House a Bangkok.

10 febbraio 1994
« spiaggia di Ban Phe »: Terzani affitta una casa su questa spiaggia thailandese in cui torna più volte nel corso dell'anno dedicandosi alla stesura di *Un indovino mi disse.*

14 febbraio 1994
« Edward Weston » (1886-1958), fotografo americano.

« Tina Modotti » (1896-1942), fotografa italiana emigrata in California, fu attivista del Partito comunista messicano e partecipò alla Guerra civile spagnola.

16 febbraio 1994
« Palmeraie », hotel di Rayong.

26 febbraio 1994
« Mario Spagnol » (1930-1999), editore della Longanesi, suo il merito di puntare sul talento di Terzani.

« Renata Pisu », vedi nota al 24 ottobre 1984.

27 aprile 1994
« Jon Swain », giornalista inglese del *Sunday Times*, autore di *River of Time* (Londra, 1995), dedicato all'esperienza indocinese.

« Khun Sa », generale e narcotrafficante, con un esercito personale in cui arruola ragazzini. Terzani lo incontrò durante l'indagine sul « Triangolo d'oro » di cui parla nell'articolo « Alla festa del re dell'oppio » (*Corriere della Sera*, 30 gennaio 1994) e nel capitolo « Birmania, addio! » di *Un indovino mi disse.*

30 aprile 1994
L'esperienza thailandese si chiude con il trasferimento a Delhi.

« Mechai Viravaidya », medico noto in Thailandia per l'impegno dedicato alla prevenzione dell'Aids e delle malattie veneree.

« Marisa Viravaidya », sorella di Mechai, amica dei Terzani dai tempi della guerra in Vietnam.

1º giugno 1994
Terzani si stabilisce a Delhi, a Sujan Singh Park, dove affitta due appartamenti coloniali, uno per l'ufficio dello *Spiegel*, l'altro per la famiglia.

2 agosto 1994
« durian », frutto dell'omonimo albero tipico del Sudest asiatico, in partico-

lare Malesia e Indonesia, con buccia spinosa e polpa gialla; nonostante l'odore sgradevole è commestibile.

9 agosto 1994
« la mia lettera d'amore dalla Cambogia », si riferisce all'articolo « Cambogia, le radici dell'orrore » (*Corriere della Sera*, 8 agosto 1994).

7 novembre 1994
« la peste a Surat », si riferisce all'epidemia di peste scoppiata a settembre nell'Ovest dell'India e raccontata nel reportage « *Stadt der Ratten* » (*Der Spiegel*, 3 ottobre 1994).

« *tanka* », dipinto su tela o carta, di una divinità buddhista che i mongoli e i tibetani appendono nei templi e nei luoghi di preghiera.

11 marzo 1995
« L'impressione è di arrivare in una città assediata »: su questo viaggio Terzani scrive l'articolo « Nel labirinto di Karachi, fabbrica di morte » (*Corriere della Sera*, 15 marzo 1995).

19 marzo 1995
« Il romanticismo di questa vecchia città »: su questo viaggio Terzani scrive l'articolo « L'università dei soldati di Allah » (*Corriere della Sera*, 30 marzo 1995) e segnala per la prima volta la diffusione e la pericolosità del fanatismo religioso di matrice islamica dei talebani.

« Benazir Bhutto » (1953-2007), per due volte primo ministro del Pakistan, assassinata in un attentato.

« Lashkar Gah », città dell'Afghanistan meridionale.

23 marzo 1995
« Imran Kahn », sportivo pakistano, campione di cricket passato poi alla politica.

10 aprile 1995
Terzani racconta il viaggio in Mustang nel reportage « *Im Reich der Sehnsüchte* » (*Der Spiegel*, 3 luglio 1995) inserito col titolo « Mustang: paradiso perduto » nel volume *In Asia* e successivamente nel catalogo monografico *Mustang. Un viaggio* (Roma, 2011) in occasione della mostra fotografica curata dal figlio Folco, *Tiziano Terzani. Clic! 30 anni d'Asia. La mostra.*

« Hajj », il pellegrinaggio islamico alla Mecca.

11 giugno 1995
« scappiamo nel Kashmir », Terzani vi torna a poche settimane dal viaggio a

Sharar i Sharif dove ha documentato il rogo del santuario riportato nell'articolo «Kashmir, nel tempio dell'odio» (*Corriere della Sera*, 28 maggio 1995).

17 giugno 1995
«*azadi*», «libertà».

25 agosto 1995
«ho scritto il pezzo sul Kashmir»: si riferisce al reportage «*Jeder Schatten ist verdächtig*» (*Der Spiegel*, 21 agosto 1995).

Settembre 1995
«Edda Fagni» (1927-1996), docente universitaria e sindacalista italiana, senatrice della Repubblica.

23 ottobre 1995
«Charan Das», giovane americano benestante trasferitosi in India per diventare sadhu.

«tiagu», particolare setta dei sadhu.

«sikh», seguaci del sikhismo.

21 dicembre 1995
Da questo viaggio ricava l'articolo «'Tibet addio, annega nell'alcol'» (*Corriere della Sera*, 5 maggio 1996) inserito col titolo «Il XIV Dalai Lama» nel volume *In Asia*.

29 gennaio 1996
«*Beating Retreat*», tradizionale cerimonia militare britannica: è la ritirata suonata la sera, alla fine di una giornata in battaglia, dopo che i soldati hanno sepolto i morti e accudito i feriti.

17 febbraio 1996
«Raghu», assistente, traduttore e interprete di Terzani a Delhi.

«corro più al Contadino», la casa dei Terzani all'Orsigna, sull'Appennino pistoiese.

21 febbraio 1996
«grande festa di Id»: si tratta della Id al-fitr, la festa islamica che celebra la fine del mese di digiuno del Ramadan.

22 febbraio 1996
«Bancarella», premio letterario nato a Pontremoli nel 1953. Con *Un indo-*

vino mi disse Terzani è tra i sei finalisti del XLIV Premio Selezione Bancarella insieme a *L'uomo che sussurrava ai cavalli* di Nicholas Evans, *Nuvolosità variabile* di Carmen Martín Gaite, *Signor Malaussène* di Daniel Pennac, *Le stagioni di Giacomo* di Mario Rigoni Stern, *Sensualità* di Stefano Zecchi.

23 febbraio 1996
« Monticelli », quartiere di Firenze dove Terzani è nato e cresciuto.

« Anzio », Hans-Joachim Staude (1904-1973), detto Hans-Jo, da cui Anzio. Pittore tedesco residente a Firenze dal 1928. Padre di Angela. Terzani era un suo grande ammiratore.

« Luigi Bernabò », agente letterario di Terzani insieme con la moglie Daniela.

27 febbraio 1996
« Muhammad Yunus », economista bengalese inventore del microcredito, fondatore della Grameen Bank, premio Nobel per la pace nel 2006.

28 febbraio 1996
« Ettore Mo », giornalista e inviato del *Corriere della Sera*.

« Renata », Renate Staude Moenckeberg, nata ad Amburgo, architetto. Suocera di Terzani, che le chiede di progettare e costruire la casa di Orsigna « Il Contadino ».

« Picador », editore anglo-americano.

7 aprile 1996
« Phoolan Devi » (1963-2001), figura popolare indiana conosciuta come la « Regina dei banditi », s'impegnò in politica prima di essere assassinata. Terzani ne scrive nell'articolo « *Rächerin der Gequälten* » (*Der Spiegel*, 22 aprile 1996) rielaborato e inserito col titolo « La regina dei banditi » nel volume *In Asia*.

« Mircea Eliade » (1907-1986), storico delle religioni e scrittore rumeno.

« *L'odore dell'India* », opera di Pier Paolo Pasolini (1922-1975) pubblicata nel 1962 da Longanesi, frutto di un viaggio con Alberto Moravia ed Elsa Morante.

7 maggio 1996
« Daniela e Luigi Bernabò », si veda la nota al 23 febbraio 1996.

16 maggio 1996
« Atal Bihari Vajpayee », primo ministro indiano in diverse legislature. Terzani lo aveva intervistato in esclusiva alcune settimane prima: « *Guru der Nationen* » (*Der Spiegel*, 6 maggio 1996).

« François Gautier », giornalista e scrittore francese vissuto in India dalla fine degli anni Settanta.

30 maggio 1996
« *T.T. vagabond d'Asie* », si riferisce all'articolo di Philippe Pons « *Tiziano Terzani vagabond d'Asie* » (*Le Monde*, 31 maggio 1996).

16 giugno 1996
« Rai Anand Krishna », storico dell'India e storico dell'arte indiana.

« Qutb Minar », il minareto in mattoni più alto del mondo.

« dinastia dei Mamluk », i Mamelucchi fondatori del sultanato di Delhi all'inizio del XIII secolo.

19 giugno 1996
« *chapati* », pane tradizionale della cucina indiana.

« *masala* », mix di spezie.

« moghul », dinastia imperiale di origine islamica che dominò in India tra XVI e XVIII secolo.

6 luglio 1996
« *lingam* », simbolo fallico appartenente al culto di Shiva.

12 luglio 1996
« Giuseppe Somenzi », direttore commerciale della Longanesi.

14 luglio 1996
« Piero Bertolucci », azionista, direttore della produzione e caporedattore della casa editrice Adelphi. Amico di Terzani dai tempi del Collegio medico-giuridico di Pisa.

27 luglio 1996
« sulle tracce di Madre Teresa »: ne ricaverà l'articolo « Madre Teresa, l'angelo dei dannati » (*Corriere della Sera*, 2 settembre 1996) inserito col titolo « Madre Teresa » nel volume *In Asia*.

31 luglio 1996
« Hanuman », il dio scimmia indù. Devoto di Rama, lo assiste nel poema epico *Ramayana*.

21 agosto 1996
« Momin Latif », poeta indiano di opere in lingua francese tra cui *Peut-être moi* (Liancourt, 2007).

10 settembre 1996
«*sannyasin*», nella tradizione induista colui che rinunciando a qualsiasi bene affronta l'ultima parte della vita, *sannyasa*.

11 settembre 1996
«Kundun», «la Presenza», una delle formule tibetane per nominare il Dalai Lama.

«Heinrich Harrer» (1912-2006), alpinista, esploratore e scrittore austriaco, noto per l'opera autobiografica *Sette anni nel Tibet* (Milano, 1999).

«Ngari Rinpoche», fratello minore del Dalai Lama.

12 settembre 1996
«Christopher Hitchens» (1949-2011), giornalista e saggista britannico autore nel 1995 del controverso *The Missionary Position: Mother Teresa in Theory and Practice*, pubblicato in Italia come *La posizione della missionaria: teoria e pratica di Madre Teresa* (Roma, 1997).

28 settembre 1996
«Billa», autista dello *Spiegel* a Delhi.

10 ottobre 1996
Dopo venticinque anni di carriera e centinaia di reportage, e dopo aver «lanciato» le sedi di Singapore, Hong Kong, Pechino, Tokyo, Bangkok e Delhi, Terzani lascia il settimanale tedesco *Der Spiegel*, formalizzando il prepensionamento.

16-19 ottobre 1996
«Cernobbio», ciclo di incontri organizzati dall'Aspen Institute.

6 novembre 1996
«Kalighat», quartiere di Calcutta.

27 novembre 1996
«nonna Lina», madre di Terzani, deceduta il 23 novembre a 87 anni.

«Elvi», collaboratrice domestica della famiglia Terzani.

27 dicembre 1996
«Rabindranath Tagore» (1861-1941), poeta e scrittore indiano in lingua bengalese, premio Nobel per la letteratura nel 1913.

«Kumbh Mela», il più importante pellegrinaggio degli indù.

26 gennaio 1997
«*shiro*», tipo di dolce.

29 gennaio 1997
«Jawaharlal Nehru» (1889-1964), fu il primo a diventare primo ministro dell'India indipendente, idolatrato dai connazionali.

5 febbraio 1997
«padre Balasuriya», Tissa Balasuriya (1924-2013), sacerdote e teologo cattolico srilankese autore di *Mary and Human Liberation. The Story and the Text* (Londra, 1997).

6 febbraio 1997
«Simon Winchester», giornalista del *Guardian*, esploratore e autore di grandi reportage per il *National Geographic*. Tra i suoi libri, *Il fiume al centro del mondo* (Vicenza, 2006) e *L'uomo che amava la Cina* (Milano, 2010).

21 febbraio 1997
«Thich Nhat Hanh», monaco buddhista vietnamita autore di numerose opere dedicate alle pratiche buddhiste e alla non-violenza.

15 marzo 1997
«Salpêtrière», ospedale di Parigi.

21-29 maggio 1997
Dopo Parigi, in seguito a ulteriori controlli medici a Bologna, Terzani riceve la conferma della diagnosi di un linfoma allo stomaco. Consigliato dall'amico John Burns, giornalista del *New York Times* sopravvissuto alla malattia, decide di partire per gli Stati Uniti per rivolgersi al più avanzato centro di ricerca del paese, il Memorial Sloan Kettering Cancer Center di New York. Racconta questo passaggio nel primo capitolo «Un cammino senza scorciatoie» di *Un altro giro di giostra*.

30 maggio 1997
Sabato 31 maggio Terzani riceve il Premio Luigi Barzini all'inviato speciale.

17 giugno 1997
Prima di sottoporsi alle terapie oncologiche, Terzani parte per Hong Kong deciso a raccontare un evento epocale: la restituzione alla Cina dell'isola di Hong Kong. Da lì scrive il «Diario di Hong Kong», una serie di reportage destinati al *Corriere della Sera* in cui ripercorre la storia e l'evoluzione della piccola colonia inglese intrecciata a ricordi e suggestioni private, avendovi vissuto stabilmente con la famiglia nella seconda metà degli anni Settanta e nel periodo 1984-1985, dopo l'espulsione dalla Cina.

« *coolie* », parola cinese che viene da « ku-li », « triste forza », quella dei lavoratori a giornata che portano, tirano, sollevano con la sola forza dei loro corpi. Espressione usata dagli inglesi in tutte le loro colonie d'Asia.

19 giugno 1997
« Scrivo il mio primo pezzo », si riferisce all'articolo « Hong Kong addio per sempre » (*Corriere della Sera,* 20 giugno 1997), « primo » articolo dopo gli ultimi difficili mesi.

21 giugno 1997
« *xiao* Liu », vedi nota al 10 febbraio 1984.

31 luglio 1997
« aggiustatori », il soprannome dato da Terzani ai medici di New York.

29 agosto 1997
« Trasloco », per sottoporsi alle lunghe cure Terzani affitta un monolocale a New York.

6 settembre 1997
« Enrico Mugnaini », neuroscienziato, compagno di Terzani al Collegio medico-giuridico di Pisa, dal 1970 ricercatore all'Università di Chicago, citato nel capitolo « I pezzi dell'Io » in *Un altro giro di giostra.*

12 settembre 1997
« Day One », comincia il ciclo di cure chemioterapiche, raccontate nel capitolo « Quel tale nello specchio » in *Un altro giro di giostra.*

16 settembre 1997
« John Gruen », giornalista e scrittore americano.

19 settembre 1997
« l'idea del libro », da subito Terzani capisce che il cancro è una « storia » che merita di essere raccontata. Per questo motivo ne parla con Mario Spagnol, editore della Longanesi, e sarà proprio a lui che dedicherà il volume *Un altro giro di giostra*: « Alla memoria di Mario Spagnol, mio editore elettivo, con cui per primo parlai di questo viaggio ».

20 settembre 1997
« Patrick Sabatier », corrispondente francese di *Libération* in Asia.

27 settembre 1997
« il libro-raccolta dei migliori articoli »: con Spagnol, Terzani pensa a un nuovo progetto editoriale, un'antologia di reportage che raccolga la venten-

nale esperienza nel continente asiatico. Diventerà appunto *In Asia*, pubblicato nel giugno 1998.

« il libro sull'infanzia »: Terzani cova un altro progetto, un memoir che racconti la vita del quartiere di Monticelli in cui è nato e l'Italia degli anni Quaranta e Cinquanta.

2 ottobre 1997
« *katorga* », bagno penale in cui venivano deportati i sovietici condannati ai lavori forzati.

« Hiroshige Utagawa » (1797-1858), pittore di stampe giapponesi.

« Daniel 'Dan' Rather », noto giornalista e commentatore televisivo americano della CBS.

6 novembre 1997
« riedizione della *Porta*, la mia *Asia*, il libro sul viaggio nel cancro »: nell'ordine si riferisce alla nuova edizione della *Porta proibita*, al volume antologico *In Asia* (entrambi pubblicati nel 1998) e a *Un altro giro di giostra*, che Mario Spagnol non farà in tempo a vedere, stroncato dalla malattia nel settembre 1999.

12 gennaio 1998
Terzani torna a New York preparandosi al ciclo di radioterapia che comincia poche settimane dopo. Racconta l'esperienza nel capitolo « Nelle braccia della Ragna » di *Un altro giro di giostra.*

25 gennaio 1998
« INPGI », Istituto nazionale di previdenza dei giornalisti italiani.

29 gennaio 1998
« Paul De Angelis », editor e traduttore americano per l'editore St. Martin's Press.

1° marzo 1998
« *hutong* », i vicoli della vecchia Pechino, cancellati dalle politiche di sviluppo delle autorità cinesi.

8 marzo 1998
« Kofi Annan », diplomatico ghanese, Segretario generale delle Nazioni Unite dal 1997 al 2006.

« Arthur Schlesinger » (1917-2007), storico e saggista americano.

« Gavin Young » (1928-2001), giornalista e corrispondente di guerra per *The Observer* e *The Guardian.*

« Bob Silvers », dal 1963 direttore della *New York Review of Books* e suo cofondatore.

« Jonathan Galassi », poeta americano, traduttore di Montale, Calvino e Leopardi, critico letterario, attuale presidente dell'editore Farrar, Straus and Giroux.

« William Shawcross », scrittore e influente giornalista inglese, autore di numerosi libri tra cui *Sideshow: Kissinger, Nixon and the Destruction of Cambodia* (New York, 1979) e *The Shah's Last Ride* (New York, 1988). Amico dei Terzani dai tempi della guerra in Vietnam.

22 aprile 1998
« l'ultima parola del 't.t. in Asia' », si riferisce al volume *In Asia.*

Metà/fine di maggio 1998
« John Burns », giornalista inglese, corrispondente del *New York Times* da Delhi, vincitore di due Premi Pulitzer.

1° giugno 1998
« Jean Kershner », nata Staude, cugina di Angela, moglie del regista Irvin Kershner, amico di Terzani.

23 settembre 1998
« l'introduzione alla ristampa », si riferisce alla ristampa de *La porta proibita.*

24 settembre 1998
« Clive Staples Lewis » (1898-1963), scrittore britannico, autore del *Diario di un dolore* (Milano, 1990).

« *Lettres persanes* », romanzo di Montesquieu (1689-1755) pubblicato nel 1721.

9 ottobre 1998
« Deepak Puri », giornalista indiano della redazione di *Newsweek* a Delhi, di grande aiuto per molti corrispondenti stranieri.

15 ottobre 1998
« padre Sandro Bencivenni », gesuita italiano, professore alla Sofia University di Tokyo, conosciuto da Terzani nel 1965 durante la sua prima visita a Tokyo in veste di funzionario dell'Olivetti.

16 ottobre 1998
« l'introduzione per Piteglio », si riferisce al libro di Giuseppe Mucci, *Fattecosiècche... Leggende, paure e riti del paese di Piteglio* (Pistoia, 1999).

« *darshan* », « visione o manifestazione del divino », il Dalai Lama, appunto.

« Mahesh », collaboratore domestico dei Terzani a Delhi.

11 novembre 1998
« Nicholas Roerich » (1874-1947), scrittore, antropologo, esploratore e pittore russo. I suoi dipinti dell'Himalaya, esposti in musei russi e indiani, e ai quali è dedicato un intero museo a New York, erano molto amati da Terzani, tanto che volle inserire un suo dipinto sulla quarta di copertina di *Un altro giro di giostra.*

13 novembre 1998
« *lingam* », si veda la nota al 6 luglio 1996.

3 dicembre 1998
« parte il container », Terzani decide di spedire a Firenze libri e oggetti accumulati in decenni di viaggi.

8 dicembre 1998
« Almora », città nello Stato dell'Uttarakhand, all'estremo nord dell'India, a circa 350 chilometri dalla capitale Delhi, ai piedi della catena himalayana sul confine di Tibet e Nepal. L'area è famosa per essere stata frequentata dal mistico Vivekananda. Intorno alla metà del Novecento, una comunità di studiosi, artisti e buddhisti stranieri, diventati amici di Vivek Datta, si era insediata su un crinale che venne soprannominato « Crank's Ridge » (da Terzani tradotto in *Un altro giro di giostra* come « Crinale degli Strambi »), oggi meta di hippies e seguaci di Osho.

« Marie-Thérèse Dominé Datta », moglie belga di Vivek, ricercatrice e collaboratrice di Alain Daniélou (1907-1994), orientalista francese e storico delle religioni, in particolare dell'induismo e della musica indiana.

« Vivek Datta », l'uomo che nel volume *Un altro giro di giostra* Terzani soprannomina « il Vecchio ». Sposato con Marie-Thérèse, abita dagli anni Cinquanta a Binsar, una zona remota nella foresta, in alta quota e raggiungibile solo a piedi.

« Earl Brewster » (1878-1957), pittore americano, abitò ad Almora negli anni Trenta.

14 marzo 1999
« Brunalba », moglie di Mario Sabatini. Ex pastori, amici e guardiani della casa « il Contadino » di Terzani all'Orsigna.

21 marzo 1999
« *sangha* », vita all'interno di una comunità monastica.

22 marzo 1999
«Arthur Waley» (1889-1966), traduttore e orientalista inglese.

«Ivan Morris» (1925-1976), traduttore e autore di origine inglese, docente di lingue orientali alla Columbia University negli anni in cui Terzani frequentava l'università newyorkese.

«quella foto con cui vorrei essere ricordato», il figlio Folco esaudirà questo desiderio chiudendo il libro *La fine è il mio inizio* con l'immagine di Terzani sul letto di morte.

23 marzo 1999
«muong», minoranza etnica del Nord del Vietnam.

31 marzo 1999
Terzani raggiunge Anaikatti, vicino a Coimbatore, nello Stato del Tamil Nadu. Qui frequenta per diversi mesi un istituto di vedanta e sanscrito, l'Arsha Vidya Gurukulam. Il seminario è retto dallo *swami* Saraswati Dayananda, conosciuto a San Francisco durante una conferenza sulla filosofia indiana al campus della Berkeley University. Lo stesso *swami* invita Terzani a Saylorsburg, in Pennsylvania, dove insegna in un altro *ashram.* L'esperienza ad Anaikatti è raccontata nell'articolo «Io, senza nome a scuola dal guru» (*Corriere della Sera*, 4 luglio 1999).

1º aprile 1999
«*pujari*», colui che pratica la *puja*, la cerimonia induista di offerta verso una divinità.

«*swami-ji*», appellativo comunemente riferito ai «maestri». In hindi, l'aggiunta di un «ji» al nome è un segno di rispetto.

«*satsang*», negli *ashram* momento di meditazione collettiva.

3 aprile 1999
«*mandir*», il tempio.

4 aprile 1999
«Vidiadhar Surajprasad Naipaul», scrittore britannico, premio Nobel per la letteratura nel 2001, autore di *Alla curva del fiume* (Milano, 1982), citato nel capitolo «La luce nelle mani» in *Un altro giro di giostra.*

12 aprile 1999
«banyan», baniano, albero del genere ficus diffuso in India e considerato sacro.

13 aprile 1999
Terzani viaggia verso Kottakkal, nello Stato del Kerala, e per alcuni giorni frequenta l'Arya Vaidya Sala, uno tra i più rinomati centri ayurvedici dell'India. L'esperienza è raccontata nel capitolo « Il teatro fa guarire » in *Un altro giro di giostra.*

« *salwar kamiz* », abito tradizionale di molte popolazioni del Sudest asiatico.

« *Gita* », *Bhagavad Gita*, poema religioso e testo sacro dell'induismo.

14 aprile 1999
« *samadhi* », tomba o monumento funerario.

15 aprile 1999
« *dhoti* », in India abito tradizionale maschile.

30 aprile 1999
« Ishvara », nella *Gita* indica la forma suprema del divino.

27 maggio 1999
« Joachim Yahalom », medico del Memorial Sloan Kettering Cancer Center.

30 giugno 1999
« Anna Libera Dallapiccola », indologa presso l'Università di Heidelberg in Germania.

« *mahout* », colui che cavalca e pilota l'elefante.

4 luglio 1999
Terzani viaggia verso Derisanamcope, nel distretto di Kanyakumari, e si reca dal giovane medico ayurvedico L. Mahadevan, incontrato nell'*ashram.* L'esperienza è raccontata nel capitolo « Il medico per i sani » in *Un altro giro di giostra.*

« *rishi* », nell'induismo i « veggenti ».

« *rangoli* », forma d'arte indiana per decorare cortili o pavimenti con disegni di polvere colorata o riso.

« mi manca moltissimo Ernesto », Ernesto Labriola, cardiologo bolognese, da sempre medico di Terzani e insieme alla moglie Maria Rosa amici di una vita.

11 luglio 1999
« per portarci a Palestrina », in provincia di Roma Terzani riceve il Premio per la letteratura di viaggio L'albatros per l'opera *In Asia.*

« *voyager autour de ma chambre...* », Terzani cita l'opera del francese Xavier de Maistre (1763-1852) *Voyage autour de ma chambre*, pubblicata nel 1794. Ed. italiana, *Viaggio intorno alla mia camera* (Bergamo, 1999).

« Sven Hedin » (1865-1952), esploratore e geografo svedese.

« Ferdinand von Richthofen » (1833-1905), geologo tedesco, grande esploratore del Sudest asiatico.

20 novembre 1999
Terzani va a Manila per raccogliere storie e informazioni sui guaritori filippini di cui parla nel capitolo « Salvi per magia » nel volume *Un altro giro di giostra.*

« María Corazón Aquino » detta « Cory » (1933-2009), presidente delle Filippine dal 1986 al 1992, vedova di Benigno Aquino Jr., massimo oppositore del dittatore Ferdinand Marcos.

« Gregorio Honasan », conosciuto come « Gringo », senatore filippino tra i responsabili della deposizione di Marcos.

23 novembre 1999
« un meraviglioso gesuita di 77 anni »: si riferisce all'incontro con padre Jaime Bulatao, fondatore del dipartimento di Psicologia dell'Università di Manila, citato nel capitolo « Salvi per magia » in *Un altro giro di giostra.*

25 novembre 1999
« *anting-anting* », « amuleto » in filippino.

1º dicembre 1999
Terzani si sottopone a una settimana di digiuno sull'isola di Ko Samui. Esperienza raccontata nel capitolo « L'isola della salute » in *Un altro giro di giostra.*

8 dicembre 1999
« Harvey Stockwin », giornalista freelance inglese, collaboratore del *South China Morning Post* di Hong Kong. Conoscitore di tutto l'Estremo Oriente, alla fine degli anni Ottanta scrive anche di Giappone dove Terzani lo ospita per settimane a casa sua.

13 dicembre 1999
Terzani va a Macao per documentare la restituzione della colonia portoghese alla Cina. Sulla base dell'accordo sino-lusitano del 1987 il ritorno definitivo di Macao alla Cina avviene alla mezzanotte del 20 dicembre 1999.

« padre Minella », Luigi Minella (1911-1999), Terzani lo cita nell'articolo « Io, in fuga dall'orrore di Macao » (*Corriere della Sera*, 19 dicembre 1999).

« Paul Theroux », scrittore e viaggiatore americano.

23 dicembre 1999
« Deodars », guesthouse gestita dalla coppia Richard ed Elisabeth Wheeler. Si tratta di una abitazione coloniale di fine Ottocento ad Almora. Terzani e la moglie la usano come tappa prima di proseguire verso Binsar, che prevede ancora un'ora di auto lungo i crinali e una salita a piedi fino alla foresta in alta quota. Terzani racconta di Deodars, Almora e della storica comunità di Crank's Ridge nel capitolo « Un flauto nella nebbia » in *Un altro giro di giostra.*

25 dicembre 1999
« Anam », attore americano che si è ritirato sul crinale di Almora (con Anandi) per finire la sua vita come « Anam ». È da lui che Terzani prende lo spunto per chiamarsi « Anam », « colui che non ha nome ».

31 dicembre 1999
« Arun Singh », politico e membro del governo indiano.

« Alice Boner » (1889-1981), pittrice e scultrice svizzera. Affascinata dal coreografo Uday Shankar e dalla cultura indiana, si trasferì in India negli anni Trenta.

1º gennaio 2000
Terzani si stabilisce in una capanna a Binsar che diventa il luogo dove ritirarsi dal mondo e dedicarsi alla scrittura di *Un altro giro di giostra.* I lunghi mesi di soggiorno sono interrotti dai controlli oncologici a New York.

« Novalis », detto Novi, figlio di Folco e della sua prima moglie, primo dei nipoti di Terzani.

4 gennaio 2000
Terzani viaggia per dieci giorni in Pakistan in compagnia di Angela e dell'amico Léopold.

6 gennaio 2000
« *naan* », pane azzimo preparato dai musulmani in Medio Oriente, Asia centrale, Pakistan e India.

7 gennaio 2000
« *mala* », rosario diffuso nell'induismo per la recita di mantra o preghiere.

8 gennaio 2000
« Paolo Avitabile » (1791-1850), generale italiano del Regno delle Due Sicilie, figura dai tratti leggendari, viaggiò in Persia e fu governatore di Pes-

hawar. Terzani lo cita anche nella « Lettera da Peshawar. Al bazar dei racconta-storie » in *Lettere contro la guerra.*

9 gennaio 2000
« Vivekananda » (1863-1902), leader spirituale indù.

21 gennaio 2000
« *thulma* », pesante trapunta di cotone.

« Tara », proprietario di una piccola bottega di commestibili, con telefono e fax, ai piedi della guesthouse Deodars.

24 gennaio 2000
« Krishna Prem », alias Ronald Henry Nixon (1898-1965), inglese, tra i fondatori dell'*ashram* di Mirtola, non lontano da Almora, maestro di Vivek.

« Ramana Maharshi » (1879-1950), figura religiosa e mistico indiano, esponente di spicco della scuola Advaita Vedanta.

27 gennaio 2000
« *Il segreto del fiore d'oro* », opera dello psicanalista svizzero Carl Gustav Jung (1875-1961) e del sinologo e missionario tedesco Richard Wilhelm (1873-1930) (Torino, 2001).

31 gennaio 2000
« Govind », giovane aiutante di Terzani a Binsar.

5 febbraio 2000
« *Il Monte Analogo* » (Milano, 1968), opera dello scrittore francese René Daumal (1908-1944).

6 febbraio 2000
« *rishi* », si veda la nota al 4 luglio 1999.

10 febbraio 2000
« Nandu », aiutante di Terzani a Binsar.

13 febbraio 2000
« *sannyasin* », si veda la nota al 10 settembre 1996.

27 febbraio 2000
« Helena Norberg-Hodge », linguista, ricercatrice e ambientalista di origine svedese, autrice di *Futuro arcaico: lezioni dal Ladakh* (Casalecchio, 2000).

28 febbraio 2000
« Paul Brunton » (1898-1981), viaggiatore inglese, studioso di esoterismo, fu discepolo di Ramana Maharshi. Autore di *India segreta* (Vicenza, 2004).

29 luglio 2000
« Andrea Bocconi », scrittore psicoterapeuta toscano, autore di *Viaggiare e non partire* (Parma, 2002) e *India formato famiglia* (Parma, 2011).

21 settembre 2000
« Mara Amorevoli », giornalista, già collaboratrice di *Repubblica.*

29 settembre 2000
Durante un periodo di cura a New York, Terzani va all'Arsha Vidya Gurukulam di Saylorsburg, in Pennsylvania, invitato dallo stesso *swami* di Anaikatti.

9 ottobre 2000
« Christopher Isherwood » (1904-1986), scrittore inglese, si convertì all'induismo dedicandosi in particolare allo studio e alla traduzione della letteratura vedica.

28 ottobre 2000
« Folco alla ricerca del suo sadhu », il figlio di Terzani sta raccogliendo materiali e interviste per un documentario sui sadhu.

5 novembre 2000
« Jane Perkins », detta anche « crazy Jane », amica inglese di Terzani, a Dharamsala da quindici anni, traduttrice e militante della causa tibetana. Grazie a lei Terzani conosce Rinpoche, il fratello, « segretario » e medico del Dalai Lama.

16 novembre 2000
« Heinrich Schliemann » (1822-1890), archeologo tedesco, riportò alla luce l'antica città di Troia e il tesoro del re Priamo. Morì per strada a Napoli, da solo, ignoto a tutti. Una selezione dei suoi diari è stata raccolta nel volume *La scoperta di Troia* (Torino, 2006).

24 novembre 2000
Net of Magic: Wonders and Deceptions in India, libro di Lee Siegel, scrittore e saggista americano, esperto di letteratura comparata e letteratura indiana, collaboratore fra gli altri del *New Yorker* e del *New York Times.*

3 dicembre 2000
« Nandu », si veda la nota al 10 febbraio 2000.

10 dicembre 2000
Alla fine dell'anno Vivek, grazie all'aiuto della figlia Mukti, consegna a Terzani una baita più grande e più comoda, restaurata perché possa ospitare più persone. L'abitazione è battezzata con il nome « Anam Sheranam », il « Rifugio di Anam », e inaugurata con una piccola cerimonia religiosa. Questo fa sì che Terzani decida con Angela di traslocare la maggior parte dei mobili da Delhi a Firenze, di tenere l'appartamento di Delhi solo come pied-à-terre e Binsar come casa principale.

30 dicembre 2000
« su Anzio, i quadri, la mostra », Angela è impegnata nella preparazione di una retrospettiva a Berlino dedicata al padre, Hans-Joachim Staude (1904-1973), pittore tedesco che si trasferì stabilmente a Firenze dal 1929.

9 gennaio 2001
« Shoban Singh », autista di Mukti, figlia di Vivek e Marie Thérèse. A volte a disposizione di Terzani.

« Edward James 'Jim' Corbett » (1875-1955), cacciatore ed esploratore britannico, famoso per la caccia ai « grandi felini » in India e Africa. Spesso chiamato nelle regioni dell'Himalaya per eliminare le « tigri mangia-uomini », di cui scrisse in molti libri. Convertito all'ambientalismo promosse la creazione del primo parco nazionale indiano. Kaladunghi è sede del Jim Corbett Museum.

22 gennaio 2001

« *pandit* », un bramino colto.

« *babu* », vezzeggiativo dato a uomini che lavorano, come i barcaioli.

10 febbraio 2001
« René Guénon » (1886-1951), autore francese, si convertì all'islam. Cultore delle dottrine orientali, arabe e indiane, fu autore di numerose opere legate alla metafisica e alla filosofia.

28 febbraio 2001
« Jaggat », uno dei portatori indiani della montagna.

2 marzo 2001
« Giacosa », storico caffè sulla via Tornabuoni a Firenze.

6 marzo 2001
« Terry Anderson », giornalista americano dell'Associated Press, catturato in Libano e tenuto in ostaggio dai militanti di Hezbollah dal 1985 al 1991.

5 maggio 2001
« mostra alla Zitadelle », Terzani raggiunge la Cittadella di Spandau a Berlino per l'inaugurazione della retrospettiva dedicata al suocero, Hans-Joachim Staude, organizzata da Angela.

28 maggio 2001
« Axel Munthe » (1857-1949), scrittore e psichiatra svedese, autore di *La storia di San Michele* (Milano, 2010), testo autobiografico il cui titolo richiama la villa che costruì sull'isola di Capri.

1º ottobre 2001
In seguito agli attentati dell'11 settembre, la mattina del 14, giorno del suo sessantatreesimo compleanno, Terzani manda via e-mail al direttore del *Corriere della Sera*, Ferruccio de Bortoli, « centoquaranta righe, intitolate 'Una buona occasione' e che ti mando. Giudica te. Conosci il mio principio: io mi sento libero di scrivere e tu ti devi sentire libero di pubblicare o non pubblicare ». Il 16 settembre il quotidiano pubblica « Quel giorno, tra i seguaci di Bin Laden ». Il testo diventerà la base del volume *Lettere contro la guerra*. Ma il 29 settembre il *Corriere della Sera* pubblica a tutta pagina « La rabbia e l'orgoglio », una lunga lettera da New York di Oriana Fallaci che rompe un silenzio durato oltre dieci anni. Scoppia una bufera giornalistica che coinvolge intellettuali, opinionisti, politici. L'8 ottobre il *Corriere* dà spazio alla risposta di Terzani che si rivolge direttamente alla Fallaci con « Il Sultano e san Francesco », articolo che gli procura feroci critiche da parte di Mario Pirani, Giovanni Sartori, Giuliano Zincone e Piero Ostellino. A quelli che chiamerà « soloni, vecchi che non sanno pensare al nuovo », Terzani risponde con ciò che ha fatto per tutta la vita, viaggiando e testimoniando: alla fine del mese, a 63 anni, malato (pochissimi però sanno delle sue condizioni di salute), parte per il Pakistan e l'Afghanistan, accompagnato dall'amico Léopold.

« Oriana Fallaci », si veda la nota al 31 ottobre 1991.

16 ottobre 2001
« Mario Pirani », giornalista di *Repubblica* autore dell'articolo « I profeti disarmati davanti al terrore » (*la Repubblica*, 13 ottobre 2001).

17 ottobre 2001
« Colin Powell », generale e Segretario di Stato degli Stati Uniti dal 2001 al 2005.

22 ottobre 2001
« *ulema* », nel mondo musulmano termine che indica i « maestri » o i « sapienti » a cui è riconosciuto grande rispetto.

« Beniamino Natale », giornalista corrispondente dell'ANSA da Delhi e Pechino.

29 ottobre 2001
Terzani manda da Peshawar, il 27 ottobre, un'altra « lettera » a de Bortoli che viene pubblicata il 31 ottobre col titolo « Il soldato di ventura e il medico afghano ».

3 novembre 2001
« Ahmed Rashid », giornalista pakistano della *Far Eastern Economic Review*. Autore di *Caos Asia. Il fallimento occidentale nella polveriera del mondo* (Milano, 2008, vincitore del Premio internazionale Tiziano Terzani 2009), e *Talebani. Islam, petrolio e il grande scontro in Asia centrale* (Milano, 2010).

« Tim McGirk », giornalista corrispondente dell'*Independent* poi Bureau Chief di *Time Magazine.*

5 novembre 2001
« Melinda Liu », corrispondente di *Newsweek* dall'Estremo Oriente.

15 novembre 2001
Il 15 il *Corriere* pubblica « Il profeta guerriero e quel tè nel bazar » e il 16 « L'ospedale dei disperati e il talebano con il computer ».

1º dicembre 2001
« Marina Forti », giornalista e inviata del *manifesto*, autrice di *Il cuore di tenebra dell'India. Inferno sotto il miracolo* (Milano, 2012).

3 dicembre 2001
« Nancy Duprée », moglie dell'archeologo americano e studioso della cultura e dell'arte afghana Louis Duprée (1925-1989), direttrice dell'Afghanistan Center dell'Università di Kabul.

« l'ex direttore del museo », di cui parlerà in un'ulteriore « lettera » che spedirà da Kabul e che il *Corriere* pubblicherà il 24 dicembre col titolo « Il venditore di patate e la gabbia dei vecchi lupi ».

6 dicembre 2001
« Gino Strada », chirurgo e fondatore della ONG italiana Emergency. Terzani lo cita nella « Lettera dall'Himalaya. Che fare? » in *Lettere contro la guerra*. Nel 2004, a pochi mesi dalla scomparsa di Terzani, Emergency intitolerà il centro chirurgico afghano di Lashkar Gah al « giornalista italiano e cittadino del mondo, scrittore di guerra e promotore di pace ».

« Ahmad Shah Massoud » (1953-2001), noto anche come il « Leone del

Panshir», leader e capo militare della resistenza afghana contro l'invasione sovietica prima e contro il regime dei talebani poi.

«Gulbuddin Hekmatyar», comandante dei mujahidin dell'Afghanistan, impegnato nella resistenza antisovietica e nella Guerra civile afghana degli anni Novanta.

10 dicembre 2001
«Con Abbas al cimitero»: a Kabul, dove si trova Terzani, c'è anche l'amico Abbas, fotografo dell'agenzia Magnum, che lo ritrae nel cimitero sciita di Sakhi-jan, immagine poi scelta per la copertina del libro *Lettere contro la guerra*. Negli stessi giorni Abbas scatta la foto scelta per la copertina di *Un'idea di destino*, che ritrae Terzani nel piccolo albergo in cui alloggia e lavora.

11 dicembre 2001
«Alberto Cairo», fisioterapista italiano impegnato in Afghanistan dalla fine degli anni Ottanta per conto del Comitato internazionale della Croce Rossa, autore di *Mosaico afghano. Vent'anni a Kabul* (Torino, 2010). Terzani lo cita nella «Lettera da Kabul. Il venditore di patate e la gabbia dei lupi» in *Lettere contro la guerra*.

21 dicembre 2001
«limo il pezzo», si riferisce all'articolo «Il venditore di patate e la gabbia dei vecchi lupi» (*Corriere della Sera*, 24 dicembre 2001). Terzani si ritira a Delhi e a Binsar per completare le *Lettere contro la guerra*. Raccoglie i cinque testi scritti per il *Corriere*, vi aggiunge i due testi inediti «Lettera da Delhi. Hei Ram» e «Lettera dall'Himalaya. Che fare?» e l'introduzione «10 settembre 2001: il giorno mancato».

31 gennaio 2002
«*Mahabharata*», poema epico indiano, testo sacro della religione induista. Bhishma è uno dei personaggi.

«Ananda Coomaraswamy» (1877-1947), filosofo srilankese tra i massimi studiosi dell'arte indiana e dei rapporti tra civiltà orientale e occidentale, autore fra gli altri di *La danza di Shiva* (Milano, 2011), *Induismo e buddhismo* (Milano, 2005).

20 maggio 2002
L'assenza dalle pagine dei diari è giustificata dal rientro di Terzani in Italia per il lancio di *Lettere contro la guerra* con un preciso impegno annunciato ad amici e conoscenti in una e-mail del 17 gennaio: «Ho giusto finito di scrivere l'ultima parola di un libretto, *Lettere contro la guerra*, che uscirà con Longanesi fra un mese esatto. Ci tengo moltissimo, non come un solito ego-trip, ma perché lo considero un dovere morale. Per questa ragione non

starò al mio impegno di tenermi fuori dal mondo. Da quando 'Osama bin Laden smoked me out of my cave' mi sono rimesso, da 'pensionato' con una press card falsa fatta a Bangkok, on the road, prima lungo la frontiera Pak-afghana e poi a Kabul. Sono ora nel mio rifugio fra le montagne per ricaricare le batterie e affrontare l'Italia. Ci verrò per un mese e mezzo a parlare, dovunque e a chiunque mi vorrà ascoltare, di questa storia. Il libro non è in nessun modo 'giornalistico', si tratta di lettere scritte a mio nipote Novalis che le leggerà quando io non sarò più in questo corpo, ma quando l'umanità dovrà ancora una volta affrontare il problema della sua possibile estinzione. Il giro in Italia non è per 'spingere' il libro, ma piuttosto un pellegrinaggio di pace. Andrò dovunque sarò invitato tranne ai tv show dove tutto, anche la guerra e la morte, diventa solo una scusa per fare spettacolo, aizzare una zuffa, togliere la parola a uno per darla a una soubrette o a un generale che non ha mai visto la guerra. Tengo moltissimo a parlare ai giovani».

Il «pellegrinaggio di pace» comincia con un'anteprima il 20 febbraio a Firenze e lo impegna in tutta Italia portandolo in scuole, teatri, persino conventi. Dopo i primi di maggio fa ritorno a Binsar.

21 maggio 2002
«Marco Pallis» (1895-1989), alpinista ed esploratore inglese, studioso della cultura tibetana e delle tradizioni buddhiste, autore di numerosi saggi tra cui *Il loto e la croce* (Milano, 1976), collaborò alla rivista *Studies in Comparative Religion* per cui scrissero René Guénon e Ananda Coomaraswamy.

3 giugno 2002
«*Giorni cinesi*», si riferisce alla nuova edizione del volume di Angela Terzani Staude pubblicato in edizione tascabile dalla Tea di cui Stefano Res era, ed è tuttora, direttore editoriale.

12 giugno 2002
«Henry Moore» (1898-1986), artista e scultore britannico, noto per le sue imponenti opere antropomorfe.

19 giugno 2002
«Pëtr Dem'janovič Uspenskij» (1878-1947), filosofo russo autore di *La quarta via. Discorsi e dialoghi secondo l'insegnamento di G.I. Gurdjieff* (Roma, 1974), fu allievo di Georges Ivanovič Gurdjieff (1872-1949), mistico di origini armene.

8 luglio 2002
«Ramprasad Sen», poeta bengalese del XVIII secolo, autore di poemi e canti devozionali conosciuti come *Ramprasadi*, espressione in particolare della corrente induista dello shaktismo.

25 dicembre 2002
La comparsa di un nuovo tumore allo stomaco costringe Terzani a un'operazione che risulta vana: per l'estensione delle metastasi il chirurgo rinuncia a operare. Gli vengono diagnosticati dai tre ai sei mesi di vita (saranno invece venti). Terzani decide di sospendere qualunque cura e rientra in Italia. Con incredibile forza ed entusiasmo si lascia coinvolgere nelle manifestazioni pubbliche dedicate alla pace e alla non-violenza. Riparte quindi per Binsar, deciso a completare, nel tempo che gli rimane, la scrittura di *Un altro giro di giostra.*

29-30 gennaio 2003
« bel viaggio verso Bageshwar »: Terzani viaggia in macchina con Angela per le vicine valli himalayane in cerca di antichi templi e nuovi scialli indiani.

8-9 marzo 2003
« viaggio a Jageshwar », uno dei più importanti luoghi sacri nell'Himalaya, sede di numerosi templi nascosti in mezzo alla foresta e affiancati da un torrente sulle cui rive vengono cremati i morti. Qui si pensa sia nato Shiva.

Metà marzo 2003
« far partire Angela per l'Italia prima che scoppi la guerra », si riferisce ai rumori di guerra fra India e Pakistan per cui Arun Singh è stato richiamato a Delhi.

9 aprile 2003
I diari s'interrompono e vengono abbandonati per dedicarsi alla scrittura di *Un altro giro di giostra.* Terzani trascorre gli ultimi mesi a Binsar finché a Natale rientra a Firenze per rivedere la famiglia e partecipare al matrimonio della figlia Saskia. Non tornerà mai più in Asia. Entro febbraio completa gli ultimi capitoli e li consegna a Longanesi che pubblica il volume il 25 marzo 2004. Annuncia il libro personalmente con un'e-mail destinata a coloro che lo seguono sul sito ufficiale www.tizianoterzani.com, l'11 marzo:

> Amiche carissime, carissimi amici,
> è passato più di un anno da quando vi scrissi che mi sarei ritirato a cercare di finire il libro a cui stavo lavorando. E finalmente la montagna, letteralmente la montagna, ha partorito il topolino: *Un altro giro di giostra* è in corso di stampa e il 25 marzo sarà nelle librerie, non più una cosa mia, ma un ultimo figlio che ora camminerà con le sue gambe. È stato il libro che ho scritto con più sofferenza, ma alla fine, come succede, anche con più gioia perché di tutte le storie che ho raccontato in passato questa è di gran lunga la più intima, la più coinvolgente e raccontarla col massimo di sincerità, cercando a ogni passo di essere onesto con me stesso e col lettore, è stata una continua, bella sfida.

Viaggiare è sempre stato per me un modo di vivere e così, anche quando nel 1997 mi venne annunciato che la mia vita era in pericolo, mettermi in viaggio in cerca di una soluzione fu la mia risposta istintiva. Sapevo che questo sarebbe stato un viaggio diverso da tutti i precedenti: un viaggio a cui non ero preparato, un viaggio in una terra incognita di cui non avevo mappe. Sapevo anche però che di tutti i viaggi sarebbe stato il più impegnativo, il più intenso, perché ogni passo, ogni scelta, a volte fra ragione e follia, fra scienza e magia, mi riguardava direttamente, avrebbe avuto a che fare con la mia sopravvivenza. Dovunque presi appunti su quel che vedevo, sentivo, provavo.

Un altro giro di giostra è la storia di questo peregrinare che comincia nella pesante materialità del corpo e finisce anni dopo nello staccarsi dal corpo e cercare quel che di meno fisico ci sta dietro: un'anima? una coscienza che mai nasce e per questo mai muore?

La prima tappa è New York. Dopo esser vissuto per decenni in Estremo Oriente mi ritrovo nel cuore dell'Occidente più estremo. Ne nasce così, come fosse un libro nel libro, un ritratto angoscioso degli Stati Uniti come la punta più avanzata della nostra civiltà e anche della nostra attuale decivilizzazione.

Dopo mesi negli Stati Uniti, torno finalmente « a casa », in India, e lì, perseguendo la ricerca di qualcosa o qualcuno che mi aiuti, mi dedico a quell'aspetto fondamentale dell'India – la sua spiritualità – a cui in anni di giornalismo non ero mai riuscito ad avvicinarmi.

Il libro diventa allora anche un insolito resoconto sull'India, sul suo costante rapporto col divino, sull'India delle leggende, dei miti, delle belle storie della saggezza popolare che, strada facendo, raccolgo, ora andando a vivere come semplice allievo in un *ashram*, ora andando da paziente in strani ospedali ayurvedici o mettendomi in mano a meravigliosi medici, convinti di sapere sull'uomo tutto quel che c'è da sapere grazie ai testi sacri di migliaia di anni fa, perché niente nel fondo cambia e all'origine di tutti i nostri guai c'è il nostro distacco dalla natura e la perdita della nostra connessione cosmica.

Ogni civiltà ha un suo modo di affrontare i problemi umani compreso quello del male e del dolore. Non voglio farmene sfuggire nessuno. Da qui la determinazione a passare attraverso la medicina tibetana, quella cinese, quella indiana, attraverso l'omeopatia: ogni volta con un maestro che mi spiega i principi fondatori e la storia della sua pratica. Da qui la frequentazione di corsi di yoga, reiki, qi gong, l'incontro con i più vari personaggi e il ficcarmi nelle più assurde situazioni come sperimentare per primo l'energia nella Piramide della Salute, essere « operato » da un famosissimo chirurgo psichico delle Filippine, trattato con la pranoterapia o partecipare a un lungo programma di digiuno in un centro per il lavaggio del colon sull'isola trovarmi per fare pari con me. Le scriverò. Vivek viene a prendere il tè dopo la sua passeggiata. Il sole tramonta lento e sereno dietro le colline e sopra le case dei servi. Lui si ricorda di un bronzo dell'India del Sud, « La danza del sole che tramonta », in cui si sente tutta la quiete di questo momento.

9 febbraio 2001, Binsar.
Ad Angela. Notte di luna piena contro cui mi difendo chiudendo tutte le tende e dormendo sotto la *thulma*. Un tempo la luna mi piaceva, ora mi inquieta. Penso che è la stessa che vedi tu e mi sento solo. Altre volte attraverso la luna mi sarei sentito unito a te. Ora no. Penso che Folco è da te e non so immaginarmi le vostre conversazioni, le sue conclusioni.

Mi alzo alle sei e alle nove non ho fatto che ginnastica, una passeggiata, guardato una lampada a olio che fa un'ombra tondissima sulla coperta arancione del mio tavolino, osservato le montagne uscire dalla penombra e goduto del sole che scalda, ma non brucia. Leggo un bel libro e sento di dover scrivere, ma come?

Guardo Vivek che senza desideri alle tre e mezzo va a fare la sua solita passeggiata. Senza aspettative, senza doveri.

Ho l'impressione di avere un dolore allo stomaco. Suggestione? Se mi dovessi ri-ammalare tutta la prospettiva cambierebbe e persino questa solitudine sarebbe stata uno spreco.

Penso a Saskia che vorrei vedere « prima che sia troppo tardi ».

10 febbraio 2001, Binsar. Di nuovo una notte senza ben dormire con il senso del cancro che mi torna (magari solo perché ho letto il libro di Frank sui libri scritti dai malati e morti di cancro).

Ho nostalgia dell'odore del mare a Hong Kong quando camminavo nel Western District trent'anni fa, del sole che mi inonda uscendo da sotto i portici di una città italiana.

Meglio mettermi al lavoro.

Stranissima giornata: forse il giorno di una svolta. Tutte le routine dimenticate: il trucco della candela, la ginnastica, la passeggiata. Comincio con scrivere ad Angela, poi finisco per fare di Ko Samui in Thailandia. Ogni volta sperimentando esercizi e pozioni su me stesso.

Alla fine il viaggio esterno alla ricerca di una cura si trasforma in un viaggio interiore, il viaggio di ritorno alle radici divine dell'uomo. Il viaggio diventa allegorico – dal basso verso l'alto, dalla pianura alla montagna – finché l'incontro casuale – casuale? certo no, perché niente mai succede per caso nelle nostre vite – con un vecchio nell'-Himalaya mi fa sentire che sono arrivato.

Nel mio rifugio senza elettricità e senza telefono, solo con la grande Maestra Natura, risento il valore sacro del silenzio, e mi convinco che la cura di tutte le cure, la vera medicina per tutti i mali consiste nel cambiare vita, cambiare noi stessi e con questa rivoluzione interiore dare il proprio contributo alla speranza in un mondo migliore.

Dal vecchio imparo a passare ore dinanzi a una candela nel tentativo di sentire l'armonia degli opposti, quell'Uno in cui tutto si integra.

La conclusione? Niente è inutile, tutto serve, la mente gioca un enorme ruolo nelle nostre vite e i miracoli esistono, ma ognuno deve essere l'artefice del proprio.

Un avvenimento drammatico è diventato il filo d'Arianna che mi porta non solo a rivedere le mie priorità, ma a mettere in discussione la mia identità, a chiedermi chi è davvero questo « io » a cui tutti teniamo così tanto e a guardare me stesso e il mondo da un punto di vista completamente diverso, da una diversa prospettiva di quella a cui automaticamente siamo portati.

Un altro giro di giostra è dunque un libro sull'America, un libro sull'India, un libro sulla medicina classica e quella alternativa, un libro sui tanti modi in cui le diverse culture, specie orientali, affrontano il problema umano; alla fine sono tanti libri in uno: un libro leggero e sorridente, un libro su quel che non va nelle nostre vite di uomini e donne moderni e su quel che è ancora splendido nell'universo fuori e dentro tutti noi.

Mi fa un enorme piacere, col permesso del mio editore Longanesi, anticiparvi due brani del libro: il primo sull'India, il secondo sul mio arrivare « per caso » alla baita ai piedi del Nanda Devi, la montagna più alta e più divina dell'India ai piedi della quale ho scritto queste righe.

Un grande abbraccio a tutti, t.t.

p.s. penso che un libro come questo non ha bisogno di « essere presentato ». Quel che ha da dire lo dice da sé – spero – e così ho deciso di non fare niente di quello che in America si chiama « flogging », frustare il libro come un cavallo in dirittura d'arrivo, andando a parlarne in librerie e ristoranti o, ancor peggio, ai talk show del sempre più misero mondo della tv. Tenerla spenta è parte di quel

> «digiuno dai consumi» di cui parlo nel libro e che suggerisco sia un modo per metterci sul cammino della nostra salvezza.

Ritiratosi nella casa di Orsigna, Terzani rifiuta ogni visita e protetto dai familiari trascorre gli ultimi mesi concedendo un'intervista al regista Mario Zanot, *Anam, il senzanome. L'ultima intervista a Tiziano Terzani* (Milano, 2005), e registrando il dialogo con il figlio Folco, *La fine è il mio inizio* (Milano, 2006).

«Lascia il suo corpo», come amava dire, il 28 luglio 2004.

RINGRAZIAMENTI

Angela Terzani ringrazia Guglielmo Cutolo della Longanesi per la grande, generosa disponibilità e per l'attenzione decisiva con cui ha seguito il progetto di questo volume.

INDICE

TIZIANO TERZANI

UN ALTRO GIRO DI GIOSTRA

Viaggiare è sempre stato per Tiziano Terzani un modo di vivere e così, quando gli viene annunciato che la sua salute e la sua stessa vita sono in pericolo, mettersi in viaggio alla ricerca di una soluzione è la sua risposta istintiva. Solo che questo è un viaggio diverso da tutti gli altri, e anche il più difficile perché ogni passo, ogni scelta – a volte fra ragione e follia, fra scienza e magia – ha a che fare con la sua sopravvivenza. Strada facendo prende appunti: così nasce *Un altro giro di giostra*.
Un libro sull'America, un libro sull'India, un libro sulla medicina classica e quella alternativa, un libro sulla ricerca della propria identità.
Tanti libri in uno: un libro leggero e sorridente, su quel che non va nelle nostre vite di donne e uomini moderni e su quel che è ancora splendido nell'universo fuori e dentro tutti noi.

LONGANESI

TIZIANO TERZANI
LA FINE È IL MIO INIZIO

Un monaco zen siede nel silenzio della sua cella, prende un pennello e con grande concentrazione fa un cerchio che si chiude, l'ultimo gesto della mano su questa terra. Tiziano Terzani, sapendo di essere arrivato alla fine del suo percorso, parla al figlio Folco di cos'è stata la sua vita e di cos'è la vita: « Se hai capito qualcosa la vuoi lasciare lì in un pacchetto », dice. Così, all'Orsigna, sotto un albero a due passi dalla gompa, la sua casetta in stile tibetano, in uno stato d'animo meraviglioso, racconta di tutta una vita trascorsa a viaggiare per il mondo alla ricerca della verità.

LONGANESI

OPERE DI TIZIANO TERZANI

Una nuova collana
per i libri di un grande testimone
del nostro tempo

TEA

Fotocomposizione Editype s.r.l.
Agrate Brianza (MB)

Finito di stampare
nel mese di aprile 2014
per conto della Longanesi & C.
da Grafica Veneta S.p.A., Trebaseleghe (PD)
Printed in Italy